DROEMER

Über den Autor:
Mark Urban, geboren 1961, schreibt als Redakteur für außenpolitische Themen für die *BBC Newsnight* und ist Autor mehrerer Bestseller. Für seine herausragende Berichterstattung über den Mittleren Osten wurde er mit dem renommierten Peace Through Media Award ausgezeichnet.

Mark Urban

RUSSLANDS NEUER SPIONAGEKRIEG

Putins langer Arm in den Westen

Aus dem Englischen von Pieke Biermann, Elisabeth Liebl, Werner Schmitz, Karl Heinz Siber, Karsten Singelmann, Henriette Zeltner und Christiane Bernhardt

DROEMER

Die englische Originalausgabe erschien 2018 unter dem Titel
»The Skripal Files. The Life and Near Death of a Spy«
bei Pan Macmillan, London.

Besuchen Sie uns im Internet:
www.droemer.de

Aktualisierte und erweiterte Neuausgabe April 2020
Droemer Taschenbuch

Ein Imprint der Verlagsgruppe
Droemer Knaur GmbH & Co. KG, München
Die deutschsprachige Ausgabe erschien 2018 unter dem Titel »Die Akte Skripal. Der neue Spionagekrieg und Russlands langer Arm in den Westen«.

Lektorat: Kristian Wachinger
Redaktion: Christiane Bernhardt
Covergestaltung: Isabella Materne
Coverabbildung: © Shutterstock
Satz: Adobe InDesign im Verlag
Druck und Bindung: GGP Media GmbH, Pößneck
Printed in Germany
ISBN 978-3-426-30216-3

2 4 5 3 1

INHALTSVERZEICHNIS

Dritter Teil
Zielobjekt
237

EIN WIDERRECHTLICHER GEWALTAKT

Es war ein sehr ernster Augenblick, als die Premierministerin sich von ihrem Platz erhob. Fast vollzählig saßen die Abgeordneten auf ihren Bänken, und ein ehrfurchtsvolles Schweigen senkte sich über das Haus, als sie mit ihrer Stellungnahme begann. Jeder war sich der Tragweite der Ereignisse in Salisbury bewusst. Aber wie würde sie darauf reagieren?

Theresa May sagte, sie wolle die Gelegenheit nutzen, um die Anwesenden auf den aktuellen Stand zu bringen »und auf diesen ruchlosen und abscheulichen Akt zu antworten«. Flankiert von der Innenministerin und von der Direktorin des Parlaments dankte sie den Rettungskräften für ihren Einsatz und den Bürgern von Salisbury für die Stärke, die sie bewiesen hatten. Das war ja schön und gut, aber alle warteten darauf, was sie nun zu Russland sagen würde.

Die Premierministerin hatte am Morgen eine Konferenz des Nationalen Sicherheitsrates geleitet, in der man sie über die neuesten geheimdienstlichen Erkenntnisse sowie über die letzten Ermittlungsergebnisse unterrichtet hatte. »Mittlerweile ist klar«, fuhr sie fort, »dass Mr Skripal und seine Tochter mit einem militärspezifischen Nervengift attackiert wurden. Dieses gehört zu einer Gruppe von in Russland entwickelten Nervengiften, die unter der Bezeichnung Nowitschok bekannt sind.«

Aus der Tatsache, dass diese von Chemikern im Regierungsauftrag entwickelt wurden und »Russland eine wohlbekannte Geschichte staatlich beauftragter Attentate« habe, sowie der Aussage des Kreml, dass man es für legitim halte, Überläufer zu liquidieren, habe die britische Regierung den Schluss gezogen, es sei »höchstwahrscheinlich«, dass Russland für die Vergiftung des ehemaligen russischen Geheimdienstmitarbeiters Sergej Skripal und seiner Tochter Julija die Verantwortung trage.

Theresa May stellte dem Kreml ein Ultimatum. Eines, das – wie ein britischer Diplomat es ausdrückte – »so formuliert war, dass es nur abgelehnt werden konnte«. Entweder war der Giftanschlag in Salisbury im Auftrag der russischen Regierung verübt worden, oder diese hatte die Kontrolle über tödliche Waffen verloren – die sie unter den Bedingungen der von ihr unterzeichneten internationalen Abkommen ohnehin nicht besitzen durfte. Man gab Russland vierundzwanzig Stunden Zeit, Stellung zu beziehen. Sollte bis dahin keine glaubwürdige Antwort eingehen, »dann zwingt uns das zu dem Schluss, dass diese Aktion einen widerrechtlichen Gewaltakt des russischen Staates gegen das Vereinigte Königreich darstellt«.

Viele der Anwesenden konnten nicht fassen, was sie da gerade gehört hatten. Es hörte sich an wie 1914. Oder wenn schon nicht wie das Vorspiel zu einem Krieg, dann zumindest wie der Ausbruch einer schweren internationalen Krise. Viele Abgeordnete der Labour-Partei empfanden dies als übereilte Reaktion aufgrund von geheimdienstlichen Erkenntnissen, so wie vor fünfzehn Jahren, als man ihnen Ähnliches aufgetischt hatte, um das Land in den Irakkrieg zu locken.

Um ihre Behauptungen zu untermauern, brachte Theresa May eine Reihe von Anschuldigungen vor, die belegten, wie schlecht es schon vor diesem Vorfall im Frühjahr 2018 um die

Beziehungen zu Russland gestanden hatte: Man habe illegal die Krim annektiert und der Ukraine entrissen. Man habe in der Ostukraine Separatisten zu einem groß angelegten bewaffneten Konflikt angestiftet. Man habe den Westen nuklear bedroht. Und nicht zuletzt habe man 2006 in London den Dissidenten Alexander Litwinenko durch ein seltenes radioaktives Isotop vergiftet.

Wer aber war dieser Mann, dieser ehemalige Oberst, der nun in Lebensgefahr schwebte wegen einer Entscheidung, die er viele Jahre zuvor getroffen hatte, als er beschloss, für den britischen Geheimdienst tätig zu werden? Er war sicher kein Litwinenko in dem Sinne, dass er etwa lautstark gegen den russischen Präsidenten polemisiert und ihn aller möglichen Untaten beschuldigt hätte. Sergej Skripal war in der Öffentlichkeit kaum präsent. Nachdem er vor einigen Jahren bei einem Austausch von Geheimdienstmitarbeitern nach Großbritannien gekommen war, war er schlicht von der Bildfläche verschwunden.

Unter den Journalisten, die am 9. März 2018 Zeugen der Stellungnahme der britischen Premierministerin und der Geburtsstunde einer weitreichenden Krise wurden, war ich wohl der einzige, der Skripal persönlich kannte. Und nicht nur das. Ich hatte ihn im Sommer 2017 viele Stunden lang interviewt. Was ich dabei erfahren hatte, hatte ich für mich behalten. Mir war klar, dass die Zeit kommen würde, seine Geschichte zu erzählen. In diesem Augenblick aber wollten ich und viele andere nur eines wissen: Würden Sergej Skripal und seine Tochter überleben?

Die Antwort auf diese Frage würde in einem kleinen Raum im vierten Stock des Bezirkskrankenhauses von Salisbury fallen. Dort kämpfte ein Fünfundsechzigjähriger um sein Leben – gegen ein Gift, das so exotisch war, dass niemand seine Auswirkungen je behandelt hatte. In diesem Kampf würden

Bluttests, Pharmakologen und die ärztliche Kunst den Ausschlag geben, nicht Politik und Wutgeheul.

Skripal und seine Tochter waren an alle erdenklichen Apparate angeschlossen, die notwendig waren, um sie am Leben zu erhalten: Das Beatmungsgerät pumpte Luft in ihre Lungen, wobei sich der Beutel rhythmisch aufblähte und wieder zusammenzog. Durch die Infusionsschläuche tropfte Atropin in ihre Adern, zusammen mit allerlei anderen Medikamenten. Und andere Schläuche leiteten ihr Blut zur Reinigung, bevor es zurück in den Körper gepumpt wurde. Damit sie all diese medizinischen Eingriffe aushielten und ihr Gehirn vor dem Nervengift geschützt würde, waren die beiden in ein künstliches Koma versetzt worden.

Wie war dieser bemitleidenswerte Patient – in so vielerlei Hinsicht ein typischer Russe seiner Generation, ein Jedermann – in diesen Kampf ums Überleben geraten, ins Zentrum einer schweren internationalen Krise? Seine Geschichte konnte man fast schon allegorisch nennen. Ganz sicher führt sie uns durch Jahrzehnte des Misstrauens und der Spionage zwischen Russland und dem Westen. Der Konflikt hörte auch nach dem Fall der Berliner Mauer 1989 nicht auf – höchstens gab es eine Atempause von ein, zwei Jahren, bevor er in unverminderter Heftigkeit wieder aufgenommen und mit der Zeit immer schärfer und gnadenloser wurde. Es war der Konflikt, der für Skripal zweiundzwanzig Jahre vor dem Giftanschlag zu einer persönlichen Abwägung führte. In einer glücklicheren Zeit, an einem glücklicheren Ort.

ERSTER TEIL

AGENT

1

DIE ANWERBUNG

Hochsommer in Madrid, 1996. Zwei Männer schlendern durch den *Parque del Retiro*. Es ist ein Werktag, beide tragen Bürokleidung, was die Hitze noch drückender macht.

Der ältere der beiden hat vor ein paar Wochen seinen fünfundvierzigsten Geburtstag gefeiert. Er ist groß und hat eine Statur wie ein Boxer. Seine helle Haut wirkt unter all den Spaniern, die ihre Kinderwagen schieben oder Händchen haltend spazieren gehen, ein wenig exotisch. Der andere ist gut zehn Jahre jünger, wohl ein Spanier, ein dunkler Typ und angezogen, wie ein Madrilene sich eben kleidet. Insgesamt wirkt er in diesem Umfeld mehr zu Hause. Und doch sieht er nicht gerade entspannt aus.

Die einzelnen Bereiche des Parks spiegeln die Geschichte der Bourbonenherrscher Spaniens und der Staatsmänner des Landes wider. Ein Teil ist nach den Regeln formal-französischer Gartenkunst angelegt, wo exakt geschnittene Buchsbaumhecken die Kieswege säumen. Im Juli gibt es dort Marionettentheater und allerlei andere Attraktionen für die Kinder, dann strahlt der Park wirklich Ferienatmosphäre aus. Unter den Schirmen der immergrünen Bäume treffen sich die Jungen und Schönen Madrids zum Picknicken und Knutschen.

Gewächshäuser und Statuen zieren den Park, sogar einen See zum Bootfahren gibt es. Der ideale Ort also für ein Rendezvous, denn von den breiten Alleen mit Kastanien, Pappeln und Ahornbäumen zweigen schmale Pfade ab, sodass man den Menschenmassen gut aus dem Weg gehen kann. Mit seinen unzähligen Facetten war *El Retiro,* wie die Spanier den Park nennen, ideal für das Vorhaben. Der größere Mann ist Sergej Wiktorowitsch Skripal, Erster Sekretär an der russischen Botschaft und dort zuständig für Wissenschaft und Technik. Doch das ist nur seine Tarnung. Sein eigentliches Geschäft in Spanien ist seine Tätigkeit als Oberst des russischen Militärgeheimdienstes GRU (Glawnoje Raswedywatelnoje Uprawlenije). In Madrid arbeitet er an einer besonders heiklen Mission und ist direkt der Zentrale unterstellt. Was den Mann angeht, mit dem er spricht, so handelt es sich um Richard Bagnall*, aber natürlich trägt auch er einen spanischen Decknamen. Und er wird immer nervöser, je länger der Spaziergang im Park dauert.

Richard hat den Russen nun schon mehrmals getroffen. Er weiß, dass er nun tätig werden muss. Skripals drei Jahre in Spanien gehen allmählich zu Ende, und dieser kleine Tanz hier dauert ohnehin schon viel zu lange.

Wenn solche Dinge sich eine Weile hinziehen, dann muss man irgendwann klare Verhältnisse schaffen, sonst verachtet einen der andere am Ende nur. Und der Himmel weiß, dass Richard seit ihrem ersten Treffen im April eine ganze Reihe Köder ausgeworfen hat. Er weiß, dass Sergej nicht mehr viel Zeit hat. Das erhöht den Druck noch, als wäre der nicht ohnehin schon hoch genug. Was die anderen Spaziergänger in *El Retiro* im Sommer 1996 nicht wissen können, ist, dass Richard Teil einer sorgsam choreografierten Verführung ist, einer Verführung, die rein gar nichts mit Sex zu tun hat. Es handelt sich vielmehr um den Beginn einer ganz anderen Art von Beziehung, die ihr Leben lang dauern wird und ein enormes Risiko birgt. Die »Sache«, die der jüngere Mann einfädeln möchte, wäre durchaus dazu angetan, Sergejs Leben vollständig und für immer zu ruinieren.

Der Russe ist kein Dummkopf. Er hat die harte vierjährige

Ausbildung an der Militärisch-Diplomatischen Akademie in Moskau absolviert, in der die GRU ihre Geheimdienstmitarbeiter auf den Auslandsdienst vorbereitet. Dort, in deren unbelüfteten Räumen, hatten die Ausbilder die jungen Leute immer wieder vor fremden Spionen gewarnt, vor all den Tricks, die man anwenden würde, um sie zu korrumpieren und anzuwerben. Umgekehrt hatten sie dort auch gelernt, wie sie zu fremden Agenten Kontakt aufnehmen konnten. Sie kannten jeden einzelnen Trick, wie man einen Menschen an einer Reihe moralischer Abschalteinrichtungen vorbeimanövriert, bis der andere gar nicht mehr anders kann, als für einen zu spionieren.

Während Richard den heiklen Small Talk fortsetzte, der eben jenes Ergebnis herbeiführen sollte, studierte Sergej ihn gründlich. »Er sieht so jung aus und so nervös«, dachte der GRU-Offizier. Wie lange hatte er den adretten Mann mit der olivfarbenen Haut, der im Park plauderte und plauderte, schon in Verdacht? Schon nach zwei oder drei Begegnungen hatten bei ihm die Alarmglocken geschrillt.

Der verdächtige junge Mann hatte das Gespräch immer wieder auf aktuelle Ereignisse gelenkt. Ein- oder zweimal hatte er Sergej ganz offen gefragt, was er denn in der Botschaft »wirklich macht«. Und einmal hatte er beim Abendessen ein Buch offen liegen lassen, das er angeblich gerade las. »Aquarium« lautete der Titel, und Richard hatte wissen wollen, was Sergej davon hielt. Es handelte sich um einen Bericht über die GRU von einem früheren Geheimdienstoffizier namens Wiktor Suworow.

Skripal wusste, was er von diesem Buch zu halten hatte. Sein Autor, dessen wahrer Name Wladimir Resun war, war 1978 zu den Engländern übergelaufen, während er in der russischen Botschaft in Genf arbeitete. Da Skripal kurz nach jenem fatalen Ereignis die Militärisch-Diplomatische Akademie besucht hatte, kannte er Resun nur als »feigen Verräter«, der sein Vaterland für ein paar Silberlinge verkauft hatte. Und was hatte dieser Resun denn schon gewusst? Er war schließlich nur Hauptmann gewesen und Genf sein erster Auslandseinsatz. Nun hing er irgendwo im Westen herum und versuchte, Geld zu machen, indem er seine eigene Bedeutung aufbauschte. Sollte Richard gehofft haben, Skripal in einem spanischen Restaurant zu einem traulichen Gespräch über Geheimdienstarbeit zu verleiten, dann konnte er sich das abschminken. Der Oberst schnitt ihm das Wort ab und meinte, er wisse buchstäblich nichts über die GRU. Andererseits deutete so einiges darauf hin, dass der junge Mann wirklich das war, wofür er sich ausgab: ein Geschäftsmann aus Gibraltar, der viel Geld mit Öl in Afrika gemacht hatte und nun einen russischen Partner suchte. Sergej hatte ihn schon nach wenigen Treffen von der GRU überprüfen lassen. Richard hatte tatsächlich Büroräume in Gibraltar. Wenn man dort anrief, meldete sich jemand, und sein Name bzw. sein Pseudonym war an mehreren Orten durchaus bekannt. Außerdem hatte sie ein gemeinsamer spanischer Bekannter miteinander bekannt gemacht.

Wenn es sich also um eine Tarnung handelte, dann war es eine ganz hervorragende, denn Richard gab das Geld mit vollen Händen aus, wie man es von einem erfolgreichen Geschäftsmann erwartete. Er aß in den besten Restaurants und stieg in den renommiertesten Hotels ab, wenn er in Madrid war. Und die Ölfelder in den Republiken Tjumen und Komi waren zu jener Zeit wirklich das neue Klondike, wo Menschen mit den richtigen Beziehungen Millionen oder gar Milliarden scheffeln konnten. Was Richard brauchte, so meinte er, seien eben die richtigen Kontakte, um an das schwarze Gold heranzukommen. Mitte der 1990er-Jahre stand in Russland ohnehin alles zum Verkauf, oder zumindest schien es so. Kein Wunder also, dass da jemand mit von der Partie sein wollte.

Während sie so durch den Park schlenderten, unterhielten sie sich auf Englisch. Skripal sprach zwar leidlich Spanisch, doch Bagnall war zweisprachig. Sein Pseudonym, seine Kleidung und lockeres Auftreten ließen ihn vollkommen authentisch erscheinen. Auch hatte er eine ausgesprochen offene, arglose Art. Einmal hatte er auch Sergejs Frau Ljudmila und die Kinder zu einem Flamenconachmittag in einen Club eingeladen. Als der geheimnisvolle Typ Sergejs Familie ein paarmal getroffen hatte, hatte er sogar Geschenke für die Kinder Julija und Sascha mitgebracht. »Die Kinder liebten ihn«, sollte Skripal später sagen.

Als er von einer Stippvisite in London zurückkam, hatte er auch ein Geschenk für Skripal dabei. Ein kleines Modell eines typisch englischen *Cottage*. Es war so ein kleines Ding, wie man es für wenige Pfund in einem Souvenirladen fand. Vermutlich in China hergestellt, aber aus Gründen, die Sergej nicht genau benennen konnte, mochte er das buntbemalte Häuschen aus Kunstharz, das alles naturgetreu nachahmte: die Kletterpflanzen, das durchhängende Dach und die Eingangstür mit dem Rundbogen. Richard war auch ganz schön trinkfest – Gin Tonic, gläserweise spanischen Wein und Cognac. In den Augen eines Russen verlieh ihm auch dies eine gewisse Authentizität. So ein Verhalten passte nicht zu dem, was Sergej von Engländern oder Amerikanern erwartete, die einen anderen Agenten anwerben. In der GRU ging man davon aus, dass westliche Geheimdienstler einen Bogen um die Familie des Zielobjekts machten, und zwar mit gutem Grund. Allein schon, wenn ihr Kind seinen Schulkameraden von diesem lustigen Fremden erzählt, der ständig Geschenke mitbringt und Papas neuer bester Freund ist, stehen die Chancen gut, dass andere russische Diplomaten auf den Mann aufmerksam werden.

In einem Punkt aber war sich Sergej mittlerweile sicher:

Falls Richard ein Spion war, dann kein spanischer. Angesichts der langen Rivalitäten um Gibraltar würde ein spanischer Geheimdienstler wohl kaum die Halbinsel als Basis wählen. Ob er wohl Amerikaner war? Eines war dem GRU-Oberst klar: Sollte sein hartnäckiger Verehrer von der CIA sein, wäre er nicht interessiert. Er wäre nicht bereit, das Risiko einzugehen, das ein Überlaufen zu den Amerikanern bedeutete, falls der nervöse junge Mann etwa darauf hinauswollte.

Als Richard sich an die »Anwerbung« machte – den Augenblick, in dem ein Spion jemanden fragt, ob er sein Land verraten würde – stieg die Spannung und mit ihr auch die Temperatur. So viel Training, so viel gedanklicher Aufwand, so viele Verhaltensratschläge kreisen exakt um diesen Moment. Er wird in Spionagekrimis romantisiert und im Fort Monckton am Solent, wo der britische Auslandsgeheimdienst Secret Intelligence Service (SIS, meist als MI6 bezeichnet) angehende Geheimdienstoffiziere schult, in Rollenspielen einstudiert – und nun sollte er, Richard Bagnall, der erst seit ein paar Jahren dabei war, einen russischen GRU-Oberst anwerben.

»Sergej, ich habe einen Freund, der Informationen darüber, was wirklich in Russland vorgeht, ehrlich zu schätzen wüsste. Er arbeitet für die britische Regierung. Denken Sie, Sie könnten das für uns tun? Natürlich würde man sich um Sie kümmern.«

»Okay«, dachte Sergej, »da haben wir's. Der Typ ist ein britischer Geheimdienstler.« Ja, er würde ihn gerne wiedertreffen. »Ich war bereit«, würde Skripal Jahre später sagen. Aber wie war es zu dieser Bereitschaft gekommen? Wie war er vom eingefleischten Patrioten, Fallschirmspringer und verdienten GRU-Offizier zu dem Menschen geworden, der nun all dies an den MI6 verkaufen würde?

2

SERGEJS LANGER WEG

Sergej und Richard trafen sich schon bald wieder. Die zweite Begegnung dauerte ebenfalls nicht sehr lange, und diesmal lagen die Karten auf dem Tisch. Auch die Bedingungen waren im Wesentlichen geklärt. Skripal war tatsächlich Oberst des russischen Militärnachrichtendiensts GRU, und sein Gesprächspartner arbeitete für die britische Regierung. Der Russe war bereit, gegen Geld Informationen zu liefern. Aber er brauchte ein paar Sicherheiten für den Fall, dass die Sache schiefging. »Ich wollte wissen, was der MI6 für mich tun würde, also Papiere, Pass, einen legalen Status.« Dass nicht jeder am Vauxhall Cross, in dem hässlichen neuen Bürobau des MI6 an der Themse, die angebahnte Beziehung so euphorisch sah wie er, wurde Richard klar, als er an jenem Tag im Juli von *El Retiro* zurückkam, um schnellstens die erfolgreiche Anwerbung zu melden. Der MI6 stellt einen Beamten eigens dafür ab, jeden neu rekrutierten Agenten kritisch unter die Lupe zu nehmen. Er »mimt den *Advocatus Diaboli* von Berufs wegen«, erläutert ein ehemaliger Geheimdienstler. Allein eine Anfangszusage wie die von Skripal gewünschte würde die Regierung Ihrer Majestät einige Hunderttausend Pfund kosten. Der Kalte Krieg war doch vorbei, an russischer Spionage hatte die »Kundschaft« des Dienstes längst kein so großes Interesse mehr, wozu also der Aufwand?

Schon Mitte der 1990er-Jahre redeten hochrangige MI6-Mitarbeiter davon, dass der Zusammenbruch der Sowjetunion dermaßen viele Möchtegern-Überläufer hervorgebracht habe,

»dass wir sie wegschicken mussten«. Jemand, der für das ganze Umsiedlungspaket in Frage kommen wollte, müsste schon wahrhaft Bemerkenswertes zu bieten haben. Aber Sergej Skripal war kein Überläufer, sondern etwas sehr viel Wertvolleres: ein hochrangiger Agent des russischen Militärgeheimdienstes. Wie war der überhaupt ins Gespräch gekommen mit einem aufwendig legendierten MI6-Mann? Wieso wollte so jemand diesen Weg antreten, ein neues Leben fern von Russland, obwohl er doch eindeutig sein Land liebte?

Sergej Skripal hatte eine für die frühen Nachkriegsjahre der UdSSR typische Kindheit. Er wurde 1951 in Kaliningrad, der ehemaligen preußischen Festung Königsberg, geboren und wuchs zwischen den Hinterlassenschaften des Zweiten Weltkriegs auf. Sein Vater Wiktor Skripal hatte als Artillerieoffizier einige der größten Schlachten der Roten Armee mitgemacht, und was er davon erzählte, war noch direkt greifbar für seine Söhne, die beide in den 1950er-Jahren aufwuchsen. Bis in die frühen 1960er-Jahre hinein gab es noch überall Ruinen und ausgebombte Grundstücke, in denen Sergej und sein älterer Bruder Walerij herumstreunten und Krieg spielten. Kaliningrad war erst in den letzten Monaten des erbarmungslosen Krieges von der Roten Armee eingenommen worden, danach hatte Stalin die einheimischen Deutschen vertrieben und seine eigenen Leute an ihre Stelle gesetzt.

Der Tribut, den der Krieg gefordert hatte, war während Skripals Kinderjahren noch im ganzen Land und für jedermann sichtbar, verzweifelte Mütter, die ihre Söhne an der Front verloren hatten, ebenso wie ganz normale Nachbarn, die plötzlich höchste Orden und Auszeichnungen trugen. Auch Sergejs Eltern hatten kein leichtes Leben, man wohnte in einer *Kommunalka,* das heißt, man teilte sich eine Wohnung mit anderen jungen Familien, aber wer die 1940er-Jahre überlebt hatte, konnte in den 1960ern eine rapide Verbesserung des

Lebensstandards erleben. Wer in diesen Jahren aufwuchs, war geprägt vom Sowjetstaat und seiner Stärke – sowohl bezogen auf die Abwehr der Bedrohung durch den Nationalsozialismus als auch auf die so rasche Erholung nach dem Krieg.

Sergej war ein guter Durchschnittsschüler, weder Genie noch Dummkopf, aber ein exzellenter Sportler. Wenn er mal ein, zwei Stunden allein in der Bibliothek war, las er am liebsten Geschichten von Rittern, Eroberungen und Heldentaten, vor allem hatte es ihm das Buch über Richard Löwenherz angetan, das er irgendwann entdeckt hatte. Zu Hause wurden Sergej und Walerij von Mutter Jelena verwöhnt und umsorgt, und sie impfte ihnen auch einen festen Glauben an sich selbst ein.

Angesichts seiner Neigungen kam Sergejs Idee, nach der Oberschule in die Fußstapfen seines Bruders zu treten und auch auf die Schdanow-Akademie für Militäringenieure zu gehen, nicht überraschend; er bewarb sich und wurde angenommen. Offizier der Sowjetarmee zu werden war nichts für Leute, die es eilig haben. Skripal absolvierte zunächst die Pionierausbildung. Das waren vier Jahre Theorie und Praxis des militärischen Pionierwesens, vom Errichten und Räumen von Hindernissen bis zum Zerstören, Brückenbauen und Bunkerstürmen, am Ende stand ein Abschluss, der dem Status eines Universitätsstudiums entsprach.

Nach all den Jahren Büffelei wurde Sergej zum Unterleutnant befördert und legte den Militäreid ab. Dieses feierliche Gelöbnis war die zweite emotionale Bindung, die er im Leben einging, die erste war die Treue zur Familie im Allgemeinen und zu seiner Mutter im Besonderen. Die Sowjetunion legte großen Wert auf die innere Verbundenheit mit dem Armeeleben. Die Zeremonien zur Vereidigung neuer Offiziere waren regelrechte Choreografien vor imposanten Kriegsdenkmälern, oft mit Fackeln und Flutlicht, Musik von Kapellen und den Familien als Zuschauern. Die zweite Hälfte des Gelöbnisses legte besondere Betonung auf die künftigen Pflichten für den einzelnen Soldaten und auf die Folgen, wenn er sie nicht erfüllte: »Ich werde stets bereit sein, meine Heimat, die Union der sozialistischen Sowjetrepubliken, auf Befehl der sowjetischen Regierung zu verteidigen, als Kämpfer der bewaffneten Truppe schwöre ich, sie mit Tapferkeit und Geschick, mit Würde und Ehre zu verteidigen, und mein Blut und mein Leben für den endgültigen Sieg über den Feind einzusetzen. Wenn ich diesen feierlichen Eid jedoch brechen sollte, sollen mich die harte Vergeltung der sowjetischen Gesetze und der Hass der ganzen Welt und die Verachtung der Werktätigen treffen.«

Als er sein Studium an der Akademie beendet und sich zum Militärdienst verpflichtet hatte, höchstwahrscheinlich auf Lebenszeit, fügte er seiner Zukunftsplanung den nächsten wichtigen Mosaikstein hinzu. Im Juli 1972 heiratete er seine Kaliningrader Jugendliebe Ljudmila Koschelnik. Auf einem Familienfoto steht sie ein paar Monate vor der Hochzeit neben ihm, eine hübsche junge Frau mit einem dichten, dunkelbraunen Bubikopf. Walerij, der seine Ausbildung schon abgeschlossen hat, ist Arm in Arm mit seiner Freundin und in Leutnantsuniform zu sehen. Sergej dagegen trägt nicht seine Kadettenuniform, sondern Zivil, vielleicht im Wissen, dass er mit seinem soldatisch glänzenden Bruder nicht konkurrieren kann.

Einem russischen Sprichwort zufolge liebt Gott die Dreifaltigkeit, und Dreiecke, das wird einem jeder Militäringenieur bestätigen, sind in der Tat die solidesten Strukturen, die es gibt. Sie geben Kränen Stabilität und finden sich vielfach wiederkehrend in der Struktur von Hausdächern oder auch militärischen Behelfsbrücken. Sergej war seiner Mutter, der Armee und Ljudmila in Treue und gegenseitiger Verantwortung verbunden, und diese Dreifaltigkeit wurde die Grundlage seines erwachsenen Lebens.

Damit schien sein Weg eigentlich schon mit zweiundzwanzig vorgezeichnet zu sein, aber die typische Pionierlaufbahn, in der er mit Ljudmila von einem weit abgelegenen Standort zum nächsten zu ziehen hatte, genügte ihm nicht. Er beschloss (genau wie sein Bruder Walerij zuvor), dass nur die Luftwaffe Ritterlichkeit und Heldentum in ihrer höchsten Form zu bieten hatte.

Walerij, der schneidigere von beiden, hatte es vorgemacht, er war zu den Fallschirmspringern der Schdanow-Akademie gegangen, in der die Offiziere für die Divisionen der WDW (Wosduschno Dessantnye Woiska), wie sie auf Russisch heißen, ausgebildet werden. Jede dieser Einheiten hat ihre eigenen Spezialisten, Artilleristen, Beschaffungstrupps und natürlich auch Pionierbataillone. Also meldete sich Sergej nach der Kaliningrader Akademie für eine weitere Ausbildung zum Fallschirmjäger, was ihm auch den Zutritt zur elitären WDW-Bruderschaft eröffnete.

Nachdem er sein Talent zum Abspringen aus Flugzeugen und seine Unerschrockenheit zur Genüge bewiesen hatte, wurde er in den fernen Osten versetzt, an die Grenze zu China. Dort hatte sich 1969 ein lange schwelender Konflikt zu Kampfhandlungen zwischen sowjetischen und chinesischen Truppen ausgewachsen, der Kreml hatte daraufhin die Grenzstandorte verstärkt und seine Kriegsplanungen aktualisiert. 1972 war es zu weiteren gewaltsamen Zusammenstößen zwischen den beiden kommunistischen Mächten gekommen.

Der junge Fallschirm-Pionier wurde zur sogenannten Aufklärungs- und Ablenkungskompanie abkommandiert, und damit geriet er bald darauf in eine zwielichtige Welt – die Grauzone zwischen dem offiziellen Militär und den inoffiziellen Einsatzkommandos der GRU, den *Speznas,* die die heikleren Kriegsvorbereitungen erledigten. Spezialeinheiten bildeten die taktisch-operative unterste Ebene des militärischen Geheimdienstes GRU. Die Spezialeinheit, in der Sergej Dienst tun würde, war, wie er bald entdeckte, die letzte Station auf dem Weg von den regulären WDW-Truppen zu den *Speznas*-Kommandos.

Kaum angekommen, saß er schon an detaillierten Vorbereitungen für mögliche neue Zusammenstöße zwischen der UdSSR und China. Auf welchen Routen konnten sowjetische Truppen nach China vordringen? Waren die Brücken, Straßen und Gleisanlagen brauchbar? Was an Infrastruktur musste zerstört werden, damit China den Vormarsch nicht stoppen konnte? Der größte Teil der Planung ließ sich mittels Karten und Luftbildern erledigen – Aufnahmen aus Flugzeugen, die die Grenze abflogen und nach China spähten, oder von Satelliten. Manche wichtigen Brücken, Tunnel und Ähnliches dagegen mussten vor Ort inspiziert werden. Bald unternahm auch der junge Kaliningrader Offizier Mitte der 1970er-Jahre verdeckte Operationen in China. Er war Mitglied eingeschleuster kleiner Teams, die in der Volksrepublik Detailaufklärung betreiben sollten. »Ich war dreimal in China«, spöttelte Skripal später, »immer ohne Visum, aber nie ohne Kalaschnikow.«

Nach diesen lebensgefährlichen Einsätzen folgte eine Zeit im zentralasiatischen Usbekistan, das damals noch einer der treuen Sowjetstaaten war. Obwohl es jahrzehntelang unter dem Diktat des Kreml gestanden hatte, hatte es sich doch seine provinzielle Atmosphäre bewahrt. Jetzt lebte Sergej mit seiner Frau Ljudmila und dem kleinen Sohn Alexander – »Sascha« für die Familie, er war noch ein Säugling, geboren 1974 – in der festgefügten Gemeinschaft eines sowjetischen Luftwaffenstützpunkts am Rand der usbekischen Stadt Ferghana. Die Stadt und die gesamte Umgebung waren während der zaristischen Feldzüge in den 1860er- und 1870er-Jahren erobert worden. Die Zaren wollten ihren Einflussbereich ausdehnen, zum einen aus machtpolitischen Motiven wegen der Rivalität mit Großbritannien, zum anderen aus ökonomischen Interessen. Das Ferghanatal lag im Hochgebirge Mittelasiens wie eine fruchtbare Oase. Hier wurde der größte Teil der Baumwolle für das zaristische Russland und später die Sowjetunion produziert.

In diesem abgelegenen Landstrich war das 345. Gardeluftlanderegiment stationiert, in das Sergej Skripal versetzt wurde, eine der schnellen Einsatzeinheiten, die die WDW für den Kreml so besonders wertvoll machten. Für ihn und seine Luftwaffenkameraden war es das, wie manche es nannten, »Goldene Zeitalter« der sowjetischen Luftstreitkräfte. Unter General Wassilij Margelow, der sie gegründet hatte und erstaunliche dreiundzwanzig Jahre lang auch führte, erwarb sich die WDW einen guten Namen bei den Entscheidungsträgern und wurde Bestandteil der Militärkultur in der Sowjetunion, ähnlich wie das Marine Corps in den Vereinigten Staaten. Russland hatte keine Tradition als Seefahrernation, und so verfügte die Sowjetunion auch nicht über eine starke Militärmarine, aber Margelow hatte seinen Fallschirmtruppen das blaue Barett und das gestreifte Matrosenhemd verpasst, und so zogen sie, zum Schutz ihres Mutterlands, ausgerüstet wie moderne Marines, ihre Bahnen über den Erdball nicht zu Wasser, sondern in der Luft.

Die WDW war 1968 beim Einmarsch in die Tschechoslowakei als Speerspitze dabei, hatte 1973 in Flugbereitschaft gestanden, um Syrien gegen auf Damaskus vorrückende israelische Panzer zu unterstützen, und wurde immer wieder zur Verstärkung in militärische Spannungsgebiete hinzugezogen. Mit der nicht zu unterschätzenden operativen Rolle dieser Luftwaffeneinheiten entwickelte sich aber gleichzeitig auch ein gewaltiger Kult um die Organisation. Fallschirmjäger waren vom Augenblick ihres Gelöbnisses an geradezu aufgefordert, auf gewöhnliche Sterbliche herabzublicken, und dass sie in jedem August den Jahrestag der WDW mit Unmengen von Wodka feierten, sorgte für eine gewisse Unruhe bei den gesetzestreuen Bürgern quer durch die Sowjetunion von Witebsk bis Chabarowsk, also auch in Ferghana.

Körperliche Kondition und Tapferkeit spielten eine enorme Rolle für das Selbstbild – Angehörige der WDW hatten ihre eigenen Fitness-Center, trainierten ihre Art des unbewaffneten Kampfs bis zur Perfektion, auch auf Boxen wurde Wert gelegt, eine Sportart, in der Skripal brillierte. Er nahm sogar an nationalen Armeewettkämpfen teil.

Als wären Fitness, Kampftraining und Stabsarbeit nicht genug, erfreuten sich die Offiziere und ihre Familien in Ferghana auch intensiver sozialer Kontakte. Die Militärstandorte aus dem zaristischen 19. Jahrhundert waren noch immer Vorposten, umzingelt von kriegslüsternen Stämmen und Guerillabanden. Auch 1976, als Skripal in Ferghana ankam, war dort noch eine Art Wildwest-Grenzlandatmosphäre zu spüren. Die meisten Einheimischen waren Usbeken, mit den Offizieren und Mannschaften des 345. Regiments pflegten sie kaum Umgang.

An freien Tagen und in den Ferien fuhr Skripals junge Familie an irgendein ruhiges Plätzchen zum gemeinsamen Picknick mit Offizierskameraden und deren Familien, man breitete Decken im Schatten aus und genoss Schaschlik, Melone und Bier.

Die Frau eines der anderen Offiziere erinnert sich an die Zeit dort: »Die 1970er-Jahre, als wir in Ferghana lebten, waren die besten Jahre meines Lebens … wir aßen oft erst spät, weil die Männer so viel arbeiteten. Aber wir Frauen kochten zusammen und lachten und plauderten dabei, und oft aßen wir dann draußen in der abendlichen Kühle. Wir hatten alle kleine Kinder, die wuchsen zusammen auf. Tagsüber gingen wir auf den Basar Obst und Gemüse kaufen.«

Eines Tages war Skripal vom Training nach Hause gekommen und hatte erfahren, dass ein paar neben dem Standort wohnende Usbeken Ljudmila und andere Offiziersfrauen bei einem der Marktbesuche im Vorbeigehen mit anzüglichen Rufen beleidigt hatten. Er und andere Offiziere beschlossen, die Angelegenheit selbst in die Hand zu nehmen. »Ich zog mit ein paar Fallschirmkameraden zusammen los und fand die Typen«, erzählte er, »wir haben sie verprügelt – danach war die Lage entspannt.«

Die Fallschirmjägerzeit in Ferghana war die Chance für Sergej Skripal und seine Kindheitsträume, hier konnte man Ritterlichkeit und Heldentum ausleben. Außerdem bekam man bei der WDW alle Möglichkeiten, sich als *Muschik* zu beweisen – als echter Mann. Skripal sprang aus Flugzeugen, boxte zum Ruhm seines Elitecorps, genoss die Zeit mit seinem kleinen Sohn und verteidigte die Ehre seiner Frau. Und er war noch keine dreißig Jahre alt. Allerdings gab es seit Längerem Entwicklungen, die die Idylle in Ferghana bald beenden sollten.

Die Ereignisse im Süden, in Afghanistan, nahmen unversehens immer gewalttätigere Züge an. Im April 1978 hatte es einen Staatsstreich gegeben, den der Kreml begrüßt hatte. Durch ihn waren Kommunisten an die Macht gekommen – oder solche, die in Afghanistan am nächsten an Kommunisten herankamen. Diese Ereignisse wurden in Ferghana aufmerksam verfolgt. Die Aktivitäten der sozialistischen Verbündeten Moskaus in Afghanistan führten sehr bald zu Massendesertionen in der Armee und zu Revolten in dem gesamten von Bergen durchzogenen Land. Aufgestachelt von radikalen Geistlichen, sahen viele Afghanen in den Kommunisten eine existenzielle Bedrohung für den Islam und ihre traditionelle, vorwiegend ländliche Lebensweise.

Moskau hatte immer schon auf die »fortschrittlichen Kräfte« im Süden der Sowjetunion gesetzt, wollte sie an die Macht bringen und auch bewaffnen. Nur tauchte bald die Frage auf, wer das sein sollte. Innerhalb der herrschenden Partei in Afghanistan tobten gewalttätige Fraktionskämpfe. Die Russen schickten Berater nach Afghanistan und weiteten ihr dortiges Geheimdienstnetz aus; doch langsam dämmerte ihnen, dass das Ganze in einem Desaster enden könnte – die afghanische Revolution würde womöglich einfach untergehen wegen interner Kämpfe und wegen eines heiligen Kriegs der Bauern.

Die sowjetischen Nachrichtendienste hatten den afghanischen Verteidigungsminister Hafizullah Amin im Verdacht, er sei CIA-Agent und zudem ein machtversessener Abenteurer. Sie glaubten, dass er seine einflussreiche Schlüsselposition nutzte, um gegenüber dem Präsidenten und damit auch Moskau loyale Militärs kaltzustellen und durch eigene Getreue zu ersetzen. Nach Ansicht der GRU waren viele Offiziere in Amins Fraktion von Amerikanern trainiert worden, sie hatten in den 1950er- und 1960er-Jahren, als Afghanistan nach einem Mittelweg zwischen den Fronten des Kalten Kriegs suchte, an von den USA angebotenen Ausbildungsprogrammen teilgenommen.

Die GRU wollte unbedingt eine entscheidende Rolle in den afghanischen Fraktionskämpfen spielen, und damit geriet Sergej Skripal, inzwischen Hauptmann, in den »dunklen« Bereich von verdeckten Operationen und Geheimdienstarbeit.

Er war einem kleinen Team von *Speznas*-Agenten zugeteilt, und von einem ihrer Afghanistan-Trips hat er mir erzählt. Er meinte, es sei Ende 1978 gewesen, doch ich vermute, es war eher Anfang 1979. Sie waren per Linienflug und natürlich in saloper Zivilkleidung nach Afghanistan geflogen. Von diesem Einsatz bleibt vieles unklar – nicht zuletzt der Ort und der genaue Zeitpunkt, an dem das Team zuschlagen sollte. Angriffsziel waren jedoch hauptsächlich Piloten mit US-Ausbildung, weshalb man davon ausgehen kann, dass der Einsatz in oder nahe bei einem afghanischen Luftwaffenstützpunkt stattfand.

Auch viele Jahre später gab Skripal nur zurückhaltend Auskunft über Einzelheiten. Vielleicht hatte man ihm als Neuling für Aufträge dieser Art eine eher untergeordnete Funktion zugedacht. Ziel war jedenfalls die Tötung etlicher der von Amerikanern ausgebildeten afghanischen Offiziere.

Die GRU-Spitze hatte den Einsatz befohlen, weil sie anscheinend davon ausging, dass ein Erfolg die CIA von weiterer Einmischung abhalten und gleichzeitig ein paar der Pläne des afghanischen Verteidigungsministers Amin vereiteln würde. Fest steht jedenfalls, dass Skripal und das *Speznas*-Team den Auftrag ausführten und die Afghanen töteten. Das konnte allerdings weder Hafizullah Amins Machtergreifung im Oktober 1979 noch die sowjetische Großinvasion Ende desselben Jahres verhindern.

Bereits im Spätsommer 1979 war ein Bataillon des 345. Gardeluftlanderegiments von Ferghana zum Luftstützpunkt Bagram im Norden der afghanischen Hauptstadt verlegt worden, für den Schutz der sowjetischen Berater und Flugzeuge. Im Rahmen der Großinvasion rückte auch der Rest nach, und aus dem 345. Regiment wurde die Elite-»Feuerwehr« der Sowjetarmee in Afghanistan, beteiligt an etlichen der entscheidenden Kämpfe während des ganzen zehnjährigen Kriegs. Mit dem Kampfeinsatz waren die schönen sorglosen Tage in Ferghana zu Ende, bei den Waffengängen verlor das Regiment Hunderte seiner Soldaten. Aber viele wurden auch für heldenhaftes Kämpfen ausgezeichnet, manche sogar mit dem begehrten höchsten Orden »Held der Sowjetunion«.

Wie jeder kämpfende Soldat, und vor allem, da er mit vielen seines Regiments enge persönliche Beziehungen geknüpft hatte, wäre Skripal liebend gern gemeinsam mit seinen Kameraden an die Front gegangen. Aber er war bereits ein paar Monate vor der Invasion an eine andere Stelle beordert worden. Er sollte eine weitere Phase seiner Metamorphose vom Kampfpionier zum GRU-Spion durchlaufen.

3

INS DUNKEL

Im sowjetischen bzw. russischen Militär bezeichnet *Raswedka* nicht nur die Kundschaftertätigkeit eines Soldaten, der heimlich ins Niemandsland vordringt, sondern z. B. auch einen Oberst, der unter diplomatischem Deckmantel seinen Dienst in Madrid versieht. In jedem Fall lautet der Auftrag, Informationen zu sammeln, die dem Generalstab und somit dem Land nützlich sein könnten. »Die GRU hat zwei Ebenen«, erklärte Skripal, »die taktische – Soldaten und *Speznas* – und die höher angesiedelte strategische Ebene.« Mit seiner Ausbildung bei den Fallschirmjägern, mit Aufklärungseinsätzen in China und einer Undercover-Mission in Afghanistan hatte er die »taktischen« Ebenen der militärischen Informationserfassung durchlaufen und wurde 1979, mit Ende zwanzig zu Höherem berufen. Die Konsequenzen für ihn und seine Familie sollten erheblich sein.

Nach Skripals Schätzung hatte die GRU zur Zeit seines Eintritts 35000 Mitarbeiter. Ein großer Teil davon arbeitete auf der taktischen Ebene – Sondereinsatzbrigaden in verschiedenen Militärbezirken, andere bei der *Sigint,* der elektronischen Aufklärung per Satellit. Die »strategischen« Arbeiter stellten innerhalb der GRU eine mehrere Tausend Mann starke Elite dar.

Der Dienst galt in der Sowjetarmee als besonders ehrenvoll; die Auswahlkriterien waren streng; wer dort hineinkam, genoss so manche Privilegien. Was Freunde und Angehörige betraf, kam noch etwas anderes hinzu: Dies war wichtige nationale Arbeit, frei von dem Makel, man sei Tschekist oder Mitglied des KGB, des Komitees für Staatssicherheit gewesen. Obwohl die nach der Revolution eingesetzte Geheimpolizei bald in GPU umbenannt wurde, lebte ihr ursprünglicher Name WeTscheKa in dem Begriff »Tschekist« weiter, der von denen, die in der Sowjetzeit Mitglieder gewesen waren, geradezu mit Stolz getragen wurde.

Auch wenn der Auslandsgeheimdienst des KGB ganz andere und alles in allem besser ausgebildete Leute beschäftigt hatte als die Schläger, die sich mit einheimischen Abweichlern befassten, konnten doch viele Sowjetbürger die beiden nie ganz auseinanderhalten. Die Armee und auch die GRU zählten hingegen zu den Opfern des Großen Terrors der 1930er-Jahre, nicht zu den Tätern. Neulinge im militärischen Geheimdienst erfuhren bald, dass dieser besonders stolz darauf war, keine KGB-»Spezialabteilung« zu haben, und dass die Partei großes Vertrauen in seine verdeckten Operationen setzte. Aus sowjetischer Sicht, dem Bezugssystem, in dem Sergej und Ljudmila aufwuchsen, betrieb die GRU eine durchaus ehrbare Form der Spionage.

KGB-Leute hatten natürlich ihre eigene Sicht auf diese Beziehung; wenn sie Bewerber für den militärischen Geheimdienst durchleuchteten und sich dabei schwerwiegende Hinweise darauf ergaben, dass irgendein GRU-Mann der Spionage schuldig sein könnte, waren ihre Vernehmungsbeamten bald zur Stelle. Wladimir Kusichkin, ein KGB-Offizier, der 1971 zu Großbritannien überlief und dessen Urteil beim MI6 hoch in Kurs stand, weil er ausführlich über die zur Rekrutierung ausgewählten Zielpersonen zu berichten wusste, fasste die Beziehung so zusammen: »Die GRU hasst den KGB. Der KGB hat keine vergleichbaren Gefühle gegenüber seinen ›fernen Nachbarn‹, wie der Codename der GRU in KGB-Dokumenten lautet. Der KGB nimmt gegenüber der GRU eine herablassende Haltung ein ... etwa so, wie ein älterer Mann sich gegenüber einem jüngeren mit feurigem Temperament verhält, der noch viel zu lernen hat.«

Dies galt mit Sicherheit auch für Skripal, als er von seiner Garnison in Usbekistan in die weltläufige Eleganz der Hauptstadt versetzt wurde. Neues und ungeheuer Aufregendes kam auf ihn zu – eine große Aufgabe, wie er es ausdrückte, aber auch eine achtbare, da er sich nicht an den KGB zu verkaufen brauchte. Der Vorgang, ein GRU-Agent zu werden, verlief weder rasch noch gefahrlos. Zunächst wurde man zu einer Überprüfung eingeladen wie Skripal seinerzeit in Ferghana. Bestand man die, ging es weiter nach Moskau, wo eine ganze Reihe von Hindernissen überwunden werden musste, bevor man für einen Auslandseinsatz überhaupt in Erwägung gezogen wurde.

Zur Vorbereitung auf seine Aufgaben als Nachrichtenoffizier hatte Skripal eine langwierige Spezialausbildung zu absolvieren. Dazu gehörte ein vierjähriges Studium an der Militärisch-Diplomatischen Akademie in der Moskauer Narodnogo Opoltschenija (Straße der Volksmiliz). Als Skripal Ende der 1970er-Jahre dorthin berufen wurde, war diese Institution wie auch die gesamte GRU in Dunkel gehüllt und von vielen gefürchtet. Offiziere bewarben sich nicht selbst, denn dies hätte zu der unangenehmen Frage führen können, wie sie von der Akademie oder überhaupt von der GRU erfahren hatten. Stattdessen wurden passende Kandidaten eingeladen. Die Organisation speiste sich aus Angehörigen des gesamten Spektrums der Streitkräfte, es gab dort Abfangjäger-Leitoffiziere, Fallschirmjäger und U-Boot-Kommandanten. Nach seiner Teilnahme an Geheimoperationen in China und Afghanistan kam die Einladung, die geheimnisumwobene Prüfung abzulegen, für Skripal vermutlich weniger überraschend als für viele andere.

Wladimir Resun, Deckname Wiktor Suworow, der einige Jahre vor Skripal in die Mysterien der GRU eingeweiht wurde, schrieb darüber, wie es einem Armeeoffizier bei der Ankunft an der Militärisch-Diplomatischen Akademie ergeht: »Mit einem Mal findet man sich in Moskau, im Besitz einer permanenten Aufenthaltserlaubnis ... es ist, als wäre man in eine höhere Sphäre aufgestiegen, als wäre man mitsamt seiner Familie plötzlich geadelt worden.«

Für Sergej und Ljudmila Skripal bedeutete dieser Aufstieg in die höheren Sphären der sowjetischen Militärgesellschaft einen radikalen Wandel der Lebensumstände. Nach einer Kindheit in Kaliningrad und Jahren in *Kommunalkas* im Fernen Osten oder Zentralasien fanden sie (nach einigen Jahren auf seinem neuen Posten) eine eigene Wohnung in Krylatskoje, einem Moskauer Vorort nur wenige Kilometer westlich der Akademie, wo Hunderte Wohnungen für GRU- und andere Armeeoffiziere vorgehalten wurden. Als Saschas Einschulung nahte, wussten sie, dass ihm der Platz auf einer guten Schule in der Nähe sicher war und dass Sergejs Zugang zu den speziellen, den Nachrichtendienstoffizieren vorbehaltenen Geschäften ihnen erlauben würde, ein gutes Lebens zu führen.

Als Gegenleistung für seinen Eintritt in die Welt sowjetischer Privilegien hatte er sich für mindestens vier Jahre seinem Studium zu widmen. Wenn es gut ging, winkte am Ende des Tunnels ein weiterer Bonus: die Aussicht auf einen Posten im Ausland, ein exotisches Leben, von dem weder er noch Ljudmila damals im von Bomben zerstörten Kaliningrad hatten träumen können.

Der Lehrplan an der Militärisch-Diplomatischen Akademie bereitete die Studenten im Wesentlichen auf eine Tätigkeit als Nachrichtendienstoffizier vor, also auf das Rekrutieren und Führen von Agenten im Ausland. Sie erlernten die ganze Bandbreite von Spionagetechniken, von uralten wie dem Schreiben mit unsichtbarer Tinte über die Einmalverschlüsselung von Nachrichten bis zur Gegenüberwachung und zum Leiten einer typischen GRU-Niederlassung *(Residentura)*. Zusätzlich mussten sie sich diverse *Soft Skills* zulegen, etwa die Kunst höflicher Konversation unter Diplomaten; ablegen mussten sie typisch russische Kleidungs- und Umgangsgewohnheiten, die sie im Westen womöglich verraten hätten.

Zum Thema Agentenrekrutierung erhielten die Studenten Vorträge von GRU-Legenden über die schwierige Kunst erfolgreicher Verführung. Wjatscheslaw Baranow, ein Jagdflieger, dessen Zeit an der Militärisch-Diplomatischen Akademie sich mit der Skripals überschnitt (beider Lebenswege kreuzten sich auch später immer wieder), erinnert sich an Erzählungen von Ausbildern, wonach nur 10 Prozent der im Ausland stationierten Offiziere erfolgreich Spione anwarben: »Einen Mann zum Verrat an seinem Land zu überreden, das ist nun mal nicht so einfach.«

Neulinge im GRU-Ausbildungszentrum stellten bald fest, dass der Eintritt in die Akademie, den sie für einen gewaltigen Schritt gehalten haben mochten, nur eine Zwischenstation auf dem Weg zu weiteren Auswahlverfahren war: Die einen bekamen Schreibtischjobs, andere wurden im Ausland stationiert; einige wurden in verschlafene Nester in der Dritten Welt geschickt, andere an wichtige Schauplätze des Ost-West-Spionagekriegs; und wer im Ausland keine bedeutsame Rekrutierung zustande brachte, verringerte seine Chancen auf weitere Einsätze, falls er nicht gar vorzeitig nach Hause zurückbeordert wurde.

Um zu verdeutlichen, dass man als erfolgreicher Führungsoffizier im Ausland zur Elite innerhalb einer Elite wurde, zitierte ein GRU-Mann einen Jagdflieger, der nach dem Krieg einen hohen Rang im militärischen Nachrichtendienst bekleidete: »Zwischen unserer nachrichtendienstlichen Arbeit und einem Luftkampf gibt es kaum einen Unterschied. Der sowjetische militärische Nachrichtendienst bildet Tausende Offiziere aus und wirft sie in die Schlacht. Dort, im wirklichen Leben, scheiden sie sich bald in aktive und passive Offiziere. Manche steigen zu höchsten Ehren auf, während andere bei ihrem ersten Auslandseinsatz verglühen.«

Im Lauf ihrer Ausbildung mussten die für den Einsatz im Ausland vorgesehenen Offiziere auch lernen, ihre Rolle zu spielen. Die GRU nutzte genau wie der KGB Diplomatenfunktionen in Handelsvertretungen und Botschaften, tarnte aber auch manche ihrer Leute im Ausland als Angestellte von Aeroflot oder Morflot, der sowjetischen Handelsschifffahrtsgesellschaft, oder auch als Handelsdelegierte oder Journalisten. Die am besten Ausgebildeten von allen – mit oft über zehn Jahren Vorbereitungszeit – waren Illegale, die ohne offizielle Deckung jedweder Art zum Leben in das jeweilige Zielland geschickt wurden. Sie wurden in der Regel vom KGB geführt, aber auch die GRU leitete solche »illegale« Operationen, die jedoch gegen Ende des Kalten Kriegs allmählich eingestellt wurden.

Skripal schnitt an der Akademie so gut ab, dass er für eine Auslandsvertretung ausgewählt wurde. Während er Monat für Monat, Jahr für Jahr, hinter der diskreten Fassade der Akademie seine Vorlesungen hörte, vollzogen sich in der Sowjetunion ganz allmählich Änderungen. In Moskau fanden die Olympischen Spiele statt, ein wenig getrübt durch politische Spielchen der Westmächte. Leonid Breschnew segnete endlich das Zeitliche, ihm folgte Parteichef Jurij Andropow und diesem Konstantin Tschernenko. Selbst in offiziellen Kreisen war jetzt von der »Stagnation« in der Spätphase der Breschnew-Ära die Rede, vom Abflauen des berauschenden Wachstums der 1950er- und 1960er-Jahre und von dem Unmut, der sich in der Bevölkerung ausbreitete. Im Westen schien es voranzugehen, und der Kreml verlangte von seinen Spionen Lösungen für die brennenden Probleme. Welche politischen, ökonomischen und technologischen Entwicklungen waren zu erwarten? KGB und GRU sollten sicherstellen, dass man die Nase weiter vorn hatte – die Führung war über die Kriegspläne Reagans auf dem Laufenden zu halten, zum Nutzen der Sowjetindustrie waren Blaupausen neuer Erfindungen zu beschaffen.

Für Skripal führte die letzte Phase seines Studiums zu einer Enttäuschung, wie sie in der Welt der sowjetischen Nachrichtendienste nicht unüblich war. Nach Abschluss seiner Ausbildung zum Spion wurde ihm gesagt, er solle sich auf einen Einsatz in Mosambik vorbereiten. Für einen ersten Auslandseinsatz kam in der Regel nur ein Entwicklungsland infrage – und solch ein Posten war längst nicht so prestigeträchtig wie an der Front eines NATO-Staats. Zudem gab es dort weder eine nennenswerte Spionageabwehr noch genügend Mittel zur Anwerbung von Agenten.

Zur Vorbereitung lernte Skripal monatelang Portugiesisch und las sich in die Geschichte Mosambiks ein. Dann aber kam die Mitteilung, der Posten werde mit jemand anderem besetzt, für seinen ersten Auslandseinsatz habe man neue Pläne, er solle in diplomatischer Funktion nach Malta gehen.

Nach einer weiteren Ausbildungsphase (unter anderem in Englisch) für den Dienst in dem kleinen diplomatischen Corps auf der Insel im Mittelmeer traf er 1984 dort ein, nicht lange bevor Michail Gorbatschow die Führung der Kommunistischen Partei übernahm. Skripal blieb über fünf Jahre dort, eine ungewöhnlich lange Zeit, was dafür sprach, dass die Zentrale mit seiner Arbeit zufrieden war.

Skripals Tarntätigkeit in der Botschaft war die eines Attachés für Sport und Kultur. Diese Legende erforderte, dass er wöchentlich viele Stunden der Förderung guter Beziehungen zum maltesischen Volk widmete.

In den damaligen Zeitungen wird Skripal mehrmals erwähnt: vom Organisieren des Trainings einer maltesischen Wasserballmannschaft, dem Ausrichten von Spielen einer russischen Fußballmannschaft bis hin zur Förderung eines Erfahrungsaustauschs von Augenchirurgen. Fotos in einigen Artikeln zeigen ihn in einem hellbraunen Anzug, elegant und aufmerksam bei Treffen mit Sportfunktionären und Politikern der Insel. Dies war die einzige Art von Publicity, mit der ein Spion gut leben kann, die seine Legende stützt und seine wahre Tätigkeit verschleiert. Die kleine *Residentura* der GRU auf Malta war ein strategisch wichtiger Posten im großen Spiel um das Mittelmeer. Die Neutralität der Insel im Ost-West-Konflikt machte sie zu einem relativ günstigen Standort für Spionagetätigkeit. Skripal wusste, wenn er sich einen Namen machen und seinen ersten Auslandsposten mit Erfolg absolvieren wollte, musste er Agenten rekrutieren. Und so sah er sich nicht nur in den »herrschenden Kreisen« der Insel um, sondern versuchte nach Möglichkeit auch noch geeignete westliche Diplomaten, Militärs oder Spitzel ins Netz zu locken.

Eine Zielgruppe interessierte den GRU-Posten auf Malta besonders, eine ungewöhnliche Sorte von Touristen. Die Russen hatten bemerkt, dass zahlreiche Angehörige der in Süditalien stationierten US-Armee auf der Insel Urlaub machten. Mitte der 1980er-Jahre waren auf dem sizilianischen Flughafen Comiso Tomahawk-Marschflugkörper eingetroffen; der Luftstützpunkt Sigonella war eine der aktivsten U-Boot-Abwehrbasen der NATO, und die amerikanische Mittelmeerflotte hatte ihr Hauptquartier in Gaeta bei Neapel.

Amerikaner in der Nähe dieser Stützpunkte, insbesondere auf Sizilien, zu rekrutieren, war nahezu unmöglich. Es gab dort keine GRU-Posten, und die US-Navy sowie die Italiener selbst verfügten über eine qualifizierte Spionageabwehr, die auf genau solche Aktivitäten ein wachsames Auge hatte. In den Kneipen Maltas hingegen war die Gelegenheit günstiger. Und so verbrachte Skripal manchen Abend dort, versuchte sich mit Matrosen und Fliegern anzufreunden, spendierte Drinks und spielte den netten Mann von nebenan.

Zu dieser Zeit keimten in Skripal kritische Gedanken auf – oder zumindest erste Ideen, die seine ideologische Konditionierung während der ersten siebzehn oder achtzehn Jahre im Dienst der UdSSR zu untergraben begannen. Schon vor der GRU-Akademie hatte man ihn gelehrt, sich als Kämpfer gegen den westlichen Imperialismus zu sehen. Er musste bereit sein – und hatte seine Bereitschaft dazu in Afghanistan bewiesen –, nicht nur sein eigenes Leben aufs Spiel zu setzen, sondern in dem gewaltigen Kampf, auf den seine Nation sich eingelassen hatte, auch anderen das Leben zu nehmen. Als er nach all den Jahren der Vorbereitung auf jener kleinen Insel im Westen ankam, befand er: »Es war ein wunderbarer Ort, alle waren sich so nahe. Die diplomatische Gemeinschaft war klein, aber sehr freundschaftlich.«

Nur wenige Jahre zuvor hatte er sich in Afghanistan an der Ermordung von Leuten beteiligt, die bloß im Verdacht standen, für die CIA zu arbeiten. Auf Malta plauderte er von Angesicht zu Angesicht mit CIA- und MI6-Agenten oder jungen amerikanischen Matrosen und fand sie ausgesprochen charmant und freundlich. Das waren Menschen. Auch sie hatten Kinder. Warum sollte er sie hassen?

Natürlich vollzog sich für ihn auf Malta keine dramatische Umkehr, doch meldeten sich erste Zweifel. Und ein wenig unwohl war ihm durchaus, als er sich dessen bewusst wurde.

Das sowjetische Diplomaten-Corps war so klein, dass es nach dem Fortgang eines GRU-Offiziers recht einfach war, das Eintreffen seines Nachfolgers mitzubekommen. In welcher Tarnung auch immer. Den Russen ihrerseits war die kleine Schar westlicher Nachrichtendienstler genauso gut bekannt. Und weil beide Seiten übereinander im Bilde waren und die Spielregeln kannten, gab es kaum eine Chance, da oder dort einen dicken Fisch an Land zu ziehen.

Ein CIA-Agent schrieb über die Absurdität der Spionage im Kalten Krieg auf einem (anderen) kleinen Mittelmeerposten: »Die Amtsträger in den Konsulaten, die man zu sich nach Hause oder irgendwo zum Essen einladen konnte – der übliche erste Schritt bei dem Versuch, sie zu rekrutieren –, waren fast ausnahmslos selbst verdeckte Mitarbeiter von anderen Nachrichtendiensten. Sie nahmen die Einladung an, weil sie darin einen ersten Schritt bei ihrem Versuch sahen, einen zu rekrutieren. Kurz, sie machten mit einem dasselbe, was man mit ihnen machte.«

Die Frage, wer hier eigentlich wen bearbeitete, bedeutete für einen GRU-Offizier eine enorme Belastung. Das Spiel »Spion gegen Spion« war äußerst vertrackt. Wenn ein CIA-Agent nach Langley berichtete – wahrheitsgemäß oder nicht –, er mache große Fortschritte bei der Rekrutierung eines GRU-Manns auf Malta, konnte dies ohne Weiteres von einem sowjetischen Agenten aufgeschnappt und nach Moskau weitergeleitet werden, mit möglicherweise furchtbaren Konsequenzen. Ohne dass sie es sich eingestehen mussten, war allen am Spionagespiel auf der kleinen Insel Malta Beteiligten bewusst, dass es sich nicht lohnte, dieses Risiko einzugehen. Statt sich auf fruchtlose Versuche zur Rekrutierung westlicher Spione einzulassen, richtete Skripal sein Augenmerk daher auf Einheimische sowie auf urlaubende US-Soldaten und erfreute sich im Übrigen an Sonnenschein und Familienleben. Seine Tochter Julija war vor Kurzem zur Welt gekommen, Sascha war jetzt elf, und auf einer so kleinen Insel ging man abends selten aus.

Skripal verbrachte die Sonntage am Strand und schöne Stunden beim Erkunden der barocken Architektur und spektakulären Landschaft seiner Insel. An jeder Ecke gab es frische Meeresfrüchte und traditionelle maltesische Spezialitäten wie Fischpastete und Kanincheneintopf. Dazu kamen westliche Speisen und Barbecues bei diplomatischen Empfängen – alles in allem ein Leben, das sich vom Auf und Ab des Garnisonsalltags stark unterschied.

Ende 1989 bestimmten Michail Gorbatschow und George W. Bush die Insel Malta zum Schauplatz eines Gipfeltreffens von hohem Symbolwert. Auf der abschließenden Pressekonferenz nach dem verregneten zweitägigen Gipfel, der ohne Vereinbarung konkreter neuer Schritte zur Entspannung zwischen den beiden Lagern zu Ende ging, erklärte Gorbatschow: »Wir haben nach der Antwort auf die Frage gesucht, wo wir jetzt stehen. Wir sind beide zu dem Schluss gekommen, dass die Welt eine Epoche, die des Kalten Kriegs, hinter sich lässt und in eine neue Epoche eintritt.« Damit hatten die Zeitungskorrespondenten ihre Schlagzeile – Malta wurde zu dem Ort, an dem der Kalte Krieg für beendet erklärt worden war.

Im selben Jahr ging auch das Kapitel Malta im Leben der Skripals zu Ende. Sie kehrten in ihre Moskauer Wohnung in Krylatskoje zurück. Wie viele Rückkehrer von Auslandseinsätzen hatten sie eine Menge westlicher Elektronik, Modeartikel und schöner Erinnerungen im Gepäck. Ihm wurde ein Schreibtischjob in der Zentrale zugewiesen, und damit lag eine der bemerkenswerteren Etappen seiner Karriere hinter ihm.

Kurz nach Skripals Rückkehr aus Malta wurde ein anderer aus dem Ausland zurückgekehrter GRU-Offizier, Oberst Wjatscheslaw Baranow, zum Ziel einer Spionageabwehroperation. Baranow hatte als Attaché für Wissenschaft und Technik in Dhaka gearbeitet, der Hauptstadt von Bangladesch. 1989, gegen Ende seiner dortigen Stationierung, hatte er der CIA seine Dienste angeboten.

Die Beziehung bereitete beiden Seiten Kopfschmerzen. Die CIA war vom Verlust vieler wichtiger russischer Quellen erschüttert, die, wie sich herausstellte, aus dem Inneren der amerikanischen Nachrichtendienste heraus verraten worden waren. Baranow seinerseits bot der CIA als Beweis für seine Glaubwürdigkeit Informationen über den ein paar Jahre zuvor erfolgten Abschuss eines koreanischen Passagierflugzeugs an, zögerte dann aber, etwas Gehaltvolleres zu liefern. Für die CIA-Leute stellte er ein Rätsel dar – war der Ex-Jagdflieger und GRU-Mann echt, oder war er ein Köder, den man ihnen mit wenig brauchbaren Informationen hinhielt, um die amerikanische Operation in Dhaka aufzudecken?

Zurück in Moskau, wurde Baranow instruiert, Kontakt mit den CIA-Leuten in der amerikanischen Botschaft aufzunehmen. Nachdem er sich einige Monate lang bedeckt gehalten hatte, sandte er Anfang 1990, wie man es ihm beigebracht hatte, die ersten Signale aus – eine Zahl, die in ein Telefonbuch zu schreiben war; Kreidezeichen an einer Mauer in einer bestimmten Gasse.

Baranow, der seine Geschichte später einem amerikanischen Journalisten erzählte, fand die CIA-Leute in Moskau ängstlich und inkompetent. Sie waren nicht nur, wie zu erwarten, extrem misstrauisch wegen Überwachung durch den KGB, sondern auch ziemlich schlecht, wenn es darum ging, auf seine Versuche zur Kontaktaufnahme zu reagieren. Offenkundig fürchteten sie Infiltrierung und Provokation gleichermaßen.

Im August 1992, nach einer Spionage-Komödie der Irrungen, nach gut zwei Jahren, in denen er lediglich ein einziges Mal einen in Moskau stationierten Führungsagenten getroffen hatte, wurde Baranow am Scheremetjewo-Flughafen festgenommen, von wo er nach Wien fliegen wollte, um wieder Kontakt mit den Amerikanern aufzunehmen. 1993 wurde er zu sechs Jahren Zwangsarbeit verurteilt. Er saß seine Strafe ab, und 2002 schließlich gelang es ihm mit CIA-Unterstützung, Russland zu verlassen. Während der Gefangenschaft entwickelte Baranow die fixe Idee, ein Maulwurf innerhalb der amerikanischen Geheimdienste habe ihn verraten. Anfangs hatte er den 1994 verhafteten CIA-Mann Aldrich Ames in Verdacht, dann einen später verhafteten FBI-Mann. Als er sich nach seiner Entlassung mit den Einzelheiten dieser beiden Infiltrierungsszenarien befasste, ergab sich kein zusammenhängendes Bild. Bis heute ist nicht klar, was damals wirklich gelaufen ist.

Bei einem Besuch von mir viele Jahre später brachte Sergej Skripal, als ich gerade am Gehen war, den Fall Baranow aufs Tapet. Darauf war ich nicht vorbereitet, Details waren mir nicht bekannt. Sergej sagte: »Ich war es, der ihn enttarnt hat.« Mehr verriet er nicht, und ich hatte keine Zeit, weiter nachzuhaken. Leider verhinderten die späteren Ereignisse eine Fortsetzung unseres Gesprächs.

Sergejs Enthüllung lässt verschiedene Schlüsse zu: Entweder war die Enttarnung Baranows nicht das Ergebnis von Infiltrierung, sondern ging auf etwas anderes zurück (etwa auf den Hinweis eines misstrauischen Kollegen in Dhaka); oder es gab tatsächlich irgendwelche vagen Hinweise auf Infiltrierung, und Skripal half dabei zu ermitteln, auf wen sie sich bezogen.

Im Kontext dieser Geschichte ist Baranow aus mehreren Gründen interessant. Ich sprach darüber und über Sergejs Rolle dabei mit jemandem, der zu der Zeit bei der CIA gewesen war; er konnte mir zwar nichts bestätigen, bemerkte aber: »Sergejs Reputation als loyaler Offizier wäre damit gestiegen.« Natürlich kamen Skripal Zweifel, insbesondere, als er den Wandel innerhalb Russlands in den Monaten und Jahren nach seiner Rückkehr aus Malta miterlebte. Doch wie seine Beschäftigung mit der Akte Baranow zeigte, war er zu diesem Zeitpunkt immer noch bereit, seine Pflicht zu tun, und dies mag zur Bereitschaft der Zentrale beigetragen haben, ihn aufs Neue ins Ausland zu schicken, diesmal auf einen wichtigen Posten in einem NATO-Land.

Die langwierige Überwachung Baranows, seine Befragung und schließlich sein Prozess dienten auch als Warnung an alle in der GRU, dass Spionage für die Amerikaner sich nicht auszahlte. Sie waren infiltriert, ihre Leute in Moskau standen unter intensiver Beobachtung. Sergej würde sich nach anderen Auswegen umsehen müssen, wenn er mit seiner Arbeit und dem, was in seinem Land geschah, unzufrieden war. Und in der Tat bewegten sich die Ereignisse im Kreml auf ein dramatisches Ende zu.

Parteichef Michail Gorbatschow hatte in Afghanistan das Handtuch geworfen, Anfang 1989 hatte die Sowjetarmee das Land verlassen. In vielen Teilrepubliken der UdSSR, von der Ostsee bis zum Kaukasus, ließ die liberale Politik des Kreml ein Aufwallen von Nationalismus und Unmutsbekundungen zu. Die Offiziere in der GRU-Zentrale verfolgten diese Entwicklung mit großer Sorge. Dieser Gorbatschow, glaubten sie, sei im Westen eben darum so beliebt, weil er alles aufgebe. Der Ostblock begann an allen Ecken und Ende zu bröckeln.

Mit dem Fall der Berliner Mauer im November 1989 schien sich diese Entwicklung noch zu beschleunigen. Überall in Osteuropa kollabierten befreundete Regierungen, und die Analysten der Geheimdienste in London und Washington registrierten in Militär und Partei erste Anzeichen für einen möglichen Staatsstreich.

Im August 1991 eskalierte die Konfrontation zwischen

Gorbatschow und denen, die nicht bereit waren, die Errungenschaften des Sozialismus kampflos aufzugeben. Während der Generalsekretär im Süden Urlaub machte, rollten in Moskau Panzer ein, und ein paar Tage lang nahm eine halbherzige Junta namens Staatskomitee im Ausnahmezustand für sich in Anspruch, das Land zu regieren. Gorbatschow schaffte es, nach Moskau zurückzufliegen, der Putsch scheiterte, und die Kommunistische Partei der Sowjetunion wurde verboten. Binnen weniger als einer Woche war die gesamte politische Arbeit von über sieben Jahrzehnten ausgelöscht. In den folgenden Monaten begann der Zerfall der Sowjetunion selbst. Das Land und seine Bewohner stürzten in eine Phase tiefster Unsicherheit, und viele ins Elend.

Die Geschichte von Sergej Skripals Bruder Walerij ist in diesem Zusammenhang nur ein Beispiel unter vielen. Während sich in Moskau jene schockierenden Ereignisse abspielten, diente er bei der Sowjetarmee in Kasachstan. Auch diese zentralasiatische Republik ergriff die Chance zur Unabhängigkeit und erhob Anspruch auf Truppenteile (das heißt auf Staatseigentum der UdSSR) für sich selbst. Walerij lehnte es ab, in der neuen kasachischen Armee zu dienen, und büßte durch diesen Schritt seine Dienstwohnung ein. Er wollte nach Russland zurück – hätte dort aber weder Arbeit noch Wohnung gehabt, ganz zu schweigen davon, dass niemand ihm das Geld für die Fahrkarte gab. Er war gestrandet und nahezu mittellos.

Anderswo verließen Offiziere und ihre Familien die neuerdings unabhängigen Gebiete auf Viehtransportern oder warteten wochenlang in Flughafenterminals auf einen Flug nach Russland. In manchen Gegenden versuchten Einheimische, die Wohnungen der ehemaligen Armeeangehörigen zu übernehmen, und konnten nur von bewaffneten Posten daran gehindert werden. Das alles war sehr unschön. Kann man sich vorstellen, wie gedemütigt sich Offiziere fühlen mussten, die geschworen hatten, ihr Land bis zum letzten Blutstropfen zu verteidigen?

Und was sollte aus Mutter Jelena Skripal werden, die immer noch in Kaliningrad lebte? Die Unabhängigkeit der drei baltischen Republiken Estland, Lettland und Litauen machte die Stadt zu einer isolierten Enklave nahe der polnischen Grenze. Früher war man einfach in Moskau in den Zug gestiegen und auf einer Inlandsreise nach Hause gefahren. Jetzt waren auf dem Weg internationale Grenzen zu überschreiten. Vielen fehlte plötzlich das Nötigste zum Leben: Arbeit, eine Wohnung, ein Einkommen, das mit der galoppierenden Inflation Schritt hielt. Sergej erkannte, dass er am ehesten in der Lage war, sich um die Familie zu kümmern. Es war seine Pflicht, Mutter und Bruder zu helfen.

In den zwei Jahren nach dem gescheiterten Staatsstreich spitzte sich die Lage weiter zu. Im Oktober 1991 entließ Russlands neuer Präsident Boris Jelzin den GRU-Direktor General Wladlen Michailow, der im Verdacht stand, mit dem Putschversuch einige Monate zuvor sympathisiert zu haben. Michailow wurde gegen einen General von außerhalb der Geheimdienste ausgewechselt, dessen »einziger Einsatz«, wie ein russischer Offizier scharfzüngig bemerkte, »für den militärischen Nachrichtendienst darin bestanden hatte, neue Kantinen für ranghöhere Offiziere des Direktoriums einrichten zu lassen«.

Die GRU hielt sich in den chaotischen und unsicheren ersten Monaten nach Jelzins Amtsantritt relativ gut, war aber nicht immun. Auf den höheren Ebenen kam es zu Entlassungen und Rücktritten. Wer dort arbeitete, mochte sich früher einmal als Angehöriger einer Art Adelsschicht gefühlt haben, doch als der entfesselte Kapitalismus und die galoppierende Inflation das Kommando übernahmen, mussten sich die Offiziere eher wie Angehörige eines abgewirtschafteten *Ancien Régime* vorkommen.

Skripal rang mit sich. Der Fahneneid, den er vor vielen Jahren in Kaliningrad geleistet hatte, stand für ihn an erster Stelle. Aber Ende 1991 existierte die Sowjetunion, die »mit Blut und Leben« zu verteidigen er geschworen hatte, nicht mehr. In der Zentrale hatte man überlegt, ob man einen neuen Eid auf Jelzins Russland schwören sollte, doch Skripal und viele andere in der GRU waren dieser Debatte ausgewichen, und die Vorgesetzten waren so entsetzt über das, was mit dem Land geschah, dass sie nie auf einem solchen Eid bestanden hätten. Und wenn es wirklich etwas mit Treuebruch zu tun hatte – hatten den nicht Gorbatschow und Jelzin schon begangen, indem sie den Staat zerstörten, dem er Treue geschworen hatte?

So erschien Skripal eines Morgens im Sommer 1992 in der GRU-Zentrale und bat um ein Gespräch mit dem Stellvertretenden Direktor, einem der Generäle, die jetzt an der Spitze der Organisation standen.

»Was kann ich für Sie tun, Sergej Wiktorowitsch?«

»Ich möchte meine Kündigung einreichen, General.« Sergej hatte genug durchgemacht. »Ich habe die russischen Demokraten nicht akzeptiert«, erklärte er, »ich möchte der neuen Regierung nicht dienen.« Skripal wollte die GRU verlassen.

4

SCHLUSS MIT HERRENRASSE

Im selben Sommer 1992, in dem Skripal den Entschluss fasste, den Dienst zu quittieren, schloss Richard Bagnall seine Ausbildung zum Offizier beim Secret Intelligence Service, dem britischen Auslandsgeheimdienst (SIS; besser bekannt als MI6, Military Intelligence Section 6) ab. Aspiranten auf einen Posten beim MI6 mussten sich nicht die vier Jahre um die Ohren schlagen, die ein angehender GRU-Mitarbeiter an der Militärisch-Diplomatischen Akademie abzusitzen hatte, um das Rüstzeug für die Agentenarbeit zu erwerben. Britische Spione in spe durchliefen, wenn sie die Auswahlkommissionen passiert hatten, eine sechsmonatige Schulung und durften dann gleich ihren ersten Job in einer Auslandsniederlassung antreten.

So wurde Bagnall Nachwuchsagent in einem sagenumwobenen Dienst. Aber damals steckte der MI6 mitten in den Unsicherheiten der Zeit nach dem Kalten Krieg – ein Geheimdienst, der sich nicht entscheiden konnte, ob er neue Ziele ins Visier nehmen oder lieber die Schwächung des russischen Staates ausnutzen sollte, um sich für die Demütigungen der Vergangenheit zu rächen.

Wie auch Skripal war er nicht auf geradem Weg zu diesem Ziel gelangt. Bis zu seinem Eintritt in den MI6 zwei Jahre zuvor hatte er als Heeresoffizier gedient, und man war übereingekommen, dass er sich für den großen Russischkurs an der

Militär-Sprachschule in Beaconsfield einschreiben sollte, der den Teilnehmern die Beherrschung der Sprache auf Dolmetscherniveau vermitteln würde. In der Zeit des Kalten Kriegs waren die Sprachkurse in Beaconsfield für bestimmte Kategorien von Geheimdienstmitarbeitern zu einem absoluten Pflichtpensum geworden, insbesondere für alle, die mit der Abschöpfung elektronischer Quellen zu tun hatten. Viele von ihnen wurden bei der British Military Mission *(Brixmis)* in der DDR eingesetzt, wo sie sich in so etwas wie halblegaler Militärspionage üben konnten, ein Aufgabengebiet, das die Stationierung auf diesem Vorposten für junge Geheimdienstler(innen) zu einer der aufregendsten Missionen machte, die sie sich erträumen konnten. Doch nach dem Ende des Kalten Kriegs wurde die *Brixmis* aufgelöst, wie überhaupt die Streitkräfte tiefe Einschnitte hinnehmen mussten, die auf der anderen Seite eine sogenannte Friedensdividende für den Steuerzahler erbrachten.

Aufgewachsen mit ständigen Wohnortwechseln, da sein Vater immer wieder an andere Dienststellen in aller Welt versetzt wurde, hatte Bagnall schließlich in seinem Heeresregiment so etwas wie eine Heimat gefunden – und eine Andockstation für seine leidenschaftliche Vaterlandstreue. Von klein auf war er in einem Internat zwischengelagert worden, und so hätte er in einer anderen Zeit vielleicht eine kirchliche Laufbahn eingeschlagen.

Bei der Truppe fand Bagnall ein Klima vor, das unkomplizierte Freundschaften, Spaß und Geselligkeit unter Kameraden beförderte, und so beschloss er, ein möglichst guter Soldat zu werden. Ähnlich dem Russen, den er Jahre später in einem Park in Madrid kennenlernen sollte, führte den jungen Offizier sein ausgeprägtes Leistungs- und Selbstverwirklichungsstreben zunächst in den Bereich der Feindaufklärung und dann zu den Pionieren. Den Auswahlprozess des Special Air

Service (SAS, der insbesondere mit militärischen Operationen befasst ist) durchlief Bagnall mit Erfolg, doch im Verlauf der anschließenden Schulungsetappe wurde er ausgemustert. Nach dem enormen Aufwand an körperlicher und emotionaler Energie, den er getrieben hatte, war es nicht verwunderlich, dass seine Kameraden seine tiefe Enttäuschung zu spüren bekamen.

Noch etwas anderes hatten Skripal und der britische Offizier gemeinsam: Während in den Geheimdiensten dieser Welt kein Mangel an Hochstaplern, Scharlatanen und Schürzenjägern herrscht, heirateten sie beide früh und blieben verheiratet. Sie waren pflichtbewusste Ehemänner und Familienväter.

Obwohl die Streitkräfte dem jungen Hauptmann noch immer eine gute Zukunft mit Aussicht auf ein Kommando verhießen, war das Ende des Kalten Kriegs für ihn letztlich der Anlass, sich andere Ziele zu setzen, nachdem es sein Bataillon nicht mehr gab. Durch die Launen der Geschichte aus seiner Regimentsheimat vertrieben, verschrieb Bagnall sich jetzt einem Leben für den Geheimdienst.

Es kam, wie es kommen musste im Juli 1996 in *El Retiro*. Denn in gewisser Weise begegnete Skripal einer jüngeren Ausgabe seiner selbst. Dieser feurige Engländer lebte ganz für seinen Beruf, er war selbstbewusst und durchtrainiert – am wichtigsten aber war, dass er den Glauben an das System, dem er diente, nicht verloren hatte.

Für die »Freunde«, wie die Geheimdienst-Gemeinde sich bisweilen zu titulieren beliebt, war der neue Kollege ein guter Fang. Mit einem messerscharfem Verstand begabt, war er schnurstracks in die Aufklärungsabteilung gekommen, in die Laufbahn für vielversprechende Führungskräfte. Ein ranghoher MI6-Beamter, der in dieser frühen Phase einige von Bagnalls Aufträgen überwachte, beschreibt ihn als einen »charmanten und hochintelligenten« Kollegen.

Nachdem Bagnall Beaconsfield durchlaufen hatte, absolvierte er den formelleren Teil der Ausbildung zum MI6-Beamten, einen sechsmonatigen Kurs mit dem unvermeidlichen Gruppenunterricht, inspirierenden Gesprächen mit lebenden Legenden des Geheimdienstes und mit Unterweisungen in der Kunst der Spionage.

Ein großer Teil dieser Grundausbildung findet in »der Festung« Fort Monckton statt. Die Mitarbeiter werden dort auch in die eher handfesten Seiten ihrer Tätigkeit eingeführt, vom Überklettern eines Zaunes bis zum Aufbrechen von Schlössern, von waffenlosen Kampftechniken bis zum Schießtraining mit der Pistole. Zwischendurch fanden »draußen« praktische Übungen statt, etwa gespielte Angriffe auf erfahrene Agenten der Überwachungsabteilung, und das nicht selten in den belebten Straßen Londons.

Zweck dieser Übungen war es, den neuen Mitarbeitern Abwehrtechniken gegen feindliche Überwachung beizubringen, eine Fertigkeit, die an vielen Orten entscheidend für ihr Überleben und das der von ihnen geführten Agenten sein würde.

Während langer Unterrichtsstunden im Russischkurs dürfte Bagnall nachgedacht haben, wie schwierig es sein würde, Agenten anzuwerben und zu führen. Die Dozenten waren bestens vertraut mit einem der tiefsten und dunkelsten Geheimnisse der westlichen Nachrichtendienste in den Jahrzehnten des Kalten Kriegs: dass die aktive Anwerbung von Agenten trotz aller Heldengeschichten über die Rekrutierung und Kultivierung geheimdienstlicher Informanten in der Sowjetunion eine teuflisch schwere Aufgabe war.

Der Überwachungsstaat, den der KGB installiert hatte, hatte die russische Gesellschaft so gründlich penetriert, dass es so gut wie unmöglich war, Leute dafür zu gewinnen, für den Westen zu spionieren, es sei denn, jemand hatte das bereits für sich beschlossen. Ein ranghoher CIA-Beamter, der in eine

Spitzenposition im Directorate of Operations (auch Clandestine Service genannt) aufstieg, brachte das Problem prägnant auf den Punkt: »Im Lauf der Zeit gelangte ich zu der Überzeugung, dass der Clandestine Service in der Zeit des Kalten Kriegs eine Menge Energie auf das Bemühen verschwendete, Sowjetbürger zu rekrutieren. Historisch war es so, dass diejenigen, die wirklich vorhatten, mit den Vereinigten Staaten zu kooperieren, aus eigenem Antrieb anmarschiert kamen und ihre Dienste anboten, gewöhnlich gegen Geld. Mir ist keine bedeutsame Rekrutierung im Sowjetbereich bekannt, bei der der Betreffende von einem CIA-Mitarbeiter ausfindig gemacht, angefüttert und rekrutiert worden wäre.«

Diese höchst bemerkenswerte Aussage, aus der hervorgeht, dass Hunderte von CIA-Außendienstlern in jahrzehntelanger Arbeit keinen einzigen sowjetischen Spion zu rekrutieren vermochten, der nicht schon von sich aus auf Verrat gepolt war, ist erläuterungsbedürftig. Die CIA gewann und führte im Verlauf des Kalten Kriegs in der UdSSR sehr wohl viele Agenten, die nicht einfach »hereingeschneit« kamen und ihre Dienste anboten. Es gab nicht wenige Fälle, in denen die Anwerbung so funktionierte, dass man bei den Zielpersonen bestehende Zweifel am eigenen Tun identifizierte und sie Schritt für Schritt so lange bearbeitete, bis sie die Schwelle zum Verrat übertraten. Dennoch wirft die zitierte Feststellung des CIA-Beamten ein Schlaglicht darauf, wie wenig Ähnlichkeit das von den westlichen Diensten gepflegte Image als edle Ritter der Freiheit, die ihre ideologischen Widersacher durch Überzeugungsarbeit dazu bewegen, Verräter zu werden, mit dem hatte, was wirklich vor sich ging. In den 1980er-Jahren ergab eine Expertenschätzung, dass nur rund 5 Prozent der vielen CIA-Außendienstler, die in einer großen Zahl von Ländern in aller Welt verdeckt operierten, jemals einen Agenten, also einen Zuträger wertvoller Erkenntnisse, rekrutiert hatten.

Die Aufgabe, Agenten anzuwerben, wurde für einen eifrigen SIS-Beamten also zu einer Herausforderung, einer Bewährungsprobe für seinen Einsatzwillen und sein Geschick, ähnlich wie das Bestehen vor der SAS-Auswahlkommission für einen Soldaten. Von seiner Mentalität her war Bagnall dafür sicherlich wie geschaffen. Ein CIA-Mann, der ihn in einer späteren Phase seiner Laufbahn beobachtete, beschreibt ihn anerkennend als »einen höchst aggressiven Agenten«. Dazu kam natürlich, dass für einen Mann, der dem MI6-Typus entsprach und darauf brannte, sich einen Namen zu machen, die Zeitumstände günstig waren: Der Bankrott des Sowjetkommunismus hatte chaotische Verhältnisse geschaffen und ein Klima, in dem viele Russen für sich beschlossen, es sei an der Zeit, erst einmal für sich selbst zu sorgen.

In der Endphase des Kalten Kriegs hatte Oleg Gordijewskij, damals die Nummer zwei in der Londoner *Residentura* des KGB, den Glauben an die sowjetische Ideologie verloren und deshalb beschlossen, für Großbritannien zu spionieren. Er hatte das in dem Wissen getan, dass womöglich die Todesstrafe auf ihn warten würde, wenn man ihn erwischte. Als ein für die Russen arbeitender US-Amerikaner ihn denunzierte, wurde er umgehend nach Moskau zurückbeordert. Nur eine waghalsige Rettungsaktion – er wurde außer Landes geschmuggelt – rettete ihm das Leben. Gordijewskij gab den Briten die (dank seines hohen Ranges einigermaßen verlässliche) Zusicherung, dass sich in ihren Diensten keine schwergewichtigen Maulwürfe mehr befanden. Außerdem hatte der MI6 vorgeführt, dass er jeden Sowjetbürger, der bereit war, ihm zu dienen, schützen konnte – sogar vor einer Hinrichtung in Moskau.

Nach dem Ende des Kalten Kriegs nahm die Zahl russischer Spione, die ihr Wissen zum Kauf anboten, erheblich zu. Im Gefolge des Niedergangs von Partei und Sowjetsystem war auch der KGB selbst abgewickelt worden. Aus der bisherigen Ersten Hauptverwaltung (PGU, verantwortlich für Auslandsspionage) ging ein neuer Auslandsnachrichtendienst hervor, die SWR (Sluschba Wneschnej Raswedki). In den Jahren 1991/92 boten sich alle möglichen SWR-Leute dem MI6 und den Amerikanern an. Im Juli 1992 setzte sich der Stellvertreter des Pariser SWR-Residenturleiters, Wiktor Oschtschenko, nach Großbritannien ab. Er war schon in einer früheren Etappe seiner Laufbahn in London stationiert gewesen und konnte die Identität eines britischen Maulwurfs lüften, den er damals geführt hatte. Ein noch bedeutenderer Erfolg gelang dem MI6 im gleichen Jahr mit der Ausschleusung eines gewissen Wassilij Mitrochin aus Russland. Der Mann war bis in die Mitte der 1980er-Jahre einer der Chefarchivare der Ersten Hauptverwaltung gewesen.

Über zwanzig Jahre hinweg hatte Mitrochin die Kronjuwelen des Auslandsarchivs des KGB kopiert und abgelegt – Akten mit den Codebezeichnungen sowjetischer Agenten im Ausland, mit Dossiers über ihre Aktivitäten und Kontaktdaten. In seiner Datscha auf dem Land hatte Mitrochin Tausende Zettel, auf die er diese kostbaren Daten gekritzelt hatte, in Milchkannen aufbewahrt. Lange hatte er sich den Kopf darüber zerbrochen, wie er es anstellen könnte, diesen außerordentlich wertvollen Schatz in einen komfortablen Ruhestand im Westen umzumünzen. Nach einem nicht geglückten Versuch, sich den Amerikanern anzudienen, war er in einer britischen Botschaft in einer der unabhängig gewordenen baltischen Republiken aufgetaucht und hatte eine kurze Unterredung mit einem hellwachen britischen Diplomaten geführt. Der hatte ihn gebeten, einen Monat später noch einmal zu kommen.

Bei seinem zweiten Besuch in der Botschaft wurde Mitrochin von zwei Mitarbeitern des MI6 begrüßt, die als Veteranen der Ostblockabteilung bestens gerüstet waren, dem Russen und seinem Angebot auf den Zahn zu fühlen. Nachdem es gelungen war, den Mann und seine kostbaren (und umfangreichen) Merkzettel in sicheren Gewahrsam zu nehmen, sah sich der SIS im Besitz eines Schatzes von außerordentlichem Wert: einer Fülle lebender Momentaufnahmen aus Jahrzehnten operativer KGB-Arbeit, Quelle hochwertiger Informationen, die man mit befreundeten Diensten in aller Welt teilen oder tauschen konnte.

Dazu kamen noch die Überläufer von der SWR, die sich anderen westlichen Geheimdiensten anboten angesichts der Haushaltskürzungen zu Hause und der allgemeinen Katerstimmung nach dem Auseinanderfallen der UdSSR – da ist es kaum verwunderlich, dass die Spionageabwehr-Kader im Westen in jenen Jahren eine so große Siegesgewissheit ausstrahlten. Wer immer mit dem Gedanken spielen mochte, für Russland zu spionieren, für den hatte Oleg Kalugin, ein schwerblütiger früherer KGB-General, der jahrelang Auslandseinsätze dirigiert hatte, das nüchterne Fazit parat: »Nur ein sehr großer Narr würde für eine so gründlich unterwanderte Organisation arbeiten.«

In den frühen 1990er-Jahren gaben die britischen Geheimdienste uns Journalisten so einige Auskünfte dazu, wie ihrer Meinung nach das Ende des Kalten Kriegs das Spionagegeschäft verändern würde. Ich konnte mich sowohl mit Leuten unterhalten, die leitende Positionen in der Spionageabwehr-Abteilung des MI5 (Abteilung K) und im SIS-Direktorat für Spionageabwehr innehatten. Aufgabe des MI5 war es im Wesentlichen, in Großbritannien platzierte Auslandsagenten aufzuspüren, während der MI6 den Auftrag hatte, gegnerische Geheimdienste zu unterwandern oder hochkarätige Überläufer zu generieren. Die internationalen Verschiebungen und Umbrüche, die diese Zeit mit sich brachte, führten dazu, dass einige dieser geheimdienstlichen Abteilungen reorganisiert wurden und neue Namen erhielten. Der SIS und die elektronischen Abwehrspezialisten vom GCHQ (Government Communications Headquarter), die sich anschickten, ins Rampenlicht zu treten, erhielten mit dem 1994 verabschiedeten Gesetz über die Nachrichtendienste eine saubere Rechtsgrundlage einschließlich einer gewissen parlamentarischen Kontrolle und eines erweiterten (wenn auch begrenzten) Freiraums, mit den Medien zu sprechen.

Das Bild, das sich im Verlauf dieser Gespräche herauskristallisierte, verströmte bisweilen Siegestrunkenheit. »Wir haben sie auseinandergenommen, haben sie vollständig zerlegt«, tönte ein MI6-Leiter 1993. In den Augen vieler war dies die spezielle und endgültige Revanche des MI6 für den Verrat von Kim Philby und seinem Agentenring in Cambridge. Mein Gewährsmann war früher in der Ostblock-Abteilung gewesen; während er keinen Zweifel daran ließ, dass nach seiner Überzeugung die SWR schwer angeschlagen war, beurteilte er die GRU anders. Wir unterhielten uns einige Zeit über den Überläufer Oschtschenko, und dabei warnte mich der Direktor davor, das Augenmerk zu sehr auf jene zu richten, die sich in den Westen abgesetzt hatten. Eine Operation wie die Ausschleusung Gordijewskijs sei bei aller Tollkühnheit für die professionellen Agentenjäger eher »ein Zeichen des Scheiterns«, weil man damit die Schuld eines Individuums zweifelsfrei bestätige, was wiederum die Russen veranlassen würde, alle Vorgänge und alle Personen, mit denen der Maulwurf zu tun hatte, unter die Lupe zu nehmen. »Die erfolgreichsten unserer Russland-Agenten«, sagte er mir, »waren diejenigen, die dreißig Jahre auf ihrem Posten blieben und jetzt in den Ruhestand gegangen sind.«

Diesen faszinierenden Einblick in die Arbeit des SIS erhielt ich unmittelbar nach einer Pressekonferenz, auf der der Chef dieser Behörde und der Direktor des GCHQ zum ersten Mal in der Geschichte unseres Landes Journalisten Rede und Antwort gestanden hatten.

Colin McColl, Chef des SIS, räumte ein, dass sich die alte »Megabedrohung« verflüchtigt hatte, sagte aber zugleich den Geheimdiensten »eine schwierige Zeit« voraus. Der MI6 beschäftigte zu der Zeit knapp unter 2000 Leute und war eifrig auf der Suche nach neuen Aufgaben, um diese Personalstärke beibehalten zu können. Auf der Pressekonferenz stellten Journalisten Fragen nach den neuen Kontrollmöglichkeiten des Parlaments, nach Aufgabengebieten wie der Counter Proliferation (dem Unterbinden der Weiterverbreitung von Massenvernichtungswaffen) oder dem Kampf gegen den Terrorismus. An Russland zeigten die Medienvertreter kein großes Interesse, obwohl damals alle wussten, dass in den Augen der britischen Profis nach wie vor unter allen fremden Mächten die russischen Geheimdienste die bedrohlichsten Gegenspieler Großbritanniens waren.

Eines schönen Tages im Herbst 1993 durfte ich das damals noch in der Gower Street befindliche Hauptquartier des MI5 besuchen. Ich war auf dem Weg zu einer Unterredung mit Jim*, dem damaligen Leiter der Abteilung K. Wir saßen uns in einem der sprichwörtlich nüchternen Konferenzräume der Behörde gegenüber, jeder eine Tasse Tee vor sich, und er legte mir seine Einschätzung der geheimdienstlichen Bedrohungslage für unser Land dar. Er tat dies in einem gleichmütigen Ton – auf keinen Fall machte er den Eindruck, dem Kalten Krieg in irgendeiner Weise nachzutrauern. Die Zahl der in Großbritannien operierenden SWR-Mitarbeiter sei, so erklärte Jim, um 50 Prozent zurückgegangen. Angesichts drohender Haushaltskürzungen habe die SWR einen Kuhhandel mit dem russischen Außenministerium geschlossen; dieser beinhalte eine deutliche Reduzierung der Spione und damit auch des Potenzials für Verfänglichkeiten im Verhältnis zu den westlichen Ländern, die sich um ein freundschaftliches Verhältnis zu Boris Jelzins demokratischer Regierung bemühten.

Der Fall der Berliner Mauer eröffnete dem Westen einige offenkundige Einsparmöglichkeiten im Spionagegeschäft. Westliche Geheimdienste mussten jetzt nicht mehr die Aktivitäten der Partnerdienste des KGB in den Ostblockländern – in der DDR, Polen, Ungarn, der Tschechoslowakei, Bulgarien und Rumänien – ausforschen. Diese Länder hatten sich demokratische Verfassungen gegeben und in den meisten Fällen die Sicherheits- und Nachrichtendienste, die zu verhassten Symbolen des alten Machtsystems geworden waren, aufgelöst. Mit dem Wegfall der ideologischen Fronten wurden jede Menge Leute arbeitslos – von den KGB-Beamten in London, die die Zusammenarbeit mit der kommunistischen Partei oder mit linken Gewerkschaftern in England pflegten, bis zu den Mitarbeitern der Abteilung F des MI5, deren Auftrag es war, ihnen das Leben möglichst schwer zu machen.

Mit seiner Bewertung des Spionagefalls Michael Smith fügte Jim diesem funkelnden Mosaik ein weiteres Glanzstück hinzu. Smith, dem im November 1993 der Prozess gemacht wurde, war der von dem Überläufer Oschtschenko enttarnte Agent. Seine Verhaftung und Verurteilung markierte nach Jims Ansicht einen sauberen Schlussstrich unter die schmutzigen Geschäfte des Kalten Kriegs – und nicht etwa den Anfang von etwas Neuem.

Es gab freilich warnende Stimmen, was die GRU betraf. Der russische Militärgeheimdienst hatte sich, wie Jim mir sagte, mit Erfolg »den Pro-forma-Bemühungen [Moskaus] widersetzt, ihn unter politische Kontrolle zu bringen«. Während die SWR Einschnitte hatte hinnehmen müssen, habe »die GRU im Ausland nichts abgebaut«. »Sie bereitet uns daher die größeren Sorgen«, sagte Jim, »sie ist politischen Erwägungen am wenigsten zugänglich.«

Im Großen und Ganzen waren die britischen Geheimdienste der Auffassung, die GRU sei wesentlich schwerer zu unterwandern, ihr Ethos sei intakt geblieben. Immerhin verzeichneten die Amerikaner den einen oder anderen Erfolg. Oberst Sergej Bochan, stellvertretender GRU-Residenturleiter in Griechenland, lief im Sommer 1985 zur CIA über, allerdings nachdem die Agency ihm die Warnung hatte zukommen lassen, er sei denunziert worden. Vor seiner Fahnenflucht war Bochan das gewesen, was die Amerikaner einen RIP (Recruitment in Place) nannten, ein an Ort und Stelle Angeworbener. Einen GRU-Mann dazu zu bringen, dass er für unsere Seite spionierte, war im Kalten Krieg eine Herkulesaufgabe gewesen. Der MI6 hatte sich daran jahrzehntelang die Zähne ausgebissen, ein wichtiger Aspekt bei der Ausbildung von Oberst Skripal.

Die russische Geheimdienstfamilie als ganze war nach Jims Eindruck zu der Zeit immer noch dabei, »ihre Ziele neu zu definieren und ihre Prioritäten zu ordnen«. Ähnliches spielte sich natürlich auch in Langley beim CIA oder in Vauxhall Cross ab, dem protzigen neuen Sitz des MI6 am Südufer der Themse. Die Verhaftung von Aldrich Ames 1994 offenbarte, was für einen schweren Schaden der KGB mit der Platzierung eines Maulwurfs anrichten konnte – als Folge von Ames' Verrat waren mehrere britische Agenten hingerichtet worden und andere, darunter Gordijewskij, aufgeflogen. Die SWR würde daran gehen, sich neu zu formieren, die GRU war nicht in die Knie gegangen. Auf die Maulwurfsjäger warteten noch immer Aufgaben.

Und wie sollte man sich dazu verhalten, dass Russlands destabilisiert und der Ausgang seiner demokratischen Geburtswehen ungewiss war?

1989 war dem MI6 ein Überläufer in den Schoß gefallen, der an einem geheimen sowjetischen Biowaffenprogramm mitgearbeitet hatte: Wladimir Pasechnik. In einem Interview für die BBC, das er mir 1992 gewährte, enthüllte dieser Wissenschaftler öffentlich, was er drei Jahre zuvor den britischen Geheimdienstlern verraten hatte: dass seine Regierung ein geheimes Biowaffenprogramm unter dem Deckmantel eines zivilen Unternehmens vorangetrieben hatte, unter Verstoß gegen ein völkerrechtlich bindendes Abkommen.

Die Briten hatten sich auch verdeckten Zugang zur russischen Chemiewaffenbranche verschafft, und nachdem sowohl Gorbatschow als auch Jelzin die Abkehr von diesen tödlichen Technologien verkündet hatten, hatten westliche Dienste Anzeichen dafür ausgemacht, dass sich die russische Seite (seien es die Regierungschefs selbst oder hochrangige Kreml-Kader) in Ausflüchten und Leerformeln erging. Die sichere Aufbewahrung von Atomsprengköpfen blieb in diesen Jahren ebenfalls ein Sorgenthema.

Das fortbestehende Bedürfnis, die Russen auszuspionieren, wetteiferte mit dem Gefühl, dass sich Chancen boten, die man ergreifen musste – vorbei war es mit der visionären Rhetorik von Politikern, die sich aufrichtig über das Ende des Kalten Kriegs freuten. Stella Rimington, damals Generaldirektorin des MI5, reiste nach Moskau, um Möglichkeiten der Zusammenarbeit auszuloten. Der Direktor des FBI tat es ihr gleich und machte den Vorschlag, seine Behörde könnte eine große Niederlassung in der russischen Hauptstadt eröffnen. Es gab jede Menge westliche Anliegen, die die Russen zu teilen schienen, von der drohenden Weiterverbreitung von Massenvernichtungswaffen bis hin zur Organisierten Kriminalität und zum Terrorismus.

In der Phase, in der sich die westlichen Geheimdienste auf ihre eigene Variante der Friedensdividende einstellten – in

Form von Budgetkürzungen –, gewannen diejenigen, die sich mit neuen »globalen Themen« befassen wollten, die Oberhand, wohingegen diejenigen, die ihr Spionagehandwerk im Kalten Krieg erlernt hatten, in die Defensive gerieten. Beim MI6 wurde die Abteilung, die das Prunkstück der alten Spionage-Arena gewesen war, von »Abteilung Ostblock« in »Abteilung Mittel- und Osteuropa« umbenannt und musste ebenfalls gewisse Personal- und Budgetkürzungen hinnehmen.

Zum Stühlerücken gesellte sich die Frühpensionierung einiger alter Schlachtrösser aus der Ostblockabteilung. Hatte man in den Korridoren des MI6 diejenigen, die Agenten in Ostblockländern führten, bis vor Kurzem noch als »die Herrenrasse« betitelt, so hatten sie ab Mitte der 1990er-Jahre nichts mehr zu melden.

Ungeachtet dessen blieb Russland weiterhin Zielgebiet für die Sammlung geheimdienstlicher Informationen; John Scarlett gehörte in den 1990er-Jahren zu denen, die maßgeblich daran mitwirkten, der Organisation eine für die Ära nach dem Kalten Krieg maßgeschneiderte Philosophie zu verpassen. 1991 als Leiter der Moskauer Niederlassung in die russische Hauptstadt versetzt, wurde er ein Jahr nach seiner Ankunft dort der russischen Regierung »deklariert«, was nichts anderes bedeutete, als dass man seine Funktion als Geheimdienstler offengelegt hatte; der Schwerpunkt seiner Arbeit verlagerte sich von der Ausforschung der Russen darauf, Verbindungen zu knüpfen und gemeinsame Interessen und Ziele auszuloten.

Scarlett, der sein Geschichtsstudium in Oxford mit Auszeichnung abgeschlossen hatte und fließend Russisch sprach, war in den Londoner Jahren des KGB-Mannes Gordijewskij dessen Führungsoffizier gewesen. Es war genau die Art von Job, die beim SIS der frühen 1980er-Jahre ihrem Inhaber eine Aura immenser Wichtigkeit verliehen hatte. Sollte es wirklich zu einer zunehmend engeren Zusammenarbeit mit den Russen in der Terrorismusabwehr oder im Kampf gegen die Organisierte Kriminalität kommen, würde das Amt einen Mann in Moskau brauchen, und Scarlett war die beste Verkörperung dieses Wandels, die sich finden ließ. Niemand in Vauxhall Cross gab sich je der Illusion hin, diese bahnbrechende Mission werde auf einen Routinejob als Verbindungsoffizier wie in Paris oder Canberra hinauslaufen, aber die Erfahrungen, die Scarlett in Moskau machte, lenkten den Blick von Whitehall auf die Umbruchsituation bei den postsowjetischen russischen Diensten und Behörden, insbesondere beim 1995 aus den Resten des KGB hervorgegangenen Inlandsgeheimdienst FSB, dessen Auftrag es war und ist, Auslandsagenten aufzuspüren.

Im März 1994 wurde Scarlett aus Moskau ausgewiesen, nachdem die Russen bekannt gegeben hatten, dass ein Mitarbeiter ihrer Behörde für den Verkauf von Rüstungsgütern, der angeblich für Großbritannien spioniert hatte, angeklagt und verurteilt worden war. In P5, der Russlandabteilung des SIS, hieß es, das sei ein Racheakt Moskaus gewesen, weil der MI5 es abgelehnt hatte, den Russen genauso viele Visa zu erteilen wie die SWR den Engländern. Wenn London einen dicken KGB-Fisch ablehnte, würden die Russen Scarlett ausweisen. Dieses Beispiel zeigt, wie konfliktbeladen die Beziehungen zwischen MI6 und der KGB-Nachfolgeorganisation von Anfang an waren. Einen »deklarierten« Geheimdienstbeamten des Landes zu verweisen, empfand man im SIS als eine seltsam perverse Aktion, denn Scarlett hatte sich ziemlich offen zu seiner wahren Mission bekannt, sodass dieser Schritt jede künftige Zusammenarbeit erschweren würde. Als die Russen auch noch Hinweise an die Presse gaben, sodass Scarlett beim Einchecken zu seinem Heimflug von Reportern fotografiert werden konnte, führte das beim MI6 zu weiteren Irritationen, denn dessen Beamte haben besonders große Angst vor einer solchen öffentlichen Bloßstellung. Gelangt ein Foto von ihnen erst einmal an die Öffentlichkeit, könnten Geheimdienste in anderen Ländern, in denen der Betreffende, ob unter seinem echten Namen oder unter einer Tarnidentität, vorher stationiert war, auf die Idee kommen, zu überprüfen, mit wem er Umgang und wo er sich bewegt hatte, und das könnte der Beginn einer Maulwurfsjagd sein.

Als Bagnall seinen ersten Einsatz in einer Auslandsniederlassung beendet hatte und nach Vauxhall Cross zurückkehrte, holte ihn die Einheit für Russland-Operationen (Russian Operations Section) zu sich. Mitte der 1990er-Jahre wurden alle Schlüsselabteilungen für den Schauplatz Russland – Auslandsniederlassungen, inländische Dienste sowie die Planungs- und Serviceabteilungen – in einer Organisation namens P5 zusammengefasst. Die Hauptaufgabe von P5 und ihren Entsprechungen für die anderen Erdteile war es, das Rohmaterial einzufahren, also die Informationen von Agenten; in Whitehall sagte man dazu CX.

Im Kalten Krieg machte die auf Russland angesetzte Einheit »Operations and Targeting« Leute mit Agentenpotenzial ausfindig, schrieb ein Szenario für ihre Anwerbung und führte sie als »Fälle«. Sie waren die Spürhunde gewesen. Sie erstellten über Monate, manchmal auch Jahre, eine Akte über Leute wie Sergej Skripal. Wenn sie einen Russen im Auge haben, genügt schon die Notiz einer Auslandsniederlassung oder ein Mitschnitt aus einem Telefonanruf, woraus auf Unzufriedenheit, eine unglückliche Ehe, Spielschulden oder eine andere Schwachstelle geschlossen werden kann. Ein Offizier der westlichen Geheimdienste, der Skripal auf Malta getroffen hatte, erzählte mir fasziniert, dass »P5 schon damals an ihm interessiert war«. Warum ausgerechnet an ihm, wissen wir nicht genau, aber als Skripal erst einmal ins Visier der »Operations and Targeting«-Leute geriet, waren sie bereit, jahrelang auf den passenden Moment zu warten, um die richtige

Situation zu schaffen für jemanden, in diesem Fall Bagnall, sich mit ihm zu treffen und den Stich zu machen.

Wenn ein Agent erst einmal auf der britischen Lohnliste stand, rekrutiert zum Beispiel in Kopenhagen, wie im Fall Gordijewskij geschehen, und dann irgendwann nach Moskau zurückkehrte, konnte man ihn von reisenden Führungskadern aus der Einheit »Operations and Targeting« führen lassen. Diese Leute reisten unter ziviler Tarnung nach Russland und waren daher für die KGB-eigene Spionageabwehr sehr viel weniger sichtbar als in Moskau stationierte SIS-Leute, die der KGB lückenlos überwachte. In London stationierte Agentenführer zu benutzen hatte auch noch weitere Vorteile, vor allem den, dass im Falle einer Auslandsreise eines der Agenten ein Treffen seines P5-Betreuers mit ihm leichter und unauffälliger zu arrangieren war, als wenn ein Beamter der Moskauer Niederlassung gleichzeitig mit dem von ihm geführten Agenten ausgereist wäre. Die Kehrseite der Medaille war natürlich, dass ein in London stationierter Führungsoffizier, wenn er nach Russland reiste, mangels diplomatischer Immunität vollkommen schutzlos und aufgeschmissen war, falls seine Tarnung aufflog.

Diese eng verwobene Einheit, bestehend nur aus rund einem Dutzend Führungsoffizieren, war einst der Turnierplatz für ehrgeizige SIS-Beamte gewesen, das schlagende Herz der »Herrenrasse«. Spätestens 1996 hatte sie einiges von ihrem einstigen Glanz eingebüßt. Trotzdem war jedem SIS-Beamten, dem Spionageabwehr am Herzen lag, und jedem aus der Abteilung K am gegenüberliegenden Themseufer, der in der für Russland zuständigen Einheit »Operations and Targeting« arbeitete, klar, dass man als britischer Führungsoffizier das geheimdienstliche Spiel noch immer auf höchstem Niveau spielen konnte.

Sosehr sich die politische Wetterlage zwischen Großbritannien und Russland auch aufhellen und sosehr die wirtschaftlichen und kulturellen Beziehungen auch aufblühen mochten, die unbezwingbare Logik des Kalten Kriegs und seines Spionagegeschäfts forderte zumindest in einer Hinsicht noch immer ihren Tribut. Falls SWR und GRU auch jetzt noch versuchten, britische Agenten anzuwerben, dann musste dagegen vorgegangen werden wie eh und je. Gordijewskij und Mitrochin mochten den Briten in den 1980er-Jahren nach bestem Wissen und Gewissen versichert haben, dass in den britischen Geheimdiensten keine russischen Maulwürfe mehr steckten, aber die Zeit stand nicht still. Es musste weiterhin durch Spionageabwehr-Operationen sichergestellt sein, dass die wichtigsten britischen Institutionen sauber blieben.

Was die mit dieser Aufgabe betrauten Leute betraf, so war und blieb es für sie eine fürchterliche Herausforderung, einen potenziell fruchtbaren Agenten ausfindig zu machen und anzuwerben. Und wenn man das geschafft hatte und es dann darum ging, den Mann in Moskau unterzubringen und zu führen, wo man es mit buchstäblich Tausenden russischen Agentenjägern zu tun hatte, dann hatte man einen der aufreibendsten Jobs, die überhaupt zu vergeben waren. Und ganz an der Spitze der professionellen Ambitionen und Mühen wartete das schwierigste russische Rekrutierungsziel, die GRU.

5

DURCHBRUCH IN MADRID

Es ist Mitte Juli 1996, Oberst Skripal leistet Dienst in der GRU-*Residentura* in der spanischen Hauptstadt. Die Leute vom Abwehrdienst, die Nachrichtendienstler von der SWR und die regulären Diplomaten, sie alle lauern hinter der strengen Fassade der Botschaft an der Calle de Velazquez.

Dieses gewaltige Gebäude gleicht eher dem Palast oder den Kultur- bzw. Parteizentralen in Minsk oder Machatschkala als einer typischen Madrider Außenmission. 1986 hatte man begonnen, es vollständig umzubauen, und gerade als die Arbeiter fünf Jahre später den Grobschliff in Angriff nehmen wollten, brach der Staat zusammen, dessen Interessen das famose Bauwerk repräsentierte. Wie bei sowjetischen Auslandsbotschaften üblich, waren auch hier das Rauchglas, der Marmor und die Kronleuchter aus dem Mutterland importiert worden. Während des Kalten Kriegs hatten westliche »Sonderdienstleister« jegliche Bautätigkeit derart hingebungsvoll dazu genutzt, die Botschaften mit Abhörvorrichtungen auszustatten, dass nunmehr größte Sorgfalt darauf verwandt wurde, das Gebäude wanzenfrei zu halten. Das bedeutete unter anderem, dass man containerweise Baumaterial aus der Heimat herbeischaffte.

Aber was machte Skripal überhaupt an diesem Ort, wo er doch vier Jahre zuvor seinen Abschied eingereicht hatte? Der General, Vizedirektor der GRU, an den er sich wandte, hatte sein Ersuchen selbstverständlich abgelehnt. Und sofern man das Rentenalter noch nicht erreicht hatte oder nicht ernstlich erkrankt war, konnte die Armee einem den Abschied sehr schwer machen. Zumal es inzwischen allzu vielen Offizieren im Rang eines Oberst oder Generalmajors, der üblichen Dienstgrade eines Residenturleiters, gelungen war, sich anderweitig zu orientieren. Erfahrene Leute mit gutem Ruf wurden daher dringend gebraucht.

Um ihn bei Laune zu halten, hatte man Skripal Anfang 1993 den Posten eines Residenturleiters in Paris angeboten. Das wäre nun sicherlich ein schöner Ort zum Leben für ihn, Ljudmila und Tochter Julija gewesen (sein Sohn Sascha besuchte inzwischen eine weiterführende Schule und würde in Russland bleiben), aber dann schnappte ihm jemand mit besseren Beziehungen diese Gelegenheit vor der Nase weg, worauf einige Monate später das Angebot kam, einen Sondereinsatz in Spanien zu übernehmen. Er sollte direkt der Zentralstelle unterstellt sein, unter Umgehung des Residenturleiters. Es ging um eine heikle Aufgabe, bei der er sein eigener Chef sein würde. Es folgten einige Monate Spezialausbildung, darunter ein Spanisch-Crashkurs, dann wurden die Skripals im September 1993 nach Madrid geschickt.

Die übliche Einsatzdauer lag bei drei Jahren, Richard Bagnalls Anwerbungsversuch 1996 in *El Retiro* kam daher zu einem Zeitpunkt, als Sergej und Ljudmila sich bereits auf ihre Rückkehr in die Heimat vorbereiteten. Nachdem er sich das nervös vorgetragene Angebot des MI6-Mannes im Park angehört und bei weiteren Treffen seine Bedingungen gestellt hatte, wusste Skripal, dass er jetzt liefern musste. Er hatte sich entschieden, das Geld und das Ticket weg von Russland anzunehmen, das der MI6 ihm anzubieten hatte, und dafür war nicht mehr viel Zeit, denn nach seiner Rückkehr nach Moskau würde jeglicher Kontakt mit dem MI6 sehr viel riskanter sein. Wie also konnte der Oberst die Briten von seinem Wert und Nutzen überzeugen und gleichzeitig das beibringen, was unter Geheimdienstlern »bona fides« – Vertrauenswürdigkeit – heißt, den Nachweis nämlich, dass er tatsächlich ein hochrangiges Mitglied einer Organisation war, die zu unterwandern der MI6 sich über Jahrzehnte so verzweifelt bemüht hatte?

Zu diesem Zweck hatte Skripal einige Mühe investiert, heimlich in den eigenen vier Wänden, versteht sich. Das Ergebnis, schriftlich festgehalten und in einen Umschlag gefaltet, steckte in der Innentasche seines Jacketts, als er zu einem weiteren Treffen mit Richard aufbrach. Der Inhalt des Papiers war höchst kompromittierend, und hätte jemand in der *Residentura* es in die Hände bekommen, wäre sein Verrat offenkundig gewesen. Der Oberst verließ das russische Botschaftsgelände und wandte sich nach Süden, Richtung Innenstadt. Zu den nützlichen Fertigkeiten, die er während der Ausbildung an der Akademie erworben hatte, gehörte auch die sogenannte Gegenüberwachung. Diese kann verschiedene Formen annehmen, je nachdem, ob der Agent den Treffpunkt zu Fuß, mit öffentlichen Verkehrsmitteln oder mit dem Auto ansteuert. Indem er plötzlich die Richtung wechselt, sich scheinbar ziellos auf verlassenen Bahnsteigen oder leeren Straßen aufhält und sich beständig umschaut, kommt ein gewiefter Agent jedem Überwachungsversuch auf die Spur. Und die *Residentura* hatte zwar Personal und Fahrzeuge zur Verfügung, die sicherstellen konnten, dass eigene Offiziere auf dem Weg zu Agententreffen nicht verfolgt wurden, doch waren sie nicht sehr zahlreich und Skripal durchweg wohlbekannt.

Bagnall hatte an diesem Tag in einem der schicksten Madrider Hotels Stellung bezogen. Das passte natürlich zu seiner Tarnung als Geschäftsmann, aber ein solcher Treffpunkt gehörte auch zum Standard im Gewerbe. Mitunter war ein zweiter Offizier am Empfang oder in der Nähe des Eingangs postiert, um das Eintreffen der Zielperson zu beobachten und sich davon zu überzeugen, dass er oder sie nicht verfolgt wurden. Bewegte man sich in feindlicher Umgebung, mochten aufwendigere Überwachungsmaßnahmen rund um den Treffpunkt erforderlich sein. In einer europäischen Hauptstadt jedoch brauchte man es nicht zu übertreiben. Das Hotel bot zudem den Vorteil, dass selbst in dem Fall, dass Sergej von irgendeinem Handlanger der russischen Botschaft beschattet wurde, dieser nicht weiter kommen würde als bis zum Empfang, denn sobald Skripal mit dem Fahrstuhl nach oben zu Bagnalls Zimmer fuhr, konnte ihm keiner mehr folgen, ohne sich und seine Absichten zu verraten. Und was in diesem Zimmer verhandelt wurde, das würde außer ihnen niemand erfahren – jedenfalls so lange, bis der MI6-Mann nach London Bericht erstattet hatte.

Nach Austausch der üblichen Höflichkeiten nahmen sie Platz, Skripal zog den Umschlag aus der Tasche und entnahm diesem einen zusammengefalteten Bogen Papier. Darauf war eine detaillierte Skizze zu sehen, angefertigt mit der ganzen Sorgfalt und Präzision eines gründlich ausgebildeten Militäringenieurs. Dutzende Kästchen waren mit allerlei Linien verbunden. Jedes dieser Kästchen war mit Maschine beschriftet worden, sauber und leserlich. Skripal hatte ein vollständiges Diagramm der Organisations- und Kommandostruktur der GRU erstellt. Niemand im MI6 hatte dergleichen in den letzten achtzehn Jahren gesehen, nicht seitdem Resun in Genf übergelaufen war. Und natürlich gewann Skripals Version noch dadurch an Stichhaltigkeit, dass sie von jemandem stammte, der viele Führungskräfte der Organisation persönlich kannte und ihr mehr als fünfzehn Jahre lang selbst gedient hatte.

Dem Russen entging nicht, mit welcher Freude Bagnall das Papier begutachtete. Das Kräfteverhältnis zwischen ihnen hatte sich grundlegend verschoben. In diesem Gewerbe war man jetzt nicht mehr nur der Käufer, man hatte auch die Macht, den anderen vollständig zu vernichten. Skripal, der sich über diesen ungleichen Handel im Klaren war und ihn akzeptierte, resümiert: »Ich wollte das Allerbeste für Richard.« Eine erfolgreiche Anwerbung, kommentiert ein altgedienter westlicher Führungsoffizier, »setzt bei deinem Gegenüber den Glauben voraus, dass du selber nie das tun wirst, wozu du ihn gerade überredest hast, nämlich alles zu verraten.« Vielleicht entsprang Skripals Wunsch, seinem Kontaktmann eine Freude zu machen, dieser Einsicht, dem Wissen darum, dass sein Schicksal ab sofort von diesem jungen Engländer und der Organisation, für die er arbeitete, abhing.

Was der Oberst abgeliefert hatte, war in der Tat bemerkenswert. Und natürlich war London begeistert. In der GRU einen Agenten zu gewinnen? Das war dem MI6 seit Oberst Oleg Penkowskij Ende der 1950er-Jahre nicht mehr gelungen. Dieser hatte zu Hochzeiten des Kalten Kriegs verblüffende Einblicke in die Entscheidungsprozesse und die Waffenprogramme des Kreml geliefert. Allerdings führten die Risiken, die die Kommunikation mit seinen Kontaktpersonen mit sich brachten, am Ende zu seiner Verhaftung und Hinrichtung im Jahre 1963.

Die Amerikaner glaubten seinerzeit, sie hätten den größten Coup aller Zeiten gegen den sowjetischen Militärgeheimdienst gelandet. Generalmajor Dmitrij Poljakow, Codename: TOPHAT (Zylinderhut), war Anfang der 1960er-Jahre vom FBI rekrutiert worden, während er in den USA stationiert war. Bevor er in die Sowjetunion zurückkehrte, enthüllte er die Identität einer Reihe von in die USA entsandten Illegalen, enttarnte vier amerikanische Beamte, die Geheimnisse an die UdSSR verrieten, und lieferte wesentliche Informationen über die kommunistische Parteipolitik, die Entwicklung nuklearer Waffensysteme und Kriegführungspläne.

Poljakow krönte seinen Erfolg mit dem Home run des Agentenlebens: 1980 nahm er seinen Abschied von der Armee und zog sich auf seine Datscha zurück, um sich fortan der Jagd und dem Angeln zu widmen. Es schien in jeder Hinsicht der Idealfall zu sein: ein hochrangiger Maulwurf, der über lange Jahre wertvolle Informationen liefert und dann unauffällig abtritt, ohne Drama, ohne familiäre Rückwirkungen und ohne dass man im Feindeslager auf die Idee kommt, nach undichten Stellen zu suchen. Jahre später wurde Poljakow jedoch von Aldrich Ames verraten und 1988 nach einem Geheimprozess hingerichtet.

Vom Treffen im Hotel schnurstracks nach Vauxhall Cross zurückgekehrt, wurde Bagnall wohl mit Beifall empfangen. Skripal hatte seine Vertrauenswürdigkeit überzeugend dargelegt. Das Spiel konnte beginnen. Dem üblichen Protokoll gehorchend, bekam der neue Agent des MI6 zuerst einmal einen Codenamen: FORTHWITH (prompt). Jetzt musste Bagnall unter der Anleitung seiner Vorgesetzten herausfinden, was er an wertvollen Informationen durch ihn gewinnen konnte.

Die folgenden Wochen rasten dahin, jedes Wochenende folgte dem gleichen Muster. Nach dem Treffen im Hotel hatte der MI6 das Verfahren auf andere Füße gestellt. Eine Wohnung war als geheimer Treffpunkt angemietet worden. Sie lag in einer der besseren Gegenden von Madrid, nicht allzu weit entfernt von der Calle de Velazquez – Teil eines Wohnblocks mit einer hohen Mieterfluktuation. Man hatte sich darauf geeinigt, dass diese Sitzungen – fünf oder sechs wurden abgehalten, während Skripals Aufenthalt in der Stadt sich rasch dem Ende näherte – nicht an Wochentagen stattfinden sollten. FORTHWITH sollte nicht in die Verlegenheit kommen, Kollegen erklären zu müssen, was er vorhatte. Und wie verkaufte er Ljudmila seine stundenlangen Abwesenheiten? Nun, es gebe unglaublich viel Arbeit zu erledigen, Vorbereitungen zu treffen für seinen Abschied aus Madrid. Am besten gehe sie selbst ein wenig aus, ein paar letzte Einkäufe tätigen, man hatte ja in jüngster Zeit reichlich Haushaltsgeld, und man sehe sich dann später.

SIS-Offiziere lernen in der Ausbildung, Agententreffen mit dem einzuleiten, was scherzhaft die »Heilige Dreifaltigkeit« genannt wird: Wie viel Zeit haben Sie? Wo und wann treffen wir uns beim nächsten Mal? Und was erzählen wir, falls unser Treffen entdeckt wird? Da die beiden sich in der spanischen Wohnung trafen, konnten diese Fragen schnell abgehakt werden.

Auf den Sitzungen wurde zunächst das Organisationsdiagramm der GRU erörtert, bevor man sich die Verbindungen zwischen den einzelnen Abteilungen und deren Leitern vornahm. Wie sieht der persönliche Hintergrund dieses Mannes aus? Wer sind seine Verbündeten und wer seine Rivalen? All das konnte der Abteilung P5 in London hilfreich sein bei der Bestimmung neuer Zielpersonen.

Skripal wollte auch über die Einrichtungen im »Glashaus« sprechen, dem GRU-Hauptquartier. »Bei uns heißt es nicht *Aquarium*«, insistierte er, »wir nennen es *Stikliaschka*.« In Verbindung mit dem gewonnenen Bild der persönlichen und organisatorischen Beziehungen waren diese physiogeografischen Angaben extrem nützlich. Eines Tages würde man sie vielleicht für eine technische Überwachung des Gebäudes heranziehen können oder wenn es darum ging, einen Agenten zu einem bestimmten Zielpunkt zu dirigieren. Nachdem der MI6 über so viele Jahre keinen rechten Einblick in die Verhältnisse bei der GRU gehabt hatte, wurde ihm nun alles in glanzvollem Technicolor vorgeführt.

Und wie stand es um Skripal selbst? Der Geheimdienst hatte seinen Weg schon seit Längerem verfolgt und dabei natürlich Gründe gesammelt für die Annahme, er könnte für eine

Kontaktaufnahme in Frage kommen. Jetzt aber bot sich die Möglichkeit, sich diese Einschätzung aus erster Hand bestätigen zu lassen. Skripal war stolz auf das, was er in Malta geleistet hatte, er habe »sechs Agenten angeworben, darunter einen Minister«, tönte er. Aus den Gesprächen in Madrid ergaben sich etliche Hinweise, denen die Spionageabwehr-Abteilung beim MI6 nachgehen konnte. Nach dem Zusammenbruch der UdSSR und seinem abgelehnten Abschiedsgesuch hatte sich Skripals Einstellung geändert, gerade was weitere Anwerbungen betraf. »Ich habe nicht mehr so gearbeitet wie in Malta«, erklärte er mir. »Als ich nach Spanien kam, hatte ich schon ein Leben außerhalb von Russland im Auge. Ich wollte mir geschäftliche Kontakte aufbauen, ein bisschen Geld verdienen und dann vielleicht später meinen Abschied nehmen.« Nach seiner GRU-Karriere, so der Plan, würde er vielleicht die Wohnung in Moskau behalten, aber den Großteil des Jahres doch lieber im warmen, lebensfreundlichen Spanien verbringen.

Seine Tarnung als Sekretär für Wissenschaft und Technik in der Botschaft musste Skripal natürlich aufrechterhalten, und so kümmerte er sich, wie in Malta, in erster Linie um Expertengespräche. Außerdem ging er der staatlichen russischen Eisenbahngesellschaft bei der Bestellung von spanischen Schienenfahrzeugen zur Hand. Viel Zeit verwendete er allerdings auf das Bemühen, ins Immobiliengeschäft einzusteigen. Seitdem die Russen größere Reisefreiheit genossen, war Spanien zum beliebten Urlaubsziel geworden. Die Mittelmeerküste lockte sie in Scharen an, von der Costa Brava bis nach Puerto Banus. Angesichts dieser Entwicklung des Reiseverkehrs beteiligte Skripal sich an Plänen für den Bau eines Hotels in Malaga. Es war ein großes Projekt, und er hoffte, daraus langfristigen Gewinn ziehen zu können.

Und während er darauf wartete, dass sich die Baupläne

konkretisierten, war Skripal in ein anderes, sehr viel riskanteres Geschäft eingestiegen, für das er sich in FORTHWITH verwandelte. Als Gegenleistung erhielt er für jedes Treffen einige Tausend Dollar und natürlich die Zusage für einen Fluchtweg, falls die Sache auffliegen würde.

In den ersten Wochen ließ der Agent eine wahre Sturzflut von geheimen Informationen sprudeln. Das Gespräch wechselte regelmäßig zwischen Englisch und Russisch. Skripal war angenehm überrascht, wie gut Bagnall seine Muttersprache beherrschte, denn in den Wochen der Annäherung hatte es darauf keinen Hinweis gegeben. Im Einklang mit seiner Tarnung hatte der britische Nachrichtenoffizier klugerweise mit dieser Fähigkeit hinter dem Berg gehalten. »Hätte er russisch gesprochen«, witzelte Skripal, »dann hätte er auch gleich in Uniform auftreten können.«

Für die Offiziere, die ihn schon seit Monaten beobachteten, verfügte der Russe über den Schlüssel zum Verständnis dessen, was in der Madrider *Residentura* wirklich vor sich ging. Die spanischen Nachrichtendienste hatten dem MI6 grünes Licht gegeben für dessen Plan, den GRU-Oberst auf ihrem Gebiet zu rekrutieren. Um die guten Beziehungen zu pflegen, konnte es nur hilfreich sein, ein paar der gewonnenen Informationen weiterzugeben.

Residenturleiter war Konteradmiral Wladimir Kasatkin. Mitunter bediente die GRU sich der List, ihren *Residenten* als Chauffeur oder Inhaber eines anderen minderen Postens zu tarnen, aber im Falle Kasatkins, der als Militärattaché diente, war es nicht sonderlich schwer, ihn richtig einzuordnen. Er war im Juli 1993 nach Madrid entsandt worden, einige Monate vor Skripal. Ihm unterstanden ein paar Mitarbeiter und einige operative Offiziere, zuständig für die Führung von Agenten, soweit diese in Spanien weiterhin gehalten wurden. Die GRU hatte auch ihre eigene Abhörabteilung, typischerweise sowohl mit offensiven (interessanten Datenverkehr abfangen) als auch defensiven (die Frequenzen und Aktivitäten derjenigen ermitteln, die die Botschaft beobachteten) Aufgaben betraut. Insgesamt waren in Madrid etwa zwanzig Mitarbeiter unter Kasatkins Schirmherrschaft für die GRU tätig. Die SWR hatte natürlich zusätzlich noch ihre eigene *Residentura* und ihr eigenes Team vor Ort. Wie also gelang es den Russen, dieses gewaltige Aufkommen an Geheimdienstlern zu verbergen, wo sie doch nur über siebenundzwanzig akkreditierte Diplomaten in Madrid und etwa ein Dutzend in ihrem Konsulat in Barcelona verfügten?

In Spanien wie in Großbritannien oder den USA waren viele der mit nachrichtendienstlichen Tätigkeiten Befassten nicht als Diplomaten, sondern als Belegschaft eingestuft, daher zählten sie nicht zu den erwähnten siebenundzwanzig. Das galt zum Beispiel für die Dechiffreure, die die Verbindung zur Zentrale sicherten, oder auch für Fahrer, Techniker, Sekretärinnen und so weiter. Da die Dienststelle des Militärattachés natürlicherweise unter Verdacht stand, schlüpften GRU-Offiziere in Spanien gern auch anderswo unter, z. B. in den Madrider Büros von Aeroflot oder Morflot. Anfang der 1980er-Jahre waren zwei aufeinanderfolgende Geschäftsführer des Aeroflot-Büros in Madrid zur Persona non grata erklärt und wegen Spionagetätigkeit ausgewiesen worden. Nach dem Zusammenbruch der Sowjetunion hatten viele das Gefühl, jetzt gelte nur noch das Motto »jeder und jede für sich«. In vielen Bereichen des russischen Lebens mussten Amtsträger zusehen, wie die Inflation das Gehalt, das sie für ihre offizielle Tätigkeit bezogen, auf das Niveau eines besseren Taschengeldes schrumpfen ließ. Um ihr Einkommen aufzustocken, widmeten sie entweder einen Großteil ihrer Arbeitszeit der Suche nach guten Geschäftsideen, so wie Skripal mit seinem Hotelprojekt in Malaga, oder sie fanden Möglichkeiten, ihr Amt zum Gelderwerb zu nutzen. In Madrid hatte Kasatkin, der als Vorgesetzter »sympathisch, aber untauglich« war, die Dinge schleifen lassen. Für ihn, einen Marineoffizier von Mitte sechzig, der seine Laufbahn als Kadett während des Krieges begonnen hatte, muss der Untergang der UdSSR und die damit verbundenen Demütigungen unerträglich gewesen sein.

Historisch gesehen, bestand eine der Hauptaufgaben der GRU darin, der Heimat Muster westlicher Technologie zugänglich zu machen. Der Hunger danach war gewaltig und konnte sich ebenso auf Nachtsichtgeräte richten wie auf den neuesten NATO-Panzer oder den aktuellen Computer. Im Laufe der Jahre waren nicht nur Tausende von Objekten, sondern auch Blaupausen, Handbücher und anderes technisches Material zum Zweck des Nachbaus nach Hause geschickt worden, um so die sowjetische Industrie in die Lage zu versetzen, ihren Rückstand aufzuholen, ob bei Raketenlenksystemen oder bei modernen Passagierflugzeugen.

Dieses ganze System der Industriespionage wurde nicht etwa aus dem Verteidigungsetat finanziert, sondern von diesem unabhängig durch die Militärisch-Industrielle Kommission, nach den russischen Initialen auch als VPK bekannt.

In der Nachkriegsgeschichte der GRU waren nur einige wenige Fälle bekannt geworden, in denen skrupellose Offiziere VPK-Mittel in die eigene Tasche geleitet hatten. Diese Männer waren schwer bestraft worden. Im »demokratischen Russland« Mitte der 1990er-Jahre jedoch war es mit der moralischen Disziplin nicht weit her, und auch in Madrid wurden Schiebung und Bestechung zunehmend systemisch. Skripal zufolge waren VPK-Gelder im Umfang von über zwei Millionen Dollar pro Jahr unterschlagen worden, indem man etwa falsche Abrechnungen von Auslagen einreichte oder fiktive Agenten in Rechnung stellte. Damit man ihnen nicht auf die

Schliche kam, hatten die Verantwortlichen sich Rückendeckung im Hauptquartier gesichert – ein Arrangement, das in den Jelzin-Jahren weithin unter der Bezeichnung *Kryscha* (Dach) bekannt wurde. Wenn man nur einem der Chefs einen Anteil vom Gewinn abgab, konnte man mit allem Möglichen durchkommen. Und die betreffende Person im Hauptquartier, die alles vertuschte, nun, vielleicht hatte auch sie jemanden über sich, der bei Laune gehalten werden musste. Eine Pyramide der Korruption war entstanden.

Diese Informationen über die Veruntreuung von VPK-Mitteln in Madrid waren wichtig, weil sie dem MI6 Möglichkeiten eröffneten. Konnte man sich damit vielleicht bei den Spaniern dafür revanchieren, dass sie den Briten das Privileg gewährt hatten, FORTHWITH zu rekrutieren?

Bei einer ihrer Sitzungen in der sicheren Wohnung gingen Bagnall und Skripal alle Beschäftigten der *Residentura* durch und versuchten abzuschätzen, wen man würde ansprechen können. Der Oberst legte sich auf Jurij Burlatow* fest, einen GRU-Offizier im Rang eines Marinekapitäns, der undercover in den Madrider Büros der Handelsflotte beschäftigt war. Burlatow spielte eine zentrale Rolle bei der Beschaffung geheimer Technologien. Er hatte Anfang der 1990er-Jahre schon einmal Dienst in Spanien geleistet und war jetzt wieder da. Auch wenn sie keine engen Freunde waren, verstand sich Skripal doch gut mit dem Kapitän, so gut, dass Burlatow ihm vor der Abreise nach Moskau eine kleine Pistole schenkte. Das war einerseits eine nette Geste, der springende Punkt jedoch war, dass Skripal seinem Führungsoffizier gegenüber Burlatow erwähnte, der sich gut mit VPK-Geldern auskannte.

Sofern der MI6 gehofft hatte, den Spaniern detaillierte Hinweise über Agentennetzwerke der GRU in ihrem Land liefern zu können, mag Skripal eine gewisse Enttäuschung gewesen sein. In der jahrzehntelangen Spionageschlacht des Kalten

Kriegs hatten beide Seiten den Wert strenger Abschottung schätzen gelernt. In der Ära eines Philby, Burgess oder Maclean waren Geheimdienstler notorisch indiskret gewesen und hatten geheime Informationen aller Art unbesorgt weitergegeben, mit katastrophalen Folgen. Im Bemühen, neues Vertrauen bei den Verbündeten aufzubauen, hatte der MI6 Maßnahmen der gegenseitigen Isolierung eingeführt. Informationen durften nur noch »gesäubert« weitergegeben werden, d. h. aller Details entkleidet, die auf ihren Ursprung hindeuteten. Die Russen waren in dieser Hinsicht womöglich noch rigoroser.

Ein britischer Spion, der für die Sowjets arbeitete, konnte vom KGB oder von der GRU angeheuert worden sein. Innerhalb dieser Organisation gab es voneinander getrennte Abteilungen oder »Sparten«, zuständig zum einen für politische, zum anderen für technische Spionage. Am allergeheimsten waren die illegalen Sparten, die sowohl vom KGB (und später von dessen Nachfolgeorganistion, der SWR) und der GRU geführt wurden. Oft wurden die Illegalen von Personen geführt und unterstützt, die völlig getrennt von der *Residentura* in der jeweiligen Hauptstadt operierten. Die Maulwurfjäger im MI5 glaubten, dass eben diese strikte Trennung der Bereiche dafür verantwortlich war, dass der in den 1970er-Jahren rekrutierte Michael Smith erst 1993 überführt werden konnte. Gordijewskij und Mitrochin hatten zusammen Dutzende von Hinweisen für die Spionageabwehr geliefert, aber sie konnten nur über Informationen verfügen, die für sie freigegeben worden waren. Erst als Oschtschenko, ein Offizier in der wissenschaftlichen und technischen Sparte der SWR, 1992 übergelaufen war, wurde Michael Smith' Rolle als Agent aufgedeckt.

Skripal konnte daher zwar allgemeine Informationen über das Personal in der GRU-*Residentura* liefern, hatte aber nur einen sehr begrenzten Einblick in deren Spionagetätigkeit.

Dies hatte nicht zuletzt mit seiner eigenen sensiblen Rolle als quasi selbstständig operierender Mitarbeiter zu tun. Denn nach Spanien war der Oberst mit einer ganz speziellen Aufgabe entsandt worden. Die GRU unterhielt in nahezu allen NATO-Ländern ein Netzwerk von Schläfern, von Illegalen. Das konnten Dutzende von Personen sein, mitunter aber auch nur drei oder vier Verbliebene, die oft, vor allem seit Mitte der 1990er-Jahre, jegliche Begeisterung für ihre geheime Rolle eingebüßt hatten. Zweck dieser illegalen Netzwerker war es, in Kriegszeiten Informationen zu sammeln, auszukundschaften und zu sabotieren. Unterdessen führten sie ein völlig normales Leben, ohne jeden Kontakt zur russischen Botschaft. Aktiviert werden sollte das Netzwerk erst im Fall eines allgemeinen Krieges, wenn die Spanier, so die Annahme, das Personal der regulären GRU-*Residentura* ausweisen oder internieren würden.

Während er also unter seiner diplomatischen Tarnung um die Vertiefung von Freundschaften und um verstärkte Zusammenarbeit bemüht war und sich in der Freizeit weiter ums Immobiliengeschäft kümmerte, bestand Skripals eigentliche Aufgabe darin, die Voraussetzungen dafür zu schaffen, dass im Kriegsfall maximaler Schaden angerichtet werden konnte. Für jemanden, der einen Beleg suchte für die Einschätzung des Leiters der Abteilung K im MI5, wonach die GRU ein unreformierter Außenposten derer war, die den Kalten Krieg weiterführen wollten, wäre dies ein gutes Beispiel gewesen. Denn tatsächlich hatte die GRU zu Sabotagezwecken Funkgeräte, Waffen und Munition in geheimen Verstecken im gesamten NATO-Gebiet gebunkert – und bereitete sich nach wie vor auf einen möglichen Krieg vor, während allenthalben die Politiker auf die neue postideologische Ära anstießen.

Die Unterhaltungen mit Bagnall wurden den ganzen kastilischen Hochsommer über fortgesetzt, doch der Zeitpunkt für

Skripals Rückkehr nach Moskau rückte immer näher. Über die bisherige Ausbeute an erstklassigen Geheiminformationen konnte der MI6 wahrlich nicht klagen, und die Aussicht, einen Agenten mitten ins Hauptquartier der GRU platzieren zu können, war allzu verlockend.

Skripal hatte jedoch seine eigene Meinung dazu, und von der wollte er sich nicht abbringen lassen. Er war nicht bereit, sich zu Hause weiterhin mit Kontaktleuten des MI6 zu treffen. Jeder Profi musste dafür Verständnis haben – und Skripal berief sich natürlich auf die Erfahrungen mit Baranow und anderen. Der Inlandsgeheimdienst FSB hatte Tausende von Abwehragenten in ganz Moskau verteilt. Und mit argwöhnischen Blicken musste man überall rechnen, ob im Hauptquartier und sogar auch in seinem Wohnblock, wo viele Mieter ebenfalls für die GRU arbeiteten. Nein, das Risiko war einfach zu groß.

Und so nahmen Skripal und Bagnall im September 1996 Abschied voneinander. Es war nicht abzusehen, ob sie sich je wiedersehen würden. In den wenigen Monaten ihrer Bekanntschaft hatten sie eine enge Beziehung aufgebaut, und Skripal jedenfalls hatte großen Respekt vor dem MI6-Offizier und betrachtete ihn als Freund. Auch auf britischer Seite setzte sich die Einsicht durch, dass es keinen Sinn hatte, den Russen zu weiteren Treffen zu nötigen. Sicherheit stand an erster Stelle, und wer im Spionagegeschäft erfolgreich sein wollte, musste langfristig denken.

Also bestiegen Sergej, Ljudmila und Julija das Flugzeug zurück nach Moskau, verabschiedeten sich von dem milden Klima und all den anderen Annehmlichkeiten Spaniens. Auch wenn die Russen generell inzwischen mehr reisten, galt eine Entsendung in den Westen nach wie vor als großes Privileg, und die Zeit in der Sonne war für die Familie Skripal jetzt vorbei.

Ljudmila brachte einen Rucksack voller schöner Erinnerungen und einen Koffer voller westlicher Kleider nach Hause. Julija sprach mittlerweile fließend Spanisch. Und was bewegte Sergej, als er die Maschine nach Hause bestieg? Nun, er hatte eine Möglichkeit gefunden, seine Familie besser zu versorgen und ihr, sollte es je nötig werden, ein Leben im Westen zu bieten. Natürlich wäre es dafür nützlich, wenn er seinen neuen Arbeitgebern weiterhin etwas liefern könnte. Wie das gehen sollte, dazu hatten Agent FORTHWITH und seine geheimen Herren eine Idee entwickelt.

6

IM GLASHAUS

Das Russland, in das Skripal am Ende des Sommers 1996 zurückkehrte, befand sich in einem ziemlich chaotischen Zustand. Boris Jelzin war im Juli als Präsident wiedergewählt worden. Dank der Unterstützung seiner reichen Geschäftsfreunde, die man in Russland Oligarchen nannte, und natürlich dank der westlichen Mächte, deren Liebling er nach wie vor war, ging er triumphierend aus der Abstimmung hervor.

Vielen von Skripals Offizierskameraden, sowohl in den Geheimdiensten als auch in seiner alten Einheit, der WDW, war Jelzin zutiefst suspekt. Er setzte Gorbatschows Weg fort, indem er alles an Ausländer verkaufte, sich wenig für die Armee interessierte, deren Angehörige unter erbärmlichen Bedingungen lebten, und war aller Formen von Korruption verdächtig. Unter Jelzin war die Armee in einen besonders hässlichen Krieg gegen tschetschenische Separatisten gestolpert, und offenbar hatte er keine Ahnung, wie er das Land da wieder herausholen sollte. Von dem Moment an, als Sergej, Ljudmila und Julija in ihre Wohnung in Krylatskoje zurückkehrten, tauchten sie wieder in die Welt der Zentrale ein, denn die Hälfte der Familien dort waren Angehörige der GRU. Das Kommen und Gehen derjenigen, die im Ausland eingesetzt wurden, führte unweigerlich zu Unterhaltungen, während man auf den Aufzug wartete oder einen der Kioske in der Nähe aufsuchte, um Wodka zu kaufen.

Als Ljudmila und Sergej ihre Sachen auspackten, verteilten sie auch einige Souvenirs aus Spanien – ein Bild hierhin, ein

Buch dorthin. Unter all den Dingen, für die sie einen Platz suchten, war auch das kleine Modell eines englischen *Cottage,* das Sergej von Richard geschenkt bekommen hatte. »Meine Meinung von Großbritannien war sehr positiv«, sagte er, und einer der Gründe dafür sei »diese Haltung, die in der typisch englischen Redewendung ›My home is my castle‹ zum Ausdruck kommt.« Angesichts der Hektik und Ungewissheit, die zu diesem Zeitpunkt in Moskau herrschten, stand das *Cottage*-Modell vielleicht nicht nur für eine abstrakte Vorstellung, sondern für die Fantasie von einem künftigen Leben.

Sie fanden auch Platz für ein anderes Souvenir, das Richard der Familie Skripal geschenkt hatte, damals in Madrid, als er sie in den Flamenco-Club ausführte. Berührte es ihn unangenehm, dass er es besaß? Nun ja, Sergej besteht darauf, dass Ljudmila zu jener Zeit noch nichts von der wahren Beziehung zwischen diesem »Geschäftsmann« und ihrem Ehemann wusste. Wenn man bedenkt, wie sehr seine Frau und seine Kinder diesen neuen Freund aus Spanien mochten, dann wäre es vielleicht noch sonderbarer erschienen, hätte Sergej darauf beharrt, es verschwinden zu lassen.

Auch wenn die Skripals sich Sorgen über die damalige Situation Russlands machten, hatte die Heimkehr natürlich auch ihre guten Seiten. Sergej würde seine Mutter Jelena häufiger sehen. Sie konnten Julija in die Schule Nr. 63 schicken, die zwischen den großen Wohnblocks von Krylatskoje lag und einen guten Ruf genoss. Nach den Entsendungen nach Malta und Madrid freuten sich alle auch auf ein wenig häusliche Stabilität. Beruflich war Skripal zurück im Mittelpunkt des Geschehens.

Die Entfernung von seiner Wohnung zur »Glashaus« oder angeblich auch »Aquarium« genannten *Stikliaschka* betrug Luftlinie ein paar Kilometer. Beides befindet sich auf der Westseite der russischen Hauptstadt. Das Hauptquartier der

GRU war auf dem alten Militärflughafen am Chodynkafeld errichtet worden und hatte einst am Stadtrand gelegen. Nach dem Krieg war Moskau allerdings so stark gewachsen, dass das Gelände bald von Neubauten umgeben war, die sich weit nach Westen erstreckten. Ende der 1970er-Jahre umfasste das Stadtgebiet dann auch ehemalige Grünflächen wie diejenige, auf der die riesige Wohnanlage stand, wo die Skripals lebten. Die Metrostrecke wurde bis nach Krylatskoje verlängert, und wenn er allmorgendlich den Zug zur Arbeit bestieg, war sein Ziel die Haltestelle Poleschajewskaja. Das bedeutete für ihn: eine Linie in Richtung Innenstadt nehmen, umsteigen und mit einer anderen wieder hinausfahren; das Ganze dauerte etwa vierzig bis fünfzig Minuten.

Wenn er aus dem Bahnhof Poleschajewskaja trat, überquerte Oberst Skripal die Fahrbahn und ging die Kausienstraße hinauf zum Bürokomplex, den GRU-Offiziere in der ganzen Welt für ihre täglichen Aufgaben, Lob und Beförderung im Blick hatten. Während er auf das neunstöckige Hauptbüro zuging (dessen glänzende Fassade Anlass für die Spitznamen bot), musste er den Haupteingang zum gesamten Komplex passieren, der wiederum Teil einer zweistöckigen quadratischen Büroeinheit war, die den Turm und den Hof zum Eingang umgab. Dieses niedrige Gebäude, vollgestopft mit Überwachungskameras, das die zentrale Einheit umgab wie eine mittelalterliche Wehrmauer, wurde auch »Die Festung« genannt.

Während die hohen Tiere, die die Abteilungen leiteten, und der Chef selbst ihre Büros im Hauptturm hatten, stand Skripals Schreibtisch im zweiten Stock der Festung, nah bei einem Verbindungsgang, der zu den Hauptbüros auf derselben Ebene führte. Sein neuer Job war die Personalleitung in der Ersten Direktion der GRU. Nach seinen Aussagen arbeiteten damals fünfzehnhundert Leute im Hauptquartier des militärischen Geheimdiensts. Während Skripal sich noch mit seiner neuen Aufgabe vertraut machte, genoss er die Vorteile eines mächtigen Verbündeten.

General Valentin Korabelnikow, Nummer zwei der Organisation, war Skripal auf der Karriereleiter fünf Jahre voraus und mit seinen zwanzig Jahren Erfahrung ein alter Hase in der GRU. Als Erstem Stellvertreter unterstanden ihm die Abteilungen, die Geheimdienstinformationen lieferten. In den Monaten vor Skripals Rückkehr hatte er allerdings viel Zeit in Tschetschenien verbracht und versucht, die dortigen Separatisten in die Knie zu zwingen. Als Dschochar Dudajew, der den kaukasischen Kleinstaat in die Unabhängigkeit geführt hatte, bei einem Raketenangriff im April 1996 ums Leben kam, war das für das russische Militär ein willkommener Sieg nach Monaten mit schlechten Nachrichten (und Tausenden Todesopfern).

Dudajew war im Rahmen einer eindrucksvollen Geheimdienstoperation getötet worden. Während er sein Satellitentelefon benutzte, ortete die GRU das Signal, und von einem Su24-Kampfbomber, der hoch über den Bergen kreiste, wurde eine Rakete zu dem Auto gelenkt, aus dem der Tschetschene gerade telefonierte. General Korabelnikow reklamierte diesen Luftschlag für sich und übernahm bei seiner Rückkehr nach Moskau de facto die Kontrolle über den Geheimdienst (der eigentliche Direktor war damals krankgeschrieben). Im Mai 1997 wurde ihm dieses Amt offiziell übertragen.

Schon bei seiner vorherigen Tätigkeit im Glashaus hatte Skripal Korabelnikow kennengelernt. Er empfand den General als zugänglichen Menschen, bestens für seinen Job ausgebildet und sehr schlau. Es war ein Glück für Skripal – und damit letztlich auch für den MI6 –, dass der kommende Mann der GRU ebensolchen Respekt vor dem Fallschirmjäger aus Kaliningrad im Rang eines Oberst hatte. In seiner Rolle als

Personalchef besetzte Skripal den bei der GRU Erste Kommission genannten Vorstand, der für die gesamte Führung der Organisation zuständig war. Auf diese Weise war der Agent FORTHWITH in die Angelegenheiten der gesamten Firma eingeweiht. Aber das war noch nicht alles.

Während des Kalten Kriegs war es der GRU gelungen, die Typen vom KGB draußen zu halten, die es ansonsten praktisch in jeder Firma im Land gab. Von Universitäten bis hin zu Fabriken und Instituten war die Erste oder Spezialabteilung verantwortlich für die ideologische Reinheit. Im zivilen Bereich war die Bezeichnung Erste Abteilung geläufiger, und die Leute nannten KGB-Mitarbeiter Tschekisten. Osobii Otdel, auch »Spezialeinheit« genannt, übte diese Funktion in der Armee aus, wo sie offiziell für Gegenspionage zuständig war. Deren Angehörige, von den Soldaten als Osobisten bezeichnet, steckten ihre Nase in alle möglichen Angelegenheiten und waren entsprechend unbeliebt. Das galt insbesondere für WDW und Luftstreitkräfte, woher Skripals Verachtung wohl teilweise stammte.

Überall sonst in der Gesellschaft diente der KGB zur Kontrolle des Volks und verstand sich als »Schwert und Schild« der Partei. Der GRU wurden allerdings so heikle Geheimnisse anvertraut, dass man sie von dieser Kontrolle ausnahm. Man hielt sie für fähig, sich um eventuelle undichte Stellen selbst zu kümmern. Sollte es Maulwurfsjagden im russischen Militärgeheimdienst geben, würden diese als Erstes von der eigenen Sicherheitsabteilung untersucht, die wiederum der Personalabteilung unterstand, welche seit Oktober 1996 Oberst Sergej Wiktorowitsch Skripal leitete.

Der hatte bei seinem vorherigen Einsatz in der Zentrale eine Menge darüber gelernt, wie man Spione fängt, nicht zuletzt durch seine Beteiligung am Fall Baranow. Deshalb hatte er auch Richard Bagnall gegenüber darauf bestanden, dass es nach seiner Rückkehr nach Russland keinerlei Treffen mehr geben würde. Außerdem wusste Skripal, dass es für ihn praktisch unmöglich wäre, das Land zu verlassen, während er Teil der höchsten Ebene der GRU war. Selbsterhaltung ging gegenüber dem Wunsch nach Kommunikation vor. Skripal hoffte in jedem Fall auf seine Beförderung zum Generalmajor, wenn er seine Trümpfe richtig ausspielte.

Im Verlauf der nächsten Monate wuchs die Sorge der Armee im Hinblick auf die Situation in Tschetschenien. Der Großteil dieses Dramas hatte stattgefunden, während Skripal in Spanien eingesetzt war. Das Ganze begann mit der Auslöschung eines ganzen Regiments motorisierter Infanterie, als dieses Ende 1994 versuchte, in die tschetschenische Hauptstadt Grosny vorzudringen. Im Juni 1995 gelang es einer unbekannten Anzahl, aber wahrscheinlich über hundert tschetschenischen Separatisten, aus ihrer umkämpften Enklave auszubrechen und in der südrussischen Stadt Budjonnowsk ein Krankenhaus zu besetzen und Hunderte Menschen als Geiseln zu nehmen.

Nach einigen Tagen in einer Pattsituation hatte es mehrere Versuche gegeben, das Krankenhaus zu stürmen. Allerdings hatten dabei nacheinander die wichtigsten Sicherheitsorgane Russlands ihre Inkompetenz bewiesen. Die Alpha-Gruppe (die ehemalige Elitetruppe des KGB) war ebenso gescheitert wie die Armee und Spezialeinheiten des Innenministeriums. Der Blutzoll war schockierend. Etwa 130 Geiseln, die Zahlen sind nach wie vor umstritten, kamen ums Leben, über 400 wurden verletzt, viele von ihnen durch Kugeln des Militärs, nicht durch die der Terroristen. Als die Waffen endlich schwiegen, wobei die Geiseln sich immer noch in der Gewalt der Tschetschenen befanden, hatte die russische Regierung einen Deal ausgehandelt, demgemäß die Entführer (als Sieger) nach Tschetschenien zurückkehren konnten, das russische Militär einen Waffenstillstand verkündete und Friedensgespräche begannen. Während der darauffolgenden Verhandlungen wurde Dudajew bei der erwähnten GRU-Operation getötet.

Im November 1996, während Skripal sich noch in der Personalabteilung einrichtete, wurden die Verträge unterzeichnet, die das neue Verhältnis zwischen Tschetschenien und Russland regelten. Die ganze Aktion war ein fürchterliches Desaster gewesen. Über fünftausend russische Soldaten waren gefallen, Zehntausende Tschetschenen getötet und die Hauptstadt Grosny dem Erdboden gleichgemacht. Während der russischen Angriffe hatte man täglich bis zu 20000 Artilleriegranaten auf die tschetschenische Hauptstadt gefeuert. Aber es stand auch noch etwas Größeres auf dem Spiel, und das so kurz nach dem Abzug aus Afghanistan, dem Zusammenbruch des Warschauer Pakts und der UdSSR selbst.

Für Offiziere aus Skripals Generation hatte der Verlust der alten Sowjetrepubliken (nach dem gescheiterten Putsch von 1991) Russland bereits seines Schutzschilds in Europa, im Kaukasus und in Zentralasien beraubt. Aber nachdem man nun von einer Bande tschetschenischer Fanatiker übervorteilt worden war, sah er auch schon die nächste Verteidigungslinie, nämlich die autonomen Republiken des Nordkaukasus, zerfallen. Fast jeder aus seiner Generation, der über einen militärischen Hintergrund verfügte, empfand angesichts dieser Ereignisse Beunruhigung und auch eine gewisse Wut.

In diesem Durcheinander hatte Jelzin den KGB nicht im Blick, der ja nach seiner Verwicklung in den Putschversuch von 1991 aufgelöst worden war und begonnen hatte, sich neu zu formieren. Aus dessen Zweiter Hauptverwaltung, die ursprünglich für die Spionageabwehr im Inland zuständig war, entwickelte sich zuerst ein Sicherheitsministerium und Büro zur Terrorismusabwehr, bevor daraus 1995 der Föderale Dienst für Sicherheit der Russischen Föderation (Federalnaja

Sluschba Besopasnosti Rossijskoj Federazii, kurz FSB) wurde. Man nahm dafür das berüchtigte Gebäude am Moskauer Dserschinskij-Platz, die Lubjanka, in Besitz. Genau dort hatte im August 1991 mit dem Sturz des Denkmals von KGB-Gründer Dserschinskij der damalige Aufstand seinen symbolischen Höhepunkt erreicht.

1996/97, während Skripal sich in seiner neuen Stellung etablierte und sein Mentor General Korabelnikow an die Spitze der GRU aufstieg, begann der FSB sich auf jede erdenkliche Weise bemerkbar zu machen. Der Tschetschenien-Konflikt hatte Terroranschläge in russischen Städten ausgelöst, und verständlicherweise war es der Öffentlichkeit ein Bedürfnis, zu sehen, dass man auf irgendeine Weise etwas gegen diese Bombenattentäter unternahm. Allerdings hatte das Ende des Kommunismus auch jede Menge anderer Veränderungen zur Folge, die viele Menschen begrüßten, etwa Niederlassungen westlicher Unternehmen in Russland, mehr Reisemöglichkeiten ins Ausland und in jeder Hinsicht mehr Interaktion mit Ausländern.

Der FSB begann schrittweise seine Autorität wieder geltend zu machen. An manchen Stellen tauchten bekannte Gesichter, diese stämmigen Tschekisten in Ledermänteln, in den alten Büros der Ersten Hauptverwaltung wieder auf. Vor allem aber bei Institutionen, die in irgendeiner Hinsicht sensible Kontakte zum Westen hatten. Es kam zu strafrechtlichen Verfolgungen, etwa von Alexander Nikitin, einem ehemaligen Marineoffizier, was schlecht zu den demokratischen Prinzipien passte, die Russland sich ja neuerdings zu eigen gemacht hatte. Nikitin wurde 1996 verhaftet und wegen Landesverrat angeklagt. Sein Vergehen bestand darin, dass er für eine Umweltschutzorganisation Informationen über radioaktive Verseuchung gesammelt hatte. Erst im Jahr 2000 wurde er freigesprochen.

Während der Fall Nikitin seinen Lauf nahm, wurden alle möglichen anderen FSB-Akten eröffnet: über Russen, die mit westlichen NGOs zusammenarbeiteten; über Leute, die in als sensibel eingestuften Bereichen Geschäfte machten; und natürlich über Journalisten, die über gewisse Themen, insbesondere den Tschetschenienkonflikt, schrieben. Die KGB-Veteranen, die mithilfe des FSB wieder leitende Posten bekleideten, betrachteten diese Kontakte zu Ausländern als Teil von etwas viel Schlimmerem, einer Art Seuche, die die echte Spionage schwächte und die das Verschwinden des Eisernen Vorhangs erst möglich gemacht hatte.

Wie schlimm stand es wirklich? FSB-Direktor Nikolaj Kowaljow sagte 1996: »Wir haben seit der Zeit, als man während des Zweiten Weltkriegs deutsche Agenten zu uns schickte, noch nie so viele Spione verhaftet.« Man habe zwischen 1995 und 1996 vierhundert ausländische Agenten enttarnt, erklärte er.

Diese Kampagne des FSB ging vielen im Hauptquartier der GRU absolut gegen den Strich. General Korabelnikow und seine Leute wehrten sich dagegen. Und zwar nicht nur, weil sie ihre eigenen Operationen als strategisch agierender Geheimdienst gefährdet sahen. Der GRU-Chef entschloss sich sogar zu dem höchst ungewöhnlichen Schritt, sich öffentlich gegen das Agentenfieber des FSB zu äußern: »Ich würde nicht sagen, dass es in der Russischen Föderation von Spionen wimmelt«, meinte Korabelnikow zu einem Journalisten der *Iswestija,* der ihn zur »Enttarnung« von Journalisten, Ärzten und Umweltschützern als Agenten ausländischer Mächte befragt hatte, »Spione und Verräter hat es schon immer gegeben. Solange es Geheimnisse gibt, wird es Interesse daran geben, Zugang zu ihnen zu bekommen und von ihnen zu profitieren. Das Beunruhigendste ist jedoch, dass es tatsächlich Verräter in den Reihen der Regierung und spezialisierter Strukturen [d.h. Geheimdienste] gibt. Sobald wir irgendwelche Informationen erhalten, die drohenden Verrat durch irgendeine Organisation, Struktur oder Einzelperson vermuten lassen, sind wir verpflichtet, unsere Führung unverzüglich davon in Kenntnis zu setzen.«

Diese Äußerung war ein Hinweis auf die geheime Auseinandersetzung zwischen den Angehörigen des Militärgeheimdiensts und denen des FSB, die schon seit der Gründung von Letzterem 1995 fast ununterbrochen andauerte. Skripal als Protegé des Generals war über diese Intrigen bestens unterrichtet. Korabelnikows Äußerung betonte aber auch die ernsten Konsequenzen, mit denen jeder rechnen musste, der innerhalb der GRU der Spionage überführt würde.

Zur selben Zeit, als die Vertreter dieser alten KGB- oder Tschekistenmentalität behaupteten, eine Spionagewelle, wie man sie seit Hitlers Zeiten nicht erlebt habe, schwappe übers Land, hatte sich aber auch der gegenläufige Trend noch nicht erschöpft: Jelzin machte weiter mit Reformen, die dazu gedacht waren, russischen Modernisierern und ihren Unterstützern im Westen zu gefallen. Allerdings zeigte sich die relative Stärke der konservativen Kräfte auch daran, dass die Duma-Abgeordnete Galina Starowojtowa für ihren Gesetzesvorschlag, ehemalige KGB-Angehörige von öffentlichen Ämtern auszuschließen, kaum Unterstützung fand. Ein weiterer, noch wichtigerer Schritt zur Liberalisierung des Landes war die Aussetzung der Todesstrafe, selbst für Hochverrat und Spionage.

Während des Kalten Kriegs mussten Agenten von CIA oder MI6 in der UdSSR die Verurteilung zum Tod fürchten. Der entsprechende Paragraf war Artikel 64 des russischen Strafgesetzbuchs. »Verrat«, hieß es darin, »ist eine absichtlich von einem Bürger der UdSSR begangene Handlung, die der staatlichen Unabhängigkeit, der territorialen Unversehrtheit oder militärischen Stärke der UdSSR schadet; Überlaufen zum Feind, Spionage, Kommunizieren eines Staats- oder Militärgeheimnisses an einen ausländischen Staat, Flucht ins Ausland oder die Weigerung, aus dem Ausland in die UdSSR zurückzukehren; einem fremden Land bei einer feindlichen Aktivität gegen die UdSSR Beihilfe leisten oder Verschwörung mit dem Ziel, an die Macht zu gelangen, all das soll bestraft werden mit Freiheitsentzug für 10–15 Jahre, Konfiszierung des Eigentums oder mit dem Tod und der Konfiszierung des Eigentums.«

Artikel 64 kam zur Anwendung, um Oberst Oleg Penkowskij sowie etwa ein Dutzend der Leute zu exekutieren, die im Zuge der Enttarnungen von Aldrich Ames und Robert Hanssen aufgeflogen waren, darunter 1988 auch der Agent TOPHAT, GRU-General Poljakow. Durch den Satz »Weigerung, aus dem Ausland in die UdSSR zurückzukehren« wurden sogar abtrünnige Balletttänzer zu Hochverrätern und mussten fürchten, von KGB-Killern ermordet zu werden. Die Exekution Poljakows durch ein Erschießungskommando war, soweit ich das in Erfahrung bringen konnte, die letzte Hinrichtung eines sowjetischen Agenten im Dienst eines ausländischen Geheimdiensts oder, wenn man es so nennen will, eines Verräters. Das passierte, nicht zu vergessen, im dritten Jahr der Regierung des Reformers Michail Gorbatschow.

Oleg Gordijewskij wurde in Abwesenheit nach demselben Paragrafen zum Tode verurteilt und lebte in Großbritannien unter dem Schutz des MI5 mit falscher Identität. Im ersten Fernsehinterview nach seiner Enttarnung war sein Äußeres zu seinem Schutz unkenntlich. Und selbst unter Gorbatschow wurden britische Versuche, Gordijewskij wieder mit seiner Familie zu vereinen, indem man diese aus der UdSSR ausreisen ließ, vom KGB verhindert.

Sicherlich hatte Artikel 64 eine besonders abschreckende

Wirkung auf jeden Sowjetbürger, der erwog, zum Feind überzulaufen oder sogar für einen westlichen Geheimdienst zu spionieren. Am Ende seines 1984 erschienenen Buchs fügte der Überläufer Wladimir Resun eine Nachbemerkung an: »Nur für GRU-Offiziere.« Auch wenn er zuvor die Gründe dargelegt hat, warum er es für richtig hielt, die Sowjetunion zu verlassen, fährt er dann doch, in Worten, die an Skripal hätten gerichtet sein können, fort: »Sollte irgendein GRU-Offizier sich im gleichen Dilemma wiederfinden – gehen oder bleiben –, dann rate ich ihm, seine Entscheidung hundert und noch hundert Mal zu überdenken. Falls er daran denkt, in den Westen zu fliehen, dann lautet mein Rat an ihn – tun Sie es nicht. Denn Artikel 64 erwartet ihn ebenso wie der schändliche Beiname ›Verräter‹ und ein elender Tod, vielleicht sogar schon an der Grenze.«

Doch im Juni 1996 hatte Jelzin die Todesstrafe in Russland ausgesetzt, und zwar durch ein Präsidialdekret, dem Änderungen am entsprechenden Gesetz folgten. Der letzte – zumindest durch ein Gericht dazu verurteilte – Russe, der exekutiert wurde, war der Serienmörder Sergej Golowkin, den man im August 1996 ins Jenseits beförderte, nachdem der Begnadigungsweg ausgeschöpft war. Was war Jelzins Grund gewesen? Er und einige seiner reformfreudigen Berater wollten enger mit Europa und dessen politischen Institutionen zusammenarbeiten. Man hatte ihnen klargemacht, dass das unmöglich sei, solange Russland an der Todesstrafe festhielte. Also wurde sie ausgesetzt und ist es seither geblieben.

Als das alte Strafgesetzbuch Sowjetrusslands 1996 durch ein neues ersetzt wurde, blieb Verrat natürlich ein Verbrechen, und zwar unter Artikel 275. Allerdings galt er nicht mehr als Kapitalverbrechen. Das Strafmaß wurde festgelegt auf: »Freiheitsentzug zwischen 12 und 20 Jahren mit oder ohne Konfiszierung des Eigentums«. Die Todesstrafe blieb jedoch in juristischer Schwebe und kann theoretisch noch für Mord unter bestimmten Umständen und für Genozid verhängt werden.

Was diejenigen betraf, die bereits wegen Spionage im Gefängnis saßen, so wurden bei einigen, die für westliche Dienste tätig gewesen waren, im Stillen Abmachungen getroffen. Ein paar dieser Männer wurden entlassen und gingen sogleich ins Ausland.

Diese Entwicklungen und die allgemeine Verbesserung der Beziehungen zum Westen mögen Skripal und andere durchaus in dem Glauben bestärkt haben, ihr Vergehen der Spionage würde, falls man ihnen auf die Schliche käme, nicht mehr als so schwerwiegend betrachtet werden wie noch zu Zeiten des Kalten Kriegs. Mit Sicherheit gab es Scharfmacher im FSB und höchstwahrscheinlich auch in der GRU, die Jelzin verübelten, dass er mit der Aussetzung der Todesstrafe ein entscheidendes Abschreckungsmittel für diejenigen beseitigt hatte, die erwogen, für eine ausländische Regierung zu arbeiten. Noch dazu war es nur ein weiteres Anzeichen dafür, dass sowieso alles zum Teufel ging.

Jelzin wurde in den Sicherheitsdiensten ohnehin vielfach verachtet. Da gab es dieses Auftritte in der Öffentlichkeit, bei denen er sichtlich betrunken war, als er etwa hilflos versuchte, im Rahmen eines Deutschlandbesuchs 1994 eine Musikkapelle zu dirigieren, oder als er bei einem Staatsbesuch in den USA im darauffolgenden Jahr die Presse lallend als »ein Desaster« bezeichnete. Die Sicherheitskräfte wussten auch von unerquicklichen Vorfällen, die man vertuscht hatte. Beispielsweise soll Jelzin eines Abends während der USA-Reise so betrunken gewesen sein, dass er in der Nähe des Weißen Hauses nur mit einer Unterhose bekleidet versuchte, sich eine Pizza zu bestellen.

Der Widerwille gegen diesen Präsidenten nahm bis zum Sommer 1997 eine neue politische Form an. Generalleutnant

Lew Rochlin, ein hochdekorierter Veteran des Afghanistan- und Tschetschenienkriegs, der Abgeordneter und zugleich Vorsitzender des Verteidigungsausschusses der Duma war, gründete eine neue Allrussische Bewegung zur Unterstützung der Armee. Genährt durch die weitverbreitete Unzufriedenheit, angefangen bei den demütigenden Ergebnissen im Kaukasus bis hin zu den schlechten Verhältnissen, in denen Familien von Militärangehörigen und Rentner lebten, bekam Rochlin bald Unterstützung aus allen möglichen Lagern. Darunter auch von einigen ehemaligen Führungskräften aus KGB und Armee, die schon den Putsch von 1991 befürwortet hatten. Seine Kampagne brachte Jelzin in massive Schwierigkeiten, da Rochlin, der bald schon die Absetzung des Präsidenten mithilfe der Verfassung forderte, sowohl über Rückhalt im Parlament verfügte als auch dank seines Mandats Immunität genoss.

So waren Gerüchte über Staatsstreiche – im Einklang mit der Verfassung oder gegen sie gerichtet – im Sommer 1997, als Skripal sich wieder im Herzen der GRU befand, in Moskau an der Tagesordnung. Und das vor dem Hintergrund der 1991 und 1993 gescheiterten Versuche, die Macht zu übernehmen. Der Kampf zwischen der Armee und dem wiedererstarkenden FSB machte ihm in seinen letzten Jahren im Militärgeheimdienst große Sorgen. Es war ihm ein Bedürfnis, dieses Thema mit MI6 zu teilen. »Ich wollte, dass London ein mehr oder weniger korrektes Bild von den Vorgängen in Russland bekam«, erklärte er.

Seine tägliche Arbeit lieferte ihm jede Menge an Informationen, von denen er wusste, dass sie London Geld wert sein würden. Als Chef der Personalabteilung kannte er die Einzelheiten dazu, wer in welcher Einheit der GRU im Ausland stationiert war und welche Funktion derjenige dort ausübte. Zudem wusste er, wer auf einen Einsatz vorbereitet wurde. Das waren lauter wertvolle Informationen für die Gegenspionage der Dienste westlicher Länder. Wie viele Russen konnte man sich in Zeiten gekürzter Budgets für Beschattungen und Abhöraktionen leisten? Wenn man da genau wusste, wer in einer bestimmten *Residentura* wirklich wichtig war, war das enorm hilfreich.

Skripal dürfte auch ein paar Informationen über die eigenen Agentennetzwerke der GRU gesammelt haben, selbst wenn das angesichts der strengen Segmentierung der gewonnenen Informationen im Glashaus wohl kaum mehr als Hinweise oder Bruchstücke waren. Doch selbst diese konnten ein entscheidender Hinweis für den MI6 oder dessen Partner bei der CIA sein.

Es gab damals vieles, was Skripal mitteilen wollte, aber gleichzeitig war er auch fest entschlossen, keine Risiken einzugehen, indem er mit dem MI6 kommunizierte. Das war ihm schließlich an der Militärakademie wieder und wieder eingetrichtert worden: Die Kommunikation eines Agenten mit seiner Kontaktperson ist einer der größten Schwachpunkte. Tote Briefkästen konnten überwacht, Agenten oder Kuriere beschattet werden, E-Mails oder andere elektronische Mitteilungen abgefangen, Funktelefonate abgehört werden. Keine dieser traditionellen Methoden der Branche war vollkommen sicher. Man konnte Kurzwellensender oder Einmalverschlüsselung nutzen, wie eine ganze Generation von sowjetischen Agenten das getan hatte, aber falls man diese in der Wohnung des Betreffenden fand, bedeuteten sie eine einfache Fahrkarte in den Gulag. Hatte der Leiter des FSB nicht gesagt, das Land erlebe seine größte Welle ausländischer Spionage seit dem Krieg?

Und was Ljudmila und Julija betraf, deren Leben sah natürlich ganz anders aus. Es war bestimmt vom Schuljahr und von den Jahreszeiten, wie bei ganz normalen Menschen eben.

Und weil sie im Lauf des Jahres 1997 solche Sehnsucht nach Spanien bekamen, beschlossen sie, noch mal hinzufahren, um mit ein paar Freunden aus Moskau dort Urlaub zu machen. Sergej wusste, dass er sie nicht begleiten konnte. Das war für Offiziere, die im Hauptquartier der GRU arbeiteten, einfach ein Ding der Unmöglichkeit.

Also verabschiedete er Frau und Tochter mit Umarmungen und Küssen. Die beiden flogen nach Alicante und checkten dort in ein Hotel ein.

Nach einer angemessenen Zeit erhielt Ljudmila einen Anruf von einem alten Freund: Richard Bagnall. Dann kam er vorbei, einfach um Hallo zu sagen. Er brachte ein Geschenk mit, etwas für Sergej. Und Ljudmila hatte ihm auch etwas aus Moskau mitgebracht. Sergej schickte Richard ein Buch, einen russischen Roman, als kleinen Beweis seiner Freundschaft vielleicht, aber jedenfalls einen, von dem er wusste, dass er seinem Freund vom MI6 viel bedeuten würde.

7

VON VAUXHALL CROSS AUS GESEHEN

Von Alicante aus flog Richard Bagnall direkt nach London und wartete darauf, dass die Experten hinter den dreifach verglasten grünen Fenstern in der MI6-Zentrale ihre Arbeit taten. Das Buch, das er aus Moskau mitgebracht bekommen hatte, enthielt jede Menge Geheimschrift. Oberst Skripal hatte bei sich zu Hause Stunde um Stunde, Seite um Seite mit unsichtbarer Tinte vollgeschrieben, also einen der in der Akademie gelernten Spionagetricks gegen seine GRU-Vorgesetzten gewendet. Die Ausbeute eines Jahres geheimer Berichte an den britischen Geheimdienst steckte in dem Band, den er Ljudmila in den Urlaub in Spanien mitgegeben hatte, als Geschenk für Richard.

Mir gegenüber beharrte er stets darauf, seiner Frau nichts von seinem Geheimleben als MI6-Agent offenbart zu haben – zumindest damals nicht –, sodass sie keine Ahnung hatte, wie gefährlich das scheinbar harmlose Buch war, das sie aus Moskau herausbrachte. Das Gegen-»Geschenk«, das ihr Bagnall nach Moskau mitgab, war Bargeld, einige Tausend Dollar. Vielleicht hatte Sergej es ihr als Beratungshonorar plausibel gemacht, für etwas, das er für den gemeinsamen Freund aus Madrider Tagen getan hatte. Ljudmila bohrte nicht nach, falls sie doch irgendeinen Verdacht geschöpft haben sollte; als Agentengattin lernt man eine Regel ganz schnell: Was man nicht weiß, kann man auch nicht verraten.

Skripal hatte sich einer der ältesten bekannten Spionagetechniken bedient, unsichtbare Tinten sind mit Sicherheit jahrtausendealt. Schon sehr früh experimentierte man dazu mit Zitronensaft, Gemüseextrakten oder Milch, die so geschriebenen Texte wurden erst sichtbar, wenn man die Seiten über eine Kerze oder ähnliche Wärmequellen hielt. Durch diese Technik gelangten Botschaften schon in der Antike in belagerte Städte, in der Renaissancezeit wurde sie von europäischen Meisterspionen wiederbelebt.

Anfang des 20. Jahrhunderts experimentierte man mit Mischungen, an denen Silber, Kobalt und andere Elemente beteiligt waren. Sie brauchten manchmal zusätzlich chemisch behandeltes Papier. Während des Kalten Kriegs schließlich entwickelten sowohl der KGB als auch westliche Geheimdienste spezielle Tinten, die sich erst am Zielort und nur mithilfe passgenauer Chemikalien sichtbar machen ließen; auf diese Weise konnte niemand mehr einfach mitlesen, wenn er nur Wärmequellen, Ultraviolett-Licht oder irgendein Reagenz auf Silberbasis zur Verfügung hatte.

Mit welchen Verfahren auch immer die Cracks in Vauxhall Cross das erste von Skripals Büchern lesbar machten, FORTHWITH lieferte Informationen zuhauf, von seinen Beobachtungen über die aufkeimende Rivalität zwischen GRU und FSB bis hin zu Organigrammen der in Europa verstreuten Agentenposten und Hinweisen auf Informanten, lauter gute Spuren für die Maulwurfsjäger der westlichen Spionageabwehrbehörden.

Wie mit den Tipps zu GRU-Agenten verfahren wurde, hing davon ab, wie detailliert die Informationen jeweils waren. Manchmal gab es nur vage Indizien, etwa dass »ein Mann im französischen Finanzministerium« ein Maulwurf sei, um ein hypothetisches Beispiel zu nehmen. In solchen Fällen rauften sich die Agentenjäger oft nur monatelang ergebnislos die

Haare. Andererseits führten selbst weitaus präzisere Informationen nur selten zu polizeilichen Ermittlungen. All solche Hinweise sind naturgemäß wenig aussagekräftig, wenn man sie nicht benutzen kann, ohne den Informanten in Gefahr zu bringen.

In dieser Zeit, den späten 1990er-Jahren, glaubten die meisten westlichen Politiker, der Kalte Krieg sei ein für alle Mal vorbei. Es hätte womöglich peinliche Folgen, wenn man russische Spione strafrechtlich verfolgte, zumal Spionage ohnehin schwer nachzuweisen war. Wenn es doch einmal, selten genug, zu einer Anklage kam, etwa 1993 im Fall des MI5 gegen Michael Smith oder bei ein paar FBI-Leuten in den USA, waren vorher oft unerlaubte Lockvogelmethoden im Spiel gewesen, zum Beispiel ein westlicher Agent, der sich als russischer Führungsoffizier ausgegeben und den Verdächtigen zu irgendeiner Straftat verleitet hatte.

Skripals Berichte wurden vom MI6 in verschiedener Form weitergeleitet. Manche gingen, gesäubert natürlich, um die genaue Funktion des Informanten zu verschleiern, als CX-Report raus, als *Blue book*, wie man in Zeiten des Kalten Kriegs auch sagte, ein Geheimdienst-Bulletin für andere Dienste und Regierungsstellen ab einer bestimmten, sehr hohen Sicherheitsfreigabe. FORTHWITH' Erkenntnisse wurden vielfach aber auch zu MI6-Sondermeldungen an einzelne anderen Dienste verarbeitet. Ein kurzer Bericht über die bevorstehende Ankunft eines neuen GRU-Residenturleiters in Berlin beispielsweise ging direkt an einen deutschen Dienst, kaum an andere. Die Weiterleitung erfolgte stets nach dem Prinzip: »Wer muss das wissen?« Zum Schutz der Informanten begrenzte man den Kreis derer, die von ihren Berichten erfuhren, auf das Nötigste.

Ein paar von Skripals Berichten »kamen extrem gut an beim MI6«, erfuhr ich von jemandem aus dem Verteidigungsministerium. Dank FORTHWITH ließen sich jetzt GRU-Agenten im Vereinigten Königreich identifizieren. Strafrechtlich verfolgt wurde allerdings niemand, insofern können wir nur vermuten, dass die Leute, die Skripal als russische Spione oder als GRU-Informanten in spe enttarnte, anderweitig ausgebremst, das heißt direkt gewarnt, aus der Schusslinie gezogen oder ganz aus dem Dienst entlassen wurden oder dass der britische Geheimdienst sie mittlerweile mit Desinformationen für Moskau fütterte. Allerdings waren längst nicht alle Hinweise von Skripal wirklich brauchbar.

Die Bearbeitung seiner Angaben über die Agenten, die er in Malta rekrutiert hatte, führte nicht zu einer Strafverfolgung. Sie hat wohl nur ein paar Angehörige des US-Militärs zutage gefördert, die in Wahrheit aber selbst zur Spionageabwehr gehörten und den Mann von der GRU an der Nase herumgeführt hatten. Hinweise auf aktiven Verrat von Malteser Bürgern gab es kaum.

Bei den Nachforschungen zu Skripals Kontakten auf Malta scheint sich jedoch sehr bald ein Muster abgezeichnet zu haben, das der westlichen Spionageabwehr schon in den 1980er- und 1990er-Jahren immer wieder aufgefallen war. Ehrgeizige SWR- oder GRU-Offiziere standen permanent unter Druck, möglichst viele Rekruten anzuwerben, wenn sie ihre begehrten Auslandsposten behalten oder nach ein paar Jahren in der Zentrale in Russland wieder auf eine Auslandsmission geschickt werden wollten, und das erzeugte, laut einem MI6-Mann, »eine Kultur der systematischen Übertreibung«. So wurden Westler, die sich ein paarmal mit russischen Nachrichtendienstlern getroffen hatten und einfach gern lockeren Kontakt hielten, als angeworbene Agenten deklariert, auch wenn sie oft nichts lieferten, was die Bezeichnung Geheiminformation verdient hätte.

Dennoch waren Skripals Berichte wichtige Mosaiksteine,

aus denen sich der MI6 ein Bild von dem machen konnte, was in Russland vor sich ging. Der Oberst war schließlich, nach Oberst Oleg Penkowskij Ende der 1950er-Jahre, der erste aktive GRU-Offizier, den der MI6 hatte rekrutieren können. Was man von ihm erwarten durfte, war jedoch aus zwei Gründen eingeschränkt. Zum einen besaß Skripal einen gesunden Selbstschutzinstinkt und schickte nur sporadisch Buchgeschenke. Tatsächlich hat er diesen Kommunikationskanal wohl nur noch ein Mal benutzt: Das zweite Exemplar überbrachte Ljudmila 1998 bei einem Urlaub in Malaga. So prallvoll mit geheimen Berichten die Bücher gewesen sein mögen, höchstwahrscheinlich blieb es bei diesen beiden während FORTHWITH' Dienstzeit im Glashaus.

Der zweite Bremsfaktor hatte sich erst neuerdings ergeben und war Oberst Skripals Kollegen in der GRU-Zentrale wohlbekannt. Er hatte Diabetes und war, bis man die Symptome endlich therapeutisch in den Griff bekommen hatte, immer wieder lange krankgeschrieben. Die Krankheit hatte erheblichen Anteil daran, dass die letzte Phase seiner Karriere zur persönlichen Enttäuschung geriet. Er wurde dreimal übergangen und nicht zum Generalmajor befördert, was ihm als Personalchef und Mitglied der GRU-Führungsriege seiner Meinung nach rangmäßig zugestanden hätte. Mit den entsprechenden Schulterklappen wäre er womöglich länger im Dienst geblieben.

Einerseits war man natürlich mächtig stolz darauf, Skripal für den MI6 angeheuert zu haben, andererseits hatte der SIS durchaus noch andere Agenten vor Ort, und die Anwerbung von Informanten in Russland kam just in dieser Zeit, Ende der 1990er-Jahre, wieder in Schwung.

Die zurückhaltend optimistische Haltung aufseiten der Russlandexperten in den westlichen Nachrichtendiensten unmittelbar nach dem Ende des Kommunismus hatte sich bald in Argwohn verwandelt und war Ende der 1990er-Jahre in Besorgnis übergegangen. Die Politiker hingegen blieben durch die Bank um einiges sorgloser, der demokratische Umbau Russlands galt als immenser Zuwachs an Humanität und Stabilität, auch wenn er noch lange nicht abgeschlossen war. Es gab dementsprechend große Diskrepanzen zwischen der britischen, der deutschen, der US-amerikanischen Regierung und ihren Geheimdienstlern. Niemand wünschte sich den Kalten Krieg zurück, und so blieb den Geheimdiensten nichts übrig, als beunruhigende Entwicklungen hinzunehmen, streng vertrauliche Informationen zwar untereinander auszutauschen, ansonsten aber Stillschweigen zu bewahren, während gleichzeitig westliche Unternehmer Russland zum neuen »Klondike« erklärten und wie die Goldgräber ausbeuteten. In diesem Zusammenhang lohnt sich ein kurzer Blick auf das Thema Chemiewaffen – denn das ist bedeutend für die spätere Geschichte des Sergej Skripal.

Als der Kalte Krieg seinem Ende entgegenging, arbeiteten sowjetische Experten an einem Geheimprojekt zur Entwicklung neuer Nervengifte. Es war eine Vergeltungsmaßnahme für die in den USA gelagerten Bomben mit binärem VX, einem Zweikomponenten-Kampfstoff. Schon Anfang der 1990er-Jahre war die Existenz eines solchen Projekts bekannt geworden: Ein Dissident – Chemiker und ehemals Sicherheitschef der sowjetischen Chemiewaffenbehörde – hatte es enthüllt und auch berichtet, dass es unter dem Namen »Nowitschok« lief. Das Projekt war äußerst heikel, denn zur selben Zeit stand die internationale Konvention zur Ächtung von Chemiewaffen kurz vor der endgültigen Formulierung, und die neuen Nervengifte wurden darin nicht ausdrücklich erwähnt. Dieser innere Widerspruch wurde später mit der Gründung der Organisation für das Verbot chemischer Waffen (OPCW) aufgelöst.

Anfangs befürchteten der MI6 und andere Experten in Whitehall, dass dieses Nowitschok bald andernorts auftauchen könnte durch die Unachtsamkeit von Labors und Produktionsstätten, wo die kommende Chemiewaffenkonvention Tausende Mitarbeiter arbeitslos machen würde. Nach übereinstimmender Lesart von Geheimdiensten und öffentlicher Meinung wurde Präsident Jelzin von den reformfeindlichen Teilen des militärisch-industriellen Komplexes über die ganze Entwicklung im Dunkeln gelassen oder sogar an der Nase herumgeführt. Diese Lesart war politisch brauchbarer, als wenn die britische oder die US-Regierung den russischen Präsidenten öffentlich angegangen wären.

Mitte der 1990er-Jahre gab es erste Indizien dafür, dass Leute, die Verbindung zur russischen Chemiewaffenindustrie hatten, Syrien ihre Dienste angeboten und die Produktion neuer Nervengifte dort vorgeschlagen hatten. 1996 hatte der FSB sie erwischt, und eine Zeit lang sah es so aus, als könnte das sogar zu einer Kooperation zwischen dem Vereinigten Königreich und russischen Nachrichtendiensten führen. Die Weiterverbreitung derartiger Waffen zu unterbinden, lag schließlich im beiderseitigen Interesse.

Gegen Ende der 1990er-Jahre verschoben sich die Interpretationen der Nachrichtendienst-Analysten in Bezug auf die Entwicklungen in Russland jedoch deutlich. 1998 konnte der deutsche Auslandsgeheimdienst (BND, Bundesnachrichtendienst) einen Überläufer aus dem Chemiewaffen-Establishment an Land ziehen, und zwar mitsamt einer kleinen Probe Nowitschok. Er konnte sich heimlich in den Westen absetzen – diese Geheimdienstinformation kam 1998 heraus, in dem Jahr, nachdem Russland die Chemiewaffenkonvention unterzeichnet hatte. Der BND gab die Proben weiter an Forschungsinstitute in Schweden, dem Vereinigten Königreich, Frankreich, den USA und den Niederlanden. Zu dieser Zeit also bekam das britische Zentrum für Bio- und Chemiewaffenforschung in Porton Down (Wiltshire) die Substanz, über die sie so viel gehört hatte, zum ersten Mal in die Finger.

Die Entwicklung war doppelt besorgniserregend: Zum einen stand jetzt fest, dass das neue russische Nervengift für die NATO-Standardausrüstung nicht erkennbar war; zum anderen lag der Schluss nahe, dass in Russland offenbar daran weitergeforscht und auch weit größere Mengen getestet wurden als von der Konvention (nur zur Erforschung von Schutzmaßnahmen) zugelassen. Ob Jelzins Leute die Konvention unterzeichnet, aber gar nicht die Absicht hatten, sich daran zu halten, oder ob sie womöglich dachten, ihre neuesten Kampfstoffe seien davon nicht betroffen – beides bot Anlass zur Besorgnis. Jahre später sollten westliche Geheimdienste noch weitere heikle Geheiminformationen über das Nowitschok-Programm bekommen. 1998 war es nur ein Strang in einem Geflecht aus Geheimreports, die aus Russland kamen und den Experten zunehmend Kopfzerbrechen machten.

Etwa um dieselbe Zeit – 1998/99, Skripal tat noch Dienst in der GRU-Zentrale – wurden im MI6 einige Weichen gestellt, um den Dienst gegen die Russen besser aufzustellen und für die postkommunistische Ära fit zu machen. Es war nicht das Ergebnis spezifischer bürokratischer Dynamik oder einer direkten Entscheidung, sondern eher eine Reihe von Schritten unter der Ägide zweier Männer, die zu Schlüsselfiguren des Umbaus wurden, indem sie neu definierten, wie und mit welchen Zielen der MI6 künftig in Russland agieren sollte.

Die erste Schlüsselfigur war John Scarlett; die Russen hatten ihn 1994 ausgewiesen, er war an den Schreibtisch nach London zurückgekehrt und inzwischen zum Leiter der Einheit für Mittel- und Osteuropa aufgestiegen. In dieser Position hatte er sich zwar gleichzeitig um den Balkan und die sich verschärfende Kosovo-Krise zu kümmern, aber Russland blieb sein Hauptsorgenkind. Scarlett war der Typ Geheimdienst-Mandarin, für den sich freundschaftlicher Umgang und Spionage keineswegs ausschließen, trotzdem hielt er es für unabdingbar, den Austausch zwischen England und Russland redlich zu gestalten. Der Abteilungsleiter mit dem schneidigen Auftreten und den markigen Worten konnte viele im Verteidigungsministerium davon überzeugen, dass man jetzt, wo Jelzin wackelte, Russland wieder ins Visier nehmen und Mittel bereitstellen müsse, um die Informationsgewinnung dort zu verbessern.

Etwa zur selben Zeit wurde Charles Farr zum Leiter der Russland-Einheit »P5 Operations and Targeting« im MI6 berufen. Farr war der Typ bebrillter Akademiker, wie man ihn aus Agententhrillern kennt. Der Absolvent des Magdalen College in Oxford, der obendrein in Ästhetischer Philosophie promoviert hatte, begann seine Karriere in Südafrika und Jordanien. Farr war nicht verheiratet, er rieb sich auf für seine Arbeit, und das unberechenbare Leben als Spion hatte seine Spuren hinterlassen. Er war Ende vierzig, als er den Posten übernahm, konnte Trottel nicht ausstehen und »brachte einen Haufen Leute gegen sich auf, weil er fand, sie sollten gefälligst bessere Ergebnisse liefern«, wie ein Vauxhall-Cross-Insider erklärt. »Er hat eine sagenhafte Menschenkenntnis«, beschreibt ein anderer, »er konnte auf Anhieb die Stärken und Schwächen von Leuten taxieren und lag selten daneben – ich bin bloß froh, dass er nie *meine* jährliche Beurteilung schreiben durfte.« Farrs Zielvorgabe war, eine größere Bandbreite von Objekten erfolgreicher zu infiltrieren, und laut jemand anderem, der ihn kennt, war er »ein Mann des Operativen, der aus allem eine Operation macht«.

Das alte Selbstbild von den Ostblockexperten als »Herrenrasse« des MI6 wurde endgültig abgehängt. Farr schickte Bagnall und andere wie ein Team von spionierenden Meldegängern kreuz und quer durch Europa und Russland und sonst wohin, immer auf der Suche nach Leuten, die tiefe Einblicke in das bieten konnten, was wirklich vor sich ging.

Anfang der 1990er-Jahre bearbeitete der SIS in Russland nur wenige Aufgabenfelder, nämlich: mittels Spionageabwehr dafür zu sorgen, dass es in den oberen Etagen im Vereinigten Königreich keine russischen Maulwürfe gab, die geheimen Programme chemischer und biologischer Kampfstoffe sowie bestimmte Sicherheitsthemen, die den Entscheidungsträgern in Whitehall Sorgen bereiteten. Dabei ging es zum einen um die Atomsprengköpfe, zum anderen um die diesbezügliche Befehlskette. Gegen Ende der 1990er-Jahre veränderte sich der Blick auf Russland. Deshalb ging der SIS um diese Zeit dazu über, die Partnerschaften mit den im Aufbau begriffenen Diensten ehemaliger Sowjetrepubliken, vor allem der baltischen Staaten, zur eigenen Optimierung zu nutzen.

So weit, so gut, solange es SWR und GRU betraf, aber Farr wollte auch mehr über den FSB erfahren, der dabei war, seine Macht in Moskau wieder zu festigen. Das Netz musste unbedingt weiter gespannt werden, denn viele der russischen Agenten berichteten jetzt von engen Verbindungen zwischen FSB, Organisierter Kriminalität, Oligarchen und Politikern. Auch die russische Presse brachte tagtäglich Verschwörungstheorien aller Art darüber, wie sich staatliche Institutionen in kriminelle Unternehmen verwandelten, aber was bedeutete es für die britische Außenpolitik im weiteren Sinn, wenn etwas daran war?

In dieser Zeit wurden viele in die ehemaligen sowjetischen Republiken und durch Osteuropa geschickt, um Informanten aufzutun. Auch ein paar alte Haudegen der »Herrenrasse« wurden in Gang gesetzt, die viel zu lange in der Abteilung Agentenführung gehockt und sich auf ihren Lorbeeren ausgeruht hatten.

Zur selben Zeit verstärkte die Abteilung P5 des MI6 alle Operationen, die die neuen Freiheiten der Russen nutzen sollten, denn nun war man in der Lage, Menschen zu einem weit niedrigeren Preis anzuwerben und auf diese Weise ein Netz an Informanten zu unterhalten. Man konnte ganz einfach in Großbritannien eine Beratungsfirma gründen und den ein oder anderen russischen Geschäftsmann fragen, ob er nicht für Geld Informationen liefern wollte. Wenn ja, konnte er diese einfach faxen bzw. – als die Technik Fortschritte machte – per E-Mail schicken. Auf diese Weise kam der britische Geheimdienst an Expertenwissen aus allen möglichen Bereichen, ob es nun um Verteidigung ging oder um Ölförderung. Der Verdacht, mit dem der FSB allen NGOs und westlichen Unternehmen begegnete, wurde so zur sich selbst erfüllenden Prophezeiung.

Im Sommer 1998 liefen die Ereignisse in Moskau auf eine Entscheidung zu, auf einen Wendepunkt in der Schlacht zwischen Reformkräften und orthodoxen Postkommunisten.

In den frühen Morgenstunden des 3. Juli 1998 drangen Maskierte in eine Datscha in Klokowo südwestlich von Moskau ein. Dort stießen sie auf den General im Ruhestand Lew Rochlin und seine Frau Tamara, beide hatten getrunken. Ein paar Wochen zuvor war Rochlin gezwungen worden, den Vorsitz des Verteidigungsausschusses der Staatsduma abzugeben, dennoch blieben er und seine Bewegung zur Unterstützung der Armee äußerst bedrohlich für Jelzin. Der Ex-General hatte sich für ein Absetzungsverfahren gegen Jelzin ausgesprochen, der Präsident und seine Unterstützer machten daraus die Unterstellung, er plane einen Staatsstreich.

In dieser warmen Sommernacht wurde Rochlin von den Eindringlingen mit einem Kopfschuss umgebracht. Zu seiner Beisetzung in Moskau kamen mehr als zehntausend Menschen. In den folgenden Tagen wurde eine Mordanklage gegen seine Frau Tamara fingiert. Eine klug eingefädelte Inszenierung, denn bis die Anklage in sich zusammenbrach, vergingen Jahre, und so lange schaute niemand woanders hin, wurden andere Spuren nicht verfolgt.

Einige Zeit nach der Tat bekam Farrs Abteilung in Vauxhall Cross einige aufschlussreiche Geheiminformationen. Es ging das Gerücht, ein zwielichtiger ehemaliger KGBler im Regierungsstab des Präsidenten, ein Wladimir Wladimirowitsch Putin, habe den Mord organisiert. Drei Wochen danach wurde Putin von Jelzin zum FSB-Direktor ernannt. Aus der Sicht des MI6-Informanten war es eine Belohnung, der Präsident bedankte sich bei Putin, dass er das Rochlin-Problem erledigt hatte.

Mit Putin an der Spitze – er blieb dort etwas mehr als ein Jahr – wurde der FSB aggressiver, die Zahl der politischen Morde stieg an, und Russland taumelte einem neuen Krieg in Tschetschenien entgegen. Vier Monate nach dem Mord an Rochlin fiel ein weiteres Duma-Mitglied einem Attentat zum Opfer. Die Abgeordnete Galina Starowojtowa war am anderen Ende des politischen Spektrum angesiedelt als der General und seine Bewegung, und sie hatte sich als Liberale für ein Gesetz starkgemacht, mit dem ehemalige KGB-Leute von Machtposten ausgeschlossen werden sollten.

Nur wenige Politiker im Westen verfolgten gründlich, was in Russland vor sich ging. Manche erfuhren zwar durch ihre Nachrichtendienste, welche Korruptionsgerüchte Jelzin und seine Familie umschwirrten. Aber öffentlich blieben sie meist dabei, dass das demokratische Russland jetzt ein Freund war und man die guten Beziehungen nicht aufs Spiel setzen durfte. In Vauxhall Cross hatte die besorgniserregende Entwicklung Scarlett und Farr gestärkt, sie drängten immer lauter auf mehr Informanten, und die CX-Reports aus der Abteilung wurden von Whitehall und Umgebung ernster genommen.

Schon Anfang 1999 war unübersehbar, dass sich in Moskau wohl eine Wende anbahnte. Die Gerüchte, Jelzin sei nicht gesund und leistungsfähig genug für eine Neuwahl 2000, nahmen zu. Der Machtkampf um seine Nachfolge begann, und viele setzten auf Jewgenij Primakow, auch er ein Mann des KGB und nach dem Putschversuch von 1991 Direktor des neugeschaffenen Auslandsspionagediensts SWR.

Im April 1999 gelangte ein Video ins russische Fernsehen, in dem sich angeblich der Generalstaatsanwalt Jurij Schkuratow nackt mit Prostituierten vergnügte. Es war ein klassischer *Kompromat*, im Stil des alten KGB zusammengesuchtes (bzw. in diesem Fall angeblich gefälschtes) Erpressungsmaterial, mit dem man jemanden ausschalten oder unter Kontrolle bringen kann. Das Video ruinierte nicht nur Schkuratows Existenz, sondern auch die Fortüne seines guten Freundes und politischen Verbündeten Jewgenij Primakow; er zog sich später aus dem Rennen um die Präsidentschaft zurück.

Wie war dieser *Kompromat* zustande gekommen und an den Fernsehsender RTR gelangt? Ein Journalist bekam dazu eine interessante Information von jemandem, der bei dem Sender arbeitete: Die Kassette war persönlich abgegeben worden, und zwar »von einem Mann, der aussah wie der FSB-Chef«. Ob er es nun gewesen ist oder nicht, Putin ergänzte seinen speziellen Lieferdienst noch mit einem öffentlichen Appell an Schkuratow, sein Amt aufzugeben.

Im Mai 1999 war der FSB-Chef zu Besuch bei der Zeitung *Komsomolskaja Prawda* und wurde von den Journalisten auf Gerüchte über Umsturzpläne angesprochen. Ob er so etwas vorhabe?

»Wozu sollten wir einen Staatsstreich brauchen?«, konterte Putin. »Wir sind doch an der Macht. Wen sollten wir denn stürzen?«

Den Präsidenten vielleicht, fragte ein Reporter nach. »Der

Präsident hat uns doch eingesetzt«, antwortete Putin. Viele der Anwesenden hatten den Eindruck, dass er längst die Herrschaft übernommen hatte. Nur ein paar Monate später machte ihn Jelzin zum Premierminister, was Putin in die Position seines wahrscheinlichen Nachfolgers brachte.

Die weiteren Ereignisse dieses Sommers versetzten die russischen Demokraten in Panik und machten den Weg frei für Putin, Jelzin im Amt zu folgen. Bei einer Serie von Sprengstoffanschlägen auf Wohnhäuser in Russland kamen Hunderte Menschen zu Tode, die Verantwortung dafür wurde tschetschenischen Separatisten zugeschoben – eine groß angelegte militärische Vergeltungsaktion in der abtrünnigen Republik sollte folgen. Als Ende September 1999 angebliche Vorbereitungen für einen weiteren Bombenanschlag auf ein Gebäude in der russischen Stadt Rjasan aufgedeckt wurden, verbreitete sich eine neue Verschwörungstheorie. Zunächst hieß es, es handele sich um einen weiteren, glücklicherweise vereitelten grausamen Anschlag auf ein Wohnhaus, aber bald wurden Verbindungen zum FSB vermutet, dessen Sprecher eine »Übung« erwähnt hatte. Jelzins (und später Putins) Kontrahenten hatten den Verdacht, dass in Wahrheit der FSB die Anschläge, die Russland in Schockzustand versetzten, durchgeführt hatte, um einen neuen Tschetschenienkrieg zu rechtfertigen.

Hier ist nicht der Ort für eine tiefere Analyse dieser Theorie. Ich persönlich habe sie nie für besonders überzeugend gehalten, aber sie spielte eine wichtige Rolle bei den Beschuldigungen gegen den FSB und Putin seitens einiger Leute, die später in unserer Geschichte wichtig werden. Die Wohnhausanschläge trugen auch wesentlich zu Oberst Sergej Skripals Entscheidung bei, Armee und GRU endgültig zu verlassen.

Im September 1999 nämlich, mit nur achtundvierzig Jahren, ging Skripal in den Ruhestand. Er hatte, erklärte er mir später, bis dahin achtunddreißig Dienstjahre angesammelt, da die Monate in Afghanistan und die Jahre in Malta und Madrid bei der Berechnung der Pension doppelt beziehungsweise anderthalbfach zählten. Durch die Inflation war der Betrag leider auf Almosenhöhe geschrumpft, aber Skripal hatte ohnehin nicht vor, dem Müßiggang zu frönen.

Ein paar Monate später hatte er einen Behördenjob in der Moskauer Regionalverwaltung. Zusätzlich ging er in die Privatwirtschaft, zusammen mit ein paar alten Pionier-Kameraden und einer Abrissfirma, die für Bauunternehmer arbeitete. Seine Qualitäten als »Vermittler« mit Beziehungen zu regionalen Behörden scheint er auch ein paar Unternehmern angeboten zu haben, die in den Bau einer großen Wohnsiedlung in Lobnja, nordwestlich der Hauptstadt nahe dem Flughafen Scheremetjewo, investiert hatten. Er pflegte die für das Russland der 1990er-Jahre typische Praxis, die Grenzen zwischen Beamtenstatus und Selbstständigkeit fließend zu gestalten, und brachte es auf ein anständiges Einkommen.

Und seine Beziehung zum MI6? Wollte man dort überhaupt noch etwas mit ihm zu tun haben? Selbstverständlich wollte man das, nicht zuletzt, um weitere Einzelheiten aus seinen drei Jahren in der GRU-Zentrale zu erfahren. Bei den britischen Geheimdienst-Analysten hatten die beiden langen Berichte in Geheimschrift, die via Ljudmila nach London gekommen waren, naturgemäß viele Fragen aufgeworfen, und die hatten bis dato nicht beantwortet werden können.

Skripal war der Ansicht, dass Reisen jetzt keine Gefahr mehr für ihn darstellte. Seiner vagen Vorstellung nach könnte er für die Briten noch immer wertvoll sein. Denn bei den Madrider Treffen mit Bagnall 1996 sowie in seinen Berichten hatte er, wie er mir erzählte, ein paar Dinge für sich behalten. Man gibt nie alles auf einmal preis, schließlich müssen auch Spione an ihre Zukunft denken.

Und so beschloss Skripal Anfang 2000, dass die Zeit reif war, sich ein bisschen Wintersonne und ein paar der Freuden des Lebens in Spanien zu gönnen, die er so lange entbehrt hatte. Es wurde Zeit, mit Ljudmila Urlaub zu machen. Sie buchten einen Flug von Moskau nach Malaga, zwei ganz normale Touristen, die ein Schnäppchen mit billigen Nebensaisonpreisen machten.

In einem spanischen Hotel konnten sie sich endlich gemeinsam über die Wiederbegegnung mit Richard Bagnall freuen. Ljudmila und er hatten sich ein paarmal getroffen, aber Sergej hatte er seit dreieinhalb Jahren nicht mehr gesehen. Richard erkundigte sich nach Sascha und Julija, es gab warme Worte zur Begrüßung, und natürlich wurde angestoßen und getrunken.

Unter vier Augen wickelten Sergej und der MI6-Offizier ihre Geschäfte ab. Richard hatte ein paar wichtige Neuigkeiten von Vauxhall Cross mitgebracht, und er wollte, dass Sergej jemanden kennenlernte.

8

ZURÜCK INS LICHT

Sergej Skripal genoss die Tage in Malaga: Sonne im Winter, gutes Essen, guter Wein. Die Gespräche mit Richard waren erfreulich, und natürlich wurde er gut bezahlt. Die Anwesenheit des anderen SIS-Beamten, Stephen Jones*, ließ jedoch nichts Gutes aus London erahnen.

Nach fünf Jahren als Führungsoffizier russischer Agenten ging es mit Richards Karriere aufwärts. Während vielen CIA- oder MI6-Mitarbeitern in ihrer gesamten Karriere keine einzige nennenswerte Rekrutierung gelingt, hatte Bagnall, wie es aus britischen Geheimdienstkreisen heißt, im Zuge seiner Arbeit für die Abteilung gleich mehrere Russen an Land gezogen. Beim MI6 steigt man auf wie in jedem anderen Zweig des öffentlichen Dienstes, und so brachten ihm seine Rekrutierungserfolge die Leitung einer eigenen Niederlassung im Ausland ein. In Malaga sollte die Übergabe vollzogen werden, und Stephen Jones wurde Sergejs neuer Führungsoffizier.

Nirgends auf der ganzen Welt mögen Agentenführer solche Wechsel. Gewiss gibt es einzelne Beispiele für jahrzehntelange Beziehungen zwischen einem Führungsoffizier und seinem »Joe«, aber sie sind die Ausnahme. Jeden Geheimdienst treibt die Sorge um, dass der wertvolle Mitarbeiter, der ein Doppelleben führt und oft große Risiken auf sich nimmt, den Wegfall seiner gewohnten Bezugsperson als günstige Gelegenheit begreift, den Kreislauf aus Täuschung, Stress und Ausflüchten zu durchbrechen. In Sergejs Fall bestand diese Gefahr nicht. Nach seiner Einschätzung war Stephen ihm altersmäßig näher als Richard und entsprach eher dem, was er sich unter einem MI6-Offizier vorgestellt hatte. Stephen sprach fließend Russisch und hatte an einer angesehenen britischen Universität studiert; er war ein unauffälliger Profi. Ein Kollege beschreibt ihn als »umsichtig und fleißig, einer aus jener Kerntruppe, die einen Großteil ihrer Karriere auf der russischen Seite der Operation blieben«.

Bei ihren ersten Treffen war es Stephen Jones' Aufgabe, mit Sergej noch einmal seine Berichte aus Moskau durchzugehen, an Punkten nachzuhaken, zu denen die Analysten in London weitere Fragen hatten, und Dinge zu erörtern, die jetzt, da ein neuer russischer Präsident an die Macht kam, an Bedeutung zu gewinnen schienen. Angenommen, der FSB triumphierte, baute seine Macht aus und installierte einen alten Tschekisten im Kreml: War dann mit einem Militärputsch zu rechnen? Wie erging es General Korabelnikow, Skripals altem Förderer in der GRU? Sollte Skripal sich je Sorgen gemacht haben, dass sie nach seinem Rückzug aus der GRU das Interesse an ihm verlieren könnten, wurde ihm bald versichert, dass dem nicht so war.

Richard Bagnall war unterdessen für Sergej nicht mehr erreichbar. Der russische Agent hatte keine Ahnung, ob er ihn je wiedersehen würde. Was für ein Jammer. Aber sie waren Profis, und so lief es nun einmal in diesen Kreisen. Dennoch glaubte Sergej, sie hätten eine solide Freundschaft entwickelt, die über das rein Berufliche hinausging.

Im Mai 2000 wurde Wladimir Putin als Präsident der Russischen Föderation vereidigt. Als eine seiner ersten Amtshandlungen stellte er den FSB unter seine persönliche Kontrolle. Der zweite Tschetschenienkrieg war in vollem Gange, und Putin war unter anderem mit dem Versprechen an die Macht gelangt, er werde die Rebellen besiegen. Des Weiteren mussten ausländische Spione aufgespürt werden, und Putin wusste, dies war nur möglich, wenn der FSB weitreichende Befugnisse hatte.

Westliche Regierungen begrüßten seine Wahl. Viele äußerten mehr als die diplomatischen Höflichkeiten, die dem Gewinner einer Wahl normalerweise zustanden. Die letzten Jahre Jelzins waren eine einzige Blamage gewesen, und so nahm man es nach den politischen Unruhen der 1990er-Jahre mit Erleichterung auf, dass der Machtwechsel auf rechtsstaatlichem Wege vollzogen worden war. Der Übergang markierte auch den Beginn dessen, was im folgenden Jahrzehnt zum Mantra der Politik gegenüber Russland werden sollte: Manches mochte dort vorgehen, womit Downing Street und das Weiße Haus nicht glücklich waren, aber nun bestand immerhin die Chance für einen »Neuanfang«.

Ende 1999 telefonierte Präsident Bill Clinton mit dem britischen Premierminister Tony Blair und sagte (nach einem erst Jahre später freigegebenen Transkript dieses Gesprächs) unter anderem: »Ich denke, Putin hat enormes Potenzial … Er ist sehr klug und konzentriert. Ich glaube, mit ihm können wir viel Gutes erreichen.« Blair musste heftige Kritik einstecken, als er Putin kurz vor der Wahl im Jahr 2000 in St. Petersburg besuchte, während russische Truppen gerade in Tschetschenien einmarschierten. »Die Russen sind mit furchtbarem Terror überzogen worden«, verteidigte Blair seinen Besuch; es sei »immer noch richtig, dass Großbritannien eine starke Beziehung zu Russland hat«. 1997 hatte der Mineralölkonzern BP enorme Investitionen in Russland getätigt, und zahlreiche andere große Unternehmen hielten dort ebenfalls nach Gelegenheiten Ausschau.

Andere Staaten drängten nach. Und wenn Handel mit Russland bedeutete, dass man Putins internationales Ansehen stärkte, dann war es eben so. Im deutschen Fernsehen gefragt, ob der russische Präsident ein »lupenreiner Demokrat« sei, erklärte Kanzler Gerhard Schröder: »Ich glaube ihm das, und ich bin davon überzeugt, dass er das ist.«

Putin jedoch glaubte an seine eigene, sehr spezielle Art von Demokratie, eine, die an russischen Wertvorstellungen ausgerichtet war. Seiner Ansicht nach wurden diese am besten von Leuten verkörpert, die einen ähnlichen Werdegang hatten wie er selbst. Im Wahlkampf hatte er versprochen, eine »Diktatur des Rechts« einzuführen; ein Versprechen, das bald dazu benutzt wurde, jene Oligarchen unter Druck zu setzen, mit denen sich Jelzin umgeben hatte. Bedroht von Festnahme und Freiheitsstrafen, gingen manche von ihnen lieber ins Exil, als sich einem politisch motivierten Gerichtsverfahren zu stellen.

Die neue Elite bestand aus Leuten, die eine gemeinsame Vergangenheit mit Putin beim KGB und/oder der Leningrad- bzw. St.-Petersburg-Connection hatten. Geheimdienstler berichteten von der Vorherrschaft des »Ozero-Kreises«, jener Gruppe von Putins Freunden, die über den Besitz von schicken Datschas am Ozero-See zusammengefunden hatte. Nikolaj Patruschew, Putins Nachfolger an der Spitze des FSB, war ein typischer Vertreter dieser Gruppe. Zum Lob seiner Offiziere bemerkte er, sie seien nicht von Geld oder Auszeichnungen motiviert, sondern von ihrem »Pflichtgefühl, sie sind gewissermaßen unser neuer ›Adel‹«.

Wichtige Putin-Gefolgsleute gelangten auch an die Spitze anderer Strafverfolgungs-, Sicherheits- und Verteidigungsinstitutionen. Man nannte sie *Silowiki,* die Mächtigen, da sie alle aus dem kamen, was Russen die »Machtministerien« nennen. Diese neue Elite sah sich als Retter Russlands, die Ordnung in das unter Jelzin ausgebrochene Chaos bringen würden. Zu diesem Gefühl des Schicksalhaften bemerkte Wiktor Tscherkessow, auch er einer von der neuen Elite, ein ehemaliger KGB-Mann, den Putin mit dem Kampf gegen Drogen beauftragt hatte: »Wir *[Silowiki]* müssen begreifen, dass wir ein Ganzes sind. Die Geschichte hat uns dazu bestimmt, das Gewicht des russischen Staates auf unseren Schultern zu tragen. Ich glaube an unsere Fähigkeit, bei drohender Gefahr alles Kleinliche beiseitezuschieben und unserem Schwur gemäß zu handeln.«

Eng verbunden mit dieser Weltsicht war das ständige Lauern auf Konflikte; der Krieg in Tschetschenien, Spionage oder die neueste Einmischung der NATO in das, was der Kreml für seine natürliche Einflusssphäre hielt, fügten sich zu einem klaren Tableau westlicher, von antirussischen Vorurteilen motivierter Aggression. Den *Silowiki* fiel die Aufgabe zu, dem gegenüber zum Wohle Russlands standhaft zu sein und diejenigen auszumerzen, die zum Judas wurden und ihr Vaterland für ausländisches Geld verkauften.

2001 wagte es ein mutiger Journalist, Putin nach der zunehmenden Gewalt gegen russische Reporter zu fragen. Der Präsident versicherte ihm: »Wissen Sie, Alexej, Sie sind kein Verräter, Sie sind ein Feind.« Wo war da der Unterschied, und wie um alles in der Welt sollte das als Trost verstanden werden? Putin erklärte: »Feinde stehen direkt vor einem, man führt Krieg mit ihnen, dann schließt man einen Waffenstillstand, und alles ist geregelt. Ein Verräter aber muss vernichtet werden, ausgelöscht.«

Bemerkungen wie diese von Leuten wie Patruschew, Tscherkessow und Putin zeugen von der Denkweise der neuen russischen Elite – und Sergej Skripal verstand das ganz genau. Schließlich war die GRU ein wesentlicher Teil des Sicherheitsstaats. Seinen Entschluss, die Organisation zu verraten, begründete er mir gegenüber mehrmals mit seinem »Eid«; nach seiner Auffassung galt dieser Eid nicht mehr, da es die UdSSR, der er Treue geschworen hatte, nicht mehr gab. Zwar konnte Skripal Putins Abscheu vor Verrat nachvollziehen, doch argumentierte er, es sei nicht möglich, einen Treueschwur auf etwas zu brechen, das nur noch als Erinnerung an glücklichere, weniger konfliktgeladene Zeiten existierte.

Für den MI6, der die neuen Machtverhältnisse im Kreml zu verstehen suchte, war Agent FORTHWITH weiterhin von großem Wert. Er hatte Kontakt zu seinem neuen Boss beim Moskauer Regionalrat, General Boris Gromow, letzter Kommandant der 40. Sowjetarmee in Afghanistan und einflussreicher *Silowik*. Und natürlich blieb er Teil eines dichten Netzwerks mit seinen ehemaligen Kollegen.

Putin selbst sprach es aus: »So etwas wie einen Ex-KGB-Mann gibt es nicht.« Und das galt genauso für die GRU. Als ich Skripal fragte, was für Informationen er Anfang der 2000er-Jahre geliefert habe, erläuterte er das an einem Beispiel: »Ich ging etwa auf eine Party und fragte einen Freund: ›Wie geht es Wiktor Iwanowitsch?‹ Antwort: ›Oh, er ist ganz aufgeregt, bald geht er nach Paris.‹ Woraus ich schließen konnte, dass er der neue Residenturleiter dort war, und dies dann weiterleitete.«

Leckerbissen dieser Art gab FORTHWITH bei Treffen in verschiedenen europäischen Ländern an Stephen weiter. Der FSB festigte seine Macht mehr und mehr; 2003 z.B. vereinnahmte er die Grenztruppen und einen Großteil von Russlands zivilen elektronischen Abhörmöglichkeiten. Die GRU hielt sich jedoch als eigenständiges Machtzentrum, unabhängig von Putin und seinem Ozero-Kreis. Von früheren Kollegen wusste Skripal, wie sehr der zunehmende Einfluss des FSB und die Bedrohung der Unabhängigkeit der GRU sie beunruhigte. Skripal erzählte mir, in dieser Phase habe man in Militärkreisen von einem Putsch gegen Putin geflüstert, wovon er auch Stephen berichtet habe.

Ihrem ersten Treffen in Malaga folgten 2000 bis 2004 sieben oder acht weitere, meist als Familienurlaub der Skripals getarnt, gelegentlich auch als »Geschäftsreisen«. Das Prozedere war immer das gleiche: Stephen übermittelte Zeit und Ort (ausnahmslos ein Hotelzimmer), und Skripal kam zu einer Einsatzbesprechung. Sein Respekt vor seinem neuen Führungsoffizier wuchs mit jeder Begegnung. Die Antwort auf jede Frage ging er zweimal durch, einmal auf Englisch, einmal auf Russisch, bis alle Unklarheiten beseitigt waren. Der Russe hielt ihn für einen »sehr professionellen Agenten«. Zweifellos verhalf die Sorgfalt, mit der Jones seine Informationen aufnahm, Skripal zu der Gewissheit, dass diese immer noch wertvoll waren.

Der MI6-Führungsagent traf Skripal in diesen Jahren in Spanien, Portugal, Malta, Italien und der Türkei. Wie es aussieht, zahlte der SIS Skripal pro Treffen etwa 3000 Dollar. Während er versuchte, sich so nützlich wie möglich zu machen und die von Stephen Jones erbetenen spezifischen Informationen zu beschaffen, muss Skripal sich gelegentlich gefragt haben, wie lange der MI6 die Beziehung noch für lohnend halten würde. Zwar hatte er weiterhin einzigartige Einblicke in die GRU, doch auf internationaler Ebene spielten sich Dinge ab, die für die Nachrichtendienste dramatische Veränderungen nach sich zogen.

Die al-Qaida-Anschläge vom 11. September 2001 kosteten Tausende Menschenleben und führten zu tektonischen Verschiebungen der internationalen Sicherheitslage. Präsident George W. Bush erklärte einen »globalen Krieg gegen den Terror« und mobilisierte die militärischen, diplomatischen und nachrichtendienstlichen Ressourcen der USA mit dem Ziel, die Führer der Dschihadisten »tot oder lebendig« aufzuspüren – mit weitreichenden Folgen für die Geheimdienste. Mit dem Ende der Sowjetunion war ihnen die »Mega-Bedrohung« abhanden gekommen, jetzt bekamen sie eine neue, noch massivere.

Richard Dearlove, zu der Zeit Chef des SIS, erklärte später, während der Ostblock auf dem Höhepunkt des Kalten Kriegs niemals mehr als 38 Prozent der MI6-Ressourcen in Anspruch genommen habe, mache der Kampf gegen den Terrorismus inzwischen mehr als 50 Prozent aller Aktivitäten der britischen Dienste aus. Dearlove, seinerzeit mit der Organisation dieser einschneidenden Umstrukturierung betraut, bemerkte im Rückblick, der 11. September habe »einen sehr dunklen, langen und dauerhaften Schatten« auf die Geheimdienste geworfen. Sie wurden mitschuldig an Folter und verschleppten Verdächtige in Geheimgefängnisse; und die USA verlegten sich in großem Stil auf den Einsatz von Drohnen, um Terroristen zu töten.

Im Kontext dieses Buchs jedoch gilt Dearloves Bemerkung auch für eine weitere Folge des 11. September: die Herabstufung der Aktivitäten gegen Russland sowie der zumindest zeitweilige Aufstieg Wladimir Putins zu einem Verbündeten im Krieg gegen den Terror. Für die Geheimdienstler in Whitehall hatte dies eine Reihe von Konsequenzen. Charles Farr, einige Jahre lang für die Russland-Operationen des MI6 verantwortlich, wurde in den Nahen Osten zurückgeschickt und entwickelte sich zu einem der Hauptakteure bei der Bekämpfung des Terrorismus. Und plötzlich waren Informationen von Agenten wie FORTHWITH alias Skripal nur noch von untergeordnetem Interesse. »Skripal hatte das Pech«, bemerkt ein Whitehall-Vertreter, der die frühen 2000er-Jahre miterlebte, »ein großartiger Agent zu sein, nur leider zur falschen Zeit. Nach dem 11. September interessierte sich nur noch eine Handvoll Spionageabwehrfreaks für seine Berichte.«

Diese Bemerkung offenbart eine der entscheidenden Wahrheiten über die Zeit nach dem 11. September. Einige westliche Geheimdienstler sind zwar mit meiner Darstellung ihrer Russland-Aktivitäten nicht ganz einverstanden und meinen, sie hätten keineswegs »niedrigere Priorität« besessen, weil von nun an die Ressourcen der Nachrichtendienste für den Kampf gegen den Terrorismus eingesetzt wurden, doch dass das Augenmerk der Politik sich damals stärker auf die dschihadistische Bedrohung richtete, ist wohl kaum zu bestreiten.

Nach einem Besuch Präsident Putins in London im Dezember 2001 beschrieb Tony Blair die britisch-russischen Beziehungen als »beispiellos eng« und kündigte Schritte zum Ausbau der Zusammenarbeit ihrer Geheimdienste an.

Präsident Bush, der auf Putins Unterstützung bei den US-Operationen in Afghanistan angewiesen war, traf die Wende noch dramatischer. Die beiden Regierungschefs verfolgten jetzt im Kampf gegen den dschihadistischen Feind ein gemeinsames Ziel, und Putin konnte seinen Einmarsch in Tschetschenien als Teil dieser Anstrengungen verkaufen. »Er hat einige schwere Angriffe in seinem Land erleben müssen«, bemerkte Präsident Bush, »ich kenne den Druck, ich kenne den Schmerz, ich kenne die Trauer, die einen überkommt, wenn man unschuldige Menschen sterben sieht, das haben wir gemeinsam.« Was Russland im Allgemeinen betraf, lobte Bush »eine erstaunliche Wandlung ... ich kann Präsident Putin nur beglückwünschen.« Die CIA wurde ebenso wie der MI6 beauftragt, die Kooperation mit Russland zu verstärken.

Viele im Spionagegeschäft sahen es als Putins Meisterstück, dass er die Washingtoner Strategen von der Unmöglichkeit überzeugt hatte, mehrere Ziele gleichzeitig zu verfolgen. »In den 1980er-Jahren führten wir Abrüstungsverhandlungen mit ihnen, und gleichzeitig töteten wir sie in Afghanistan«, erklärt ein ranghoher CIA-Mann, »und jetzt wollen die Russen uns einreden, alle dies hinge zusammen und wir dürften sie deshalb nicht zur Verantwortung ziehen.«

Dies war für das Russlandhaus in Langley um so bedauerlicher, als Bush sich in den ersten Monaten seiner Präsidentschaft bereit gezeigt hatte, »massiv« gegen die Spionagetätigkeit des Kreml vorzugehen. Als kurz nach Bushs Amtseinführung im Januar 2001 der FBI-Maulwurf Robert Hanssen festgenommen wurde, zeigte sich, welch enormen Schaden er den amerikanischen Nachrichtendiensten in jahrelanger Wühlarbeit zugefügt hatte. Zum Ausdruck seines Missfallens ließ Bush fünfzig russische Diplomaten ausweisen, von denen sechs direkt mit der Führung Hanssens zu tun gehabt hatten. Die Bereitschaft, den Moskauer Spionageaktivitäten entschlossener entgegenzutreten, sollte jedoch nur von kurzer Dauer sein. Der 11. September zwang zum Umdenken. Damit die Nachschublinien nach Afghanistan offen blieben, durften amerikanische Diplomaten bei den Aktivitäten von SWR und GRU nicht so genau hinsehen.

Für die amerikanischen und britischen Agentennetzwerke aber blieb das Risiko das gleiche, auch wenn die Bürokraten in Washington und London an deren Informationen kaum noch interessiert waren. Während infolge der Konzentration auf den nahöstlichen Terrorismus die Infiltrierungsbemühungen der westlichen Dienste in Russland heruntergefahren wurden und in Großbritannien und den USA zunehmend darauf verzichtet wurde, Fälle von Gegenspionage zu verfolgen (»diplomatisch unangenehm«), traf dies auf Russland nicht zu. Denn wie Putin jenem russischen Journalisten erklärt hatte: Mit Feinden kann man fertigwerden oder verhandeln. Verräter müssen ausgelöscht werden.

Alexander Saporoschskij ist ein typisches Beispiel. Als stellvertretender Leiter des Nordamerika-Ressorts der SWR war er als Doppelagent für die CIA von unschätzbarem Wert. Gerüchten zufolge könnte er sogar hinter der Enttarnung von Robert Hanssen gesteckt haben. Saporoschskij war während des allgemeinen Durcheinanders Mitte der 1990er-Jahre von den Amerikanern rekrutiert worden, hatte zwei Jahre später, 1997, die SWR verlassen und wurde in die USA ausgeschleust.

Zwei Monate nach dem 11. September wurde der SWR-Mann, der jetzt bei Baltimore lebte, von Freunden telefonisch zu einer großen Feier nach Russland eingeladen. War es klug, der Einladung zu folgen? Die CIA warnte ihn vor einer Rückkehr nach Russland, doch die Leute in Saporoschskijs Umgebung drängten hartnäckig und versicherten, ihm könne absolut nichts passieren. Schließlich habe die internationale Stimmungslage sich dramatisch verändert; Kooperation sei die neue Tageslosung zwischen den Geheimdiensten. – Ach, was soll's, er würde die Reise machen.

Unmittelbar nach seiner Ankunft in Russland Ende November wurde Saporoschskij vom FSB festgenommen. 2003 wurde er wegen Spionage vor Gericht gestellt, für schuldig befunden, zu einer langen Haftstrafe verurteilt und in ein Arbeitslager verfrachtet. Er wird uns später wieder begegnen.

2002 führten die Russen auch Prozesse in Abwesenheit gegen den in den USA lebenden ehemaligen KGB-General Oleg Kalugin und den FSB-Mann und erbitterten Putin-Kritiker Alexander Litwinenko, dem die Briten politisches Asyl gewährt hatten. Die beiden dicht nacheinander abgeschlossenen Verfahren »ließen das ganze System erschaudern«, wie ein Zeitzeuge in Vauxhall Cross bemerkte: »Diese Entschlossenheit, auch Leute im Exil zu jagen, machte die Prioritäten der neuen Führung deutlich.« Im Putin-Kreis, der zur Machterhaltung auf die »Machtministerien« angewiesen war, hatten die Hardliner das Sagen; oder wie es ein CIA-Mann ausdrückte: »Wenn es um Spionageabwehr geht, wollen sie Blut sehen – für sie ist [die Spionage des Westens] eine existenzielle Bedrohung.«

Unterdessen reiste Skripal auch in den Jahren der durch den 11. September veränderten Beziehungen zu seinen Treffen mit Stephen Jones. In diesem Sinne führten Nachrichtendienstler beider Seiten ihren geheimen Krieg weiter. Scheinbar alles wie gehabt. Nur mit dem Unterschied, dass das Geschäft für westliche Spione nicht mehr vorrangig war und russische Infiltrierungsversuche nicht mehr so nachdrücklich verfolgt wurden. Möglicherweise hat die relative Verbesserung der internationalen Beziehungen Skripal zu dem Gedanken verleitet, die mit seinem Verhalten verbundenen Gefahren hätten sich abgeschwächt; doch falls er sich tatsächlich solchen Illusionen hingegeben haben sollte, wurde er im Herbst 2004 eines Besseren belehrt. Im Oktober flog er vom Moskauer Scheremetjewo-Flughafen ins türkische Izmir und nahm ein Taxi zum Hilton Hotel in der Innenstadt. Von dort war es ein kurzer Spaziergang zu der schönen Promenade an der Ägäis mit einigen guten Restaurants und dem Luxushotel, in dem Stephen Jones eingecheckt hatte. Dort erwartete ihn der MI6-Führungsoffizier mit einer sehr beunruhigenden Neuigkeit.

Anfang des Jahres hatten die Briten von der panischen Flucht der Russin Irina Burlatow* und ihrer beiden kleinen Töchter nach Spanien erfahren. Noch am Flughafen stellte sie einen Antrag auf politisches Asyl; ein Beamter der Guardia Civil erkannte bei der anschließenden Befragung die Bedeutung des Falls und alarmierte den nationalen Nachrichtendienst CNI (Centro Nacional de Inteligencia).

Irina war die Frau von Marinekapitän Jurij Burlatow, dem GRU-Mann der Madrider *Residentura,* den Skripal 1996 als Mittäter bei der Umleitung offizieller Mittel identifiziert hatte. Die Briten hatten dies an ihre Verbündeten weitergeleitet, worauf die Spanier Burlatow rekrutierten, vermutlich indem sie ihn mit jener Information erpressten. Nachdem er seine Tour ein paar Jahre nach Skripal abgeschlossen hatte, war auch der Kapitän ins Moskauer Glashaus zurückgekehrt. Damit hatte die britisch-spanische Zusammenarbeit der Geheimdienste einen fetten Ertrag gebracht: Sie hatten die GRU-Zentrale über mehrere Jahre hinweg mit zwei Agenten infiltriert. Dennoch war etwas furchtbar schiefgegangen.

Im Frühjahr 2004 wurde Burlatow verhaftet und vom FSB unter Folter verhört. Anschließend wurde er zu einer psychologischen Untersuchung in ein Militärkrankenhaus eingeliefert und dort ermordet. Als Irina ihren Mann besuchen wollte, fand sie ihn tot in seinem Krankenhausbett, mit Würgemalen und abgeschnittenen Fingern. Offiziell war von Selbstmord die Rede, doch die abgeschnittenen Finger sandten eine eindeutige Botschaft. Schockiert fasste Irina den Entschluss, so schnell wie möglich nach Spanien zu fliehen. Die Spanier wussten, was sie ihrem Mann schuldig waren, und gewährten ihr Asyl und eine Entschädigung für seine geheimdienstliche Arbeit.

Dieses furchtbare Drama hatte sich kurz vor dem Treffen in Izmir abgespielt. Obwohl Skripal argwöhnte, Burlatow könnte rekrutiert worden sein, hatte er doch, während die beiden weiterhin in Moskau beruflich miteinander zu tun hatten, zu ihrer beider Bestem nie genauere Nachforschungen angestellt, ob der Kapitän ebenfalls Agent geworden war. Die Russland-Abteilung des MI6 befand jedoch, Skripal müsse von Burlatows Enttarnung und Festnahme unterrichtet werden. Wahrscheinlich ersparten sie ihm die schrecklichen Einzelheiten, die Irina den Spaniern erzählt hatte; entscheidend war nur, dass, wenn der eine Agent enttarnt worden war, auch Skripal mit dieser Möglichkeit rechnen musste. Stephen fragte den Russen, ob er aussteigen wolle. Oder einfach nicht nach Moskau zurückgehen? Ljudmila und Julija würde man schon irgendwie nachholen können. Sein Sohn Sascha war bereits außer Landes.

Skripal dachte darüber nach. Er selbst sah für sich keine Gefahr. Er hatte nichts Verdächtiges bemerkt, und sein unglücklicher Kollege konnte auf alle mögliche Art und Weise aufgeflogen sein. Nein, er würde nach Moskau zurückkehren. Das war keine gute Entscheidung.

Auf dem Rückweg von Stephens Hotel zu seinem herrschte reges Treiben auf der von Bäumen gesäumten Straße. Nach dem langen Sommer genossen Türken und Ausländer die herbstliche Abendkühle. Vielleicht war Skripal sich seiner Spionageabwehrkünste allzu sicher oder nach acht Jahren dieses Doppellebens schlicht zu optimistisch. Aber er wurde beschattet und hatte es nicht mitbekommen.

ZWEITER TEIL

GEFANGENER

9

LEFORTOWO VON INNEN GESEHEN

Der Wohnblock, in dem die Skripals in Krylatskoje, westlich von Moskau, lebten, war Anfang der 1980er-Jahre errichtet worden und reckte sich noch selbstbewusst gen Himmel, während die vergreisende Parteiherrschaft bereits in die Knie ging. Innerhalb der wenigen Jahre, die es bis zur Fertigstellung der Anlage brauchte, lösten vier Machthaber einander ab.

Die Wohnung der Skripals befand sich in einem siebzehn Stockwerke hohen Block, wo buchstäblich Hunderte Familien ihre Kinder großzogen, allmonatlich ihre Rubel nach Hause brachten und darum beteten, dass die Aufzüge nicht versagten. In der Nähe lag die Schule Nr. 63, die Julija besucht hatte, die Geschäfte des täglichen Bedarfs waren zu Fuß erreichbar, und im Nachbarblock befand sich sogar eine Polizeidienststelle. Am 15. Dezember 2004 suchte Skripal genau diese Wache der *Milizija* auf.

Der Oberst benötigte eine Erlaubnis, um in seiner Wohnung Waffen aufzubewahren, und diese musste erneuert werden. Da er die kleine 22-Kaliber-Pistole, die Jurij Burlatow ihm in Spanien gegeben hatte, zu Hause verwahrte, wollte er sich lieber genau an die Vorschriften halten. Doch Skripal schaffte es kaum durch die Tür der Wache.

Maskierte Männer stürzten sich auf ihn, drehten ihm die Arme auf den Rücken und zerrten ihm den Mantel halb von den Schultern, um ihn außer Gefecht zu setzen. Bei einem Preisboxer, der er ja einst gewesen war, wollte man wohl kein Risiko eingehen. Die Männer vom FSB ließen die Handschellen zuschnappen und zogen ihm eine Kapuze über den Kopf. Einer filmte das Ganze, und bevor sie ihm die Kapuze über den Kopf zerrten, machten sie noch ausreichend Aufnahmen von dem sich windenden Skripal. Dann wurde er zu einem dunkelblauen Kleintransporter geschleppt, der erst vor wenigen Augenblicken vorgefahren war. Der FSB hatte ihn festgenommen.

Die Fahrt von Krylatskoje dauerte fast eine Stunde. Zusammengeschnürt wurde der Festgenommene im Wagen des FSB schnell Richtung Osten, über die Moskwa und zum Dritten Ring gefahren und nördlich um die Stadt herum. Dann ist es nicht mehr weit zu einem Ort, der schon Generationen von Russen das Fürchten gelehrt hat.

Dort holte man Skripal aus dem Lieferwagen und registrierte ihn als Häftling im Gefängnis. Es war allgemein bekannt, dass man in Lefortowo sofort eine Art Jenseits betritt. Die 1881 fertiggestellte Haftanstalt war von Beginn an ein politisches Gefängnis. Das bedeutete zwar nicht, dass es unter den Insassen nicht auch ein paar ganz gewöhnliche Kriminelle gab, wie Skripal bald feststellen sollte, doch die bekanntesten Häftlinge waren schon immer diejenigen gewesen, denen man politische Delikte vorwarf: abweichende Meinung, Spionage und Hochverrat.

Die Ochrana, die Geheimpolizei des Zaren, hatte man genutzt, um aus radikalen Studenten Geständnisse herauszuprügeln, aber eigentlich war die Einrichtung erst unter den Bolschewiken eine Schlüsselstelle im quasi industrialisierten Foltern, Erpressen von Geständnissen und Exekutieren geworden. Die Tscheka hatte das Gefängnis ebenso gefüllt wie danach OGPU, MGB, NKWD und schließlich der KGB. Die

Abkürzungen mochten sich geändert haben, aber das Vorgehen war über Generationen gleich geblieben, ein Kreislauf aus politischen Delikten und deren Bestrafung. Die Örtlichkeit hatte sich auch kaum verändert: vier Stockwerke aus massiven Ziegeln und die seltsame Anordnung der Zellenblöcke, die an einer Seite der zentralen Gefängnisverwaltung ein »K« bildeten.

1996 hatte die neue Gedankenpolizei FSB die Haftanstalt übernommen. In den 1930er-Jahren waren viele Häftlinge im zentralen Innenhof getötet worden – mit dem kalten Lauf einer Tokarew am Hinterkopf und dem klagenden Ausruf »Lang lebe Genosse Stalin!« – und in Vergessenheit geraten. »Bestraft ohne Recht auf Korrespondenz« nannte die Geheimpolizei das euphemistisch. Nach der Stalinzeit hatten die Dinge sich geändert. Es gab keine Massenerschießungen mehr, dafür waren nun betäubend lange Verhöre von Dissidenten wie Alexander Solschenizyn und »Widerständlern« wie Natan Scharanskij an der Tagesordnung. Politische Gefangene der Ära Breschnew berichteten von Zellen ohne Pritsche, feuchtem Betonboden und ihrem Ringen darum, in einer Dämmerwelt, wo sie nie richtig schliefen und nie ganz wach waren, nicht den Verstand zu verlieren.

Der KGB hatte für Lefortowo den Begriff »investigative Isolation« geprägt. Und auch wenn man zugestehen muss, dass das Regime sich nach dem Zusammenbruch des sowjetischen Kommunismus in mancherlei Hinsicht liberalisiert hatte, war man selbst 2004 noch darauf fixiert, die Gefangenen voneinander abzuschotten.

Während man ihn zu seiner Zelle eskortierte, bemerkte Skripal die seltsamen und geradezu obsessiven Rituale der Wärter, deren Ursprünge mit Sicherheit in die Sowjetjahre, wenn nicht sogar bis in die Zarenzeit zurückreichten. So blieben die Wachen vor jeder Sicherheitstür, jeder Treppe oder sich kreuzenden Gängen stehen und schnippten mit den Fingern. Wurde das Schnippen hinter der Ecke oder von der anderen Seite einer Tür erwidert, folgten weitere wortlose Signale. In regelmäßigen Abständen gab es auf jedem Gang schrankgroße Kammern. Wenn nun ein Wärter feststellte, dass er einem Kollegen, der einen anderen Gefangenen begleitete, ausweichen musste, führte er seinen Häftling in eine dieser Kammern und schloss die Tür hinter ihm. Ungesehen passierte dann der andere Insasse, was dem ersten Wärter nach sicherer Entfernung wiederum durch weitere unvermeidliche Schnippsignale mitgeteilt wurde. Erst dann wurde der erste Gefangene wieder aus der Kammer gelassen, um seinen Weg fortzusetzen. Diese Signale waren so sehr Teil des Alltags, dass die Insassen die Hände der Wärter zu unterscheiden lernten. Manche benutzten Klicker aus Metall. Warum auch nicht? Sonst schnippte man sich bei dieser verrückten Routine vermutlich die Finger wund.

Skripal begriff jedenfalls rasch, was dahintersteckte. Das alte KGB-Konzept der »investigativen Isolation« schrieb vor, dass Leute, denen man die Beteiligung an einer Verschwörung zur Last legte, nie in der Lage sein sollten zu sehen, ob ihre Mitangeklagten auch hier waren, und schon gar nicht mit ihnen kommunizieren durften. So blieb die Kontrolle ganz in den Händen der verhörenden Beamten, die dann die Taktik »Ihr Freund hat uns schon alles erzählt« anwenden oder eine dramatische Gegenüberstellung von einem geständigen und einem ungebrochenen Verdächtigen inszenieren konnten.

Nachdem er seine Zelle erreicht hatte, wurde dem pensionierten Oberst bald klar, dass er nicht in Einzelhaft gehalten würde. In dem überraschend großen Raum befanden sich nämlich drei Betten, die jeweils am Boden festgeschraubt waren. Er überstand die erste Nacht, die ja immer die schlimmste ist, bevor er nach und nach seine Zellengenossen und den Alltag in Lefortowo kennenlernte.

Da war Sascha, »ein echter Moskauer Bandit, der drei Polizisten getötet hatte und deshalb des Terrorismus beschuldigt wurde«, was ihn nach Lefortowo, in den Knast für die Politischen, gebracht hatte. Er entsprach ganz dem Klischee von schweren Jungs: »Eins neunzig, breitschultrig und voller Tätowierungen«. Bei den Tätowierungen handelt es sich um eine ausgeklügelte Gefängnissprache, die auf dem Körper der Insassen ausbuchstabiert wird. Sie können einem verraten, für welche Art von Vergehen einer verurteilt wurde, ob er irgendeiner Bande angehört, und sogar sexuelle Vorlieben kundtun. Zunächst fiel Skripal jedoch auf, dass viele von Saschas Tattoos rechtsextreme, ja sogar Nazi-Motive waren.

Der andere Zellengenosse, den wir hier Oleg* nennen wollen, gefiel Skripal noch weniger. Er war ein kleinerer, eher ruhiger Mann. Aber was stimmte mit ihm nicht? Skripal missfiel der Ton seiner Bemerkungen; er traute ihm nicht. Außer von Tätowierungen und dem Gefängnisalltag hat jeder Russe auch schon von den *Stukatschi* gehört. Diese Informanten versuchen ihrem Opfer, mit dem sie die Zelle teilen, Informationen zu entlocken. Nach einigen Nächten und einer schlauen Bemerkung zu viel, verprügelte Skripal Oleg nach Strich und Faden. Während seine Fäuste auf den sich duckenden Mithäftling einschlugen, wurde Oberst Sergej Skripal, ehemaliges Mitglied der Ersten Kommission der GRU, vielleicht auch etwas von der Wut und Irritation los, die ihn gepackt hatten, seit er in Ungnade gefallen war. Oleg wurde jedenfalls am folgenden Tag verlegt, und es kam in den darauffolgenden Wochen und Monaten auch niemand statt seiner. Sergej und Sascha war das nur recht, denn jeder hatte dem anderen klargemacht, dass mit ihm nicht zu spaßen war, und so kamen sie eigentlich ganz gut miteinander aus.

Die Alltagsroutine von Lefortowo dominierte in den deprimierenden düsteren Wochen jenes ersten Winters jede Stunde in Skripals Leben. Der Tag im Gefängnis begann um sechs Uhr morgens und endete um zehn Uhr abends, wenn es offiziell »Licht aus« hieß. Es gab drei einfache Mahlzeiten, und der Speiseplan wiederholte sich in Dreitageszyklen. Einmal pro Woche wurde man einzeln zum Duschen geführt – auf dem Hin- und Rückweg das unvermeidliche Fingerschnippen. Auch die Bettwäsche wurde einmal wöchentlich gewechselt. Raucher erhielten ein Päckchen Zigaretten pro Tag.

Nach ein paar Zyklen durfte ihn im Januar 2005, welch ein Glück, Ljudmila zum ersten Mal besuchen. Die Insassen von Lefortowo bekamen im neuen Russland immerhin einige Privilegien gewährt, zumindest diejenigen, die noch nicht verurteilt waren. Sie durften ihre eigene Kleidung tragen, außerdem durften Besucher ihnen Dinge mitbringen, die nach eingehender Inspektion in der Zelle erlaubt waren, damit sie es dort etwas bequemer hatten. Einmal monatlich durfte man ein bis zu zehn Kilo schweres Paket im Empfang nehmen, das üblicherweise Kleidung und Essen enthielt. Ljudmila sorgte dafür, dass ein Fernseher sowie ein kleiner Kühlschrank in seine Zelle kamen, was Sergej seinem tätowierten Mitgefangenen noch mehr ans Herz wachsen ließ.

Sergej bedeutete es jedoch am meisten, dass sie ihm bei ihren allmonatlichen Besuchen, die jeweils etwa vierzig Minuten dauerten, selbst zubereitetes Essen brachte. Fleischbällchen mit Sauce und Kascha, geräucherten Fisch und was auch immer er sich wünschte. Was für ein Engel sie doch war! Während Skripal wusste, dass er sich in manchen Situationen auf seine Fäuste verlassen konnte, war ihm doch auch klar, dass er die täglichen Verhöre nur dank der Liebe und Unterstützung seiner Familie durchstand.

Diese Befragungen hatten bald nach seiner Ankunft begonnen und zogen sich, mit nur gelegentlichen Unterbrechungen, über Monate hin. Um neun holte man ihn aus der Zelle, dann ging es mit Fingerschnippen durch die Gänge zum Verhörraum in der Untersuchungsabteilung des FSB und nach vier Stunden von dort wieder zurück. Dann konnte er kurz verschnaufen, bevor das Verhör fortgesetzt wurde. Oft zweimal pro Tag, gelegentlich dreimal.

So schematisch geht es in Lefortowo zu, und der Schein der Legalität, der das Ganze umgibt, sorgt dafür, dass die Beamten sich an ihr eigenes Protokoll halten. So können Verhöre nicht länger als vier Stunden dauern, und die Leute, die Skripal befragten, wechselten sich in einer Art Schichtdienst ab. Im Laufe der Monate stellten ihm insgesamt siebzehn verschiedene FSB-Offiziere Fragen. Die Verhörräume haben zwar Fenster nach draußen, doch sind diese gemäß den alten Isolationsprinzipien des KGB mit Papier abgeklebt, damit Licht hereinfällt, man aber nicht auf den Hof hinausschauen oder gar einen Blick auf Mitgefangene erhaschen kann.

Wenn er nachts in seiner Zelle lag, grübelte Skripal über die Verhöre des vergangenen Tages. Würde er wie Jurij Burlatow enden, den man im Gefängnis ermordet hatte? Sie wollten ihm nach wie vor Informationen abpressen, versuchten, ihn so weit zu bringen, dass er für ein wenig Milde alles zugab. Vielleicht würde ihn das vorläufig am Leben halten.

Was die Verhöre selbst anging, verliefen diese nach einem bestimmten Schema. »Sie haben mir gegenüber nie körperliche Gewalt angewandt«, erinnerte sich Skripal. »Weil sie wussten, dass ich Schmerz ertragen konnte und das nicht funktioniert hätte.« Er verfügte sogar über gewisse Rechte – zum Beispiel konnte er sich vor Gericht auf Artikel 51 des Strafgesetzbuchs berufen. Danach musste der Angeklagte sich nicht selbst belasten.

Die Verhöre folgten einem monotonen Rhythmus. Endlos

wurden Einzelheiten zu seiner Identität, seiner Dienstzeit, seinem Alltag in Malta oder Madrid abgefragt sowie seine Kontakte zu ausländischen Diensten. Worauf wollten sie hinaus? Versuchten sie, ihn beim Lügen zu ertappen? Oder war es einfach behäbiges Gestolper Tag für Tag, wenn siebzehn verschiedene Fragesteller sich jeweils verpflichtet fühlten, den Vorschriften folgend ihre Listen abzuarbeiten?

Natürlich gelang es ihm, eine Reihe ihrer Fragen abzuwehren. So wurde er wieder und wieder auf die 22-Millimeter-Pistole angesprochen, die Jurij ihm überlassen hatte. War die eine Art Lohn oder Ehrengabe der CIA gewesen? Lächerlich. Dämliche Fragen wie diese gaben ihm Kraft. Man erkundigte sich auch nach seinen Geschäften und anderen Kontakten in Madrid.

Er wusste natürlich, dass Jurij vor seiner Ermordung auch durch Lefortowo gegangen war. Deshalb wurde es für ihn zu einer fixen Idee, dass man diesen in den Verhören gebrochen hatte. Aber was hatte Jurij tatsächlich über Sergej und dessen Kontakte zu Richard Bagnall oder Stephen Jones gewusst? Sehr wenig. Schließlich war es Sergej gewesen, der Jurij enttarnt hatte, nicht umgekehrt. Andererseits konnten einige der Informationen, die den Fragen über Madrid zugrunde liegen mussten, durchaus von Dingen untermauert worden sein, die Jurij bei seinen Verhören preisgegeben hatte.

Sie wussten irgendwas, diese FSB-Leute, die ihn verhörten, so viel war sicher. Er hätte ja nur zu gern den ganzen Tag lang über die Pistole geplaudert. Doch in Skripals Wohnung waren noch andere Dinge gefunden worden. Kontoauszüge aus Spanien und das Souvenir von Richard von dem Tag, als er Familie Skripal in den Flamenco-Club eingeladen hatte.

Nach und nach wurde deutlich, dass sie auch seine Reisen ins Ausland registriert hatten. Sie wussten eine Menge über Izmir, und natürlich dämmerte es Sergej, dass er beschattet worden war. Allerdings war ihnen über seine vorherige Reise nach Malta, Anfang 2004, weniger bekannt. Dadurch konnte er sich zusammenreimen, wie lange er unter näherer Beobachtung gestanden hatte. Aber war Jurij wohl beim Verhör eingeknickt oder hatte er sich auf einen Deal eingelassen? Natürlich konnte Sergej sich nicht sicher sein, doch was mochte Jurij schon tatsächlich über seine Geschäfte mit dem MI6 gewusst haben?

Anfang 2005 und weit weg von den andauernden Verhören in Lefortowo checkte Stephen Jones in ein Hotel ein. Es war ein schönes Haus mit gutem Essen und ein paar Sehenswürdigkeiten in der Nähe. Doch Stephen hielt sich an die Gepflogenheiten. Er würde auf seinem Zimmer warten, vielleicht ein Buch lesen und sich die Zeit vertreiben, bis sein Informant auftauchte. Nur erschien FORTHWITH natürlich nicht. Er war zu dem Zeitpunkt in deutlich weniger verbindliche Gespräche im berüchtigten Knast des KGB verwickelt.

Also fuhr Stephen wieder nach Hause. Skripal blieb verschwunden. Für so einen Fall gab es in Vauxhall Cross bestimmte Schritte, die man zu unternehmen hatte. Sie durften nicht versuchen, Kontakt zu ihrem Agenten oder zu Ljudmila aufzunehmen – das konnte die Situation des Häftlings noch verschlimmern. Das Gleiche galt für diskrete Anfragen bei den russischen Behörden, damit würde Skripals Schuldigkeit nur untermauert. Die Leute vom CIA waren ohnehin schon an der Sache dran. Die Verhaftung und Ermordung von Hauptmann Burlatow, nun ja, das war eine Sache, doch vielleicht hatte er einen fatalen Fehler begangen, sich durch eine Nachlässigkeit in der Kommunikation verraten oder betrunken einem Kollegen zu viel anvertraut. Doch zwei aufgeflogene Spione in der GRU innerhalb von sechs Monaten? Nein, da musste irgendwas anderes los sein, das eine umfassende Gegenspionage-Untersuchung erforderte.

Nach Monaten im russischen Verhörzimmer wusste Skripal, dass sich fast alle FSB-Fragen wahrheitsgemäß oder unter Verweis auf seine Legenden beantworten ließen. Das Souvenir? Nun, das hatte er von seinem Freund, einem Geschäftsmann aus Gibraltar bekommen. Die Waffe? Das Geschenk eines befreundeten russischen Offiziers. Unsichtbare Tinte? Hatte er gebraucht, um seinen eigenen Agenten zu demonstrieren, wie man kommuniziert. Und was die Fragen zu seinen letzten Auslandsreisen betraf – falls man ihn tatsächlich dabei beschattet hatte, wie er mit britischen Spionen sprach, warum wurde er dann nicht mit den entsprechenden Beweisen konfrontiert? Skripal reimte sich zusammen, dass die Überwacher in Izmir ihm nicht bis zu Stephens Zimmer gefolgt sein und den MI6-Mann weder bei seiner Ankunft noch beim Verlassen des Hotels als solchen erkannt haben konnten.

Skripal wusste, was viele Profis aus der westlichen Spionageabwehr während der Kalten Kriegs erfahren hatten, nämlich dass Spionage kein leicht zu verfolgendes Verbrechen war, insbesondere dann nicht, wenn die unter Verdacht Stehenden ihr Handwerk ordentlich gelernt hatten und bei Verhören die Nerven behielten. Während die Fragen sich ein ums andere Mal, bei jeder Runde und Tag für Tag wiederholten und er nur kleine Abweichungen in der Routine der Beamten bemerkte, reifte eine Überzeugung in ihm: Er und Jurij waren in die gleichen Schwierigkeiten geraten, weil es da einen Maulwurf gab.

Sie hatten zwar seine Waffe und etwas von seinen Schreibutensilien in der Wohnung gefunden, und das war unangenehm. Doch er hatte dafür auch eine Erklärung, denn natürlich besaß ein GRU-Offizier diese Dinge, als Überbleibsel seiner Agententätigkeit im Ausland. Dann kamen sie damit, dass seine Ausgaben und sein Lebensstil nicht zu jemandem passten, der von der Pension eines GRU-Oberst leben musste.

Allerdings konnten sie ihn mit niemand Spezifischem beim MI6 in Verbindung bringen, nicht einmal bei dieser letzten Reise nach Izmir, als man ihn beschattet und gefilmt hatte. Genauso wenig konnten sie beweisen, dass irgendwelche geheimdienstlichen Informationen zwischen ihm und anderen ausgetauscht worden waren. Und was das Geld betraf, da wiederholte er ein ums andere Mal, dass er eben Geschäfte gemacht hatte. Also warum saß er dort ein?

Wie bei jedem ausgebildeten, kompetenten Geheimdienstoffizier begannen und endeten die Fragen, die ihn ständig beschäftigten, mit der Möglichkeit einer Infiltrierung. Und während die Verhöre 2005 weitergingen, erhärtete sich sein anfänglicher Verdacht und wurde zur Gewissheit. Jemand hatte diesen zweitklassigen FSB-Beamten den Auftrag erteilt, einen Gerichtsprozess gegen ihn vorzubereiten. Der Grund dafür, warum man ihn nach Lefortowo gesteckt hatte, war, dass irgendjemand ihn und wahrscheinlich auch Jurij verpfiffen hatte. Diese Tatsache und natürlich die entsprechende Person mussten unter allen Umständen geheim bleiben. Irgendwie würden diese Leute vom FSB sich etwas zusammenspinnen müssen, damit man ihn vor Gericht stellen und gleichzeitig den Informanten schützen konnte.

Es dauerte Monate, bis er dieses Spiel durchschaute. Zwar wusste er nicht, wie lange er die zermürbenden Verhöre und das Hin und Her durch die Gänge aushalten würde, aber er glaubte daran, es genauso zu schaffen wie früher im Boxring. Seine Frau und die Kinder liebten ihn, und irgendwie würde am Ende schon alles gut werden.

2006 begann endlich sein Prozess. Der Fall wurde vor ein Militärgericht gebracht und fast nur hinter verschlossenen Türen verhandelt. Das Urteil fiel im Oktober, knapp zwei Jahre nach seiner Verhaftung. Vor Gericht waren einige interessante Beweise gezeigt worden: Bildmaterial von seiner Beschattung, das ihn zeigte, wie er vom Flughafen Scheremetjewo nach Izmir aufbrach, beispielsweise. Auch präsentierte man einige Kontoauszüge, die in seiner Wohnung gefunden worden waren. Daraus ging hervor, dass er Anfang 2004 ein Konto eröffnet hatte (das war während seines Aufenthalts in Malaga gewesen, wo er Richard und Stephen getroffen hatte). Auf einem Auszug war zu sehen, dass er zwei Zahlungen in Euro im Gegenwert von dreitausend Dollar erhalten hatte. Einige der Anklagepunkte amüsierten Skripal. Beispielsweise Anschuldigungen, die sich auf Madrid Ende 1992 bezogen, also Monate bevor er seinen Posten dort einnahm. Er vermutete, dass der Staatsanwaltschaft ein grober Fehler unterlaufen war, anscheinend hatte man Teile aus der Anklage gegen Jurij Burlatow einfach in seine Akte kopiert, denn der hatte zur genannten Zeit seinen Dienst in Madrid versehen.

Viele Vorwürfe parierte er, andere wies er von sich. Und wenn gar nichts mehr ging, berief er sich auf Artikel 51, wonach er sich nicht selbst bezichtigen musste. Aber selbstverständlich handelte es sich hier nicht um einen Kampf brillanter Köpfe, bei dem die schlüssigste Argumentation am Ende obsiegen würde. Dieser Prozess diente vielmehr dazu, ein ganz bestimmtes Ergebnis zu erzielen. Daher konnte Skripal eigentlich auch nie darüber in Zweifel gewesen sein, dass er am Ende schuldig gesprochen würde. Das Urteil erging am 9. August 2006. Skripal wurde zu dreizehn Jahren Arbeitslager verurteilt.

Der Fall machte Schlagzeilen und erzeugte durchaus Widerhall in den russischen Medien. Der leitende Militärstaatsanwalt Sergej Fridinskij, der am selben Abend vom russischen Fernsehen interviewt wurde, meinte zu Skripals Spionage: »Der Schaden lässt sich weder in Rubel noch in anderen Kategorien bemessen. Tatsache ist, dass die Interessen der Russischen Föderation durch die Weitergabe geheimer Informationen geschädigt wurden. Es hätten verschiedenste Konsequenzen in Bezug auf den Vorgang gezogen werden können, um die es bei diesem Handel ging, denn natürlich wurde für diese Information auch bezahlt.«

In den russischen Berichten wurde die Wahrheit – etwa dass man ihn in Spanien rekrutiert hatte und dass spanische Kontoauszüge in seiner Wohnung gefunden worden waren – mit Übertreibungen und frei Erfundenem vermischt. In einer russischen Reportage wurde angedeutet, Skripal habe pro Treffen 50 000 Dollar kassiert, in einer anderen war von einer Gesamtsumme von 100 000 Dollar für seine Spionagetätigkeit die Rede. An wieder anderer Stelle hieß es, man habe ihn mit monatlich 3000 Dollar entlohnt. Dazu bemerkte ein britischer Geheimdienstmitarbeiter amüsiert: »Er wurde gut bezahlt, aber *so* gut nun auch wieder nicht!«

Anscheinend gab es pro Treffen Geld, und seit damals, als FORTHWITH ein Jahrzehnt zuvor in dem Hotel in Madrid seine grafische Darstellung der GRU-Struktur ablieferte, hatte es wohl etwa fünfzehn bis sechzehn Treffen gegeben (einschließlich der beiden Buchübergaben an Richard durch Ljudmila). Für besondere Leckerbissen gab es Sonderzahlungen. Insgesamt dürfte sich seine Entlohnung auf 70 000 bis 90 000 Dollar belaufen haben, wobei die Verpflichtung des MI6, sich, falls Skripal Russland abtrünnig würde, um seine Unterbringung und seinen Lebensunterhalt zu kümmern, logischerweise deutlich höhere Summen implizierte.

Die Legende des FSB, warum man sich überhaupt für Skripal interessiert habe, wurde erst Jahre später, in Form einer Dokumentation mit dem Titel »Ein Maulwurf im Aquarium« publik. Darin wurde ein FSB-Oberst namens Andrej Scharow, der nur als Silhouette zu sehen war, interviewt. Scharow verwies auf Skripals Interesse an GRU-Freunden nach seiner Pensionierung und meinte: »Ich denke, die Spionageabwehr wurde auf ihn aufmerksam, da er sich als Rentner dermaßen für die Angelegenheiten seiner ehemaligen Kollegen interessierte, was natürlich Verdacht erregte.« Und was den Beweis von Skripals Schuld anging, fügte Oberst Scharow noch hinzu: »Offiziere der Spionageabwehr begannen, sich für seine Einkommensquellen zu interessieren. Wie sich herausstellte, besaß er ein Konto in Spanien, auf das monatlich dreitausend Dollar flossen, doch niemand wusste, woher. Das war der greifbare Beweis für die Verwicklung des Mannes in Spionageangelegenheiten.«

Zum Zeitpunkt seines Prozesses bekamen die russischen Medien bereits Hinweise vom FSB und anderen offiziellen Stellen zur Schwärzung der Namen von Verrätern. Viele dieser Themen wie moralische Korrumpierbarkeit, Gier oder Geltungssucht derjenigen, die für den Westen spionierten, waren noch aus Sowjetzeiten bekannt. Die russische Berichterstattung über den Fall Skripal versuchte, ihm auch auf andere Weise zu schaden, nämlich mit Behauptungen, die darauf abzielen mochten, das Vertrauen des MI6 in den eigenen Informanten zu schwächen.

So versuchte man beispielsweise zu suggerieren, Skripal habe in den Verhören vollumfänglich kooperiert, ein komplettes schriftliches Geständnis abgelegt und versucht, einen Deal auszuhandeln, um sein Strafmaß zu verringern. Auf einer russischen Website wurde sogar behauptet, er habe sich selbst des Hochverrats und der Spionage schuldig bekannt. Da der Prozess unter Ausschluss der Öffentlichkeit stattfand, gibt es davon natürlich keine Aufnahmen. In seinen Gesprächen mit mir erklärte Sergej jedoch eindeutig, dass er jeden Deal verweigert habe und, wie wir noch sehen werden, seine Verweigerung eines Schuldeingeständnisses die Sache komplizierter machen sollte, als es Jahre später um seine mögliche Freilassung ging.

Laut Sergejs Bericht von seinen Verhören hatten die Ermittler vergeblich zu beweisen versucht, dass er auf seinen Auslandsreisen Geheimnisse weitergegeben habe. Angesichts der Aufgabe, ihn ohne klare Beweise vor Gericht zu bringen, hätte ein Geständnis oder ein Schuldanerkenntnis die Sachlage für den FSB komplett geändert. Er sagt, man hätte ihm daher für ein Geständnis ein Strafmaß von fünf bis sechs Jahren in Aussicht gestellt, das sich mit Haftaussetzung zur Bewährung vielleicht sogar auf zwei bis drei Jahre reduziert hätte.

Westliche Geheimdienstoffiziere haben mir unterschiedliche Sichtweisen dazu geliefert, ob Skripal gestanden hat oder nicht. Diejenigen, die seine Version teilen, verweisen darauf, dass es in Fällen, wo der Spionage Verdächtigte in Lefortowo gebrochen wurden und wirklich alles preisgaben, oft nicht einmal mehr zu einem Prozess kam. Oder der verurteilte Spion wurde kurz nach dem Schuldspruch im Stillen wieder freigelassen. Außerdem gab es viele Details in Bezug auf seine Karriere als SIS-Informant, die zum Zeitpunkt seines Prozesses oder in über ihn kursierenden Berichten in den russischen Medien nie angesprochen wurden. Diese Details, beispielsweise seine Methode der Kommunikation mittels Geheimschrift in Büchern, wurden im Rahmen der Verhöre anscheinend nicht aufgedeckt.

Trotzdem halten es andere, mit denen ich gesprochen habe, durchaus für möglich, dass er im Verhör umfangreiche Details seiner Spionagetätigkeit preisgegeben hat. Nach meinem Dafürhalten ist allerdings bemerkenswert, dass russische Medienberichte wie der Fernsehfilm von 2014 eine Mischung von Informationen bieten, die wahrscheinlich aus den Verhören Skripals stammen, während anderes schlichtweg falsch ist und eventuell auf irrigen Annahmen der Journalisten oder Ermittler beruht. Eine Erklärung für das, was während des Prozesses geschah, ist, dass er ein Teilgeständnis ablegte – er habe Mitarbeiter des MI6 getroffen, nachdem er die GRU verlassen hatte –, allerdings bekannte er sich nicht zu Treffen vor dem Jahr 2000.

Nachdem Skripals Prozess abgeschlossen war, bekam das russische Fernsehen einen kurzen Ausschnitt, auf dem zu sehen ist, wie das Urteil am Moskauer Militärgerichtshof verlesen wird. Ein Staatsanwalt in schwarzer Robe erklärt, dass er für schuldig befunden und die Strafe verhängt wurde.

Skripal wird in diesem Bericht in einem Trainingsanzug gezeigt, wie er in einem Käfig auf der Anklagebank sitzt und durchaus freundlich mit seinem Anwalt spricht. Auch wenn er seinen Prozess, oberflächlich betrachtet, einigermaßen würdevoll hinter sich brachte, sollte sich danach alles ändern. Die eigene Kleidung zu tragen, regelmäßiger Besuch von Angehörigen oder üppige Essenspakete – so sahen die Umstände seiner Untersuchungshaft in Lefortowo aus. Doch als Verurteilter würde er nun in die von Kriminellen bevölkerte Unterwelt kommen. Er war unterwegs in den Gulag, wo härtere Regeln galten.

10

LITWINENKO

Einige Monate nach Skripals Verurteilung, am 1. November 2006, begab sich ein früherer FSB-Offizier, der in London im Exil lebte, in ein schickes Hotel im Londoner Stadtteil Mayfair, das Millennium. Dort wollte er sich mit einem alten Genossen namens Andrej Lugowoj – auch er ein ehemaliger KGB-Agent – und dessen Begleiter Dmitrij Kowtun treffen. Der ehemalige FSB-Mann Alexander Litwinenko war ein Teil jener Welt geworden, in der unternehmerische, persönliche und nachrichtendienstliche Interessen sich unauflöslich vermischten. Er hoffte, Lugowoj benutzen zu können, der – anders als er selbst – immer noch frei zwischen Moskau und London hin und her reisen konnte, ein diskreter Korrespondent in der russischen Hauptstadt, der es verstand, Personen und Unternehmen ausfindig zu machen, die für seine in London ansässigen Geschäftskunden eventuell von Interesse waren.

In der Pine Bar im Obergeschoss des Hotels kippten Lugowoj und sein Assistent einen Drink nach dem anderen: Gin Tonic, Champagner-Cocktails und rauchten dazu, um das Ganze abzurunden, eine teure Zigarre. Sie hatten auch eine Kanne grünen Tee für drei geordert. Lugowoj wusste, dass Litwinenko kein großer Trinker war. Nach einer gewissen Zeit klagte Kowtun, den Litwinenko vorher nur einmal getroffen hatte und den er nicht mochte, er habe jetzt genug, und verließ die Bar, vermutlich in Richtung seines Zimmers. »Wir müssen ohnehin bald gehen«, sagte Lugowoj zu Litwinenko.

»Wenn Sie Tee möchten, dann hier bitte. Schenken Sie sich ruhig ein.« Litwinenko nahm ein paar Schlucke, um nicht unhöflich zu erscheinen. Als das Gespräch sich dem Ende zuneigte, tauchten Lugowojs Frau und sein achtjähriger Sohn auf. Er stellte seinen Jungen dem ehemaligen FSB-Mann vor, danach trennte man sich.

Zu Hause im Londoner Stadtteil Muswell Hill hatte Litwinenko mit seiner Frau etwas zu feiern. Es war nun auf den Tag sechs Jahre her, dass sie sich aus Russland abgesetzt hatten und nach Großbritannien gekommen waren.

Kurz nachdem er zu Bett gegangen war, etwa um 23 Uhr 10, fühlte Litwinenko sich plötzlich sehr schlecht. Er ging ins Badezimmer und erbrach sich heftig. Doch das war nur der Anfang. Er musste ungefähr alle zwanzig Minuten wieder auf die Toilette, von schwersten Krämpfen geschüttelt. Er erbrach sich immer wieder, bis schließlich nur noch Galle kam. Außerdem hatte er Schaum vor dem Mund. Er nahm verschiedene Mittel ein, aber es ging ihm am nächsten Tag immer schlechter. In den frühen Morgenstunden des 3. November holte seine Frau Marina schließlich den Rettungsdienst, der ihn ins nächstgelegene Krankenhaus brachte. Litwinenkos Zustand verschlechterte sich zusehends: Am 7. November teilte Marina den Ärzten erstmals mit, dass ihr Mann möglicherweise vergiftet worden war. Am 11. November begannen ihm die Haare büschelweise auszufallen. Am 14. November untersuchten die Ärzte ihn erstmals ernsthaft auf eine mögliche Vergiftung hin. Zwei Wochen nach seiner Fahrt ins Krankenhaus verlegte man Litwinenko ins University College Hospital in London und zog die Polizei hinzu.

Zwei Beamte sprachen mit Litwinenko, der ihnen sofort von seinem Verdacht erzählte, er sei vergiftet worden. Sehr zurückhaltend ließ er sie außerdem wissen, er habe Kontakt zum MI6, den die Polizei umgehend informierte. Was das

Motiv für seine Vergiftung angeht, war sich Litwinenko ziemlich sicher: »Ich habe nicht den geringsten Zweifel daran, dass dies das Werk des russischen Geheimdienstes ist. Da ich dieses System kenne, weiß ich auch, dass der Befehl, den Bürger eines anderen Landes innerhalb dieses Hoheitsgebiets zu töten, vor allem, wenn es um Großbritannien geht, nur von einer Person kommen kann.«

Litwinenko gab also ausdrücklich Putin die Schuld – und seine Zeugenaussage gegenüber den beiden Polizisten wurde sofort zur Geheimsache erklärt. Sie wurde erst nach achteinhalb Jahren der Öffentlichkeit zugänglich gemacht. Wenige Stunden nach dieser Erklärung kam Litwinenko auf die Intensivstation, wo er am 23. November starb. Litwinenkos Abschiedsbrief enthielt u. a. folgende Worte: »Sie werden es vielleicht schaffen, einen Mann zum Schweigen zu bringen. Aber der Protest aus aller Welt, Herr Putin, wird Ihnen für den Rest Ihres Lebens in den Ohren nachhallen.«

Wenige Stunden vor seinem Tod kamen die Wissenschaftler am Atomic Weapons Establishment in Aldermaston zu dem Schluss, dass das Gift nicht Thallium war, wie ursprünglich angenommen, sondern das höchst seltene radioaktive Isotop Polonium 210. Eine frühere Untersuchung mit dem Geigerzähler hatte keine Resultate erbracht, weil dieses Gerät darauf ausgelegt ist, die häufigeren Gammastrahlen zu entdecken. Polonium aber kann nur nachgewiesen werden, wenn man gezielt nach Alphastrahlung sucht.

Sobald das Rätsel um das eingesetzte Gift geknackt war, verfolgten die Ermittler Litwinenkos Schritte am 1. November zurück und machten die Männer ausfindig, mit denen er sich getroffen hatte. Dabei ergab sich ein höchst beunruhigendes Bild. Lugowoj hatte schon vor dem Treffen im Millennium-Hotel zweimal versucht, sein Zielobjekt zu vergiften. Wie nach dem gelungenen Mordversuch hatte er auch damals das

Polonium ins Waschbecken gekippt und damit in drei verschiedenen Hotelzimmern eine astronomische Strahlenbelastung hinterlassen.

In den Tagen vor dem schicksalhaften Treffen war Kowtun seinerseits mit Polonium unterwegs gewesen. Die Sitze mehrerer zwischen Deutschland und Großbritannien verkehrender Flugzeuge wiesen eine hohe Poloniumbelastung auf. Die deutsche Polizei verfolgte Kowtuns Spuren und sprach mit einem seiner Freunde in Hamburg. Dieser gab an, der Russe habe wörtlich gesagt: »Litwinenko ist ein Verräter! Er hat Blut an den Händen!« Er erzählte, er werde dem ehemaligen Spion ein seltenes Gift verabreichen. Als sein Freund ihn fragte, warum man den Mann nicht einfach erschieße, habe Kowtun geantwortet: »Hier soll ein Exempel statuiert werden.«

Als diese Ermittlungsergebnisse von der Polizei an den MI6 und an die Regierung weitergegeben wurden, läuteten in Whitehall die Alarmglocken. Wenn dieser Mord staatlicherseits in Auftrag gegeben worden war, konnte dies die gesamte Beziehung zwischen Russland und Großbritannien gefährden. Die russische Regierung und die Kommentatoren in den Medien servierten daher eine Reihe anderer Lesarten, wonach der MI6 Litwinenko getötet haben solle. Oder die Mafia. Oder es sei Litwinenkos alter Gönner Boris Beresowskij gewesen, der ebenfalls im Exil in London lebte.

Präsident Putin, den man bei einer Pressekonferenz zu einer Reihe jüngerer Mordfälle befragte, meinte, es sei Sache des Gerichts, die Verantwortlichen ausfindig zu machen. Was Litwinenko angehe, verlautbarte Putin, so sei er »aus dem Geheimdienst entlassen worden. Er hatte keinen Grund zu fliehen. Er war kein Geheimnisträger. Alles Negative, was er über seinen Dienst hätte sagen können, hatte er bereits vor langer Zeit gesagt.«

Die Aussage, es hätte keinerlei Grund gegeben, das Opfer

zu ermorden, erinnerte stark an eine ähnliche Stellungnahme zum Tod einer prominenten russischen Journalistin namens Anna Politkowskaja im Oktober 2006. Sie gehörte zu den lautstärksten Kritikern Putins und des Krieges in Tschetschenien. In Moskau glaubten viele, sie sei auf Anordnung des Kreml hin ermordet worden. Als man Putin bei einer Deutschlandreise darauf ansprach, meinte er, Politkowskaja habe zwar der Regierung kritisch gegenübergestanden, aber »ihr Einfluss auf das politische Leben in Russland war außerordentlich unbedeutend«.

Das Argument, es sei unglaubhaft, dass die Regierung politische Gegner ermorden ließe, einfach weil sie der Mühe nicht wert seien, wurde vom russischen Außenminister Sergej Lawrow wiederholt. Auf eine Frage zum Fall Litwinenko antwortete er: »Warum sollten die Geheimdienste Millionen ausgeben, um einen einfachen Agenten ins Jenseits zu befördern, dessen absurde Anschuldigungen schon längst nicht mehr ernst genommen wurden?«

Auf diese Weise zog man die westlichen Anschuldigungen ins Lächerliche und verweigerte gleichzeitig dem Opfer bzw. dessen Hinterbliebenen jedes Mitgefühl.

»Seit die Tschekisten sich an der Macht etabliert haben«, schrieb Politkowskaja 2004, »haben wir ihnen unsere Angst gezeigt und so ihren Drang, uns wie Vieh zu behandeln, noch verstärkt. Der KGB respektiert nur die Starken. Die Schwachen verschlingt er. Wir müssten das am besten wissen.«

Die Politik zeigte darin, wie sie mit den vielen Fällen von politischen Morden in Russland, darunter auch der Ermordung dieser Journalistin, umging, immer ein ähnliches Muster. Es war wichtig, dass die Behörden den Ermittlungen in gewissem Maße ihren Lauf ließen oder zumindest so taten. Häufig zeigte man mit dem Finger auf die Mafia oder auf Auftragskiller, die Frage jedoch, wer letztlich verantwortlich war, ließ man offen. Diesen Ansatz verfolgte man nun auch im Fall Litwinenko. Vielleicht rechneten sie in Russland ja auch damit, dass britische Politiker ebenso wenig Interesse an der Aufklärung hätten wie der Kreml.

Britischen Ermittlern wurde Ende 2006 gestattet, nach Russland einzureisen und – unter Auflagen – Lugowoj und Kowtun zu befragen. Doch als sich langsam abzeichnete, dass Lugowoj wohl der Täter war und Scotland Yard ihn im Mai 2007 (in Abwesenheit) des Mordes beschuldigte, änderte der Kreml seine Politik.

Lugowoj erhielt einen Sitz in der Duma, dem russischen Parlament, was ihn vor Anklage und Auslieferung schützte. In der Verbalschlacht zwischen London und Moskau wurde auch ein Verfahren in einem Drittland debattiert, doch auch dieses sollte nie stattfinden. Die Diskussionen dienten einzig dem Zweck, den Eindruck zu erwecken, Moskau sei bereit, eine Lösung zu finden. Lugowoj unterzog sich auch einem Lügendetektor-Test, den er bestand.

In London sorgte der Mord inzwischen für ganz eigene Probleme. Obwohl die Untersuchungen durch Scotland Yard klar auf eine kriminelle Verschwörung hinwiesen, bei der eine ausgesprochen seltene Substanz verwendet wurde, deren Spur nach Russland zurückverfolgt werden konnte, wollte Downing Street sich Litwinenkos auf dem Sterbebett vorgebrachte Behauptung, Putin selbst habe dazu den Befehl gegeben, nicht zu eigen machen. Solange es halbwegs plausible alternative Erklärungsmodelle gab – von wild gewordenen FSB-Agenten bis hin zum organisierten Verbrechen –, warum sollte man sich in eine diplomatische Ecke drängen lassen, die die gesamten Beziehungen zu Russland gefährden konnten?

Die MI6-Leute in Vauxhall Cross allerdings hatten ihre eigene Theorie. Einige Offiziere der für Russland zuständigen Abteilung P5 hatten Litwinenko gut gekannt und ebenso schockiert wie aufgebracht auf sein Ableben reagiert. »Er war ein unverwüstlicher Typ«, schrieb ein MI6-Agent über Litwinenko, »er hat pausenlos geredet und sprudelte stets über vor Ideen und Theorien.«

Obwohl Litwinenko kein MI6-Agent war, als er im Jahr 2000 in Großbritannien ankam, traf er sich ab 2003 regelmäßig mit Leuten des britischen Auslandsgeheimdienstes. Auch wenn er nur begrenzte Einsicht in den FSB und dessen Mentalität gehabt hatte, fanden die MI6-Leute seine Einschätzungen brauchbar. Von 2004 an zahlte man ihm ein »Beratergehalt« von zweitausend Pfund im Monat. Im Gegenzug nahm Litwinenko an Meetings teil, lieferte Hintergrundinformationen über wichtige FSB-Kräfte und war immer bereit zu dieser Art Dienstleistungen.

2006 war er mehrere Male nach Spanien gereist, wo die Staatsanwaltschaft zwei Verfahren gegen Mitglieder der russischen Mafia vorbereitete. Litwinenko besaß viele Informationen über die Verbindungen zwischen dem organisierten Verbrechen und dem FSB. Diese Tätigkeit bietet wohl die triftigste Erklärung, was ein mögliches Motiv für seine Vergiftung und die Wahl des Zeitpunkts angeht, denn eines dieser Verfahren wurde gerade eingeleitet, als Litwinenko sterbend im Krankenhaus lag.

Manche sahen in Litwinenkos Arbeit für den MI6 und die spanische Justiz eine Erklärung, ja Rechtfertigung für seine Ermordung. Doch sollte tatsächlich der Kreml dahinterstecken, dann hatte Litwinenko sein Schicksal vermutlich besiegelt, als er zum Verbündeten von Boris Beresowskij wurde.

Beresowskij hatte nach dem Zusammenbruch der Sowjetunion ein Vermögen verdient, indem er mit Öl, Autos und einer Reihe anderer Dinge handelte. Damit stand er so ziemlich für alles, was die FSB-Oberen hassten. Er hatte den Zusammenbruch der UdSSR massiv zu seinem Vorteil genutzt, wurde ein enger Verbündeter von Boris Jelzin und hatte einen entscheidenden Anteil an dem, was die *Silowiki* – die russischen Militärs und Geheimdienste – als demütigendes Ende des ersten Tschetschenienkrieges betrachteten. Und obendrein war er auch noch Jude. Als sich Putin im Wahlkampf im Jahr 2000 die »Diktatur des Gesetzes« auf die Fahnen schrieb, hatte er exakt solche Figuren wie Beresowskij im Sinn.

Drei Jahre bevor er nach Großbritannien kam, hatte Litwinenko, damals Oberstleutnant, Beresowskij aufgesucht und ihm verraten, dass er von seinen FSB-Oberen den Auftrag bekomme habe, ihn zu töten. Daraufhin folgte eine Reihe von Auseinandersetzungen mit den Behörden, eine Pressekonferenz, die Litwinenko und einige weitere FSB-Dissidenten gaben, und schließlich ein Gefängnisaufenthalt, bevor der Geheimdienstoffizier außer Landes floh.

Nach seiner Ankunft in London war Litwinenko zunächst Beresowskijs Protegé. Er bekam Geld von ihm und schrieb als sein Co-Autor das Buch »Eiszeit im Kreml. Das Komplott der russischen Geheimdienste«, in dem der FSB beschuldigt wurde, 1999 Bombenanschläge auf Wohnhäuser in Moskau durchgeführt zu haben, um damit einen Vorwand für den zweiten Tschetschenienkrieg zu schaffen. Später war die Beziehung der beiden nicht mehr so eng. Aus russischer Sicht war es Londons Bereitschaft, dem Oligarchen Beresowskij und dem einstigen FSB-Offizier Litwinenko Asyl zu geben, die den Geist der Kooperation nach dem 11. September vergiftete. Der Kreml betrachtete die Gastfreundschaft der Briten für Leute, die so brandgefährliche und feindselige Anschuldigungen erhoben, als grundlegenden Vertrauensbruch.

Die weitergehende Bedeutung der Litwinenko-Affäre liegt wohl darin, dass sie vor allem jene Leute in Whitehall erschütterte, die bislang dafür eingetreten waren, über die Anlaufschwierigkeiten der russischen Demokratie hinwegzusehen im Interesse des Handels und der Zusammenarbeit (zum Beispiel im Sicherheitsrat der Vereinten Nationen) bei der Lösung einer ganzen Reihe von weltweiten Problemen. Der Mord an Litwinenko und Russlands Weigerung, die Verdächtigen auszuliefern, waren einfach zu ungeheuerlich, um noch übersehen werden zu können.

Natürlich diente dies auch als klare Ansage in Russland selbst. Als Putin seine Macht gefestigt hatte, nahm er sich ein Problem vor, das den *Silowiki* jahrelang ein Dorn im Auge gewesen war: die seit 1996 geltende Aussetzung der Todesstrafe für Verrat. Kurz vor der Vergiftung Litwinenkos hatte die Duma ein neues Gesetz verabschiedet, das die Hinrichtung von Terroristen auch außerhalb der Grenzen Russlands erlaubte. Dabei ging es in erster Linie darum, eine gesetzliche Grundlage für die Hinrichtung tschetschenischer Kämpfer zu schaffen, die ins Exil gegangen waren. Einige Leute fassten dieses Gesetz jedoch als Freibrief auch für die Tötung von »Verrätern« im Ausland auf.

Beim MI6, wo 2004 John Scarlett zum Leiter aufgestiegen war, untergrub der Litwinenko-Mord die Doppelstrategie, die Scarlett lange verfolgt hatte – mit den Russen auf freundschaftlichem Fuß zu verkehren, gleichzeitig aber die Spionageanstrengungen gegen das Land zu verstärken. Die Kooperation mit dem russischen Auslandsgeheimdienst musste eingestellt werden, da Taten wie diese im britischen Geheimdienst all jenen eine Steilvorlage boten, die es für moralisch verwerflich hielten, mit Putin und seinen zweifelhaften Freunden herumzupoussieren.

Was aber bedeutete die Tragödie Litwinenkos nun für Sergej Skripal? Der Fall ist in vielerlei Hinsicht aufschlussreich: Er zeigt die Bereitschaft gewisser Elemente in Russland, in Großbritannien einen Mord zu verüben. Auch hier wurde ein seltenes Gift verwendet, das man zu einer staatlichen Institution in Russland zurückverfolgen konnte. Und er zeigt, wie der Kreml auf die Anschuldigung reagiert, hinter Auftragsmorden im Ausland zu stehen. Wie wir noch sehen werden, zeichnet die Affäre Litwinenko auch – zu Recht oder zu Unrecht – die Antwort vor, die die Briten auf die Ereignisse von Salisbury im März 2018 fanden.

Im November 2006 aber, als Litwinenko im University College Hospital im Sterben lag, war all dies noch nicht vorauszusehen. Denn zu jener Zeit bereitete sich Skripal nach der Urteilsverkündung auf die brutale Realität seiner dreizehnjährigen Haftstrafe vor, weit weg von den Menschen, die er so sehr liebte.

11

MORDWINIEN, IK-5

Nachdem er den Bahnhof Kasan in Moskau verlassen hat, rumpelt der Zug nach Potma fünfhundert Kilometer weit in Richtung Osten und gelangt schließlich in die Einöde Mordwiniens. Heutzutage schafft der Schnellzug die Strecke in knapp acht Stunden. Die Reise der Verurteilten aber geht langsamer voran.

In Potma werden die Häftlinge durch ein Durchgangslager geschleust, Kleidung und Wertsachen werden ihnen abgenommen. Dafür bekommen sie eine neue Garnitur in Dunkelgrau oder Blau, in der sie ihre Fahrt ins Elend der Gefangenschaft antreten. Mit einer Schmalspurbahn, gebaut in den ersten Jahren des stalinistischen Terrors, geht es nach der Abfertigung Richtung Norden. Tausende von Unglücklichen, die nach Mordwinien verbannt worden waren, mussten eine Schneise durch dichten Kiefern- und Birkenwald schlagen und die Gleise legen, auf denen in immer neuen Wellen Rohmaterial für die Lager herangeschafft wurde, die entlang der Eisenbahnstrecke aus dem Boden schossen. Und auf Feldern, die mit schlichten Holzschildern gekennzeichnet sind, liegen viele von ihnen heute begraben, umgekommen durch Überanstrengung, Mangelernährung und den strengen Strafvollzug.

Dieser Korridor zieht sich über fünfzig Kilometer zur anderen Seite der grünen Wüste nach Baraschewo, Standort einer weiteren Fernbahnstation. Entlang dieses Abschnitts befinden sich über ein Dutzend Lager, die unter dem Akronym

»DubrawLag« eine Strafkolonie für mehr als zehntausend Gefangene bilden. Zeitweise war die Zahl der Lager auf mehrere Dutzend angestiegen, dann wieder auf nur einige wenige geschrumpft. Für das DubrawLag und die von ihm lebenden Gemeinden waren die 1940er-Jahre eine Zeit des Booms gewesen, ebenso die 1970er, in denen es eine Vielzahl von Dissidenten und die sogenannten »Refusenik«-Juden gab, denen die beantragte Ausreise nach Israel verweigert wurde. Danach nahm die Belegung etwas ab, die Juden wurden von der Gulag-Leitung in Moskau von nun an nach Perm geschickt, und Mitte der 1980er-Jahre trat schließlich Michail Gorbatschow auf den Plan. Er wollte allen Ernstes die politischen Gefangenen, lange Zeit der wichtigste Grund für die Existenz des DubrawLag, abschaffen, und für einige Jahre konnte er dieses Unterfangen auch durchsetzen.

Jede Strafkolonie (Isprawitelno Kolonij) hatte ihre eigene Nummer und ihren speziellen Zweck. In den 1970er-Jahren waren die Dissidenten nach IK-1, IK-3 oder IK-19 geschickt worden. In der IK-14 waren die weiblichen »Politischen« untergebracht. Es gibt ein Lager für Ausländer und offenbar auch einige für Sexualstraftäter. Die Leitung des DubrawLag musste die Erfahrung machen, dass es zur Aufrechterhaltung der Ordnung ratsam war, bestimmte Gruppen getrennt zu halten. Jeder, der in den mordwinischen Wald kommt, lernt die Lagergesetze, die Hierarchien und die rücksichtslose Durchsetzung der Zellenblockregeln kennen.

Skripal wurde in die IK-5 verbracht, wo er sich, wie so viele andere vor ihm, der üblichen »Quarantäne« in einem Krankenhaus unterziehen musste, bevor er seinem Block zugewiesen wurde. Das hat zum einen natürlich medizinische Gründe, etwaige Infektionskrankheiten sollen festgestellt und behandelt werden, bevor der Häftling oder *Zek* sich unter das Gefangenenvolk mischen darf. Der Aufenthalt dient aber auch einem psychologischen Zweck, als Gelegenheit zur Anpassung, als Luftschleuse gleichsam zwischen der Außenwelt und der ganz eigenen Wirklichkeit des DubrawLag. Schon in der Quarantäne kann der Neuankömmling von Wärtern und anderen *Zeks* erfahren, was ihn erwartet. Skripal stellte bald fest, dass die IK-5 »ein Lager für Epaulettenträger« war, wie er sich ironisch ausdrückte. Viele der Häftlinge waren Polizisten oder Armeeoffiziere, sogar der eine oder andere in Ungnade gefallene FSBler war hier gelandet. Gefangene dieser Art mussten von Gangstern, Mördern und Politischen getrennt werden, die womöglich noch eine Rechnung zu begleichen hatten.

Während der neue *Zek* sich mit seinem Block und seinem Kommando vertraut machte, hatte er Gelegenheit, die Lage zu sondieren und Maßnahmen zur eigenen Sicherheit zu treffen. Skripal schloss sich recht schnell einer Gruppe von Häftlingen an, die bei der WDW, den Fallschirmspringern, gedient hatten. Sein eigener Dienst in Eliteeinheiten wie denen der Aufklärung, sein Alter, seine Ausstrahlung und sein Rang als Oberst verliehen ihm eine natürliche Autorität in diesem Kreis. WDW-Veteranen »bildeten meinen ersten Verteidigungsring im Lager«. In allen Lebensbereichen suchen Russen sich ein »Dach« oder einen »Ring« zum Schutz gegen die Unwägbarkeiten des Schicksals, und Skripal war sich darüber im Klaren, dass dies in der IK-5 von besonderer Wichtigkeit sein konnte. Wer auf der Suche nach einem Opfer war, das er schikanieren und verprügeln konnte, der war nicht gut beraten, sich jemanden auszusuchen, der zu einer Gruppe von Fallschirmjägern gehörte.

Nach und nach lernte er auch die Wärter näher kennen. Sie erzählten ihm, dass schon ihre Väter und Großväter vor Jahrzehnten hierhergekommen seien. Skripal war ernüchtert: An seinem Patriotismus ließ er weiß Gott keinen Zweifel aufkommen, aber dass an diesem Ort der Beruf des Lagerwärters von Generation zu Generation weitervererbt wurde wie der des Fischers oder Bauern in der Welt jenseits der Wachtürme, das war grässlich. Vor dem DubrawLag hatte es hier nichts gegeben. Doch parallel zu seiner Gründung waren entlang der Bahnlinie kleine Siedlungen für diejenigen entstanden, die den Betrieb der Strafkolonie aufrechterhielten. Und deren Söhne oder Töchter hatten von ihnen die Aufgabe übernommen, das menschliche Elend zu verwalten. Etwas anderes gab es dort schlicht und einfach nicht zu tun. In der IK-5 waren einige Wärter der dritten Generation beschäftigt. Das Erbärmlichste aber waren die Ex-Häftlinge, die sich, nachdem ihre Strafe verbüßt war, in den kleinen Gemeinden ihrer ehemaligen Aufseher niedergelassen hatten. Diese gebrochenen Seelen, denen zum Weggehen das Geld oder die Motivation fehlte – entweder hatten sie keine Familie mehr oder diese hatte sich nach ihrer Verurteilung von ihnen losgesagt –, waren einfach in Mordwinien geblieben, um sich im Herbst ihres Lebens mit niederen Tätigkeiten mehr schlecht als recht durchzuschlagen. Niemand, der Sergej kannte, konnte sich vorstellen, dass ihm dergleichen auch passieren würde – er war ein Kämpfer, und aus der Zeit in Lefortowo wusste er, dass er auf den steten Rückhalt und die Liebe von Ljudmila, Sascha und Julija zählen konnte.

Der kurze Sommer in Mordwinien muss unvermittelt dem Herbst weichen, und auch diese Jahreszeit ist allzu kurzlebig. Der Winter ist der Herrscher dieser elenden Wälder. Vier oder fünf Monate liegt Schnee, und es werden Temperaturen von unter minus 30 Grad Celsius gemessen. Im trüben Licht dieser kurzen Tage fallen viele der Verzweiflung anheim. »Graue Gesichter, graue oder blaue Jacken, graue Baracken und graue Zäune«, schrieb ein DubrawLag-Insasse, »sogar der Schnee, mit Kohlenstaub bepudert, hat seine weiße Farbe verloren.«

Werkstätten und Unterkunftstrakte waren in der IK-5 getrennt. Der kommunistischen Strafphilosophie zufolge sollten die Insassen dieser Kolonien sich durch Arbeit rehabilitieren. In Skripals Lager gab es eine Schreinerei, eine Gießerei, in der Metallmasten, und eine Näherei, in der Militär- und Anstaltsuniformen gefertigt wurden. In dieser Näherei wurde der ehemalige Oberst beschäftigt. In den Unterkünften fanden etwa 1200 *Zeks* Platz, damit war die IK-5 eines der größten Lager des mordwinischen Komplexes.

Im Kreis anderer Häftlinge witzelte Skripal gern, die IK-5 biete mehr Komfort als einige der Armeequartiere, die er kennengelernt hatte. Schon bald begann er Maßnahmen zu ergreifen, um seine Kaufkraft im Lager zu erhöhen. Es gab ein offizielles Entlohnungssystem und auch die Möglichkeit, für den Lohn Lebensmittel einzukaufen, aber wenn er sich das Leben erträglich machen wollte, dann brauchte er zusätzliches Bargeld. Seine privaten Bankkonten, auf denen er Tausende von Dollar aus seinen Geschäften gelagert hatte, waren vom FSB geleert worden, das war stets an eine Verurteilung wegen Spionage geknüpft. Das vom MI6 erhaltene Geld lag zwar sicher versteckt auf seinem spanischen Konto, aber darauf konnte er natürlich nicht zugreifen, denn das wäre einem klaren Schuldeingeständnis gleichgekommen. Was tun?

Die Skripals verkauften Teile des Familienbesitzes, Ljudmila sparte, wo sie konnte, und einige von Sergejs alten Freunden zeigten sich hilfsbereit. Einer war ein langjähriger Kamerad von der WDW, einen anderen, der einen russischen Autohandel in Spanien betrieb, hatte er erst in jüngerer Vergangenheit kennengelernt. Auch die Familie seines Bruders Walerij unterstützte ihn. Das Geld wurde nicht nur zum Einkaufen benutzt, es diente auch der Bestechung: »Das Leben dort stellte mich vor keine größeren Probleme, weil ich der Lagerverwaltung Geld zahlte.«

In dem Trakt, den er mit etwa hundert Mitgefangenen bewohnte, kam zu dieser Zeit einiges in Gang. Neue Duschen und Toiletten wurden installiert. Und wenn er sich zwischendurch mal eine Auszeit von der Tätigkeit in der Näherei nahm, schien das niemanden groß zu kümmern. Statt zu arbeiten, versuchte er sich fit zu halten – körperlich und mental. Stundenlang stemmte er Gewichte, stolz darauf, beim Bankdrücken immer noch 120 Kilogramm auflegen zu können, trainierte er sich im Seilspringen und Schattenboxen, reagierte Frust ab und tat etwas für seinen Appetit. Zur Ablenkung standen außerdem Fernsehen und Bücher zur Verfügung.

Das Essen im Lager war ein übler Fraß, und viele der Häftlinge magerten innerhalb kurzer Zeit stark ab. Für Skripal kam das nicht in Frage, schon gar nicht, wenn er sein Fitnessprogramm durchziehen wollte. Daher achtete Ljudmila darauf, dass das ihm monatlich zugestandene Zwanzig-Kilo-Paket viele nahrhafte Zutaten enthielt, denn in Sergejs Hütte gab es eine Kochgelegenheit. Er hatte inzwischen mitbekommen, dass es zahlreiche weniger glückliche Gefangene gab, denen niemand Pakete schickte, also ließ er in deren Namen weitere Sendungen mit Lebensmitteln kommen und gab ihnen im Gegenzug einen Anteil davon ab.

Das Lagerregime brachte einige Härten mit sich, bot aber auch seine kleinen Freuden. Eine selbst gekochte gute Mahlzeit, ein befriedigendes Training oder ein Filmklassiker im Fernsehen, all das trug dazu bei, seine Stimmung zu heben. Auch fand er Trost in einem schönen heißen Becher *Tschifir,* einem Tee, der so lange gezogen hatte und so stark gezuckert war, dass er eine suppenartige Konsistenz annahm. »99 Prozent der Leute finden das furchtbar«, scherzte er, »aber ich mochte es.«

Zu Hause in Moskau war das Leben alles andere als einfach. Zwar hielten einige ihrer Freunde zu ihnen, andere dagegen machten sich rar. Der in sowjetischen Zeiten propagierte Abscheu vor dem Verrat war auch im »demokratischen Russland« noch lebendig, besonders in der älteren Generation. Vor allem im Wohnblock war die Lage problematisch. Da so viele GRU-Offiziere praktisch nebenan lebten, war Ljudmila oft mit Beschimpfungen konfrontiert, sobald sie die Wohnung verließ. Dieses Klima der Ablehnung war schwer zu ertragen – um so mehr, als es mit ihrer eigenen Gesundheit nicht zum Besten stand und sie ein wenig Nachbarschaftshilfe gut hätte gebrauchen können. Denn während Sergej in Mordwinien in Haft saß, war sie an Krebs erkrankt und musste diese Strapaze ohne den Beistand ihres Ehemannes durchstehen.

Wieder erhebt sich die Frage, was und wie viel Ljudmila wusste. Mit einigem Stolz berichtete mir Sergej, dass sie in all den Jahren seiner Gefangenschaft keinen Gebrauch von der Notrufnummer machte, die er ihr gegeben hatte – mutmaßlich ein Kontakt zu seinen Verbindungsleuten beim MI6. Wie genau hatte er ihr diese Nummer erklärt? Waren es einfach »Freunde, die im Notfall helfen könnten«? So unbefriedigend derlei Erklärungen ausgefallen sein mochten, war Ljudmila doch klug genug, nicht nachzufragen. Und warum sollte sie, nach seiner Verurteilung, etwas tun, das die gegen ihren Mann erhobenen Vorwürfe womöglich bestätigt hätte, zumal angesichts der von Scham und Schande geprägten Atmosphäre, die sie umgab?

Die Schande hing über der ganzen Familie. Skripals Mutter Jelena war zu ihrem anderen Sohn Walerij gezogen, nach Jaroslawl, einer Stadt nordöstlich von Moskau. Walerijs Tochter Wiktoria war nach Sergejs Verurteilung gefühlsmäßig hin- und hergerissen: »Als Bürgerin muss ich akzeptieren, dass er vor Gericht stand und verurteilt wurde. Aber als seine Verwandte kann ich das nicht akzeptieren.« Jelena und Walerij versuchten ihren Beitrag zu leisten und schickten Sergej Fresspakete und Briefe in die IK-5. Wiktoria musste jedoch mit ansehen, wie ihr Cousin Sascha in Verzweiflung versank, während sein Vater im Gefängnis saß.

Aus Gesprächen mit Skripals Angehörigen geht hervor, dass Saschas zusehends deutlicher werdendes Alkoholproblem Anlass zu großer Sorge war. Die Verurteilung und die damit einhergehende soziale Ächtung, so Wiktorias Einschätzung, traf Sascha, der seinen Vater vergötterte, besonders schwer. Es werden aber auch andere Gründe für seine Probleme genannt. Saschas Ehe stand in dieser Zeit vor dem Ende, ohne dass aus ihr die Kinder hervorgegangen wären, die er sich so sehr gewünscht hatte. Und seit er sich am Rücken verletzt hatte, musste er seine sportlichen Aktivitäten sehr einschränken, die für sein Wohlbefinden immer schon unentbehrlich gewesen waren. Vormals ein erstklassiger Handballer, hatte Sascha jetzt ständig mit Schmerzen zu kämpfen.

Was Sergejs Tochter betraf, so musste auch sie sich an der Universität mit den Kommentaren ihrer Kommilitonen auseinandersetzen. Sie nahm ihr Studium auf und schloss es ab, während ihr Vater in Lefortovo und in der IK-5 war. Anscheinend hatte sie irgendwann dermaßen die Nase voll von den ewigen Sticheleien, dass sie ernsthaft versuchte, ihren Nachnamen zu ändern. Von diesem Tiefpunkt abgesehen, gelang es Julija jedoch, den Kopf über Wasser zu halten und der Maxime ihres Vaters treu zu bleiben, wonach jeder seines Glückes Schmied ist. Freunde aus der Hochschule berichten, wie Julija mit dem Thema der Verurteilung ihres Vaters umging: »Sie hat sich einfach geweigert, darüber zu sprechen.« Julija machte ihren Abschluss und begann zu arbeiten, während ihr Vater noch im Gefängnis war. In erster Linie ging es ihr jetzt darum, eine annehmbare Anstellung zu finden, nicht zuletzt auch, um ihre Mutter finanziell zu unterstützen. So wichtig die

Pakete und die Besuche waren, um ihrem Vater Mut zu machen, das alles kostete eine Menge Geld.

So folgte ein Monat dem anderen, auf 2006 folgte 2007, und ganz allmählich begann Sergej den Berg seiner dreizehnjährigen Strafe abzutragen. Die Verhältnisse in der IK-5 bekam er ganz gut geregelt, das Leben wurde etwas angenehmer. Oder jedenfalls etwas weniger unangenehm. Aber es war trotzdem noch ein Arbeitslager, und von den vierteljährlichen Besuchen abgesehen, hatte man ihm – und das war das Schlimmste – das Familienleben geraubt. Es gab so vieles, was ihm entging: Wie gern wäre er etwa dabei gewesen, als seiner Tochter die Examensurkunde an der Moskauer Universität für Geisteswissenschaften verliehen wurde!

Dennoch gelang es ihm, nicht ohne Hoffnung auf die Jahre zu blicken, die vor ihm lagen. »Ich wusste, dass ich nicht dreizehn Jahre in einem Gefangenenlager verbringen würde«, erklärte er mir, nach acht Jahren Haft bestand zumindest die Aussicht auf eine Strafaussetzung zur Bewährung, wobei die Jahre in Lefortovo vor dem Prozess in die Frist mit einzurechnen waren. In seinen Zukunftsträumen sah er sich durch das Ausgangstor marschieren und danach seine Zelte in Russland abbrechen, um ein neues Leben im Ausland zu beginnen.

Tatsächlich sollten sich in dieser Zukunft auch die Fragen, denen er fast ununterbrochen nachsann, nämlich wer ihn verraten hatte und wann er entlassen werden würde, auf eine Weise klären, die man als typisch für das ganze Spionagegeschäft bezeichnen könnte: durch Verrat. Und es war für diese Klärung nicht nur ein Akt des Verrats nötig, sondern deren gleich drei, wie wir noch sehen werden.

Bis in den Juni hinein bleibt der Schnee in den Schatten und Senken von Mordwinien liegen. Der Frühling bricht dann oft mit geradezu umstürzlerischer Energie los, für ein paar Wochen explodieren die Farben, es wird angenehm warm und kurz darauf unangenehm heiß. Und während dieses lang ersehnten Frühlings blühen die Blumen, um nicht nur die Gefangenen zu erfreuen, sondern auch die Insekten, die sich in großen Schwärmen auf sie stürzen. Unterdessen war den Personen, die den Agenten FORTHWITH – und auch die anderen vom FSB aufgegriffenen Agenten – geführt hatten, vollkommen klar, dass sie nicht das Geringste für ihre Schützlinge tun konnten. »Man denkt Tag für Tag an sie, und, mein Gott, es ist schwer zu ertragen«, berichtet ein westlicher Führungsoffizier, »und doch weiß man, dass jeder Zug, den man macht, die Lage nur noch verschlimmern könnte.« Den Kuschelkurs der westlichen Regierungen gegenüber der russischen Führung nach dem 11. September in allen Ehren, aber aus der Sicht des Kreml war das kooperative Klima missbraucht worden. Es war abzusehen, dass im britischen wie im amerikanischen Außenministerium die Befürworter fortgesetzter guter Beziehungen zu Russland in die Defensive geraten würden.

12

AUFTRAGSMÖRDER

Im Juni 2007 flog Ruslan Atlangerjew von Moskau nach London. Einem zufälligen Beobachter wäre er wohl wie einer jener russischen Geschäftsleute vorgekommen, die die Gelegenheit nutzten, einen Arbeitstermin in der Weltstadt mit vergnüglichem Zeitvertreib zu verbinden. Er hatte seinen Sohn auf die Reise mitgenommen, und da er nicht knapp bei Kasse war, hatte er ein Zimmer im Londoner Hilton an der Park Lane gebucht. Das lag ganz in der Nähe der Designermodeläden in Knightsbridge oder in der Bond Street – und auch nur einen Steinwurf vom Ort seines Geschäftstermins, für den er nach London gekommen war.

Der MI5 wusste, dass Atlangerjew im Anflug war. Sie kannten seine Flugnummer und seine Ankunftszeit. Und wichtiger noch: Sie kannten den Grund für sein Kommen: Ruslan war auf dem Weg nach London, um jemanden zu töten.

Die Informationen, die der Auslandsgeheimdienst MI6 an den Inlandsgeheimdienst MI5 weitergegeben hatte, sprachen eine eindeutige Sprache. Deshalb hefteten sich von dem Moment an, als dieser Reisende am Flughafen Heathrow seine Gepäckstücke vom Band hob, Beschatter von der für Überwachungsaufgaben zuständigen Abteilung A4 des MI5 an seine Fersen. Für die Männer war es eine willkommene Abwechslung von den Aufgaben der Terrorismusabwehr, die seit den dschihadistischen Bombenanschlägen von 2005 in London ihr Berufsleben bestimmten.

Wer die Abteilung A4 einmal in Aktion erlebt hat, gerät angesichts ihrer Gewieftheit leicht ins Schwärmen. Sie setzt zuweilen Dutzende Beschatter auf eine einzige Zielperson an, Figuren unterschiedlichsten Typs, von Frauen mittleren Alters bis zu jungen Hipstern. Bei motorisierten Einsätzen kann das Beschattungsfahrzeug in minütlichem Turnus wechseln, wobei etwa ein Lieferwagen von einem Motorrad und dieses von einem Londoner Taxi abgelöst wird. Zielpersonen, die von Filmen mit Agententhrillern her darauf konditioniert sind, als Beschatter zwei Männer Mitte dreißig in einem Allerweltsauto zu erwarten, würden die Präsenz eines A4-Teams niemals bemerken.

Jetzt nahmen sie also die Beschattung Atlangerjews auf. Wie bei den meisten geheimdienstlichen Operationen, war der MI5 auch in diesem Fall im Besitz einiger Teile des Puzzles, ohne das Gesamtbild zu kennen. Sie wussten, warum Atlangerjew in London war, und sie kannten sein Zielobjekt. Was sie nicht wussten, war, wie und wo genau er zuzuschlagen plante. Sein Zimmer im Hilton wurde auf Waffen durchsucht, aber es wurden keine gefunden. Wegen der Ungewissheit und weil man nicht wissen konnte, ob mehr als nur ein Mann auf das Zielobjekt angesetzt war, wurde beschlossen, das Objekt in Sicherheit zu bringen.

Polizeibeamte – oder mindestens Leute, die sich als Polizeibeamte auswiesen – sprachen das Zielobjekt an, den im britischen Exil lebenden Oligarchen Boris Beresowskij, und eröffneten ihm, dass sein Leben bedroht war. So kam es, dass Beresowskij nicht lange nach der Ankunft Atlangerjews in London England auf höchst diskrete Weise verließ: an Bord eines Privatjets mit Ziel Israel.

Nach zwei Tagen Beschattung wurde Atlangerjew von Beamten von Scotland Yard festgenommen, aus England ausgewiesen und in einen Flieger nach Russland gesetzt.

Ein paar Wochen später, am 16. Juli 2007, gab die britische Regierung die Ausweisung von vier russischen Geheimdienstmitarbeitern bekannt. Dargestellt wurde dieser Schritt als Antwort auf die Weigerung Russlands, Andrej Lugowoj auszuliefern, den die britische Polizei zwei Monate zuvor als Hauptverdächtigen im Giftmordfall Litwinenko ermittelt hatte.

Auch wenn die Ausweisung der vier Russen zumindest öffentlich nicht mit dem geplanten Anschlag auf Beresowskij in Verbindung gebracht wurde, sprach sich bald herum, dass hier ein Zusammenhang bestand. Sowohl die Regierung als auch der Oligarch selbst (der seit Längerem mit dem britischen Innenministerium um sein Recht auf politisches Asyl rang) hatten ein Motiv, die Affäre ans Licht zu zerren. Für die Briten, die von der Affäre Litwinenko bereits gereizt waren, bedeutete ein geplanter Anschlag auf Beresowskij eine weitere Verschärfung der Krise in ihren Beziehungen zu Russland.

In den 2007 erschienenen Berichten über die Geschichte blieb der Name Atlangerjew ungenannt, und viele Details blieben unscharf. In manchen Zeitungsreportagen hieß es, der angebliche Auftragsmörder habe in London eine Schusswaffe zu kaufen versucht; in anderen Berichten war davon die Rede, er habe an einem Abend versucht, in die Büroräume Beresowskijs einzudringen. Weil Beresowskij sich mit seinen geschäftlichen und politischen Unternehmungen so viele Feinde gemacht hatte, war die Liste derer, die als Auftraggeber für einen Mordanschlag auf ihn infrage kamen, gelinde gesagt ausufernd.

Wie zuvor bei Litwinenko war auch bei Beresowskij von einem möglichen Motiv des Kreml die Rede (beide Männer waren scharfe Putin-Kritiker), aber auch von »schurkischen Elementen« in den russischen Geheimdiensten, von Organisierter Kriminalität oder tschetschenischer Blutrache. Beide

Männer hatten intensive Geschäfte mit und Beziehungen zu oppositionellen Kräften in den umkämpften südlichen Regionen Russlands gepflegt, und als einige Journalisten später erfuhren, dass der Mann, dem man vorwarf, er sei nach London geflogen, um Beresowskij zu töten, ein Tschetschene war, war das Wasser auf die Mühlen derjenigen, für die als Auftraggeber »alle Möglichen« in Frage kamen.

Im Russland der 1990er-Jahre war die Vorstellung fast zum Klischee geworden, »Mafia«-Profis aus dem rebellischen Tschetschenien seien die Auftragsmörder erster Wahl für all jene, die mit irgendjemandem eine Rechnung offen hatten. Aber natürlich hatte auch der russische Staat ein Motiv, Beresowskij zu beseitigen.

Nikolaj Patruschew, Direktor des FSB, hatte in einem Interview Großbritannien vorgeworfen, es betätige sich als Vorkämpfer der Spionage gegen Russland. »Die Sonderdienste der NATO-Staaten sind nach wie vor extrem aktiv im Hinblick auf Russland«, hatte er erklärt, »in diesem Zusammenhang sollte man Großbritannien besonders hervorheben, dessen Spezialkräfte nicht nur in allen Bereichen Informationen sammeln, sondern auch versuchen, die Entwicklung der innenpolitischen Lage in unserem Land zu beeinflussen.« Der FSB-Chef wies ausdrücklich auf Beresowskij und Litwinenko hin und bemerkte: »Um bestimmte politische Ziele zu erreichen, haben die Briten in letzter Zeit auf Personen gesetzt, die krimineller Taten angeklagt sind und im Ausland Zuflucht vor der russischen Justiz finden.« Leute wie der ins Exil gegangene Oligarch nutzten Großbritannien als Stützpunkt für aufrührerische Aktivitäten, was sich mit den üblichen Regularien für die Gewährung politischen Asyls schlecht vertrage.

Dieses Patruschew-Interview wurde nur wenige Wochen nach dem vom MI5 vereitelten Anschlag auf Beresowskij veröffentlicht. Der FSB-Chef nannte darin die von konventioneller Spionagetätigkeit ausgehenden Bedrohungen für Russland (wobei er Skripal als einen von mehreren verurteilten Spionen erwähnte) in einem Atemzug mit subversiven Praktiken und garnierte das Ganze mit einigen neuen Details zu den technischen Innovationen, die der MI6 für seine Spionagetätigkeit in Russland entwickelt habe und einsetze. Nach den 2006 erfolgten Enthüllungen zum »Spy Rock«, einer technischen Vorrichtung, die in Moskau stationierte SIS-Mitarbeiter als eine Art elektronischen toten Briefkasten auf Bluetooth-Basis für den Informationsaustausch mit ihren Agenten einsetzten, hatten die russischen Dienste die Namen mehrerer Personen an die Presse durchsickern lassen, die angeblich als Agenten des MI6 in und gegen Russland operierten. Der Unmut Patruschews richtete sich zweifellos gegen eine Abfolge aus russischer Sicht inakzeptabler Eskalationsschritte seitens Großbritanniens. Der besondere Hass seiner Vorgesetzten im Kreml richtete sich jedoch gezielt auf den Oligarchen, der von seinem Londoner Büro in Mayfair aus den Widerstand gegen sie schürte.

Und in der Tat scheute Beresowskij in seiner Kritik am russischen Präsidenten und dessen Kumpanen nicht einmal vor Mordaufrufen zurück. 2006 hatte er in einem Interview erklärt: »Präsident Putin verstößt gegen die Verfassung, und jedes gewaltsame Vorgehen gegen ihn wäre gerechtfertigt. [...] Seit eineinhalb Jahren bereiten wir uns darauf vor, die Macht in Russland mit Gewalt zu übernehmen.« Solche Äußerungen empörten den Kreml, verärgerten aber auch die britische Einwanderungsbehörde, die den exilierten Oligarchen ermahnte, aufrührerische Reden dieser Art könnten das ihm gewährte Asyl gefährden. Beresowskij mäßigte daraufhin seine Rhetorik ein Stück weit, blieb aber offenkundig ein erklärter Gegner des russischen Präsidenten.

Im Fall Litwinenko, in dem die Ermittlungen eindeutig zu

zwei Hauptverdächtigen geführt hatten, hatte die britische Regierung es vermieden, Putin oder die russische Regierung direkt als Anstifter des Mordanschlags zu bezeichnen. Das Gespräch, das Litwinenko auf dem Totenbett mit Ermittlern führte und in dem er Putin explizit beschuldigte, den Anschlag befohlen zu haben, wurde jahrelang unter Verschluss gehalten.

Viele in Whitehall sahen in dieser Zurückhaltung ein Mittel, den durch den Giftanschlag mit Polonium angerichteten Schaden zu begrenzen und der britischen Seite eine letzte Eskalations-Option offen zu halten. Außerdem kultivierte Whitehall, wie schon so oft in den Beziehungen zu Russland nach Ende des Kalten Kriegs, Hoffnungen auf einen »Neustart«, jetzt da Putins zweite Amtszeit sich dem Ende zuneigte und er gemäß der russischen Verfassung kein drittes Mal antreten konnte.

Monate später, im Mai 2008, trafen sich mehrere Dutzend geladene »Meinungsführer« zu einem Netzwerk-Frühstück im Restaurant des über dem Hyde Park thronenden Mandarin Oriental Hotel. Sie waren Gäste der politischen Lobbygruppe Atlantic Partnership – Politiker, Banker, Industriekapitäne und eine Handvoll Journalisten. An der gedeckten Tafel nahmen sie Platz zu einem der teuersten und köstlichsten warmen Frühstücksmenüs, die in London zu haben waren. Im Raum herrschte gespannte Erwartung, gespeist durch die Aussicht auf einen der seltenen öffentlichen Vorträge des Generaldirektors des MI5, Jonathan Evans.

Der neue russische Präsident Dmitrij Medwedjew war zu diesem Zeitpunkt seit knapp zwei Wochen im Amt. Der neue Mann ließ sich nicht, wie Putin, in kraftmeierischen Posen fotografieren und schien als Politiker gemäßigtere Töne anzuschlagen. Diejenigen im Westen, die auf einen Neustart mit Russland setzten, waren zuversichtlich, dass ein neues Kapitel aufgeschlagen werden könnte, auch wenn Putin als Medwedjews Premierminister weiterhin in der russischen Politik mitmischte.

Die Gäste im Mandarin Oriental verspeisten ihr Rührei mit Speck und bereiteten sich auf den Hauptprogrammpunkt vor. Der Generaldirektor war ein Kämpfertyp mit Quadratschädel, der sich über die Abteilungen G und T, deren Aufgabe die Bekämpfung des irischen und des internationalen Terrorismus war, an die Spitze des Dienstes emporgearbeitet hatte. Viele der Zuhörer erwarteten von ihm einen Vortrag über die Bedrohung durch Dschihadisten, für deren Bekämpfung seine Behörde seit den blutigen Londoner Anschlägen von 2005 einen großen Teil ihrer operativen Ressourcen aufgewendet hatte. Am Beginn seiner abgelesenen Rede bezeichnete Evans denn auch tatsächlich den Kampf gegen den Terrorismus als eines seiner drei gegenwärtigen Hauptanliegen. Doch dann erklärte er zur Überraschung einiger seiner Zuhörer, in den letzten paar Monaten vor diesem Frühstück sei die Lage an der Terrorismusfront »relativ ruhig« gewesen.

Der zweite Punkt auf der Liste seiner größten Sorgen war die atomare Aufrüstung des Iran, doch auch darüber verlor er nicht viele Worte. Erst als er auf sein drittes Sorgenkind zu sprechen kam, begannen die Leute im Raum aufmerksamer zuzuhören. Die Rede war jetzt von Russland, das, wie Evans es ausdrückte, »als Quelle von Besorgnissen zugenommen« hatte. Er bescheinigte den Russen eine zunehmende Dreistigkeit: Nicht genug damit, dass sie Alexander Litwinenko ermordet hätten (wie er mit deutlich zorniger Stimme sagte), man könne auch davon ausgehen, »dass das nicht der letzte Versuch der Russen war, jemanden in London zu töten«. Was die Aufkündigung der Zusammenarbeit in der Terrorismusbekämpfung durch den Kreml als Antwort auf die Ausweisungen zehn Monate zuvor betraf, bemerkte Evans sarkastisch: »Davon haben wir nichts bemerkt, weil es sowieso keine [Zusammenarbeit] gab.«

Als die in feines Tuch gewandeten Zuhörer Gelegenheit bekamen, Fragen zu stellen, trat das Thema Terrorismusbekämpfung wieder in den Vordergrund – es wurde nach gesetzgeberischen Möglichkeiten gefragt und nach dem Stellenwert der Bedrohung durch inländische Attentäter. Als dann aber ein Teilnehmer doch wieder auf Russland zu sprechen kam und von Evans wissen wollte, woher er die Gewissheit nahm, dass Moskau hinter dem Giftanschlag auf Litwinenko steckte, kehrte der Direktor zu einer kompromisslosen Diktion zurück und erklärte, es lägen »sehr starke« Indizien dafür vor, »dass es eine staatliche Operation war«. Beim MI5 sei man zu der nachdrücklichen »Einschätzung« gelangt – und dieses Wort hat im geheimdienstlichen Kräftespiel in Whitehall großes Gewicht –, dass Elemente des russischen Staatsapparats hinter dem Attentat auf Litwinenko steckten. Für viele Zuhörer kam das natürlich nicht überraschend – sie gingen seit Monaten davon aus, dass der Kreml hinter dem Mordanschlag steckte, doch dass der MI5-Direktor in grellem Kontrast zur gängigen Praxis der Regierung, mit Schuldzuweisungen dieser Art sehr zurückhaltend zu sein, eine so eindeutige Formulierung wählte – und dass die Russen noch ein zweites Attentat in die Wege geleitet hatten –, gab mir zu denken.

Ich musste nicht lange suchen, um Berichte über die Beresowskij-Episode vom Sommer des Vorjahres zu finden. War dies der zweite Attentatsversuch, auf den Evans angespielt hatte, fragte ich einen Geheimdienstmitarbeiter später. »Ja.« Ob ich mehr darüber erfahren könnte? »Wir melden uns bei Ihnen.«

Ein paar Wochen später erhielt ich die Einladung zu einem vormittäglichen Gespräch, dazu eine Wegbeschreibung, die mich in eine noch menschenleere Bar im Obergeschoss eines

Restaurants in Mayfair führte. Dort traf ich auf einen »Beamten von Whitehall«, der mir Informationen über geheimdienstliche Erkenntnisse vortrug, die Jonathan Evans' öffentliche (oder zumindest halböffentliche) Äußerungen im Mandarin Oriental untermauerten. Die Russen hätten ihr Spionagepersonal wieder fast auf das Niveau zu Zeiten des Kalten Kriegs aufgestockt, trotz der seit Jahren florierenden wirtschaftlichen und kulturellen Beziehungen zwischen beiden Ländern. Rund dreißig akkreditierte russische Diplomaten, die Hälfte des in London offiziell stationierten Personals, galten als Geheimdienstler. In jüngster Zeit habe sich jedoch eine Art Kurswechsel vollzogen: Moskau verlege sich jetzt darauf, »Regimegegner aufs Korn zu nehmen«. Zu den Operationen gegen Litwinenko und Beresowskij sagte der Beamte: »Unsere Einschätzung ist hier sehr eindeutig, dass dies russische Staatsaktionen waren.« Doch während die Geheimdienstler unter den Botschaftsmitarbeitern für die beiden traditionellen Zweige der russischen Auslandsspionage arbeiteten – die SWR als Nachfolgerin der Auslandsabteilung des KGB und die GRU –, seien die besagten aggressiveren Operationen vom FSB durchgeführt worden.

Dass der FSB seinen speziellen Geschäften im Revier seiner geheimdienstlichen Rivalen SWR und GRU – auf britischem Boden – nachging, hätte einen Insider wie Skripal, der zu jener Zeit seine Freiheitsstrafe in Mordwinien verbüßte, kein bisschen überrascht. Er war mit den Machtkämpfen zwischen den Staatsorganen in Moskau nur allzu vertraut. Für die britischen Spione war dies jedoch neu und äußerst unerfreulich: Vom Staat in Auftrag gegebene Attentate seien, so versicherte mir mein Gesprächspartner, geeignet, dem englisch-russischen Verhältnis »kolossalen« Schaden zuzufügen.

Der Mord an Litwinenko war als »perfektes Verbrechen« angelegt gewesen. Nur weil der Mann von dem vergifteten

Tee lediglich genippt hatte, anstatt einen tüchtigen Schluck zu trinken, hatte sich sein Sterben in die Länge gezogen, sodass den Ärzten Zeit blieb, eine Polonium-Vergiftung als Todesursache zu erkennen. Wäre der Tod schneller eingetreten, wäre die Ursache wohl niemals festgestellt worden. In beiden Fällen hatte sich der FSB einer dem Opfer persönlich bekannten Person bedient, um in dessen Nähe zu gelangen. Litwinenko war von seinem Naturell her äußerst misstrauisch, und Beresowskij hatte zu seinem Schutz ein Respekt einflößendes israelisches Leibwächterteam engagiert.

Während manche Medien berichteten, der tschetschenische Attentäter habe in London eine Waffe erwerben wollen, hatten einige der Personen, mit denen ich mich unterhielt, eine andere interessante Hypothese parat: dass Atlangerjew, wie Lugowoj und Kowtun, gar keine Schusswaffe einsetzen, sondern die Nähe einer »geschäftlichen Besprechung« für die Verabreichung eines Giftes nutzen wollte.

Einige Tage später begannen wir mit den Dreharbeiten für einen Fernsehbeitrag über den versuchten Mordanschlag auf Beresowskij; zur Unterfütterung fügten wir Zitate aus dem Vortrag von Evans (den wir allerdings nicht ausdrücklich als Quelle nennen durften) und aus meinem anschließenden Gespräch ein. Von Beresowskij selbst erfuhr ich den Namen Atlangerjew und den eines weiteren Verdächtigen, der ungefähr um dieselbe Zeit aus Russland eingereist war, dazu viele weitere Details über den Ablauf der Ereignisse. Der russische Geschäftsmann erzählte uns die ganze Geschichte, angefangen mit den nachdrücklichen Warnungen von Scotland Yard: »Sie wiesen mich an, das Land zu verlassen; ich sagte, ich hätte nicht so viele Möglichkeiten. [...] Russland hatte bei Interpol einen Haftbefehl für mich beantragt. Ich sagte, ich kann nirgendwohin, nur nach Israel, oder [...] vielleicht nach Schottland? Sie sagten, nein, setzen Sie sich ins Ausland ab. Okay, sagte ich, ich werde es versuchen, aber wie schnell muss es gehen? Am besten heute oder spätestens morgen. […] Am nächsten Tag verließ ich das Land, ich erinnere mich noch gut, es war der 16. Juni.«

Beresowskij war Atlangerjew schon einmal begegnet, als dieser auf der Suche nach Geldmitteln für die Gründung einer neuen politischen Partei nach England gekommen war. Wie der exilierte Geschäftsmann uns erzählte, hatte der Tschetschene ihn im Juni um einen Gesprächstermin gebeten. Diesen wollte er nutzen, um den Anschlag auszuführen, unter bewusster Inkaufnahme des Risikos, dass seine Verhaftung und Verurteilung sehr wahrscheinlich zu einer langen Freiheitsstrafe führen würden. Seine russischen Auftraggeber hätten versprochen, seine Familie zu entschädigen.

Geheimdienstmitarbeiter bestätigten mir, dass Atlangerjew tatsächlich der Mann war, den Großbritannien im Juni 2007 ausgewiesen hatte. Damit waren wir im Geschäft.

Eines der damals kursierenden Gerüchte besagte, ungeachtet der Tatsache, dass die britische Diplomatie und die Downing Street in den Fällen Beresowskij und Litwinenko sich zurückhaltend äußerten, sei der MI5 ziemlich entschieden der Meinung, der russische Staat in Gestalt des FSB habe diese Anschläge geplant und durchgeführt. In der Frage, ob Putin die Attentate persönlich angeordnet habe, waren diejenigen, mit denen ich darüber sprach, offen genug, zuzugeben, dass sie das nicht wüssten.

Als ich Anfang Juli den Beamten in Whitehall anrief, der mein Gespräch arrangiert hatte, und ihm die Zitate vorlas, die wir verwenden würden (diese Rücksprache war eine Vorbedingung für das Gespräch gewesen), bat er mich nachdrücklich, die Schärfe aus unserer Geschichte herauszunehmen. Die Änderungen, die der Beamte vorschlug, hätten den Beitrag vollkommen belanglos gemacht. Ich lenkte in einem oder zwei Punkten ein und blieb in allen anderen unnachgiebig – trotz seiner Drohung, die BBC als Ganze werde die Folgen tragen müssen, wenn sie unseren Beitrag ausstrahlte.

Was der Mann im Blick hatte – und was ich wegen meines journalistischen Tunnelblicks leider erst am Tag der Ausstrahlung mitbekam –, war, dass unsere Reportage just an dem Tag lief, an dem der englische Premierminister Gordon Brown auf einem Gipfeltreffen in Japan erstmals dem russischen Präsidenten Medwedjew begegnen würde. Unser Newsnight-Beitrag machte in der Tat weltweit Schlagzeilen, aber nicht so, wie ich es erwartet hatte. Sergej Prichodko, einer der Berater Medwedjews, erklärte der internationalen Presse in Japan, unser Beitrag zeige, dass »nicht alle im Vereinigten Königreich eine konstruktive Einstellung haben«; der Zeitpunkt der Ausstrahlung sei »kein Zufall«. Der Beitrag sei so platziert, um zu verhindern, dass Premierminister Brown und der russische Präsident einen Schlussstrich unter die Konflikte der Vergangenheit zögen, beispielsweise unter den Fall Litwinenko. Ein Vertreter von Downing Street Nr. 10 erklärte Reportern, die Regierung habe keinerlei Hintergrundgespräche von Geheimdienstmitarbeitern mit der BBC autorisiert. Eingedenk der Tatsache, dass meine wichtigste inoffizielle Unterredung in der leeren Bar eines Restaurants stattgefunden hatte, kam das Dementi aus der Downing Street für mich nicht wirklich überraschend.

Den eigentlichen Startschuss für unsere Geschichte sowie einige der besten Zitate hatte natürlich der Generaldirektor des MI5 bei seinem Vortrag im Mandarin Oriental Hotel geliefert, dem an die hundert Personen beigewohnt hatten. Diese Veranstaltung hatte knapp sieben Wochen vor dem Gipfel in Japan stattgefunden. Es hatte uns Zeit gekostet, die notwendigen Bestätigungen einzuholen, Beresowskij zu interviewen usw. usf. Während Evans und der Beamte, der mir anschließend das Hintergrundgespräch gewährt hatte, keinen Zweifel daran gelassen hatten, dass sie von dem neuen Präsidenten Medwedjew keinen Wandel zum Besseren erwarteten, erschien die Vorstellung, sie hätten geglaubt, den Gipfel sabotieren zu können, mindestens sehr weit hergeholt.

So wie meine Whitehall-Kontakte mir unmittelbar vor und nach unserer Sendung die Hölle heißmachten, musste man eher vermuten, dass der Zeitpunkt der Ausstrahlung ihnen fast so sehr auf den Magen geschlagen war wie Herrn Prichodko. Zu unserer Terminwahl hatte es bis zum Tag der Ausstrahlung jedoch keinerlei strategische Überlegungen gegeben. Dennoch hatte sie für mich persönliche Folgen: Ich erhielt nie wieder eine Einladung zu einem Netzwerk-Frühstück der Atlantic Partnership, Pressetermine bei den Geheimdiensten wurden für mich von Jahr zu Jahr spärlicher und blieben schließlich ganz aus.

Die Frage, wie weit man Russland trauen konnte und wie sinnvoll es war, ihm für jedes Pfund, das Großbritannien im Russlandgeschäft verdiente, einen Handkuss zuzuwerfen, war Gegenstand heftiger Meinungsverschiedenheiten in Whitehall. Mochten sich die führenden politischen Köpfe Großbritanniens in ihren Äußerungen zur Affäre Litwinenko auch noch so bedeckt halten, so gab es in den Sicherheitsdiensten und namentlich im MI6 doch nicht wenige, die keinen Hehl aus ihrer Überzeugung machten, dass es sich um Mordanschläge im Auftrag des FSB gehandelt hatte.

Was Beresowskij betraf, so hatte er schon früher von zwei Mordversuchen und von Drohungen aller Art seitens der russischen Regierung berichtet. Er hatte in der Folge seine Kampagnen gegen den Kreml etwas zurückgefahren, war aber auch zum Fatalisten im Hinblick auf seine persönlichen Überlebenschancen und die denkbaren Varianten seines Todes geworden. Als ein Journalist ihn einmal auf seinen Leibwächter ansprach, hatte der Geschäftsmann den makabren Kommentar ausgepackt: »Er ist kein Leibwächter, er ist ein Zeuge.«

Saschas Witwe, Marina Litwinenko, musste einen jahrelangen Kampf führen, um eine gründliche Ausermittlung seines Falles zu erzwingen. Im Jahr 2016, ein Jahrzehnt nach seiner Ermordung, gaben die britischen Behörden schließlich bekannt, der Giftanschlag sei eine Operation des russischen Staates gewesen und »wahrscheinlich« von der Spitze des FSB und von Präsident Putin abgesegnet worden.

Allerdings hatte der britische Außenminister sogar noch im Verlauf dieses lange umkämpften und spät angelaufenen Ermittlungsverfahrens ein sogenanntes Public Interest Immunity Certificate erlassen – eine Verfügung, mit der er die Freigabe bestimmter Geheimdienstakten verhinderte. Dazu gehörten Details über die Tätigkeit Litwinenkos für den MI6, aber auch jene wichtigen Gutachten der Geheimdienste, wonach die Ermordung Litwinenkos und das vereitelte Attentat auf Beresowskij im Jahr 2007 Operationen des russischen Staats gewesen waren. Acht Jahre nach unserem Newsnight-Beitrag, in dem wir diese Einschätzung des MI5 offengelegt hatten, war die Regierung offenbar noch immer der Meinung, das von ihren eigenen Experten gefällte Urteil sei eine zu heiße Kartoffel.

Im Fall Beresowskij stellte sich heraus, dass die Engländer sich aufgrund geheimdienstlicher Informationen in Heathrow an die Fersen Atlangerjews heften konnten. Wer weiß, ob der Tipp von einem Agenten in Russland gekommen war oder aus abgehörtem Funkverkehr. Natürlich waren die Folgen im Fall Beresowskij nicht so weitreichend, weil das Attentat vereitelt werden konnte. In beiden Fällen hegte die britische Seite jedoch offiziöse Skrupel und scheute davor zurück, dem Kreml oder seinem geheimdienstlichen Lieblingswerkzeug, dem FSB, die Mordanschläge auf britischem Boden anzulasten. Wäre eine solche Bezichtigung erst einmal ausgesprochen worden und hätte die russische Seite die britische Version der Geschichte bestritten und jede Kooperation verweigert, hätte dies das englisch-russische Verhältnis auf Jahre hinaus belastet.

In den Jahren, die seit dem versuchten Attentat auf Beresowskij vergangen sind, sind mehrere Personen mit russischem Hintergrund unter verdächtigen Umständen auf englischem Boden ums Leben gekommen, Grund genug für die investigativen Journalisten von *Buzzfeed,* in einer Liste vierzehn Fälle zusammenzutragen, die es wert wären, genauer untersucht zu werden. Einer dieser Fälle war der Tod Beresowskijs im Badezimmer seines Hauses im März 2013. Eine Untersuchung gelangte zu keinem eindeutigen Ergebnis, wobei die wahrscheinlichste Erklärung die ist, dass Beresowskij sich das Leben nahm – nach einem desaströsen Rechtsstreit mit seinem Co-Oligarchen Roman Abramowitsch, der ihn finanziell ruiniert hatte, hatte er Selbstmordgedanken geäußert.

Auch wenn der Kreml womöglich davon ausgeht, dass seine schärfsten Kritiker jede sich ihnen bietende Chance ergreifen würden, Russland an den Pranger zu stellen, hat keiner meiner Kontaktleute behauptet, in den vierzehn von *Buzzfeed* aufgelisteten Fällen über konkretes Belastungsmaterial zu verfügen. Sie greifen in der Regel auf den Fall Litwinenko und das vereitelte Attentat auf Beresowskij vom Juni 2007 zurück, wenn man sie nach staatlich gesteuerten russischen Mordanschlägen auf britischem Boden fragt. Was der Fall Beresowskij ganz deutlich zeigt, ist, dass der FSB selbst nach dem diplomatischen Scherbenhaufen, den der Giftanschlag auf Litwinenko angerichtet hatte, noch bereit war, ein weiteres Attentat in Großbritannien zu begehen.

In der Zeit, in die diese Ereignisse fielen, schmorte Skripal noch in einem russischen Arbeitslager. Ein Versuch, Berufung gegen seine Verurteilung zu dreizehn Jahren einzulegen, war abgeschmettert worden, und man hatte ihn dem bewaldeten Nirwana von Mordwinien überantwortet. Dort hatte er jede Menge Zeit, über frühere Entscheidungen nachzudenken, vor allem über seine Einwilligung in das Angebot, das Richard Bagnall ihm 1996 in Madrid gemacht hatte. Skripal ist kein Mensch, der zu einem Übermaß an Introspektion oder Zerknirschung neigt. Als professioneller Geheimdienstler, der er immer geblieben war, machte er sich aber intensive Gedanken darüber, wie man ihm auf die Schliche gekommen war. Im Verlauf seiner Verhöre und seines Prozesses hatte er mitbekommen, dass der FSB eine ganze Weile gebraucht hatte, um die Anklage gegen ihn zusammenzuschustern. Aber was war der Auslöser gewesen, was die treibende Kraft? Erst als er schon Jahre seiner Strafe abgesessen hatte und noch einmal nach Madrid kam, zeichneten sich endlich einige Antworten auf diese Frage ab.

13

DIE VERHÄNGNISVOLLE NACHRICHT

An einem frostigen Januarmorgen spuckte der Gefängnisbus der Guardia Civil seine Passagiere vor dem Gebäude der Audiencia Provincial aus. Nur zwei Männer stiegen aus dem übergroßen Fahrzeug und gingen die Treppen zu dem im Sonnenlicht strahlenden modernen Bürogebäude hinauf, das einen der wichtigsten Gerichtshöfe Madrids beherbergte. Der eine war ein stämmiger, brutal aussehender Kerl mit kahlrasiertem Kopf in Anzug und Handschellen, der andere sein Bewacher. Der Angeklagte wurde wegen eines Falles vorgeführt, der so geheim war, dass jahrelang nichts davon an die Öffentlichkeit drang, während die Untersuchungen voranschritten. In den Gerichtsakten wurde der Mann statt mit seinem richtigen Namen nur mit Pseudonym genannt: Teofilo.

Im Gerichtssaal warteten der Anwalt des Angeklagten, eine Reihe von Staatsanwälten, die drei Richter, die über den Fall befinden würden – es war kein Geschworenengericht –, und einige weitere Wachmänner. Das Gericht gestattete den Journalisten, von Teofilo, wie er neben seinem Anwalt saß, ein Foto zu machen. Auf den Bildern fielen vor allem die leeren Bankreihen hinter ihm ins Auge, wo normalerweise die Presse, die Öffentlichkeit und eventuelle Angehörige saßen. In diesem außergewöhnlichen Fall aber blieben die Bänke leer. Anwälte haben es gern, Neuland zu betreten, sich juristisch in Grauzonen zu bewegen, für die es keine Präzedenzfälle gibt.

An jenem Morgen im Jahr 2010 würden sie dazu reichlich Gelegenheit erhalten. Verhandelt wurde der erste – und bislang einzige – Fall von Landesverrat seit der Wiederherstellung der spanischen Demokratie 1978. Sobald man die Journalisten aus dem Saal geleitet hatte, konnte das Verfahren beginnen. »Es war, als hätten sich die Spieler auf dem Rasen für ein Match in der Premier League versammelt«, bemerkte ein Beobachter, »doch die Tribüne blieb leer.«

In den fünf Tagen der Anhörung wurde die Anklage vorgetragen: dass der Angeklagte während seiner Tätigkeit für den spanischen Geheimdienst eine enorme Menge an Dokumenten zusammengetragen habe, die eine potenzielle Gefährdung darstellten; dass dieses Material nach seiner Verhaftung während einer Durchsuchung in seiner Wohnung gefunden worden war; und dass er Staatsgeheimnisse an eine ausländische Macht verraten hatte. Teofilo alias Roberto Florez war von 1991 bis 2004 für den spanischen Geheimdienst tätig gewesen. Sowohl sein eigener Dienst als auch der MI6 glaubten, dass er es war, der Sergej Skripal und Jurij Burlatow verraten hatte. Was die drei Verratsmomente anging, die jene Fragen beantworten würden, die Skripal im Gefängnis umtrieben, so hing das erste wohl mit Florez zusammen. Doch wie so häufig bei Fällen von Gegenspionage, war es fraglich, ob man das zur Zufriedenheit der Richter würde beweisen können.

Florez stammte aus dem nördlichen Asturien und war zum Zeitpunkt der Verhandlung vierundvierzig. Er war von der Guardia Civil, einer paramilitärischen spanischen Polizeieinheit, zum spanischen Geheimdienst gestoßen (der damals CESID hieß, später aber zum CNI umgebaut wurde). Er hatte jahrelang als Undercover-Agent im Norden des Landes gearbeitet, wo er mutig und effektiv gegen baskische Extremisten ermittelte. Menschen, die ihn kennen, erzählten mir, dass

Florez unglaublich klug ist und gut mit Menschen umgehen kann.

Ende 1999 hatte man ihn nach Lima in Peru geschickt, wo er politische Informationen sammeln sollte, während er zur Tarnung in der spanischen Botschaft tätig war. Eine Zeitung enttarnte ihn, und der Vorwurf, der spanische Nachrichtendienst versuche, die Wahlen in Peru zu beeinflussen, führte dazu, dass man Florez schon nach zwei Jahren schleunigst nach Madrid zurückholte.

Als er wieder in Spanien war, beschlossen seine Vorgesetzten, dass Florez nicht mehr als Undercover-Agent arbeiten konnte, waren doch sein Name und sein Foto in allen Medien veröffentlicht worden. Florez, der seinen Job geliebt hatte, wurde nicht damit fertig, künftig an den Schreibtisch gefesselt zu sein. Es kam also zu Verwerfungen zwischen ihm und seinem Vorgesetzten, Verwerfungen, wie sie in anderen Arbeitsverhältnissen ebenfalls vorkommen können, die im Nachrichtendienst aber potenziell gefährlich sind. Vor allem, wenn der Schreibtisch des verstimmten Mitarbeiters in der Spionageabwehrabteilung steht. Dort ging Florez verschiedenen Tätigkeiten nach. Eine davon war, Anweisungen für die Rekrutierung nachrichtendienstlicher Quellen zu verfassen. Und hier im Hauptquartier hatte Florez freien Zugang zu allen möglichen geheimen Dokumenten.

Der Natur seiner Tätigkeit nach musste Florez gut Bescheid gewusst haben über einen von Russlands erfolgreichsten Fällen von Infiltrierung: Robert Hanssen war 2001 verhaftet worden. Hanssens Karriere als Doppelagent begann Mitte der 1980er-Jahre und war so erfolgreich, weil er seine russischen Partner kein einziges Mal Aug in Auge traf. Seiner Ansicht nach war der russische Geheimdienst viel zu stark unterwandert, als dass er dieses Risiko eingegangen wäre. Hanssen lieferte den Russen geheime Informationen (die den Tod verschiedener für die Amerikaner tätiger Russen zur Folge hatten), und diese hinterlegten dafür große Summen Bargeld in diversen toten Briefkästen.

Die Affäre Hanssen hat vermutlich die Vorstellung des Spaniers vom perfekten Spion massiv geprägt. Andererseits wusste er durch diesen und andere Fälle, dass die Russen anonymen Informationen stets mit Vorsicht begegneten. Nicht wenige Offiziere des KGB bzw. der SWR waren vor die Tür gesetzt worden, weil sie die Köder solcher anonymen Informanten geschluckt hatten. Nur dass diese Materialien keineswegs von Verrätern stammten, sondern von Offizieren westlicher Geheimdienste, die den Russen auf diese Weise eine Falle stellten. Um die russische Seite zu überzeugen, würde er schon ein massives Paket geheimer Informationen vorab liefern müssen, etwas wirklich Überzeugendes. Das hatte jedenfalls Hanssen getan.

Die Papiere, die Florez sammelte (und die später in seiner Wohnung gefunden wurden), wurden bei der Verhandlung einzeln aufgeführt: »ein vollständiges Dokument mit dem Titel ›Geheimes Dokument und Material – Sicherheitsplan‹«, »eine alphabetische Liste des Personals« – die den gesamten Agentenstab umfasste; dazu ein komplettes Organigramm des CNI. Für unsere Geschichte am interessantesten aber ist ein von ihm entwendetes Papier, das in den Gerichtsakten beschrieben wird als achtzehnseitiges Dokument mit dem Titel: »Doppelagenten in den GRU- und SWR-Stützpunkten in Spanien«.

Die Staatsanwaltschaft konzentrierte sich vor allem auf ein Papier, das als »Card 1« bezeichnet wurde, ein Computerausdruck. Es sei, so die Staatsanwaltschaft, ausgedruckt und zusammen mit einem Paket ausgewählter Dokumente »zugestellt« worden, die Florez das Vertrauen der Russen sichern sollten. Man hatte das Paket an eine Adresse gesandt, von der aus es mit Sicherheit seinen Weg in die Hände des Leiters des SWR-Stützpunktes in Madrid finden würde, eines gewissen Pjotr Melnikow. Auf besagte »Card 1« schrieb Florez: »Ich bin aktiv im CESID, der ein Interesse daran hat, die Bereitschaft zur Zusammenarbeit mit dem Geheimdienst des Landes zu signalisieren, das Sie repräsentieren. Als Beweis, dass ich zum Centro gehöre, mögen Ihnen die hier beigelegten Dokumente und Materialien dienen. … Sollte Ihr Dienst an dieser Zusammenarbeit interessiert sein, mache ich Sie darauf aufmerksam, dass die Grundvoraussetzung für eine solche Beziehung die Übergabe von 200 000 amerikanischen Dollar in bar für die Lieferung des beiliegenden Materials ist.«

Dann machte er detaillierte Angaben, wo und wie das Geld zu übergeben sei. Diese wurden selbst vor den Richtern geheim gehalten. Dazu schrieb Florez noch, er würde Melnikow »Informationen über die Arbeitstechniken des Centro (in Spanien ebenso wie in der russischen Föderation und in Drittländern) geben, die gegen Ihr Land gerichtet sind … sowie über Operationen, Quellen und Maßnahmen, die das [CNI] anwendet, um seiner globalen Rolle gerecht zu werden«. Die Frage, ob Florez sein Land verraten hatte – und folglich für das Leid von Sergej Skripal und Jurij Burlatow verantwortlich war –, würde nun vor Gericht geklärt werden.

Die Mitarbeiter des MI6 in Vauxhall Cross und der CIA in Langley sind zu einem klaren Urteil gekommen hinsichtlich des spanischen Geheimdienstes vor und nach Florez' Verhaftung und der Beschlagnahmung so vieler kompromittierender Dokumente. Und doch war nichts in diesem Fall schnell über die Bühne gegangen. Die Verhaftung hatte im Juli 2007 stattgefunden. Doch die Spionageabwehr bemühte sich schon seit 2004, dahinterzukommen, was zur Verhaftung von Skripal und Burlatow geführt hatte.

Nach Ansicht der Spionageabwehr hatten die Spanier die

ernsthafte Jagd nach Maulwürfen im Juli 2005 aufgenommen, viereinhalb Jahre vor dem Gerichtsverfahren gegen Florez. Das CNI sagte vor Gericht aus, es habe schon seit Dezember 2002 erkennbare Veränderungen im Operationsmodus der GRU und SWR in Madrid gegeben. Dadurch war es den Russen gelungen, sich bestimmten Überwachungsmodi zu entziehen, die man gegen sie eingesetzt hatte. Obwohl die Tatsache, dass diese offensichtlich entdeckt worden waren, dem CNI gewisse Sorgen bereitete, scheint es doch, als hätte man sich ernsthafte Sorgen erst gemacht, als Burlatow und Skripal verhaftet wurden. Skripal war zu seinem letzten Termin mit Stephen Jones nicht erschienen. Einige Monate später begann das CNI intensiv nach dem Leck zu suchen. Auch beim MI6 schrillten die Alarmglocken. Man vermutete einen Maulwurf am Werk, und es war von Anfang an klar, dass die Enttarnung der beiden russischen Informanten etwas mit Spanien zu tun hatte.

Bei der Jagd auf Eindringlinge eilen nur Narren zu vorschnellen Schlüssen. Wie sicher konnte der SIS sein, dass es nicht einer der eigenen Leute war oder ein verbündeter Geheimdienst, der die beiden verraten hatte? Einer derjenigen, die sich darüber ihre klugen Köpfe zerbrachen, war Charles Farr, vormals Leiter der operativen Abteilung von P5, der von seinem Dienst bei der Terrorismusabwehr zurückgekehrt war und nun als Sicherheitschef und Leiter der Presseabteilung im Direktorium des MI6 saß. Die Maulwurfjäger aus Farrs Sicherheitsabteilung kamen zum Ergebnis, dass die undichte Stelle nicht in den eigenen Reihen zu finden war, und dass es am besten sei, zuerst herauszubekommen, wer worauf Zugriff hatte, bevor man mit dem Finger auf die Spanier zeigte. Das brauchte Zeit, außerdem blieben anfängliche Durchsuchungen bei den Spaniern erfolglos. Florez hatte den CNI im Frühjahr 2004 verlassen, und es sollte eine Weile dauern, bis er auf dem Radar auftauchte.

Aber als man sich die ganze Angelegenheit noch einmal vornahm, blieben beim für Russland zuständigem Team des MI6 doch noch einige Fragen offen: Warum war Burlatow im Gefängnis ermordet worden, nicht aber Skripal? Das Russlandteam des britischen Auslandsgeheimdienstes kam zu dem Schluss, dass Burlatow bei seiner Vernehmung im Lefortowo-Gefängnis 2004 vermutlich einen entscheidenden Fehler begangen hatte. Man nahm an, dass er wohl versucht hatte, mit seinem Wissen um die Korruption in der Madrider *Residentura* der GRU einen Deal auszuhandeln. Dabei ging es vor allem um Unterschlagungen aus dem Fonds für Moskaus technologischen Kaufrausch in Europa. Burlatows »Dach-« oder Führungsoffizier war ein ranghoher Mitarbeiter im GRU-Hauptquartier, ein gewisser General Wolkow*. Er hatte sich seinen Anteil gesichert und seinem Mann in Spanien geholfen, Gelder abzuzweigen, ohne eine Untersuchung fürchten zu müssen. »Für diese Leute«, erzählte mir Skripal, »ist Geld einfach alles.«

Doch General Wolkow fürchtete anscheinend, selber aufzufliegen, daher bestach er eine andere Person. Die Spur endete schließlich bei der Spitze des FSB, bei dessen Leiter General Nikolaj Patruschew. Sobald Burlatow den verhörenden Offizieren im Gefängnis (die zu Patruschews Organisation gehörten) von der Korruption berichtete, beschloss man, dass er beseitigt werden musste. Und da der FSB hier keine Spuren hinterlassen wollte, durfte der Mord nicht in Lefortowo geschehen. Also überstellte man Burlatow zur Begutachtung ins Militärhospital für psychisch Erkrankte, wo er dann von den Leuten der GRU getötet wurde. Wolkow hatte den Skandal also im Keim erstickt und ranghohe Offiziere des FSB vor Burlatows Anschuldigungen geschützt.

Skripal hatte sich während seines Verhörs klüger verhalten. Was er über die Unterschlagungen offizieller Gelder in Madrid wusste – und es ist klar, dass er eingeweiht war, denn er hatte seinen Verdacht seinem MI6-Kontakt mitgeteilt –, behielt er in Lefortowo für sich. Das hat ihm vermutlich das Leben gerettet.

Wie aber zog sich nun das Netz der Ermittler um Florez zusammen? Eine spanische Zeitung berichtete, die Amerikaner hätten von einem ihrer russischen Doppelagenten einen Hinweis bekommen. Es wäre wahrhaft keine allzu große Überraschung, wenn der Kreislauf des Verrats, der von Skripal zu Florez und weiter zu einem unbekannten russischen Agenten führte, tatsächlich zum Ausgangspunkt wurde. Ich habe hierzu keine weiteren Nachforschungen angestellt, weil die Person, die den Hinweis auf Florez geliefert hatte, dadurch in unmittelbare Gefahr geraten würde. Doch einige Bemerkungen der von mir interviewten Personen legen die Vermutung nahe, es habe geheimdienstliche Informationen gegeben, denen zufolge ein Spanier Kontakt zu russischen Diensten aufgenommen hatte. Dieser »Spionageabwehr-Tipp« eines Maulwurfs, vermutlich in Russland, war das zweite Verratsmoment, das eine Antwort auf Skripals Fragen in der Haft geben konnte. Es bestätigte die Mutmaßungen von Anfang 2007 in Bezug auf den spanischen Verdächtigen, der zu jener Zeit mit seiner Freundin auf der Kanareninsel Teneriffa lebte. Es stellte sich heraus, dass das CNI Florez' Telefone schon einige Zeit vor seiner Verhaftung abhörte und ohne sein Wissen seine Wohnung durchsucht hatte, wo man eben jenen Stapel geheimer Papiere gefunden hatte.

Die Entdeckung von »Card 1« und der anderen Dokumente in der Wohnung auf Teneriffa warfen in Vauxhall Cross eine Menge unbequemer Fragen auf. Wenn Florez tatsächlich mit dem sowjetischen Geheimdienst Kontakt aufgenommen und diesem das gestohlene Dokument »Doppelagenten in den GRU- und SWR-Stützpunkten in Spanien« übergeben haben sollte, war Skripal dann schon seit Dezember 2001 kompromittiert, als die Nachricht verfasst worden war? Und falls die Russen gewusst hatten, was er trieb, hatte man ihm dann in den vier Jahren, nachdem FORTHWITH die GRU verlassen hatte, und vor seiner Verhaftung etwa lauter nutzlose oder falsche Informationen untergejubelt? Im bereits erwähnten Film »Ein Maulwurf im Aquarium« fanden sich Belege – vermutlich vom FSB – dafür, dass der Fall offiziell geworden war. Des Weiteren ist dort davon die Rede, dass die russische Spionageabwehr Skripals Aktivitäten tatsächlich einen Riegel vorgeschoben hatte: »Die früheren GRU-Kollegen, mit denen er sich so gerne traf, hatten einfach keine Zeit mehr – sie hatten andere Termine«, heißt es im Kommentar zum Film. »Einige mussten plötzlich auf Geschäftsreise, andere wurden krank. Und wenn sie dann doch mal Zeit hatten, vermieden sie die Themen, für die Skripal sich interessierte, äußerst geschickt.«

Die Antworten, die bei der Schadensanalyse auf westlicher Seite gefunden wurden, waren nicht ganz so simpel. Geheimdienstmitarbeiter teilten mir mit, die internen Ermittlungen beim CNI hätten ergeben, dass Florez Skripals Namen nicht gekannt habe. Er hatte an die SWR nur weitergegeben, dass es einen Agenten gebe, der »ein ranghoher GRU-Offizier« sei, »der oft nach Spanien kommt«. Das genügte bereits, damit der FSB eine kurze Liste von möglichen Verdächtigen erstellen konnte.

Hatten die Russen »Card 1« also Ende 2001 erhalten, dann hatten sie vermutlich eine Weile gebraucht, um zu prüfen, ob die Information echt war. Und dann noch ein bisschen länger, um die Suche nach möglichen Maulwürfen auf Skripal einzuengen. Es ist also anzunehmen, dass man ihm etwa ab Mitte 2002 keine wichtigen Informationen mehr zukommen ließ. Dies dauerte bis zu seiner Verhaftung über zwei Jahre später. »Wir müssen davon ausgehen, dass dies der Fall war«, sagte mir eine mit den Nachforschungen im Westen betraute Person.

Eines allerdings ist vollkommen klar: Die Enttarnung von Burlatow, Skripal und möglicherweise noch weiteren GRU-Doppelagenten, von denen wir noch nichts wissen, versetzte Putin und Patruschew in die Lage, die Militärgeheimdienste endlich an die Kandare zu nehmen, was sie ja schon lange geplant hatten. Ein neuer Mandarin der Geheimdienstwelt, der Stellvertretende Direktor der Spionageabwehr, wurde ins Glashaus geschickt, in das Hauptquartier der GRU. Und natürlich kam dieser Mann vom FSB. Nun hatten die Tschekisten endlich einen der Ihren an der Spitze der GRU.

All diese Vorgänge wurden in den westlichen Geheimdiensten akribisch registriert und während der Jahre, die Skripal im Gefängnis verbrachte, in Vauxhall Cross gesammelt. Dort war man zu einer eigenen Vermutung gelangt, was Florez und die Möglichkeit seines Verrats anging. Doch wie jeder weiß, der sich mit nachrichtendienstlichen Erkenntnissen befasst, ist es eine Sache, die Informationen zu besitzen, und eine andere, ob sie den Ansprüchen an die Beweisaufnahme vor Gericht genügen. Das CNI und die spanische Staatsanwaltschaft mussten sich also redlich bemühen, Beweise gegen den Mann zusammenzutragen, gegen den Anfang 2010 verhandelt wurde.

Die Verhandlung in der Audiencia Provincial dauerte fünf Tage. Diese waren geprägt von massiver Geheimhaltung, nicht zuletzt Florez' Anwalt gegenüber, einem streitbaren Menschenrechtsanwalt namens Manuel Olle. So führte der Staatsanwalt zwar alle Dokumente auf, die in der Wohnung auf Teneriffa gefunden worden waren, doch Olle fand wenig über ihren Inhalt heraus. Die drei Richter hingegen, die in diesem Fall das Urteil sprechen sollten, konnten alle geheimen Dokumente lesen.

Obwohl Florez und Olle also nicht wirklich über den Informationsstand der Ankläger verfügten, taten sie ihr Bestes, um eine Verteidigung auf die Beine zu stellen: Die abgehörten Telefongespräche und andere Überwachungsmaßnahmen hatten keinen Beweis dafür erbracht, dass der Spanier sich je mit einem Vertreter des russischen Geheimdienstes getroffen hatte. Und es gab keinen Beweis, dass er überhaupt je Geld erhalten hatte, schon gar nicht einen Betrag von 200 000 Dollar.

Das entscheidende Element in Florez' Verteidigung war, dass er abstritt, je den Kontakt zu den Russen gesucht zu haben. Ehemalige Kollegen vom CNI sagten zwar aus, dass ihre Operationen gegen die russischen Nachrichtendienststützpunkte in Madrid nicht mehr viel ergeben hätten, doch sie legten den drei Richtern keinen konkreten Schadensbericht vor. Der Verrat an Sergej Skripal wurde im Gerichtssaal in Madrid mit keinem Wort erwähnt. Das war einfach nicht möglich, vor allem, weil Skripal zu diesem Zeitpunkt ja noch in der IK-5 in Mordwinien saß, und jede Erwähnung seines Falles in Spanien hätten die Russen vermutlich als Bestätigung für seine Dienste als MI6-Doppelagent gewertet, was seine Lage wohl massiv verschlechtert hätte.

Florez sollte über den Verrat an Skripal erst sehr viel später sprechen. »Unter den Informationen in meinem Besitz«, sagte der Spanier, »war keinerlei Datum, keine Notiz, kein Tagebucheintrag, kein Tipp, keine Aktennotiz, kein Memorandum oder sonstiges Dokument, in denen der Name Sergej Skripal oder seine Umstände Erwähnung fanden.«

Wie aber erklärte Florez die verhängnisvolle Nachricht auf »Card 1« bei seiner Verhandlung im Jahr 2010? Er meinte, sie sei Teil seiner Studie zur Rekrutierung ausländischer Agenten gewesen, ein fiktionales Dokument für eine Art Rollenspiel, mit dem er hatte zeigen wollen, wie ein westlicher Geheimdienstoffizier den Russen seine Dienste anbieten würde.

Die Richter aber wussten aus einem anderen Schriftstück, das man auf Florez' Computer gefunden hatte, dass es durchaus Hinweise gab, die nahelegten, er habe Kontakt mit den Russen aufgenommen. Man bezeichnete das Schriftstück vor Gericht als »Card 2«, und es handelte sich dabei um eine Botschaft an den Leiter des SWR-Stützpunktes in Madrid, die im März 2002 geschrieben worden war, also etwa vier Monate nach der ersten »Card«. Diese begann mit den Worten: »Ich verstehe, dass es einige Zeit erfordert, den Vorschlag, den ich geschickt habe, zu prüfen.« Der Staatsanwalt deutete dies als Bestätigung, dass die erste Nachricht versandt worden, aber ohne Antwort geblieben war. »Card 2« verdeutlichte auch die Entschlossenheit des CNI-Agenten, konkrete Begegnungen mit den Russen zu vermeiden. So hieß es dort ausdrücklich: »Die hohe Zahl von Überläufern in den letzten Jahren zwingt mich zur Vorsicht.« Interessanterweise löschte Florez »Card 2« von seinem Computer, doch die Ermittler konnten die Datei rekonstruieren.

Wie bei Skripals Verhandlung in Moskau – die Ironie könnte bitterer wohl nicht sein – gab es auch bei Florez Aspekte seiner Enttarnung, die vor Gericht nicht zur Sprache kommen durften. Wenn man an Florez durch den Hinweis eines amerikanischen Informanten herangekommen war, der noch in Russland aktiv war, konnte man diese ja kaum öffentlich machen. Die Staatsanwaltschaft behauptete, Beweise dafür zu besitzen, dass »Card 1« an die Russen geschickt worden war, Beweise, die über die Aussage in »Card 2« hinausgingen, die ja zeigte, dass das Material versandt worden, aber keine Antwort erfolgt war. Diese Beweise wurden dem Angeklagten und seinem Anwalt nie vorgelegt.

Als am 11. Februar 2010 das Urteil erging, befand das Gericht Florez für schuldig, geheime Dokumente gestohlen und diese zu Hause aufbewahrt zu haben. Des Verrats habe er sich insofern schuldig gemacht, als er geplant habe, diese Dokumente einem anderen Staat zur Verfügung zu stellen. Manuel Olle tröstete sich damit, dass man es nicht für erwiesen hielt, dass sein Mandant als Agent tätig gewesen sei. Man verurteilte Florez zu zwölf Jahren Gefängnis, reduzierte die Strafe in der Berufung dann auf neun Jahre. Durch Anrechnung der Untersuchungshaft sowie die Aussetzung seiner restlichen Strafe auf Bewährung war Florez zur Zeit des Giftanschlags von Salisbury im März 2018 schon auf freiem Fuß.

Wenn man aber glaubt, dass Florez »Card 1« mit dem ersten Paket von neununddreißig nachrichtendienstlichen Dokumenten an Melnikow schickte, wie die Staatsanwaltschaft annahm, dann erklärt sich der Rest von selbst. Florez' Versicherung, dass kein Dokument in seinem Besitz auf den Namen oder die »besonderen Umstände« Skripals hingewiesen habe, klingt durchaus ähnlich wie die Schlussfolgerung, zu der das CNI und der MI6 gelangt waren. Und es ist absolut wahrscheinlich, dass Melnikow auf das erste Paket mit Dokumenten nicht reagierte. Vermutlich befürchtete er eine Falle. »Card 2« macht deutlich, dass die Russen auf den Köder nicht anbissen. Die Tatsache, dass Florez das CNI 2004 verließ, nur wenige Wochen nachdem er der Abteilung für Spionageabwehr zugeteilt worden war, lässt ebenfalls vermuten, dass es keine Verbindung zur SWR gab, denn in einer solchen Position hätte man seine Mitarbeit sicher zu schätzen gewusst. Es ist also durchaus möglich, ja sogar wahrscheinlich, dass es keine »Beziehung« zur SWR im Sinne einer beiderseitigen Kommunikation gab und dass Florez von dort wirklich nie einen Cent erhalten hat.

So weit, so gut. Andererseits hätte es nur andere als Melnikows Augen gebraucht, die Monate oder sogar Jahre später »Card 1« und die mitgesandten Dokumente studierten unter der Annahme, es habe sich dabei tatsächlich um Verrat gehandelt, und schon hätten sich alle Puzzleteile nahtlos ineinandergefügt. Allein der Hinweis auf Überläufer in SWR und GRU hätte, auch ohne jedes weitere Detail, ausgereicht, um in Moskau zur Jagd auf Maulwürfe zu blasen. Aus den anderen Papieren ging ja hervor, dass der Informant ein Spanier war, und das Zeitfenster, wann die Information geflossen war. Die Russen hätten nicht lange gebraucht, um ihre Suche nach Leuten mit Verbindungen nach Spanien auf Burlatow und Skripal einzuengen. Man hätte angefangen, sie zu überwachen, und damit wäre ihr Schicksal besiegelt gewesen.

Die Personen, die die Schadensanalyse im Fall Skripal erstellten, sahen in Florez den Verantwortlichen für den Verrat. Sobald der Spanier in Gewahrsam war, stellte man die Suche nach weiteren Informationslecks ein. Natürlich sind die Dinge in der Welt der Spionageabwehr nicht immer zu hundert Prozent sicher, aber auf britischer Seite zweifelte man nicht, den Verantwortlichen gefunden zu haben, der ihren Mann in den Gulag gebracht hatte. Für den Spanier waren die Würfel gefallen, als man in abführte, damit er seine Strafe im Gefängnis Estremera, unweit von Madrid, absaß. Was die drei Verratsmomente angeht, die ich erwähnt habe, weil sie Skripal in seiner Gefangenschaft quälten, so sind zwei davon mit dem Fall des Spaniers verbunden: die Identifizierung Skripals als MI6-Mitarbeiter und die Information, die die spanischen Richter von Florez' Schuld überzeugte. Was aber ist mit dem dritten Akt von Verrat? Bevor die Würfel ein weiteres Mal fallen konnten und Skripal freikam, würde eine weitere Schicht von Verrat, Spionage und Täuschung offengelegt werden müssen, diesmal auf der anderen Seite des Atlantiks.

14

OPERATION GESPENSTERGESCHICHTEN

Eines Nachmittags in Manhattan: Eine russische Agentin namens Anna Chapman trifft ihren Verbindungsmann Roman*. Er hatte sie angerufen und um eine Unterredung gebeten. Anna Chapman ist seit einigen Monaten in den Vereinigten Staaten, ihre Kommunikation mit der Zentrale lief bisher über einen Laptop. Zur Weiterleitung nutzte sie eine simple, in modernen Großstädten praktisch nicht aufzudeckende Methode. Jeden Mittwoch ging sie in ein Café oder Restaurant und stellte eine Verbindung zwischen ihrem Laptop und einem anderen Computer her, der irgendwelchen in der Nähe sitzenden russischen Geheimdienstlern gehörte. Über ein privates drahtloses Netzwerk ging ihre Datei, selbstverständlich verschlüsselt, an diesen anderen Computer, ohne dass die Agenten je ein Wort wechselten, sie mussten sich nicht einmal unbedingt sehen.

Aber jüngst hatte es Übertragungsprobleme gegeben, und jetzt sitzt Roman ihr leibhaftig gegenüber. Sie besprechen, ob Chapman ihren Laptop selbst mit nach Moskau nehmen soll – wohin sie in vierzehn Tagen fliegt –, oder ob Roman ihn an sich nimmt und überprüfen lässt. Dann erzählt er, er habe sie noch aus einem anderen Grund um das Treffen gebeten. »Es gibt eine Person, die macht genau so was wie du, ja?«, sagt er. »Aber sie ist im Gegensatz zu dir nicht unter ihrem richtigen Namen hier … Hier sind Papiere, die musst du ihr morgen früh bringen.«

Er gibt ihr einen gefälschten Pass.

»Wie gesagt, das ist nicht ihr echter Name, aber du kannst sie so nennen, wenn du willst.« Dann beschreibt er, wie das Treffen mit der anderen Agentin ablaufen soll, unter anderem soll Anna Chapman eine Illustrierte als Erkennungszeichen in der Hand halten. Die Frau, die den Pass abholen kommt, wird sie ansprechen: »Entschuldigung, haben wir uns nicht letzten Sommer in Kalifornien gesehen?« Und Chapman soll antworten: »Nein, das war, glaube ich, in den Hamptons.«

Es gibt gewisse Anzeichen, die bei Anna Chapman ein leises Misstrauen hervorrufen, und das völlig zu Recht. Roman taucht später in der Anklageschrift zu dem, was hier passiert, als UC-1 auf, und das steht für »Undercover-1«. Roman ist FBI-Agent.

Am selben Tag, dem 26. Juni 2010, aber zweieinhalb Stunden später und in einer anderen Stadt, tritt noch ein anderer FBI-Agent als russischer Verbindungsmann auf, UC-2. Zu seinen Kontakten gehört Michail Semenko, ein aufgeweckter junger Russe, der einen Job in der Gegend um Washington, D.C. hat. Auch dieses Treffen ist vom FBI eingefädelt worden, diesmal hatte der Kontakt mit einer Begegnung auf der Straße und der Eingangsfrage begonnen, ob Semenko und er sich nicht schon mal in Peking gesehen hätten. Und genau wie bei der Unterhaltung in New York geht es auch hier zunächst um die verdeckte Kommunikation der letzten Zeit, bevor UC-2 das Thema wechselt und Semenko um einen Gefallen bittet.

Dann übergibt der FBI-Mann dem Russen einen Umschlag mit fünftausend Dollar, den soll er bitte am nächsten Morgen in einen Park in Arlington, Virginia, bringen und an einer bestimmten Stelle deponieren. Ein anderer russischer Agent werde ihn dort abholen. Aufnahmen von Überwachungskameras zeigen, wie Semenko den Umschlag unter einer Brücke im Park ablegt.

Die Treffen mit Chapman und Semenko gehörten zum Schlusskapitel einer der längsten und aufwendigsten je durchgeführten Operationen zur Spionageabwehr. Beim FBI firmierte der Ermittlungskomplex unter dem Codenamen »Gespenstergeschichten«, und am 26. Juni 2010 ertönte der Schlussgong der ganzen sorgfältig choreografierten Inszenierung.

Von diesem Tag an, nach über einem Jahrzehnt der Beschattung, warf das FBI alle Vorsicht über Bord und setzte zum Finale alles auf eine Karte. Die beiden Rendezvous am 26. Juni waren mithilfe der Details aus den früheren Treffen von Chapman und Semenko mit ihren angeblichen Betreuern und des Überwachungsmaterials extra so aufgezogen worden, dass sich die beiden Spione peu à peu strafbar machen mussten. So konnte das FBI demonstrieren, dass beide regelmäßigen Kontakt zu Betreuern von der SWR hatten und bereit waren zur Unterstützung von legendierten Spionen, also Illegalen, die sich in jahrelanger Arbeit in die amerikanische Gesellschaft eingenistet hatten. Auslöser, genau jetzt den Schlussgong für die Gespenstergeschichten zu läuten, war die Nachricht, dass Oberst Alexander Potejew, ein hochrangiger SWR-Offizier, der für die Amerikaner arbeitete, am Vortag im weißrussischen Minsk eingetroffen war. Von dort aus brachte ihn die CIA zunächst in die Ukraine und dann weiter in die USA. Potejews Abzug war nervenaufreibend gewesen, nachdem ihm der Pass, den er für eine Auslandsreise beantragt hatte, verweigert worden war. Er konnte nur noch versuchen, mit gefälschten Reisedokumenten per Zug von Moskau nach Minsk zu kommen. Und es gab, als wäre die Rettungsaktion selbst nicht schon kompliziert und spannend genug, einen weiteren Unsicherheitsfaktor in der Schlussphase der Gespenstergeschichten.

Just zur selben Zeit, als der CIA-Informant Potejew aus

Moskau floh, wurde in Washington Russlands Präsident Dmitrij Medwedjew feierlich von Amerikas Präsident Barack Obama empfangen. Das Protokoll sah auch ein paar hochkarätige gemeinsame Auftritte vor. Zwei Wochen vor Medwedjews Besuch war Obama ausführlich über die Ermittlungen informiert worden. Bei diesem Briefing sowie einer anschließenden Sitzung des Nationalen Sicherheitsrates (NSC, National Security Council) waren alle Führungsspitzen überein gekommen, die ganze Operation endlich zu Ende zu bringen, aber stufenweise und so, dass sich die Verhaftung eines Agentenrings aus dem Land, dessen Präsident gerade zu Besuch war, nicht zu einem Skandal auswuchs.

POTUS Obama führte seinen Ehrengast zum Essen aus, gut amerikanisch bei Ray's Hell Burger, einem überfüllten besseren Imbiss in Arlington, auf der anderen Seite des Potomac. Jeder aß einen Cheeseburger, die Pommes frites teilten sie sich, und Obama warnte seinen Gast vor möglichen Ketchupflecken auf der Krawatte. Auf dem Rückweg ins Weiße Haus vollführten die beiden Männer schließlich noch sämtliche zu erwartenden diplomatischen Tänzchen.

»Ich freue mich, hier mit meinem Freund und Partner zu sein«, begann Obama und beteuerte dann: »Die Vereinigten Staaten wollen gern Russlands Partner sein, wenn Medwedjew seine Visionen zur Modernisierung und Innovation in Russland umsetzt.« Es gab noch Wirtschaftstreffen und natürlich Gespräche über die weitere Kooperation beim G-8-Gipfel, dann flogen beide nach Toronto zum G-20-Gipfel. Das FBI hatte signalisiert bekommen, sobald der russische Präsident den US-Luftraum verlassen hätte, aufs Tempo zu drücken und die ganze SWR-Spionageoperation, die so viele Jahre Arbeit und viele Millionen gekostet hatte, zu zerschlagen.

Sie mussten nur noch abwarten, bis Medwedjew auf dem Heimflug von Kanada war. Craig Fair, einer der Leiter der

FBI-Spionageabwehrabteilung CD1, in der die Operation Gespenstergeschichten geführt wurde, erzählte später: »Wir wollten warten, bis er unsere Hemisphäre verlassen hatte, eine solche Festnahmewelle, während ein internationales Wirtschaftstreffen läuft, das wäre kein korrektes Vorgehen gewesen.«

Potejew war zweifellos ein außergewöhnlicher Agent gewesen. Beim Prozess, der später in Abwesenheit in Moskau gegen ihn geführt wurde, hieß es, er sei 1999 rekrutiert worden. Laut westlichen Nachrichtendienstleuten kommt das ungefähr hin. Er hatte während seiner gesamten Laufbahn in der Abteilung S (auch Line S genannt) gearbeitet, von der aus die Operationen der legendierten Illegalen im Ausland organisiert wurden; S galt als der heikelste und prestigeträchtigste Arbeitsbereich im ehemaligen KGB. Potejews Entscheidung, für die Amerikaner zu spionieren, war der dritte und letzte der Verratsfälle, die ich in den vorigen Kapiteln angedeutet habe. Er führte nicht nur zu der langwierigen und umfangreichen FBI-Ermittlung namens Gespenstergeschichten, er sollte auch die Chance für Skripals Freilassung eröffnen.

Die Illegalen waren Spione, die mit einer sogenannten Legende, also einer falschen Biografie, in einem westlichen Land operierten und sich als normale Vorortspießer gebärdeten, in diesem Fall amerikanische. Für diese Art doppelt verdeckte Einsätze bedurfte jeder einzelne Agent der Unterstützung durch diverse andere SWR-Mitarbeiter. Dazu gehörte zum Beispiel, Geld oder Kommunikationsgeräte in toten Briefkästen zu deponieren oder die Tarnidentitäten der Illegalen zu konstruieren. Neben ihrer Einsatzlegende bekamen die wertvollen Topagenten die Erlaubnis, alle drei Jahre (normalerweise) ein paar Wochen mit ihrer Familie in Russland zu verbringen. Die Reiserei lief gewöhnlich über zwei, drei Stationen, bei jedem Umstieg musste die Identität gewechselt werden, was weitere logistische Kopfschmerzen für ihre Helfershelfer bedeutete. Diese »Ermöglicher« hatten gewöhnlich Diplomatenstatus und gehörten zur jeweiligen Abteilung S einer *Residentura*. Die übrigen Residenturmitarbeiter sammelten zwar auch politische oder technische Informationen, saßen aber in eigenen Silos und hatten keine Ahnung von den Illegalen. Einen dieser Undercover-Posten hatte Potejew in der russischen Mission in New York inne, als er eines Tages beim FBI hereinspazierte und seine Dienste anbot. Damals war er gerade mit der Unterstützung einiger Illegaler in Zentral- und Südamerika betraut, doch nach seiner Rückkehr in die USA und jetzt auf einem höheren Posten beaufsichtigte er Operationen der Abteilung S in ganz Amerika.

Als er nach Moskau in die Zentrale zurückging, wurde er zum stellvertretenden Leiter der Abteilung S befördert und bekam detaillierte Kenntnis der illegalen Operationen der SWR weltweit. Aus Sicht des FBI und der CIA hielt er als Informant erstaunlich lange durch. Der Agentenring in den USA, den er nach und nach enttarnte, bestand aus vier Gespannen. Im Juni 2010 konnten sie in New York, Boston und Washington lokalisiert werden.

Der Älteste hieß Juan Lazaro* und hatte vierunddreißig Jahre zuvor als Auslandsspion in Peru angefangen. 1984 war er mit seiner peruanischen Frau nach New York übergesiedelt. Um die Zeit, als die Verhaftungen näherrückten, hatte Lazaro so lange ein Doppelleben geführt, dass er, wie mir westliche Nachrichtenleute sagten, sogar offiziell von der SWR in den Ruhestand verabschiedet worden war und in den USA bleiben durfte, was dem Dienst ausgesprochen gut passte. Viele in der Abteilung S hielten das für die ideale Karriere eines Illegalen: Wenn man so vollständig in einer Umgebung aufging, dass man nie wegfuhr und Nachbarn oder Kollegen gar nicht erst unangenehme Fragen stellten.

Ein anderes Gespann, das vor der Festnahme mindestens sechs Jahre lang unter Beobachtung durch das FBI stand, hatte seine Legende zehn Jahre lang in Kanada und Frankreich aufgebaut, bevor es in die USA gezogen war.

In solche Topspione hatte der KGB, später die SWR, außerordentlich viel investiert. Allein die Ausbildung in Russland – im Spionagehandwerk ebenso wie im perfekten, von Muttersprachlern kaum noch zu unterscheidenden Beherrschen einer Fremdsprache – konnte fünf bis zehn Jahre dauern. Wenn man die Zeiten in Drittländern zum Erstellen der Legenden dazurechnet, kommt man auf fünfzehn bis zwanzig Jahre, die es kostete, einsatzbereite Illegale auszubilden. Bei diesem langwierigen Prozess gab es natürlich auch so manche Nieten oder schlicht Aussteiger, was die Kosten für die gesamte Operation der Abteilung S weiter erhöhte.

Aber selbst 2010 hatte diese Art der Spionage noch einen besonderen Platz in Geschichte und Kultur der russischen Geheimdienste. Einige der größten Helden des KGB und der GRU – die zum Beispiel an die geheimen Unterlagen über die Atombombe gekommen waren oder vor Hitlers geplantem Überfall auf die Sowjetunion gewarnt hatten – waren Illegale. Im KGB hatten sie während des Kalten Kriegs den Ruf, die ideologisch am meisten gefestigten Agenten zu sein, denn sie lebten im Westen ein Luxusleben, von dem viele Sowjetbürger wohl träumten, vergaßen aber nie, wem ihre Loyalität gehörte.

Wladimir Putin amtierte längst als Staatschef, als bekannt wurde, dass er in den 1980er-Jahren in der DDR als KGB-Offizier in der Abteilung S gearbeitet hatte und »Ermöglicher« für Illegale gewesen war: »Ich weiß, was das für Leute sind«, erinnerte er sich, »das sind ganz besondere Leute, Leute mit besonderen Qualitäten, besonders überzeugte Leute, mit einem besonderen Charakter. Sein Leben, seine Nächsten und Liebsten aufzugeben und sein Land zu verlassen, um dem Vaterland sein Leben zu widmen, das kann nicht jeder.«

Viele westliche Nachrichtendienstler wunderten sich, dass die Russen auch nach dem Ende des Kalten Kriegs noch immer den Aufwand illegaler Operationen betrieben. Es gab doch eine neue Erfindung namens Internet, aus dem konnte man immer leichter Informationen beziehen, allerdings erschwerte es die Konstruktion glaubhafter falscher Biografien. In den 1930er-Jahren hatte Russland noch auf Revolutionäre zurückgreifen können, die aus aller Welt kamen und andere Sprachen tatsächlich als Muttersprachler perfekt beherrschten, in den 1990er- und 2000er-Jahren hingegen schickte es Leute in die USA, die allesamt Russen waren und bis auf wenige Ausnahmen ihren Akzent nie loswurden.

Das Netzwerk der Illegalen ebenso wie die geheimen GRU-Waffenlager für Saboteure waren der schlagende Beweis, dass es bei russischen Behörden nie wirkliche Reformen gegeben hatte. Im Grunde handelte es sich um Kriegsvorbereitungen, denn die Abteilung S hatte unter anderem die Aufgabe, als Ersatz in den Botschaften zu fungieren, wenn in einem Konfliktfall die eigentlichen Mitarbeiter ausgewiesen wurden.

Aus den an die Illegalen ergehenden und von den Amerikanern abgehörten Anweisungen ging deutlich hervor, dass es der SWR-Zentrale in erster Linie – und gemäß einem Überbleibsel marxistischer Terminologie – darauf ankam, »die herrschenden Kreise« zu infiltrieren. Also fokussierte sich der Agentenring auf Akademiker, Thinktanks oder die Finanzwelt. Auf die Weise würde man hoffentlich dicht an Leute aus dem Außenministerium und der CIA oder Banker herankommen können; dafür, dass es die Agenten selbst in Bundesbehörden schafften, waren die Tarnidentitäten nicht wasserdicht genug.

Und was haben sie erreicht? Die russische Presse sagte ihnen später die unwahrscheinlichsten Anwerbungserfolge nach, die Amerikaner dagegen beteuern, sie seien immer sofort dazwischengegangen, wenn die Russen einem Geheimnisträger mit wirklich brisanten Informationen nahe kamen, und hätten jedwede tatsächliche Rekrutierung unterbunden. FBI-Agenten hätten den Betreffenden diskret beiseitegenommen, und er habe dann geräuschlos den Kontakt abgebrochen. All das war freilich nur möglich, weil die Ermittler dank Potejews Informationen den SWR-Agenten immer einen Schritt voraus waren und sie jahrelang überwachen konnten.

Im FBI war das CD1 zuständig für die endlosen Ermittlungen, und dessen Mitarbeiter fragten immer wieder nach, ob sie die Russen endlich hochgehen lassen durften. Dabei gab es nicht nur diplomatische Verästelungen zu berücksichtigen, die im FBI gepflegten Rechtstraditionen verlangten auch die Klärung der Frage, welcher Vergehen man die Agenten überhaupt mit Aussicht auf Erfolg anklagen konnte. Ein höherer FBI-Beamter sagte mir: »Solche Fälle sind schwer beweiskräftig zu machen. Jemanden vor Gericht zu bringen, heißt noch lange nicht, dass man den Fall auch gewinnt. Wir versuchten gerade, die Beziehungen mit den Russen zu verbessern, und so was hat ja immer Folgen. Über eine Verurteilung hinauszudenken, war in diesem Fall richtig schwierig.«

Weiter kompliziert wurde das Problem, einen Fall aufzubauen, der vor Gericht bestehen kann, durch den Umstand, dass wegen des abrupten Endes der russischen Aktivitäten (wie das FBI stets behauptete) weitere Geheimnisse nicht mehr aufgeklärt werden konnten. Als sich 2010 die Lage zuspitzte, wurden auch Chapman und Semenko in den Ermittlungskomplex einbezogen. Dabei waren beide noch nicht lange in den USA, sie waren auch gar keine Undercover-Topspione, sondern in der Terminologie der amerikanischen Geheimdienstler NOCs, Leute unter »Non-Official Cover«. Sie konnten am 26. Juni in die Falle gelockt werden, im Gegensatz zu illegalen Undercovers, in deren FBI-Akten es nur um die Nutzung gefälschter Dokumente ging, um Geldwäsche, um bestimmte Ordnungswidrigkeiten sowie um Verstöße gegen ein Bundesgesetz als »unregistrierter Agent« eines ausländischen Staates.

Und noch ein Faktor bestimmte das Timing im Hintergrund: Es durften keinerlei Festnahmen erfolgen, solange sich Potejew noch in Russland aufhielt. In all den Jahren der Operation Gespenstergeschichten hatte seine Sicherheit absolute Priorität. Warum sich die Dinge im Juni 2010 zuspitzten, ist nicht restlos geklärt. Möglich, dass Potejew das Gefühl hatte, in Verdacht geraten zu sein, und seinen Ausstieg selbst in die Hand nahm, auch möglich, dass die CIA ihm aus bislang unbekannten Gründen empfohlen hatte, Russland zu verlassen. Wenn man Beamten glauben darf, könnte jedoch am Ende schlicht eine professionelle CD1-interne Beurteilung die Entscheidung herbeigeführt haben. Schließlich hatte sich die ganze Operation über ein Jahrzehnt hingezogen und beträchtliche Ressourcen verschlungen. Man wusste beim FBI, dass sowohl Chapman als auch jemand aus dem Agentenring vorhatten, demnächst nach Russland zu reisen, und wollte die Spur nicht verlieren. Die CIA hatte überdies die Information bekommen, dass sich Christopher Metsos*, ein Offizier der Abteilung S, der ein paar Jahre zuvor mehrfach zur Unterstützung der Illegalen in den USA eingesetzt war, zufällig gerade auf Zypern aufhielt. Auch ihn zu schnappen, würde die Verbindung der anderen Verhafteten zur SWR beweiskräftiger machen, denn es gab Überwachungsmaterial, wonach Metsos ihnen 2001 und 2002 Geld überbracht hatte.

Das FBI beschloss, ab sofort entschieden offensiver vorzugehen, und stellte die Fallen für Chapman und Semenko scharf, und damit lief die Sache auf den Höhepunkt zu. Anna

Chapman, die ahnte, dass irgendetwas nicht stimmte, hatte ihren Vater angerufen, einen ehemaligen KGB-General, und der hatte ihr geraten, mit dem gefälschten Pass, den Roman ihr gegeben hatte, zur Polizei in New York zu gehen. Das Ganze war möglicherweise eine amerikanische »Provokation«, um sie zu kompromittieren, die man am besten mit einem Doppelbluff konterte. Einen Tag später erschien Anna Chapman tatsächlich auf dem ersten Revier des New York Police Department und tat genau das. Inzwischen hatte die FBI-Zentrale allerdings bereits die Order ausgegeben, den ganzen Ring festzunehmen.

Donald Heathfield* und seine Frau Tracey Foley* saßen eines Nachmittags in aller Ruhe zu Hause in Cambridge, nicht weit von Boston. Der 27. Juni war ein Sonntag, sie hatten in einem indischen Restaurant zu Mittag gegessen und den zwanzigsten Geburtstag ihres Sohns Tim gefeiert. Tim und sein Bruder waren oben, als es an der Haustür klopfte.

Minuten später strömten FBI-Agenten ins Haus. Tim hatte die Unruhe unten mitbekommen, ging zum Treppenabsatz und sah, wie seine Eltern in Handschellen abgeführt wurden, zu Autos vor dem Haus. Ein FBI-Mann erklärte ihm, sie seien als »unrechtmäßige Agenten einer ausländischen Regierung« festgenommen worden.

Die Vorgänge bei Boston waren nur ein Teil der weltweit koordinierten Operation. Die anderen Verhaftungen gingen in New York und Washington über die Bühne. Und auf Zypern wurde Metsos geschnappt.

Einen Tag später, am 28. Juni, trat ein MI6-Mitarbeiter auf einer Straße in Madrid auf einen Mann zu. Letzterer lebte seit knapp zwanzig Jahren in Spanien, legendiert als Harry Frith*. Die spanische Regierung wollte Frith anscheinend nicht selbst festnehmen und anklagen, war aber bereit, einen Anbahnungsversuch der Briten zu dulden. Ein Journalist bekam später ein

Transkript des Gesprächs mit dem MI6-Mann zugespielt: »Wenn Sie jetzt nicht mit mir reden, kriegen Sie leider große Probleme in Spanien«, erklärte der MI6-Mann. »Ich arbeite für einen westlichen Geheimdienst, Sie für die russischen. Ich weiß, das ist jetzt ein Schock für Sie, und es tut mir leid, dass ich Ihnen den auf der Straße verpassen muss, aber es war die einzige Möglichkeit, geschützt mit Ihnen zu reden.«

Frith stritt alles ab und erklärte dem Briten, er müsse sich irren. Aber am nächsten Morgen floh er aus Spanien und kam nie wieder. Vielleicht war er, nachdem er die erste Panik wegen der Begegnung auf offener Straße überwunden hatte, darauf gekommen, dass die Spanier, wenn sie denn wollten, ihn längst verhaftet hätten. Auch Metsos ging den Amerikanern doch noch durch die Lappen, er verschwand nach der Kautionsanhörung aus Zypern.

In den USA dagegen saßen zehn Leute in FBI-Gewahrsam: sieben der legendierten Illegalen, Lazaros peruanische Frau und die beiden NOCs Chapman und Semenko. Die Verhöre begannen. Derek Pieper, der das von New Jersey aus operierende Ehepaar Murphy* jahrelang beschattet hatte, wollte Cynthia Murphy zum Reden bringen: »Ich habe versucht, über die Kinder zu reden, ihr klarzumachen, dass wir für die Kinder sorgen, dass wir sie bei Freunden unterbringen. Sie hat sich keinen Millimeter gerührt, sie war kalt, sie kam nur mit der Nummer: ›Ich weiß genau, was Sie hier vorhaben, ich kenne Ihren Job, aber ich denke, ich möchte erst mal mit einem Anwalt sprechen.‹ Eiskalt. Sonst nichts.«

Ende Juni, Anfang Juli kamen die schlechten Nachrichten häppchenweise in der SWR-Zentrale im Moskauer Vorort Jasenowo an: Oberst Potejew von der Abteilung S war verschwunden, vermutlich übergelaufen; der amerikanische Spionagering war komplett aufgeflogen; Metsos war in Zypern gerade noch entwischt, auch Frith hatte aus Spanien fliehen können. Ein paar Illegale andernorts waren noch da (zum Beispiel in Deutschland und Kanada), aber man musste davon ausgehen, dass das gesamte Netzwerk kompromittiert war. Eine schlimmere Katastrophe konnte sich niemand bei der SWR vorstellen. Dann, am 4. Juli, klingelte das Telefon beim SWR-Direktor. Es war CIA-Direktor Leon Panetta. »Ich rief meinen russischen Gegenspieler Michail Fradkow an, ein Typ wie aus dem Castingkatalog für Sowjetagenten«, erzählte Panetta später in einem Dokumentarfilm auf CNN, »ich schaltete die Freisprechanlage ein und sagte: ›Michail, ich möchte Ihnen mitteilen, dass wir genau wissen, dass das Ihre Leute sind.‹ Ich sah mich im Raum um, es war klar, dass unsere Leute gespannt darauf warteten, was Fradkow sagen würde, alle schwiegen gebannt. Und dann sagte Fradkow: ›Ja, das sind unsere Leute.‹ Man konnte die Kinnladen regelrecht runterklappen sehen, der Mann hatte tatsächlich gerade zugegeben, dass es russische Spione waren. [...] Und ich sagte: ›Schauen Sie, wir würden gern über einen Austausch verhandeln‹, und er war auch mit den nächsten Schritten einverstanden.«

Das Spiel war eröffnet. Für die CIA stellte sich jetzt die Frage: Wen wollten sie, wenn es wirklich zum Austausch käme, im Gegenzug? Die Nachbeben der plötzlichen Schubumkehr beim russischen Geheimdienst waren vielerorts zu spüren. Sie drangen auch bis ins IK-5, das mordwinische Arbeitslager, in dem ein gewisser GRU-Oberst nicht einmal die Hälfte seiner Zeit abgesessen hatte.

15

DIE BEFREIUNG

Zwei Tage nach Panettas Telefonat mit Fradkow kam einer der Wärter in Skripals Schlafsaal im Lager IK-5. Es war kurz nach dem Mittagessen, der Gefangene lag auf dem Bett und ruhte sich aus. Der Sommer in Mordwinien ist kurz, aber intensiv. Die drückende Hitze machte Skripal schläfrig.

»Packen Sie bitte Ihre Sachen zusammen und finden Sie sich in zehn Minuten vor dem Hauptquartier ein«, lautete die Anweisung.

»Was ist los?«, Skripal setzte sich im Bett auf.

»Vielleicht kommen Sie in ein anderes Lager.«

In aller Eile suchte er ein paar Sachen zusammen und rief seine Kameraden zu sich. Falls man ihn wirklich verlegte, war es herzlich wenig, was er mitnehmen konnte. Seine Fallschirmjägerfreunde sollten alles bekommen, was er zurücklassen musste – Lebensmittel, Leckereien und Kleidung. Schließlich handelte es sich hier um seine »Gefängnis-Familie«. Und um seine Familie hat man sich zu kümmern. Nachdem er also eine kleine Tasche für sich gepackt und Abschied genommen hatte, machte er sich auf den Weg zum Hauptquartier und wartete vor dem Haus der Lagerverwaltung. Nichts geschah. Nach einer Stunde erschien ein Unteroffizier auf der Bildfläche. Er teilte Skripal mit, er würde nach Moskau gebracht werden. Wieder verging einige Zeit, bevor schließlich zwei schwarze FSB-Fahrzeuge auftauchten. Oha, das sieht professionell aus, dachte er, zwei Autos, damit man Ersatz hat, falls eins liegen bleibt. Er musste in eins der Fahrzeuge steigen, und dann ging die Reise los.

Im Seitenfenster sah Skripal den mordwinischen Wald vorbeiziehen. Sechs Stunden lang fuhren sie, ohne dass jemand auch nur ein Wort zu ihm sagte. Sie näherten sich Moskau, das konnte er an den Straßenschildern erkennen, und seine Hoffnung wuchs. Der Verkehr, das Gerümpel am Straßenrand, die zum Verkauf ausgestellten Babuschkas – das alles zog an ihnen vorüber, als sie die endlosen Wälder hinter sich ließen und sich die Ausläufer der russischen Hauptstadt abzeichneten. Hier ging es definitiv nicht zu einem anderen Lager.

Wenig später erreichten sie das Lefortowo-Gefängnis. Hier hatte er bis zu seiner Verurteilung gesessen, fast vier Jahre war das inzwischen her. Jetzt bekam er erst einmal »eine anständige Mahlzeit« und durfte sich anschließend ausruhen.

Während Skripal sein Nickerchen hielt, war man in Washington emsig damit beschäftigt, die Abmachung in trockene Tücher zu bringen. Man ging davon aus, dass die Russen, die man in Gewahrsam hatte, ihre Kinder würden mit nach Hause nehmen wollen. Einige von denen waren aber nicht mehr minderjährig und konnten daher selbst wählen. Juan Lazaros Sohn etwa entschied sich dafür, in New York zu bleiben.

Seit dem Telefongespräch zwischen Panetta und Fradkow war in Langley darüber diskutiert worden, wen man im Austausch von den Russen würde haben wollen. Schnell konnte man sich auf Alexander Saporoschskij einigen – den wertvollen SWR-Agenten, der 2001 mit einer Finte zurück nach Russland gelockt und prompt inhaftiert worden war. Einen zweiten Namen zu bestimmen war gar nicht so einfach. Entgegen der Behauptung des FSB, er habe Dutzende von Russen in Gewahrsam genommen, die für den Westen spioniert hätten (Patruschew hatte von fünfunddreißig zwischen 2000 und

2004 enttarnten Personen gesprochen), saßen in Wirklichkeit nicht allzu viele amerikanische oder auch britische Agenten in russischen Gefängnissen. Am Ende fiel die Wahl auf Gennadij Wassilenko. Dessen lange und verwickelte Vorgeschichte reichte bis in die Zeit des Kalten Kriegs zurück, als er und ein amerikanischer Offizier versucht hatten, sich gegenseitig anzuwerben. Die Russen hatten Wassilenko 2006 wegen unerlaubten Waffenbesitzes den Prozess gemacht – nachdem ihm eine tatsächliche Spionagetätigkeit nicht nachgewiesen werden konnte.

Als Juniorpartner bei den Verhaftungsaktionen im Rahmen der Operation Gespenstergeschichten, wo sie in Madrid und an einigen anderen Orten tätig geworden waren, wurden schließlich auch die Briten gefragt, ob sie eigene Leute in den bevorstehenden Austausch einbeziehen wollten. Ähnlich schnell wie im Fall Saporoschskij kam auf diese Weise Skripals Name ins Spiel. Auch FORTHWITH war schließlich ein Topagent gewesen, hatte vor seiner Verhaftung wertvolle Informationen über die GRU geliefert. Mit weiteren Kandidaten tat man sich jedoch zunächst schwer. Gern hätte man Walerij Ojamae freigekauft, einen 2001 wegen Spionage für Großbritannien verurteilten SWR-Offizier, doch der war während seiner Haftzeit gestorben. Auch Jurij Burlatow, ein allerdings in erster Linie spanischer Agent, war bekanntlich 2004 in der Haft zu Tode gekommen, vermutlich durch Mord. Es gab aber noch einen anderen interessanten Namen, Igor Sutjagin. Er war 2004 nach drei Prozessen, die bei russischen Menschenrechtsaktivisten für viel Aufsehen und Empörung gesorgt hatten, wegen Spionage zu einer Gefängnisstrafe verurteilt worden. Michael McFaul, zuständig für russische Angelegenheiten im Stab von Präsident Obama, hatte Sutjagin bereits auf die Liste gesetzt.

Die Vorwürfe gegen Sutjagin waren schwerlich als stichhaltig zu bezeichnen. Die 1999 erhobene Anklage wegen Spionage für den Westen stützte sich allein auf die Tatsache, dass er sich als Mitglied einer russischen Expertenkommission bereitgefunden hatte, einen Aufsatz für ein ausländisches Beratungsunternehmen zu verfassen. Der FSB wollte darin einen Geheimnisverrat erkennen, während Sutjagin dagegenhielt, seine Arbeit basiere allein auf öffentlich zugänglichen Daten, die von ihm analysiert worden seien. Vielfach wurden die Vorwürfe als ein weiterer Versuch des FSB interpretiert, die Arbeit von NGOs sowie den akademischen Austausch bzw. westliche Kontakte generell zu behindern. Sutjagin hatte einen wahren Horrortrip durch das russische Strafjustizsystem erlebt und schmachtete nach langer Prozessdauer nunmehr seit Jahren in diversen Arbeitslagern.

Die Entscheidung des MI6, Sutjagin auf seine Austauschliste zu setzen, entsprang freilich nicht dem bloßen Wunsch, eine besonders eklatante Ungerechtigkeit wiedergutzumachen. Vielmehr spielte auch das schlechte Gewissen eine Rolle, denn in diesem ungewöhnlichen Fall hatte die Paranoia des FSB zufällig einen realen Grund.

Bei den Recherchen für dieses Buch brachte ich in Erfahrung, dass das Beratungsunternehmen »Alternative Futures«, für das der Russe seine Expertise verfasst hatte, in Wahrheit eine Schattenfirma des britischen Geheimdienstes war. Gegründet worden war sie in den späten 1990er-Jahren, zu einer Zeit, als man die gegen Russland gerichteten Aktivitäten wieder verstärkte, und so hatte Sutjagins Verhaftung sogar in einer Organisation, die für ihr bisweilen skrupelloses Vorgehen bekannt war, einiges an Schuldzuweisungen ausgelöst. Ein MI6-Mann, der mir gegenüber zu erkennen gab, dass bei dieser Operation sämtliche Grundsätze missachtet worden seien, wonach dem Gegenüber klar sein muss, dass er als »Agent« dem britischen Staat Informationen liefert, kommentierte: »Seine Verhaftung und Verurteilung hat einige schwierige ethische Fragen für den Secret Service aufgeworfen.« Ein anderer westlicher Amtsträger fand etwas drastischere Worte für den Vorgang: »Sutjagin ist nach Strich und Faden gelinkt worden, und die [also der MI6] sollten sich was schämen.«

Gute Gründe also für den MI6, dem Mann beizuspringen, den er in eine so schreckliche Lage gebracht hatte. Man übermittelte den Russen seinen Namen, woraufhin er aus der Strafkolonie entlassen und nach Lefortowo gebracht wurde.

Nach genossener Nachtruhe wurde Skripal am Morgen des 7. Juli zu einem Büro im Obergeschoss geführt. In dem stickigen Raum traf er zwei Russen und drei Amerikaner an, darunter Daniel Hoffman, den Chef der CIA-Niederlassung in Moskau. Hoffman hatte vor Ort die Weichen für den Austausch der Gefangenen gestellt und insbesondere dafür gesorgt, dass die Konditionen ihrer Freilassung vertraglich fixiert wurden. Der CIA-Mann war ein Respekt gebietender Kerl, wie ihn die Geheimdiensteinsätze der vergangenen Jahrzehnte hervorgebracht hatten: Der ehemalige Soldat hatte Ende der 1990er-Jahre russische Agenten in Moskau geführt, um dann nach dem 11. September in Pakistan und dem Irak zu dienen.

Hoffman war es, der Skripal die freudige Nachricht von dem bevorstehenden Austausch überbrachte. Skripal hatte bereits einen Zeitungsbericht über die Verhaftung der Illegalen in den USA gelesen, daher begriff er sofort die Hintergründe der Aktion. Hoffman erklärte dem Gefangenen, gemäß der Vereinbarung mit den Russen könne er das Land in Kürze verlassen, die Entscheidung aber liege bei ihm.

Auf die Frage Skripals, wie der Austausch über die Bühne gehen solle, teilte der CIA-Mann mit, als Erstes müsse er ein Dokument zur Kenntnis nehmen und unterzeichnen. Dabei handelte es sich um ein Gnadengesuch beim Präsidenten Dmitrij Medwedjew. Unbehagen machte sich in dem Gefangenen breit. Nach kurzer Überlegung erklärte Skripal, er werde diese Unterschrift nicht leisten, denn dies käme einem Schuldbekenntnis gleich. Selbst nach fast sechs Jahren in Unfreiheit war er nicht bereit, den Mistkerlen vom FSB diese Genugtuung zu verschaffen.

Skripal stand mit seiner Ablehnung nicht allein. Auch Igor Sutjagin, der sich als vollkommen unschuldig betrachtete, fand das Ansinnen höchst verdächtig.

Jetzt hatte Hoffman Anlass, unruhig zu werden. Ihm, der den russischen Amtsapparat kannte, war klar, dass diese Bürokraten nicht einfach jemanden freilassen, geschweige denn, ihm erlauben würden, aus dem Land auszufliegen, ohne dass die rechtliche Grundlage der ganzen Angelegenheit durch entsprechende Formulare beglaubigt war. Die Russen hatten auf diesem Verfahren bestanden, weil ihre eigenen Leute in den USA aufgefordert worden waren, offiziell zu bekennen, dass sie ausländische Agenten seien, die illegal in den USA operiert hätten. Der FSB verlangte gleichlautende Bekenntnisse von den Häftlingen in Lefortowo.

An diesem Punkt der Entwicklung gab es in Washington und London eine Menge Leute, die ein Scheitern der Abmachung für möglich hielten. Und natürlich hatten die Gefangenen, um deren Unterschrift es in dem beengten Büro in Lefortowo jetzt ging, zu viele bittere Erfahrungen mit der Mentalität des FSB gesammelt, als dass sie die Abmachung für bare Münze genommen hätten.

Zuerst sanft, dann in zusehends dringlichem Ton erläuterte Hoffman, nicht er habe sich diese Bedingungen ausgedacht, sie seien aber nicht verhandelbar. Wenn Skripal ausreisen wolle, müsse er unterschreiben.

Der Russe bat um Bedenkzeit, die jedoch nicht lange währte, denn kurz darauf traf er wieder mit dem CIA-Residenten zusammen und unterschrieb. Hoffman gab seinen beiden Begleitern grünes Licht, die Fotos aufzunehmen und die Formulare auszufüllen, die zur Ausstellung von Skripals Reisedokumenten erforderlich waren.

In seine Zelle zurückgekehrt, machte Skripal sich bewusst, dass er ein freier Mann war oder es jedenfalls bald sein würde. Er hatte gewisse Rechte, durfte zum Beispiel telefonieren. Also versuchte er Ljudmila zu erreichen, erfuhr aber zu seiner Enttäuschung, dass sie sich nicht in Moskau, sondern auf einer Reise nach Kaliningrad befand. Sein Sohn Sascha, der sich in der Stadt aufhielt, eilte an ihrer Stelle nach Lefortowo und erhielt Zutritt. Mit seinem Vater erörterte er die möglichen nächsten Schritte. Skripals Hauptsorge galt der Frage, ob seine Familie mit ihm kommen dürfte, ganz gleich, wohin es ihn verschlagen mochte.

Am folgenden Vormittag wurde er auf den Hof vor dem Verwaltungsgebäude geführt. Man steckte ihn in einen Lieferwagen, wo er die anderen drei antraf: Saporoschskij, Sutjagin und Wassilenko. Mit Bestürzung stellte Skripal fest, dass die beiden von den Amerikanern auf die Liste gesetzten Männer offenbar geschlagen worden waren. Es sah ganz danach aus, als hätten einige wütende Tschekisten in dieser Angelegenheit noch ein letztes Wörtchen mitreden wollen. Da sie sich aber nach wie vor auf Gefängnisterritorium befanden, war jetzt keine Zeit für Nachfragen. Keiner von ihnen wusste, was als Nächstes kommen würde. Sie wurden zum Flughafen gefahren, wo eine Tupolew-Maschine des Ministeriums für Zivilverteidigung und Katastrophenschutz stand, bei der bereits die letzte Kontrolle vor dem Flug begonnen hatte. Im Innern war das Flugzeug als Beförderungsmittel für hohe Offiziere ausgelegt. Die Einrichtung glich eher einem Bahnabteil: anstatt sich in die üblichen Sitzreihen zu zwängen, saß man sich an Tischen gegenüber. Sutjagin und Skripal auf der einen, Saporoschskij und Wassilenko auf der anderen Seite.

Mit spürbarer Anspannung kamen, kurz bevor die Türen geschlossen wurden, Hoffman und einige andere Amerikaner an Bord und nahmen im vorderen Teil der Kabine Platz. Auch Skripal und die anderen drei, nach Jahren der Gefangenschaft an das Auf und Ab von geschürten und enttäuschten Hoffnungen gewöhnt, hielten den Atem an. Doch langsam setzte die Tupolew sich in Bewegung, dann heulten die Motoren auf und die Maschine hob ab. Es waren noch andere Personen an Bord, eine heikle Mischung aus FSB-, SWR- und CIA-Leuten, alle mit dem Auftrag, dafür zu sorgen, dass die Sache lief wie geplant. Nicht lange nach dem Start schnallte Hoffman sich los und kam nach hinten zu den vier freigelassenen Gefangenen. Er erklärte, sie würden nach Wien fliegen, wo der Austausch stattfinden sollte. Von dort würden zwei von ihnen in die USA, die beiden anderen nach Großbritannien weiterfliegen. Für diese Männer, die jahrelang im Gulag geschmort hatten, ging nun alles rasend schnell. Sie hatten keinerlei Gepäck, trugen immer noch die dunkelgraue Gefängnisuniform und besaßen allenfalls vage Vorstellungen davon, was aus ihnen werden würde. Hoffman übergab jedem eine Tasche, die sie aber, so seine dringliche Bitte, erst in Wien öffnen sollten. Es gab so viele Fragen. Skripal wusste nur zu gut, wie es früheren Überläufern ergangen war – der KGB hatte eine Familienzusammenführung über Jahre verhindert. Darüber machte er sich große Sorgen.

Was mit seiner Frau sei. Ob sie zu ihm kommen dürfe, wollte er wissen. »Keine Sorge«, antwortete Hoffman, »das ist alles mit den russischen Behörden abgesprochen.« Das war ein gewisser Trost.

Nach der Landung unweit der österreichischen Hauptstadt wurden die vier russischen Gefangenen mit dem Bus zu einer

Boeing der recht obskuren Vision Airlines gebracht. Nachdem sie ihre frisch empfangenen Taschen die Gangway hinaufgetragen hatten, wurden sie von Rick DesLauriers begrüßt, dem FBI-Agenten, der die Operation Gespenstergeschichten federführend geplant hatte. Die russischen Illegalen waren in demselben Flieger aus New York gekommen, inzwischen aber bereits zu einem nichtöffentlichen Terminal geführt worden. Skripal und die anderen bekamen sie nicht zu Gesicht. Hoffman dagegen kehrte, nachdem er seine Schützlinge in der amerikanischen Maschine untergebracht hatte, noch einmal zu der Tupolew zurück, um sich davon zu überzeugen, dass alles nach Plan abgelaufen war.

Dann erst bestieg er die Boeing, wo die Erleichterung nun mit Händen zu greifen war. Jetzt durften die Russen auch endlich die Taschen öffnen, in denen sie jeweils einen Trainingsanzug, Unterwäsche, Toilettenartikel und ein Erfrischungsgetränk fanden.

»Gucken Sie noch mal genau hin«, sagte Hoffman, und so entdeckte einer nach dem anderen, dass in den Tiefen jeder Tasche eine kleine Flasche Scotch verstaut war. Es war Zeit, auf die Freiheit anzustoßen. Skripal und die beiden anderen ehemaligen Geheimdienstler kippten sich den bernsteingelben Nektar genussvoll hinter die Binde. Sutjagin dagegen schien Abstinenzler zu sein.

Die Boeing hob ab. Der Flugplan sah vor, dass es zunächst nach England zur RAF-Luftwaffenbasis Brize Norton und von dort weiter an die Ostküste der USA gehen sollte.

An Bord der aufsteigenden Tupolew saß unterdessen Juan Lazaro, eigentlich: Michail Wassenkow, der so lange eine verdeckte Existenz geführt hatte, dass er eigentlich nur noch seinen Ruhestand in den USA verbringen wollte. Dann waren da noch Donald Heathfield und Tracey Foley alias Andrej Besrukow und Jelena Wawilowa, ursprünglich aus Sibirien, die sich, auch im »echten« Leben ein Paar, vor vielen, vielen Jahren der SWR angeschlossen hatten. Ihre Söhne waren auch mit an Bord, zwei Jungen, die in dem Glauben aufgewachsen waren, sie seien Kanadier. Die Illegalen waren auf dem Weg nach Moskau, wo sie als die leidenschaftlichen Tschekisten und Meisterspione gefeiert werden sollten, die Regierung und Medien in ihnen sehen wollten.

Auf dem Flugplatz in Brize Norton kamen ein paar Leute vom MI6 an Bord, begrüßten ihre beiden Russen und wünschten der übrigen Gesellschaft einen guten Weiterflug nach Amerika. Die Freigelassenen wurden vom ranghöchsten SIS-Offizier zu einem Hubschrauber der Royal Airforce begleitet, der sie nach Süden flog, über die Hügellandschaften und die von Hecken gesäumten Felder von Wiltshire und Hampshire hinweg in Richtung Küste, genauer gesagt, zum Solent.

Im Fort Monckton angelangt, bekamen die Russen kurz ihre Zimmer zugewiesen, dann führte ihr MI6-Gastgeber sie zu einem anderen Raum. Skripal erinnert sich: »Der war voll mit Kleidung, richtig gute Sachen, und jede Menge Schuhe dazu. Und er meinte, wir könnten nehmen, was wir wollten. Ganz im Ernst, ohne Limit. Es gehörte alles uns.«

Schwer beladen kehrte Sergej in sein Zimmer zurück und beschloss, erst einmal unter die Dusche zu springen. Plötzlich sah er sich im Spiegel: Da war er nun in Südengland gelandet, aber er trug noch immer die grobe Gefängnisuniform aus dem IK-5. Auf dem ganzen langen Weg von Mordwinien hierher hatte es keine Gelegenheit gegeben, sich umzuziehen. »Noch Tage später«, erklärte er mir, »konnte ich nicht glauben, dass das alles wirklich passiert war.«

Bei aller Hochstimmung waren die folgenden Wochen doch auch von einer gewissen Unruhe erfüllt. Ein Tag nach dem anderen verging mit Nachbesprechungen. Im Fall von Gordijewskij hatte die abschließende Auswertung am selben

Ort stattgefunden und sich über Monate hingezogen. Bei Skripal ging es immerhin schneller. Trotzdem gab es viel zu besprechen, und natürlich erfuhr er da gewisse Neuigkeiten, etwa die Enttarnung und Inhaftierung von Roberto Florez in Spanien. In stundenlangen Gesprächen versuchten die Spione, in irgendeiner Form mit der Sache abzuschließen. Auf der anderen Seite wollte man wissen: Wie viel hatte Skripal seinen Vernehmungsoffizieren von Bagnall, von Jones und von ihren Treffen erzählt? Das waren heikle Fragen.

Jahre später sprachen Sergej und ich über Florez. Er machte den Spanier ohne Wenn und Aber für seine Verhaftung verantwortlich. Sicher, Florez hatte nicht mit seinem Namen aufwarten können, aber allein der Hinweis auf eine Infiltrierung der GRU in dem betreffenden Land musste ausgereicht haben, um die Jagd nach Maulwürfen in Gang zu setzen. Skripal ließ keine Wut auf Florez erkennen, vielmehr schien er die Tatsache zu akzeptieren, dass das Spionagegeschäft eben mit Risiken verbunden ist, über die er sich von Anfang an im Klaren gewesen sei. Aber jedenfalls hatte er, der gerade aus jahrelanger Lagerhaft gekommen war, ein Recht darauf, alles darüber zu erfahren, wie es bei dem Verrat an ihm und dem an Burlatow zugegangen und wie man der undichten Stelle auf die Spur gekommen war.

Daneben gab es jede Menge Praktisches zu regeln. Die SIS-Leute beeilten sich, ihre beiden Gäste optisch auf Vordermann zu bringen, und machten dann Fotos für ihre neuen Pässe. Das war psychologisch wichtig, gerade auch, um ihre neue Identität zu festigen. Außerdem wurde Skripal gefragt, wo er leben wollte, hier in England oder lieber in Spanien? Aus den geheimen Gesprächen mit seinen Kontaktleuten wusste man, dass Sergej mit einer Zukunft unter der spanischen Sonne geliebäugelt hatte. Aber nein, bei näherem Nachdenken zog er doch die Insel vor. Man würde nach einem möglichen Zuhause für ihn suchen lassen – natürlich im Rahmen des dafür verfügbaren Budgets. Wo würde er lieber hinziehen? Winchester, Chichester oder Salisbury? Darüber musste er nachdenken.

Während die Dinge im Fort ihren Lauf nahmen, besuchte Ministerpräsident Wladimir Putin in Russland eine Veranstaltung, auf der die Rückkehr der SWR-Illegalen gefeiert wurde. Als er das Gebäude wieder verließ, bestürmten ihn Journalisten mit Fragen. Ob es wahr sei, dass sie alle gemeinsam Karaoke gesungen hätten? Nicht ganz, sie hätten zusammen ein Lied namens »Wo beginnt das Mutterland« und noch einige ähnliche Nummern gesungen. Bekannt geworden war dieses Lied durch die Fernsehserie »Schild und Schwert« von 1968, in der das Heldentum der sowjetischen Geheimpolizei besungen wurde.

Anschließend zitierte Putin Präsident Medwedjew mit der Aussage, die Enttarnung des Agentennetzwerks sei ein Ergebnis von Verrat gewesen, und fügte hinzu: »Verräter zahlen immer ihren Preis, sie enden mit Alkohol oder Drogen. Erst kürzlich hat einer dieser Verräter genau so ins Gras gebissen.« Ein Reporter fragte den ehemaligen FSB-Chef fast provozierend, ob diese im Ausland lebenden Verräter nicht bestraft würden. »Ich glaube, das ist eine unangemessene Frage«, antwortete Putin, »und solche Entscheidungen werden auch nicht auf Pressekonferenzen getroffen. Die Spezialeinheiten haben ihre eigenen Regeln, und jeder kennt diese Gesetze.«

Zweifellos empfand Putin, selbst einst bei der Direktion S tätig, den Verrat des verdeckten Netzwerkes durch Potejew als besonderes Ärgernis. So viele Gelder waren in dessen Erschaffung und Unterhalt geflossen, und die persönlichen Opfer, die die als Illegale lebenden russischen Offiziere auf sich genommen hatten, waren unbeschreiblich.

Wenige Monate später kam er auf einer Jahresendpressekonferenz noch einmal auf das Thema Verrat zurück, äußerte sich diesmal jedoch allgemeiner, nicht direkt auf Potejew und den in den USA aufgeflogenen Spionagering bezogen. Er bestritt, dass Russland noch immer Killertrupps habe, und drohte zugleich, dass es all jenen schlecht ergehen würde, die ihr Vaterland verrieten: »Verräter werden verrecken, glaubt mir. Ob sie nun dreißig Silberlinge oder sonst was dafür bekommen haben – sie werden dran ersticken.«

Derweil ging in Südengland, in der Ausbildungsbasis des MI6, die Nachbereitung weiter, einem im Laufe der Jahre feingeschliffenen Ablauf folgend, der unter anderem vorsah, dass die Neuankömmlinge in einer recht britischen Form von »Quarantäne« gehalten wurden. In jedem Fall war sie sehr viel komfortabler als die Gulag-Version. Sie konnten das Gelände verlassen, um (in Begleitung) an der Küste spazieren zu gehen, abends gab es gutes Essen und zum Abschluss noch ein paar Drinks. Dagegen war es Skripal nicht möglich, nach Moskau zu telefonieren, jedenfalls nicht vom Fort aus, und das machte ihn nervös. Er hatte das dringende Bedürfnis, mit Ljudmila und seiner Mutter zu sprechen.

Nach einem Monat näherte sich die offizielle Nachbereitung ihrem Ende. Man brachte Skripal an einen Ort, wo er seine Lieben anrufen konnte, »und nachdem ich mit ihnen gesprochen hatte, wurde ich ruhiger«. Es hatte ihm zugesetzt, mit seiner Mutter zu reden. Dass Ljudmila zu ihm nach England kommen würde, war klar. Aber obwohl auch seine Mutter laut der Vereinbarung zwischen Amerikanern und Russen berechtigt gewesen wäre, sich ihm anzuschließen, zeigte sie wenig Neigung, ihre Zelte in der Heimat abzubrechen. Daher war es sehr zu bezweifeln, dass er seine arme alte Mutter jemals würde in die Arme schließen können. Dennoch hatte er versucht, sie mit Worten der Zuversicht zu trösten. Vielleicht würde man ihm eines Tages die Rückkehr erlauben, und dann wären sie wieder vereint. »Lass dir bloß nicht einfallen, nach Russland zurückzukommen«, erwiderte sie entschieden, »du wärst dir deines Lebens nicht sicher.«

Seine Frauen hatten immer eine entscheidende Rolle in Sergejs Leben gespielt, waren ihm durch alle Höhen und Tiefen hindurch eine Stütze gewesen, ob in der Militärzeit, während des Dienstes in der GRU oder der Gefangenschaft. Jetzt stand eine Neuordnung innerhalb dieser Konstellation an. Seine Mutter war aufgrund der Entfernung und der Umstände nicht mehr verfügbar, dafür aber würde Julijas Einfluss wachsen. Zum Zeitpunkt seiner Verhaftung hatte er sie, die immerhin schon studierte, mehr oder weniger noch als kleines Mädchen angesehen. Inzwischen war sie zu einer selbstbewussten jungen Frau herangereift, die dank ihrer Sprachbegabung nach dem Examen recht schnell eine Arbeit bei Nike in Moskau gefunden hatte.

Jetzt oblag es Julija, den in Russland Zurückgebliebenen die Richtung zu weisen. Während die Nachbesprechungen ihres Vaters im Fort zum Abschluss kamen, flog sie nach England. Sie übernahm die Wohnungssuche und sah sich in den drei Städten um, die zur Auswahl standen. Binnen Kurzem hatte sie das Richtige gefunden. Mit dem Geld vom britischen Staat würden sie sich statt einer Wohnung sogar ein kleines Häuschen leisten können. Der Ort, der es ihr angetan hatte, war Salisbury.

16

CHRISTIE MILLER ROAD

Eines Morgens im Juni 2017 war ich mit dem Auto unterwegs nach Salisbury. Ich wollte Sergej Skripal zu Hause besuchen. Aus London kommend, fährt man am größten Friedhof der Stadt entlang und umgeht das Zentrum über eine Ringstraße, bevor man bergauf in das Wohnviertel abbiegt. Die Häuser dort sind relativ neu, gut gepflegt und in jeder Hinsicht unauffällig.

Es schien fast, als hätten er und Julija sich bewusst einen anonymen Ort ausgesucht, der ganz typisch für Mittelengland ist. Den Leuten vom britischen Geheimdienst, die ihnen bei der Immobiliensuche halfen, mochte die Christie Miller Road auch gefallen haben, weil die Wohnanlagen dort für Polizisten gebaut worden waren. Obwohl die Polizeibehörde von Wiltshire die Häuser nach und nach abstieß, gibt es unter den Anwohnern dieser Sackgasse offensichtlich noch einige pensionierte Beamte.

Auch wenn die Familie am Ende nicht in einem typisch englischen, leicht heruntergekommenen *Country cottage* landete, hatte die Stadt mit der Kathedrale doch reichlich historische Atmosphäre zu bieten. Im Zentrum ducken sich mittelalterliche Gebäude neben stuckverzierten stolzen Häusern im Regency-Stil des frühen 19. Jahrhunderts und kantigeren modernen Bauwerken. Es gibt zahlreiche Restaurants und Bars zum Entspannen, viele an den Ufern des Avon, der mitten durch Salisbury fließt. Auf der Hochebene über dem tief eingeschnittenen Tal befinden sich Spazierwege, wie der hinauf zur Burg Od Sarum, von wo man einen schönen Blick auf die Kathedrale hat.

Sergej und ich hatten uns damals auch schon an einem anderen Ort getroffen und ein langes Gespräch über sein Leben geführt. Anschließend hatten wir telefoniert, und er war damit einverstanden, dass ich mit meinem Laptop zu einer richtigen Arbeitsbesprechung für einen halben Tag zu ihm nach Hause kommen sollte, um gemeinsam tiefer in seine Erinnerungen vorzudringen. Ich war also ein bisschen aufgeregt, als ich in der Christie Miller Road eintraf. Als ich auf das Ende der Sackgasse zusteuerte und die Hausnummern las, konnte ich die 47 nirgends entdecken. Meine kurze Verwirrung endete, als Sergej aus seinem Haus kam und mich mit militärisch anmutenden Handzeichen aufforderte, direkt davor einzuparken. Er begrüßte mich, und ich bemerkte das Hufeisen als Glücksbringer über dem Eingang, bevor ich ihm ins Haus folgte.

Von der Haustür ging es gleich links ins Wohnzimmer, das einen gemütlichen, aber keinen besonders luxuriösen Eindruck machte. Alles war sehr ordentlich, wie man das von einem ehemaligen Soldaten erwarten würde, aber auch nicht übertrieben pingelig. Was mir sofort auffiel, waren die Anzeichen dafür, dass sich hier jemand daran gewöhnt hatte, Zeit totzuschlagen. So gab es einen Stapel mit Puzzles für Erwachsene – zwar keinen Sommerhimmel aus 2000 Teilen, aber so was Ähnliches. Ich entdeckte auch ein Modell der HMS Victory. Sergej hatte Lord Nelsons Flaggschiff sogar mit Baumwollsegeln aufgetakelt. Eine knifflige Angelegenheit, die viel Geduld erfordert. Später las ich, dass er viel Zeit mit Online-Panzerspielen verbrachte, allerdings bekam ich bei diesem Besuch nicht einmal seinen Computer zu sehen.

Er zeigte mir ein paar Dinge aus ihrer alten Wohnung, die Ljudmila und seine Kinder mitgebracht hatten. Die sollten es hier wohnlicher machen. An der Wand hing ein Bild, und in einem Bücherregal stand etwas Nippes. Mit besonderem Stolz griff er nach dem *Cottage*-Modell, das ihm Richard Bagnall vor einundzwanzig Jahren im Zuge seiner Anwerbung in Madrid geschenkt hatte. Ich fand das kleine Ding aus Kunstharz nicht besonders ansprechend, ein gewöhnliches Souvenir eben. Aber gleichzeitig dachte ich daran, was es Skripal bedeuten mochte. Immerhin hatte er es von Spanien mit nach Moskau genommen und nach all den Jahren in Gefängnis und Arbeitslager dafür gesorgt, dass es nach Salisbury in sein neues Zuhause kam.

Der Grund für meinen Besuch bei Sergej an jenem Tag war, dass ich beabsichtigte, ein Buch über west-östliche Spionage zu schreiben und darüber, wie diese trotz Beendigung des Kalten Kriegs fortgeführt wurde. Dabei handelt es sich um ein großes, schwer einzugrenzendes Thema, weshalb ich mir vorgenommen hatte, mich auf eine Handvoll Leute und deren Geschichten zu konzentrieren. Was sie verbinden sollte, war der Austausch 2010 am Flughafen Wien, der zugleich als Schlüssel zum Aufbau des Buches dienen sollte. Skripal würde eine von etwa sechs Hauptpersonen sein. Ich arbeitete damals in meiner Freizeit an diesem Projekt – ohne Vertrag; ein Buch gab es im Juni 2017 nur in meiner Fantasie.

Skripal meinte, er wäre mir gern behilflich. Ich könne alles verwenden, was er mir erzählte, nur wegen wörtlicher Zitate müssten wir noch reden. Während er mir etwas zu trinken anbot, gingen wir in die Küche. Tee oder Kaffee? Skripal ist selbst überzeugter Teetrinker. Ich bat um Kaffee, und als er nach einem schon ziemlich alt wirkenden Glas mit Nescafé griff, dachte ich bei mir, »schlechte Entscheidung«.

»Sie müssen entschuldigen«, sagte er, während er das Kaffeepulver in meine Tasse löffelte. Er bezog sich auf seine Nervosität hinsichtlich wörtlicher Zitate. »Es ist wegen Putin«, meinte er. Wir unterhielten uns ein bisschen darüber, dass seine Kinder ihren Hauptwohnsitz in Russland hatten und gerne weiter ungehindert von dort hierher und wieder zurück reisen wollten. »Wissen Sie, wir haben Angst vor Putin«, fügte er hinzu.

Später, während unserer Gespräche, wies ich ihn darauf hin, dass er so offen, so detailliert rede und daher leicht erkennbar sein würde, dass er mit mir gesprochen habe, und auch zur Frage des Zitierens sagte er mehrfach: »Sie können alles verwenden.«

Sobald wir uns gesetzt hatten, um mit der Arbeit zu beginnen, klappte ich mein Notebook auf. Er fragte, ob ich das Gespräch aufnehmen würde. Das verneinte ich, weil es sich primär um Hintergrundrecherche handelte. Mit meinem iPhone, dem einzig geeigneten Gerät, das ich dabeihatte, wollte ich nichts aufnehmen, denn es konnte gehackt werden. Dann würden FSB, GRU oder wer auch immer über einen unwiderlegbaren Beweis verfügen. Er stimmte mir zu. Diese Entscheidung sollte ich später noch sehr bedauern, aber damals fasste ich sie als gutes Zeichen auf. Er vertraute mir anscheinend genug, dass er auch einer Aufnahme zugestimmt hätte.

Das Haus in der Christie Miller Road war 2011 auf seinen Namen für 260 000 Pfund gekauft worden. Diese Immobilieninvestition des MI6 ließ das, was er in seiner Karriere als Agent verdient hatte, geringfügig erscheinen. Willkommen in Großbritannien. Das FSB hatte nach der Verhaftung seine Bankkonten geleert, aber er hatte noch ein bisschen Geld in Spanien gebunkert. Die Skripals verkauften auch ihre Datscha, um die Kosten für das neue Leben in Großbritannien zu stemmen. Zudem erhielt er ab und zu Geld von der britischen Regierung.

Ross Cassidy und seine Frau Mo freundeten sich bald mit ihren neuen Nachbarn an. Cassidy, der damals Anfang fünfzig war, war als Subunternehmer im Güterkraftverkehr tätig und ein ehemaliger Soldat der Royal Navy, wo er auf U-Booten Dienst getan hatte. Obwohl er und Skripal enge Freunde und Trinkkumpane wurden, sprachen sie in den folgenden Jahren nie über seine Spionagetätigkeit. Cassidy allerdings machte sich so seine eigenen Gedanken über die neuen Nachbarn, und natürlich konnte man Skripal einfach googeln. Doch als ehemaliges Mitglied der U-Boot-Flotte wusste er: Das Stochern ließ man besser bleiben.

Ross und Mo redeten manchmal darüber, ob Ljudmila in ihrem neuen Leben in Großbritannien glücklich war. Er fand, sie wirke wie ein Fisch auf dem Trockenen, aber Mo meinte, das liege vielleicht an ihren mangelnden Englischkenntnissen. Julija jedenfalls war die, die mit der Sprache am besten zurechtkam.

Nachdem Ljudmila zu ihm nach Salisbury gezogen war, verlebten sie einige sehr glückliche Monate. Während seiner letzten Jahre im IK-5 hatte sie an einer Krebserkrankung gelitten. Sie war in Russland behandelt worden, wobei man ihr riet, sich nicht operieren zu lassen, solange er in Haft war, und das Problem nach seiner Entlassung in Angriff zu nehmen. Die Symptome waren in Salisbury wieder aufgetreten, dazu kam die schreckliche Diagnose, dass der Gebärmutterkrebs gestreut hatte. Sie unterzog sich weiteren Behandlungen, sowohl in Großbritannien als auch in Russland, doch das nützte nichts mehr. Im Sommer 2012 starb sie im Alter von neunundfünfzig Jahren.

Der Tod seiner Frau war für Sergej zweifellos ein harter Schlag. »Sie war eine großartige Frau«, meint ein Freund dazu, »er bewunderte, vergötterte und fürchtete sie zugleich.« Sie wurde auf dem Friedhof an der London Road in Salisbury beerdigt, und er besuchte mehrmals pro Woche ihr Grab.

Nach ihrem Tod richtete sich Sergejs Augenmerk unvermeidlich auf seine Tochter und seinen Sohn. Julija verbrachte viel Zeit in England, während er sich hier ein neues Leben aufbaute. Dank ihrer Sprachkenntnisse und der positiven Einstellung fiel es ihr auch nicht schwer, einen Job zu finden. Unter anderem arbeitete sie im Holiday Inn in Eastleigh, nahe Southampton, in der Abteilung für Konferenzen und Events.

Trotzdem sah Julija ihre Zukunft eher in Russland und war 2014 wieder auf der Suche nach einer Arbeit dort. Natürlich würde sie ihren Vater weiterhin besuchen, aber sie wollte ihr eigenes Leben leben und nicht zuletzt auch einen Partner finden.

Bei Sascha war die Sache komplizierter. Ich traf ihn bei meinen Besuchen in Salisbury ein paarmal an. Er war höflich, schüchtern und ein wenig unsicher. Er verstand Englisch längst nicht so gut wie sein Vater. Einmal saßen Sergej und ich im Wohnzimmer ins Gespräch vertieft, als Sascha mit einer großen Packung Stroh vom Einkaufen zurückkehrte. Wir begrüßten uns, und er verschwand rasch wieder. Sein Vater erklärte mir, das Stroh sei für die Meerschweinchen, die sie in einem Verschlag hinten im Garten hielten. Oberflächlich hätte man die Konstellation für eine fröhliche WG von Vater und Sohn halten können. Aber das Verhältnis war von viel Schmerz und Unbehagen geprägt.

Schließlich war Sascha zu diesem Zeitpunkt schon dreiundvierzig, hatte eine gescheiterte Ehe und beträchtliche Alkoholprobleme hinter sich. Doch er hatte (in Russland) eine neue Freundin gefunden, und das gab Anlass zur Hoffnung. Unter uns drückte sich Skripal ziemlich drastisch aus und sagte ganz klar: »Mein Sohn darf nichts trinken, er ist Alkoholiker.« Als Sascha mit dem Stroh verschwunden war, beugte Sergej sich vor und sagte mit gesenkter Stimme: »Man hat ihn gewarnt, dass es ihn umbringen wird, wenn er wieder trinkt. Aber ich weiß, dass er es manchmal heimlich tut. Er glaubt, er kann es vor mir verheimlichen«, an dieser Stelle schüttelte er schwach den Kopf, »aber seinem Vater macht er nichts vor.«

Ein paar Wochen später flog Sascha nach Moskau zurück, weil er mit seiner Freundin eine Reise nach St. Petersburg plante. Laut seiner Cousine Wiktoria war Sascha jedoch bereits betrunken, als Julija ihn am Flughafen abholte. Nachdem er mit seiner Freundin den Zug nach St. Petersburg bestiegen hatte, kollabierte er und wurde sofort in ein Krankenhaus gebracht. Ein paar Tage später, am 18. Juli, starb er an Leberversagen. Zu einem meiner Kollegen von der BBC meinte Wiktoria: »Jeder ist für sein Schicksal selbst verantwortlich – das hat Sergej immer dazu gesagt.« Auch wenn aus Wiktoria später noch eine umstrittene Figur werden sollte, brachte diese Bemerkung Sergejs Einstellung doch ziemlich genau auf den Punkt.

Wenige Wochen nachdem es passiert war, rief ich Sergej an, um ihm mein Beileid auszusprechen. Der sagte, nach allem, was man Sascha erklärt hatte, käme seine Entscheidung, wieder zur Flasche zu greifen, fast einem Selbstmord gleich. Ich sagte, was in so einer Situation eben angemessen ist, aber schließlich war ich kein alter Freund und fürchtete, nicht viel mehr als Plattitüden anbieten zu können. Sergej fasste seine Situation am Ende unseres Gesprächs zusammen: »Ja, das Leben wird jetzt für mich nicht mehr so einfach sein.«

Ganz eindeutig kam Skripal der Tod seines Sohnes nicht verdächtig vor. Er betrachtete ihn eher als den Endpunkt vieler falscher Entscheidungen und verpasster Gelegenheiten. Aber selbst wenn es jemandem ein Anliegen gewesen wäre, eine Obduktion vornehmen zu lassen, wäre das nicht gegangen, weil die Leiche in Russland praktisch umgehend eingeäschert worden war. Britische Diplomaten waren dabei behilflich, die Urne nach Großbritannien zu bringen. Hier wurde

Sascha nahe am Eingang des Friedhofs an der London Road bestattet.

Schon vor dieser Tragödie hatten die Menschen, die Anteil an Sergejs Leben nahmen, versucht, für Beschäftigung zu sorgen und ihn in engeren Kontakt mit seiner Umgebung zu bringen. Obwohl er ein gutes Verhältnis zu seinen Nachbarn pflegte, besonders zu Ross und Mo Cassidy, hatte ich den Eindruck, dass er seinem »Team« (von ihm stets ohne Artikel verwendet) immer noch am nächsten stand. Bei »Team« handelte es sich um Mitarbeiter der Geheimdienste, die sich um sein Wohlergehen kümmerten. Offenbar stand er in regelmäßigem Austausch mit ihnen und besaß sogar ein spezielles Mobiltelefon, das ihn direkt mit dem diensthabenden Beamten verband.

Im MI6 gibt es eine Extraabteilung AR (Agent Resettlement), die für die Senioren des Geheimdiensts zuständig ist. Der MI5 ist für deren Schutz und Sicherheit verantwortlich, sodass die beiden Dienste hier kooperieren. Die Leiter der Dienste haben mit den Jahren erkannt, dass es für die Glaubwürdigkeit ihrer Operationen von entscheidender Bedeutung ist, dass man sich auch um alte Informanten ordentlich kümmert – tatsächlich ist das auch ein wichtiger Punkt bei der Akquise neuer Leute.

Sergej sprach mit echter Zuneigung von »Team«, erwähnte Besuche der letzten Zeit und nannte manche der Leute beim Vornamen. Er ließ durchblicken, dass er ihnen von meinem Besuch erzählt hatte, und das zeugte auch nur von gesundem Menschenverstand. Denn schließlich bedeutete es ja auch ein gewisses Risiko, dass er allein jemanden bei sich zu Hause empfing. Schon früher hatte Skripal seine Sorgen in Bezug auf seine Kinder und deren Möglichkeit, aus Russland aus- und wieder einreisen zu können, zur Sprache gebracht. Aber natürlich war ihm auch bewusst, dass er seine eigene Sicherheit nicht außer Acht lassen durfte. Doch dieser Aspekt belastete ihn nicht allzu sehr, denn schließlich war er vom Präsidenten persönlich begnadigt worden und hatte zudem einen Großteil seiner Strafe abgesessen. Er hatte also allen Grund zu der Annahme, dass, solange er sich nicht politisch äußerte oder eine Menge Interviews gab, sein Leben zwar gelegentlich schwermütig, aber im Prinzip so beschaulich wie bisher weitergehen würde.

Für Sergej gab es während der vergangenen Jahre in Salisbury aber auch eine Reihe von betrüblichen Ereignissen. Sein Bruder Walerij starb 2016. Seine Mutter Jelena stürzte 2017 und brach sich die Hüfte, wodurch sie mit ihren fast neunzig Jahren noch gebrechlicher wurde. Sergej und ich unterhielten uns zwar nicht konkret über ihren Gesundheitszustand, doch ich bekam mit, dass es ihm schwer zu schaffen machte, nicht persönlich für sie sorgen zu können. »Team«, also seine Betreuer in Whitehall, schlug anscheinend sogar vor, Jelena nach Großbritannien zu holen und Skripal ein größeres Haus zu kaufen, damit sie bei ihm wohnen konnte.

Ende 2010, ein paar Monate nach seiner Ankunft in Großbritannien, hatten die Skripals via Skype zusammen ins Neue Jahr geblickt: Sergej und Ljudmila in Salisbury, Jelena, Walerij und dessen Tochter in Jaroslawl. Das war ihnen ein Trost, während sie sich an das Leben getrennt voneinander gewöhnten. Sergej telefonierte auch später regelmäßig mit seiner Mutter, benutzte nach ihrem Sturz jedoch die Videofunktion von Skype nicht mehr. Vielleicht war es zu viel für ihn, sie in dieser schwierigen Lage zu sehen, während er praktisch nichts für sie tun konnte. Auch wenn Sergej die Trennung von seiner Familie zu schaffen machte und er es bedauerte, nicht zur Beerdigung seines Bruders reisen zu können, sah er für sich keine Alternative. Als ich ihn fragte, ob er glaube, jemals nach Russland zurückkehren zu können, war er sich ziemlich sicher, dass das nie passieren würde. Er zitierte seine Mutter, die ihm 2010 gesagt hatte, er solle nie mehr wiederkommen, es sei einfach zu gefährlich.

Möglicherweise durchlebte Sergej nach Ljudmilas Tod im Jahr 2012 eine Krise, in der er sogar eine Rückkehr nach Russland erwog. Vielleicht hatte »Team« deshalb so großzügig angeboten, seine Mutter herzuholen und ihnen ein größeres Haus zu besorgen. Doch falls es diesen Moment je gegeben hat, dann war er zu dem Zeitpunkt, als wir uns kennenlernten, längst vorbei. Einige Jahre nachdem er sich in Salisbury niedergelassen hatte, meldete sich zu Sergejs riesengroßer Freude Richard Bagnall bei ihm. Richard nahm seinen alten Agenten mit zum Rugbyspiel von Army gegen Navy in Twickenham, und sie trafen sich danach noch einige Male. Er gehörte nicht zu »Team« und war damals bereits selbst im Ruhestand. Gut möglich, dass Richard sich gemäß der alten Maxime, wonach Geheimdienstoffiziere sich niemals ganz zur Ruhe setzen, an dem Versuch beteiligte, Sergej aufzumuntern. Der ehemalige GRU-Oberst betrachtete ihre Beziehung nicht nur als dienstliche Angelegenheit. Das spricht für die gewissenhafte Art des ehemaligen MI6-Mannes in einer Beziehung, die ja immerhin Jahrzehnte dauerte.

Für die Theorien, die später aufkamen und wonach Sergej in aktive Spionagetätigkeit verwickelt gewesen sein oder zum berüchtigten Dossier über Donald Trump des ehemaligen SIS-Offiziers Christopher Steele beigetragen haben soll, gibt es keinerlei Indizien. Sergej wirkte eher wie ein Stubenhocker und Gewohnheitstier. Er war deutlich über sechzig und sein Hunger nach Reichtum und Abenteuer offenbar gestillt. Regelmäßig besuchte er Ljudmilas Grab und kaufte sich ein paarmal pro Woche Rubbellose im Laden an der Ecke. Ein paar Monate nach Saschas Tod wurde er Mitglied beim Salisbury's Railway Social Club und ließ sich dort auch regelmäßig sehen. Sein Nachbar und Freund Ross Cassidy hatte ihn für die Mitgliedschaft vorgeschlagen.

Gelegentlich unternahm Skripal einen Tagesausflug nach London, und manchmal machte der MI6 Gebrauch von seinen Fähigkeiten. Das Büro hatte mit ihm eine ähnliche Vereinbarung getroffen wie mit anderen früheren Informanten, etwa Oleg Gordijewskij, Wladimir Kusichkin und Wladimir Resun. Gegen eine Zahlung machten sie sich hin und wieder nützlich. Gordijewskij, erzählte mir ein alter Haudegen des MI6 einmal, »war quasi ein fester Programmpunkt nach dem Abendessen«. Das konnte ein Vortrag im Rahmen eines Ausbildungskurses oder einer Konferenz sein, denn wie vielen ehemaligen hochrangigen GRU-Offizieren wie Skripal waren diese Leute denn schon begegnet?

Soweit ich das nachvollziehen konnte, umfasste Skripals Tätigkeit Gespräche mit Militärangehörigen, eventuell Trainees im Fort, und mit einigen Angehörigen befreundeter Geheimdienste. In der Hinsicht fungierte er als Berater im Hinblick darauf, wie die GRU ein Problem angehen würde, oder auch als Insider hinsichtlich früherer Operationen des russischen Geheimdiensts in anderen europäischen Ländern. Allerdings brachte er nicht die Energie und die Zeit auf, um sich so intensiv zu engagieren wie Alexander Litwinenko bei den spanischen Behörden im Jahr vor seinem Tod.

Trotz allem könnte man die Verwendung Skripals als Autorität in Sachen GRU, seine gelegentliche Unterstützung befreundeter Dienste, als eine Art Wiedereintritt in die Welt der Spionage gesehen haben. Mit seiner Begnadigung im Jahr 2010 vertrug sich das jedenfalls nicht gut.

Sergej selbst schien nicht mehr viel vom Leben zu erwarten. Er unternahm ein paar Reisen durch Großbritannien, die oft einen militärgeschichtlichen Hintergrund hatten. Er kochte für sich selbst, genoss hin und wieder einen Drink in aller

Ruhe und telefonierte mit seiner Mutter, immer wenn er sie vermisste.

Wie schon im Arbeitslager und in Lefortowo sah er auch viel fern, meist Pervy Kanal, das erste russische Fernsehprogramm. Da gibt es natürlich auch Unterhaltungssendungen und Kultur, aber der erste Kanal ist insbesondere bekannt dafür, dass er in seiner Berichterstattung ganz auf Putins Linie liegt. Was die Nachrichten über die Russophobie des Westens oder die zwingende Notwendigkeit für ein starkes Russland angeht, kann man sogar sagen, der Sender steht in ideologischen Fragen noch rechts vom Kreml. Während Skripals Jahren in Großbritannien war Putin wieder Präsident geworden, hatte seine Macht gefestigt und ließ Russlands Muskeln spielen. Militäraktionen in der Ukraine und die Einmischung in Wahlen hielten die westlichen Geheimdienste in Atem.

Sergej und ich diskutierten die Weltlage, einschließlich der Krisen in Nordkorea und der Ukraine. Er ist – oder war es zumindest, als wir 2017 sprachen – ein unverhohlener russischer Nationalist und vertrat, selbst während er in seinem vom MI6 finanzierten Haus saß, mit Begeisterung die Haltung des Kreml. So bestand er beispielsweise darauf, dass Putin nicht, wie die westliche Presse mehrfach berichtete, wiederholt russische Truppen in die Ostukraine geschickt hatte. Wären das reguläre Einheiten gewesen, beharrte er, dann wären diese bald in Kiew gewesen. Wenn wir über die Ukraine debattierten, dann klang das (aus dem Gedächtnis notiert) ungefähr so:

Sergej: Das Problem der Ukrainer besteht darin, dass sie nicht führen können. Dafür brauchen sie Russland. Die Ukrainer sind einfach Schafe, die einen guten Hirten brauchen.

Ich: Äh, Sergej … Vielleicht sollte ich Ihnen sagen, dass mein Vater aus der Ukraine stammt.

Sergej, unbeeindruckt: Das ist schon in Ordnung. Machen Sie sich darüber keine Sorgen.

Jedes Mal, wenn ich an diese Unterhaltungen denke, muss ich lächeln.

Es gibt bändeweise Literatur über das Heimweh russischer Exilanten, die in Alkohol und Weltschmerz versanken. Und zweifellos war es auch für Skripal nicht leicht. Gleichzeitig gestattete er sich aber nicht den Luxus von Selbstmitleid. Grundsätzlich blieb er seinem Land treu, insbesondere der Version, die 1991 verschwand, der UdSSR. Als ich ihn kennenlernte, hatte er ein paar Kilo mehr auf den Rippen als bei der Ankunft in England, und sein Haar war schon schütter geworden, aber es wäre ein Fehler gewesen, seine mentale oder sogar seine physische Stärke zu unterschätzen. Das Leben mochte ihm Wunden geschlagen haben, aber er genoss jeden Tag, so gut er es eben vermochte.

Es gab allerdings Menschen, die ihm Böses wollten und sogar bereits in dieser Richtung tätig waren. Genauso, wie man ihn damals 2004 am Flughafen und in Izmir beschattet hatte, stand er jetzt unter Beobachtung, wenn er durch Salisbury spazierte. Sergej ging keiner regelmäßigen Beschäftigung nach und war kein Pendler, aber er hockte eben auch nicht ständig zu Hause. Diejenigen, die den alten Spion ins Visier genommen hatten, mussten zunächst einmal seine Bewegungsmuster ermitteln. Als der Sommer 2017 zu Ende ging, war Sergej Skripals Zeit in Salisbury fast abgelaufen.

DRITTER TEIL

ZIELOBJEKT

17

SONNTAG, 4. MÄRZ

In Salisbury ist der Winter noch voll im Gange. In der Innenstadt liegt hier und da noch etwas Schnee, vor ein paar Tagen hat es heftig geschneit. Ein gut sechzigjähriger Mann geht vom Restaurant Zizzis in Richtung des Einkaufscenters The Maltings – ein kurzer Weg, einmal um die Ecke – und dann durch die Passage zur Uferpromenade entlang dem Avon, wo sich im Sommer die Einwohner erholen. Man braucht, auch wenn man langsam geht, höchstens eine Minute.

Jemand ist bei ihm, dick eingemummelt gegen die Kälte, aber erkennbar eine junge Frau. Etwas scheint sie zu beunruhigen. Vorher im Restaurant hatte der Mann einen Wutanfall bekommen, die Bedienung angeschnauzt und sich beim Bezahlen laut beschwert. Die beiden steuern auf eine Parkbank zu. Es ist eigentlich kein Tag, an dem man sich auf eine Bank setzt und den vorbeischwimmenden Wasservögeln zuschaut, es ist viel zu kalt dafür. Trotzdem haben sie ein bisschen Brot dabei, zum Entenfüttern.

Sie sitzt neben ihm, vielleicht zwanzig Minuten lang, er klagt, er fühle sich immer elender, und ihre Unruhe steigt. Er hat Schweißausbrüche, seine Pupillen werden winzig klein, die Welt um ihn herum verdunkelt sich. Er starrt himmelwärts, sucht nach Licht. Jetzt fühlt auch sie sich hundeelend.

Passanten mustern die beiden. Das sind wohl Junkies. Als Paar zwar etwas schräg, ein alter Mann und eine junge Frau, aber solche unüblichen Kombinationen gibt es öfter mal, zwei Leute, die dringend einen Schuss brauchen und ihr Geld zusammenschmeißen. Jemand, der an der Bank vorbeikommt, muss unwillkürlich kichern, weil die Frau dem Mann dabei zuzusehen scheint, wie er andauernd mit einer Hand in den Himmel greift. Wie die wohl drauf sind, diese Bekifften?!

Augenblicke später ist die Frau vornübergekippt, ihr Kopf liegt jetzt auf dem Schoß des Mannes. Kurz danach rollt sie zur Seite und fällt von der Bank. Er sitzt noch aufrecht darauf, verliert aber langsam das Bewusstsein, sein Gesicht ist gen Himmel geneigt, sein Körper erstarrt. Andere Passanten kommen dazu, und sie reagieren eher besorgt. Haben die vielleicht eine Überdosis erwischt? Um 16 Uhr 20 ruft jemand den Notarzt.

Eine der Ersten, die hingehen, um nachzusehen, ob alles in Ordnung ist, ist eine der dienstältesten und erfahrensten Krankenschwestern der Armee, dann folgt eine zweite Frau, eine Ärztin aus der Gegend. Die kleine Menschenmenge, die sich inzwischen um die Bank versammelt hat, lässt ihnen den Vortritt, und die zwei medizinisch geschulten Frauen sind beim Anblick der beiden auf der Bank sofort alarmiert.

Sie schwitzen heftig, alle beide, sie haben auch die Kontrolle über ihre Körperfunktionen verloren und kaum noch feststellbaren Puls. Sie werden immer bleicher, als ob das Leben aus ihnen entweicht, denn sie atmen nicht mehr. Es ist immer nur eine Frage von Minuten bis zur Hypoxie, der mangelhaften Versorgung des Körpers mit Sauerstoff, die schwere Hirnschäden nach sich zieht. Womöglich ist sie schon eingetreten.

Zum Glück braucht der erste Rettungswagen nur Minuten. Während die Rettungssanitäter noch mit gellenden Sirenen durch die Straßen rasen, sind die ersten Polizisten bereits vor Ort. Nur vier Minuten nach dem Notruf. Ganz kurz danach treffen auch die Sanitäter ein und machen sich an die Arbeit, versuchen gemeinsam mit den zwei Ersthelferinnen, die beiden Junkies an der Bank zu beatmen.

Für Notfallretter ist das kein ungewohntes Bild: Drogensüchtige, die sich gleich unterhalb des Parkhauses hingelegt haben, ein paar Schritt von den Maltings entfernt, wo sie sich ihren Schuss besorgen, und manchmal geht eben etwas schief. Vielleicht hatten die beiden auch gerade schlechten Stoff gekauft, vielleicht war die Dosis zu hoch. Jedenfalls geht es ihnen nicht gut. Ein zweiter Rettungswagen wird gerufen, während die Sanitäter Maßnahmen ergreifen, die bei einer Überdosis Opioide – wahrscheinlich Fentanyl – routinemäßig eingeleitet werden. Stecknadelpupillen? »Ja.« Atemstillstand? »Prüfen.« Niedriger Blutdruck? »Eindeutig.«

Schnell ist klar, dass diese beiden Menschen sofort ins Krankenhaus müssen. Den Polizisten kommt die ganze Szene verdächtig vor, die beiden auf der Bank passen nicht ins Bild. Für Junkies oder Obdachlose sind sie zu sauber, zu gut gekleidet, auch der Altersunterschied ist merkwürdig. Einer der Uniformierten durchsucht ihre Taschen nach Ausweispapieren. Mittlerweile sind auch ein paar Kriminalpolizisten vom CID in Zivil da, sie waren zufällig in der Nähe, bei Ermittlungen in einem Betrieb wegen Schwarzarbeit.

Ausweise sind schnell gefunden: Die beiden sind Sergej und Julija Skripal. Einer Version der Geschehnisse zufolge bekommen die CID-Beamten aus der Funkzentrale die Auskunft: Neben dem Eintrag zu Sergej Skripal im landesweiten Polizeicomputer erscheint ein Sperrvermerk auf dem Bildschirm, dazu eine Notiz und eine Telefonnummer, die man anrufen soll. Ein solcher Sperrvermerk ist äußerst selten, alle sieben oder acht Ermittler, die an diesem Sonntagnachmittag in Salisbury im Dienst sind, bekommen die Information über Funk mit. Laut einer anderen Version googelte der diensthabende Beamte im Präsidium ganz einfach den Namen Sergejs.

Die Rettungssanitäter haben mittlerweile ihre Patienten in die Fahrzeuge geladen. Gegen 17 Uhr 15, als der Erste den Schauplatz verlässt, haben sie die Opfer gut eine Stunde lang versorgt. Der Wagen rast mit ihnen zum Salisbury District Hospital, die Odstock Road links hoch, vorbei an ihrer Station und dann die Anhöhe zur Notfallaufnahme hinauf. Nach circa fünf Minuten Fahrt machen sie auf der Rampe eine Wende um hundertachtzig Grad und rollen die lebensbedrohlich kranken Patienten vor den Eingang, von wo sie direkt in den Schockraum zur Reanimation gebracht werden. Eine Etage höher in der Intensivstation Radnor Ward bekommt Schwester Sarah Clark einen Anruf: Gleich werden zwei Patienten im kritischen Zustand gebracht, die sofort beatmet werden müssen. Sarah Clark ist eine erfahrene Krankenschwester – sie arbeitet seit 1984 in der Klinik, die meiste Zeit in der Intensiv- und Notfallmedizin. Nun allerdings, das stellt sich bald heraus, erlebt sie einen Fall, wie sie ihn bis dato noch nicht gesehen hat.

Schon befinden sich Sergej und Julija Skripal im Fahrstuhl auf dem Weg eine Etage höher in den vierten Stock. Hier oben wird alles Nötige rasch in die Wege geleitet, die Station ist ausgelastet, ein paar andere Patienten müssen verlegt werden.

Nach einer guten halben Stunde waren alle Maßnahmen in der Notaufnahme erledigt, und in dieser kurzen Zeit hat Schwester Clark ein bisschen mehr über die Patienten erfahren, ihre Namen zum Beispiel und dass sie Vater und Tochter sind. Beide werden sofort an die Beatmungsgeräte und allerlei Schläuche angeschlossen, die unabdingbar sind, wenn sie eine Überlebenschance haben sollen. »Wir waren vor allem zur Unterstützung da«, erzählte mir Schwester Clark in einem Interview für die BBC, »um sicherzustellen, dass genug Sauerstoff in den Kreislauf kommt und der Blutdruck stabil bleibt.«

Innerhalb einer Stunde nach dem ersten Notruf waren die Skripals an das gesamte Arsenal lebenserhaltender Systeme angeschlossen, medizinisch versorgt waren sie selbstverständlich auch vorher schon, während fast der ganzen ersten, der sogenannten goldenen Stunde. Sie hatten eine Chance zum Überleben bekommen. Jemand aus dem Klinikteam sagte mir später: »Stellen Sie sich mal vor, das Timing wäre ein bisschen anders gewesen oder die wären zu Hause zusammengebrochen, höchstwahrscheinlich wären sie dann ganz schnell gestorben.«

Bei der Wiltshire Police liefen inzwischen die Drähte heiß. Die Beamten hatten die Nummer aus dem Polizeicomputer angerufen und erfahren, dass Sergej Skripal ein ehemaliger russischer Spion war, der jetzt in England lebte. Polizeiliche Unterstützung von außerhalb wurde angefordert. Ein Beamter wurde ins Krankenhaus geschickt, in der Hoffnung auf mehr Informationen. Waren die beiden womöglich vergiftet worden? Die Möglichkeit bestand eindeutig.

Während der Kampf um das Leben der beiden Patienten in vollem Gange war, erreichten mehrere Reisende das Terminal 3 in Heathrow. Einige kamen mit dem Taxi, andere mit dem Zug, dann wurden sie von einem Aufzug aus der Tiefe nach oben befördert. Im sonntäglichen Gedränge aus Geschäftsleuten, die mit einem Vorsprung in die Woche starten wollen, und Pärchen nach einem Liebeswochenende in London befanden sich auch zwei Männer in Jeans und wasserfesten Jacken. Sie waren um die Ende dreißig, gut gebaut mit starken Schultern und kräftigen Oberschenkeln. Die beiden Passagiere kamen um 19 Uhr 28 aus der Passkontrolle und wurden dabei vom ungerührten Auge der Überwachungskameras des Grenzschutzes registriert, die jede Ein- und Ausreise am Flughafen festhalten. Schon drei Stunden vor ihrem Abflug gingen sie zum Sicherheitsbereich durch. Beinahe so, als könnte es ihnen gar nicht schnell genug gehen, aus England fortzukommen.

Die beiden Männer hatten sich für den Flug SU2585 eingecheckt, ein Aeroflot-Direktflug nach Moskau. Die Anfangsbuchstaben des Letter-Codes sind ein Überbleibsel der Sowjetvergangenheit der Fluggesellschaft. Die Maschine startete pünktlich um 22 Uhr 30, stieg rasch in die Höhe, und es dauerte nicht lange, bis sie den englischen Luftraum verlassen hatte. Aeroflot brachte die Männer zurück nach Russland, zurück in Sicherheit.

Etwa eineinhalb Stunden nachdem das Flugzeug gestartet war, kamen mitten in der Nacht drei Ermittler an Skripals Haus in der Christie Miller Road an. Es gab viele Fragen, die auf Antworten drängten – nicht zuletzt, ob sich eine weitere Person im Haus aufhielt, die dem Gift zum Opfer gefallen war. Da sie einen möglichen Tatort aufsuchten und weil Menschen vergiftet worden waren, trugen sie eine Schutzausrüstung, unter anderem Masken und Schutzbrillen.

Ermittler Nick Bailey, einer der ersten Beamten, die an der Parkbank angekommen waren, hatte sich Handschuhe angezogen und als Erstes die Türklinke gedrückt. Was hoffte er zu finden? Vielleicht Anzeichen dafür, dass die Wohnung durchsucht worden war. Oder dass der Attentäter selbst noch da war. Aber dem Anschein nach war alles in Ordnung.

Im Krankenhaus verging die Nacht wie im Flug, am nächsten Morgen um sechs rief der Klinikdirektor, der an diesem Tag Dienst hatte, nacheinander seine Direktoriumskollegen an und schilderte die Lage. Er informierte sie kurz über den Zustand der beiden Skripals und teilte ihnen mit, dass der Mann ein russischer Ex-Spion sei und der Verdacht einer Vergiftung bestehe.

Jemand anders aus dem Direktorium wollte Genaueres erfahren und rief den Leiter der Intensivstation an, Dr. Duncan

Murray, der seinerseits auf der Station anrief. Murray, ein in Südafrika geborener und äußerst erfahrener Anästhesist, erzählte später: »Ich habe mit der diensthabenden Nachtschwester gesprochen, und das war ein Gespräch ... in meinen wildesten Träumen hätte ich mir nicht vorstellen können, jemals mit irgendjemandem so etwas zu besprechen.«

Am Montagmorgen, dem 5. März, berief die Geschäftsführerin der Klinik eine Vorstandssitzung ein und leitete die notwendigen Schritte ein, damit um zehn Uhr die Meldung über einen schwerwiegenden Zwischenfall erfolgen und sämtliche für den Katastrophenschutz vorgesehenen Kräfte und Ressourcen mobilisiert werden konnten. So kam auch der erste Versuch zustande, den Ort, wo die Skripals gefunden worden waren, zu dekontaminieren – mit Feuerwehrschläuchen und Bürsten. Man ging noch immer davon aus, es mit irgendeinem Rauschgift zu tun zu haben. Nach der Katastrophenmeldung und der vorübergehenden Schließung der Intensivstation war allerdings absehbar, dass die Medien groß einsteigen und einen Giftanschlag recherchieren würden.

Die Nachrichten über die Ereignisse in Salisbury schwirrten bald auch durch London. Beim MI5 und beim MI6, die gemeinsam das Betreuungsteam für Skripal stellten, war man bereits seit dem Anruf der Polizei am Vorabend informiert. Man wusste auch, vermutlich durch Sergej selbst, vom bevorstehendem Besuch seiner Tochter und überlegte sofort, ob Julija womöglich, ohne es zu ahnen, Attentäter zu Skripals Adresse geführt oder sogar selbst irgendetwas Vergiftetes aus Moskau mitgebracht hatte. Es wurde Zeit, Mitglieder der Regierung zu alarmieren. Viele der Leute, die von der Sache erfuhren, die immer neue Einzelheiten bewerten mussten und versuchten, das Ganze zu begreifen, hatten sofort eine Art Raster im Kopf: die Litwinenko-Affäre.

Bei der BBC landete die Geschichte an diesem Morgen auf

dem Tisch von Inlandsreporter Tom Symons. Er und der Redakteur brauchten nicht lange, bis sie von irgendjemandem in Salisbury den Namen Sergej Skripal erfuhren. Sie drehten einen Beitrag für die Sechs-Uhr-Nachrichten am selben Abend und schickten über das interne BBC-Netz einen Artikel herum, der mit den Worten begann: »In Salisbury befinden sich ein Mann und eine Frau in kritischem Zustand, nachdem sie mutmaßlich mit einer bisher unbekannten Substanz vergiftet wurden.« Der Artikel ging an verschiedene Redaktionen im New Broadcasting House, so auch an mein Newsnight-Team, etwa eine Stunde vorher, mit Sperrfrist bis 18 Uhr.

»Was soll man davon halten?«, fragten mich gleich zwei meiner Redaktionsleiter im Minutenabstand. Ich gab ihnen eine Menge Hintergrundinformationen zu Sergej Skripal, worauf einer der beiden fragte: »Woher wissen Sie denn das alles?« Ich beschloss, die beiden ins Vertrauen zu ziehen, berichtete von meinen Treffen mit Sergej, sagte aber gleich dazu, dass ich ein Buchprojekt plane, Skripal hätte nicht damit gerechnet, dass das Material von der BBC ausgestrahlt würde, und ich wolle damit jetzt nicht an die Öffentlichkeit gehen, um seine Lage in so einer Krisensituation nicht noch zu verschlimmern.

An jenem Abend, dem 5. März, brachten wir in der Newsnight nur einen kurzen Bericht über den Giftanschlag mit einem O-Ton von mir. Meine Gespräche mit Sergej erwähnte ich nicht explizit, schilderte aber ein paar Dinge detailliert: die Umstände seiner Anwerbung, seine Funktionen in der GRU und die Art der Geheiminformationen, die er ans MI6 hatte weiterleiten können. Das meiste davon stammte nicht aus öffentlich zugänglichen Quellen. Ich glaube, viele Kollegen hatten dasselbe Gefühl wie meine Redakteure ein paar Stunden zuvor: »Woher weiß der das alles?«

An jenem Abend saß Ross Cassidy nicht weit von Salisbury zu Hause vor dem Fernseher und bekam einen Riesenschreck. Er kannte die Familie Skripal, seit sie in die Christie Miller Road gezogen war, und er war ein paar Tage vorher mit seiner Frau und Sergej nach Heathrow gefahren, um Julija abzuholen. Sergej war in Sorge wegen des Schnees, aber Ross besaß einen Isuzu D-Max Pick-up, und so beschlossen sie, einen kleinen Ausflug daraus zu machen. Gegen halb sechs hatten die Cassidys Vater und Tochter Skripal zu Hause abgesetzt und verabredet, sich wiederzusehen, solange Julija zu Besuch war. Und jetzt das. Ross Cassidy rief bei der Polizei an, und so kam es später am Abend zu einer ersten Vernehmung, der noch viele folgen sollten.

Am nächsten Morgen, einem Dienstag, verschärfte sich die Lage weiter. Detective Sergeant Nick Bailey hatte über Nacht merkwürdige Symptome bekommen und war ins Krankenhaus gebracht worden. Nach der Durchsuchung von Skripals Haus am Sonntag war er zu seiner Dienststelle Bourne Hill gefahren und hatte seinen Tagesbericht getippt. Beim Ausziehen der Handschuhe war er mit einer kleinen Dosis des Gifts in Berührung gekommen.

Bereits in dieser Nacht begann er, sich unwohl zu fühlen. Später erzählte er in der BBC-Dokumentation *Panorama,* »meine Pupillen waren klein wie Stecknadelköpfe«; ihm war heiß, und er schwitzte. Doch zunächst ging er in den frühen Morgenstunden dieses Montags nach Hause, um sich auszuschlafen. Es sollte noch 24 Stunden dauern, bis die Symptome so stark wurden, dass er sich in medizinische Behandlung begab. Später fand man heraus, dass er sein Haus unwissentlich mit dem Gift kontaminiert hatte, bevor er sich auf den Weg ins Krankenhaus machte. Auch Bailey hatte Herz- und Sehstörungen, aber er musste nicht beatmet werden. Sein Zustand wurde nie »kritisch«, vermutlich weil er eine viel geringere

Giftmenge abbekommen hatte, aber das stellte sich erst im Nachhinein klar heraus. Jetzt am 6. März versetzte seine Erkrankung die Klinik und natürlich ihn selbst und seine Familie in Alarm. »Ich war durcheinander, ich wußte nicht, was los war, es war wirklich furchtbar«, offenbarte er später. »Ich war vor Angst wie gelähmt.«

Der Giftanschlag war inzwischen in allen Medien, und so kamen auch etliche Leute, die am Sonntagnachmittag in der Innenstadt gewesen waren, in die Notaufnahme und berichteten von merkwürdigen Symptomen.

»Wir waren ernsthaft besorgt, welche Ausmaße das alles annehmen könnte«, erzählte mir Lorna Wilkinson, die Leiterin des Pflegedienstes, über ihre Gedanken am 6. März. »Weitet sich das hier gerade aus von zwei nachweislichen Patienten zu etwas Flächendeckendem, das viele Todesfälle mit sich bringen könnte?« Isolationsmaßnahmen wurden beschlossen, zusätzliche Vorsichtsregeln, die eingehalten werden müssen, wenn man Patienten mit einer hochansteckenden Krankheit oder einem geschwächten Immunsystem versorgt. Das Pflegepersonal, das direkten Umgang mit den Skripals hatte, trug Mundschutz, Schürze und Handschuhe. Immerhin gab es weder ABC-Schutzanzüge noch das volle Quarantäneprogramm.

Am Dienstagnachmittag kamen die Ergebnisse verschiedener toxikologischer Tests vom Zentrum für Bio- und Chemiewaffenforschung in Porton Down. Die dortigen Labore unterstützen die englische Gesundheitsbehörde bei seltenen Erkrankungen und Fällen von Verstrahlung und Vergiftung. Sie arbeiten eng mit der militärischen Abteilung zusammen. Im Auftrag des Krankenhauses hatten sie zunächst unspezifisch nach Indikatoren gesucht, da die Skripals durch alles Mögliche von Opioiden bis Fisch- oder Schlangengift betroffen sein konnten. Ein Wert in dem Testergebnis war jedoch eindeutig: Bei beiden war ein Schlüsselenzym kaum noch messbar niedrig: Acetylcholinesterase.

AChE reguliert das Zentralnervensystem als Hemmer für die nervenaktivierenden Impulse, die sein Pendant, das Acetylchlorin, aussendet, es schaltet sie sozusagen aus. Ohne AChE bleiben bestimmte Körperfunktionen – Schwitzen oder Urinieren etwa – einfach »angeschaltet«. In kritischem Zustand wird das Zwerchfell potenziell mit Botschaften überfrachtet, woraufhin sich die Atmung so massiv beschleunigt, dass alle Muskeln versagen und schließlich auch die Atmung aussetzt. Bleibt jemand längere Zeit in diesem Zustand, wird das Gehirn regelrecht geflutet von Acetylchlorin, das als Neurotransmitter fungiert und praktisch Kurzschlüsse im zentralen Nervensystem auslöst, was wiederum zu einer Dauerschädigung des Hirns führt. In dieser fatalen Lage, unter Fachleuten bekannt als cholinerge Krise, befanden sich die beiden Patienten offenbar.

Es gibt einen großen Fundus medizinischen Wissens über diese Art körperlichen Notstand, zumeist aus der Zeit, als in der Landwirtschaft noch viele Menschen Insektiziden in großen Mengen ausgesetzt waren, die Organophosphate enthielten (und inzwischen verboten sind). Diese Substanzen waren ursprünglich dafür gedacht, mittels Acetylcholinesterase-Hemmung Insekten zu töten, ihre Wirksamkeit wurde aber in den 1930er-Jahren weiter gesteigert, bis hin zu chemischen Waffen, mit denen man massenhaft Menschen auslöschen konnte. Aus dieser Entwicklung entstanden schließlich die ersten Nervengifte. Viele Mitarbeiter des Salisbury District Hospital kennen sich damit aus, weil sie entweder selbst beim Militär waren und chemische Kriegführung lernten oder mit den Forschern in Porton Down zusammenarbeiteten. Gerade ein paar Wochen zuvor hatten sie eine Katastrophenschutzübung abgehalten, es war um einen möglichen Angriff mit chemischen, biologischen, radiologischen und nuklearen Waffen gegangen, und viele hatten noch in frischer Erinnerung, woran man einen Anschlag mit Nervengift erkennt.

Gegen Schichtende stand die Diagnose einigermaßen fest: Die Skripals waren mit einem Nervengift in Berührung gekommen. In Windeseile begannen die Konsultationen unter den Ärzten. Schon unmittelbar nach der Einlieferung hatte sich ein Betreuungsteam gebildet, zu dem auch der Intensivmediziner Dr. Stephen Jukes gehörte. Er hatte sich in die gesamte medizinische Literatur vertieft und tauschte sich über eine WhatsApp-Gruppe regelmäßig mit seinen Kollegen aus. Als er am Dienstagabend in den Radnor Ward kam, war dort die Stimmung völlig verändert. Er sah sofort die bewaffneten Polizisten von der Londoner Metropolitan Police vor den Zimmern, in denen die Skripals lagen, abgetrennt vom Rest der Station. Sie würden dort wochenlang postiert bleiben, und zusammen mit ihnen die Ermittler, die gespannt darauf warteten, dass die Patienten zu Bewusstsein kamen und vernommen werden konnten. Falls sie denn wieder aufwachten. Dr. Jukes erinnerte sich: »Als uns klar wurde, dass es hier um Nervengift ging, hatten wir anfangs gar nicht damit gerechnet, dass sie überleben. Natürlich wollten wir alles therapeutisch Mögliche versuchen und die beste denkbare klinische Versorgung sicherstellen. Aber alles deutete darauf hin, dass sie es nicht schaffen würden.«

Unter diesen deprimierenden Auspizien mussten die Ärzte agieren. Und während sie verzweifelt um das Leben ihrer beiden Patienten kämpften, setzte sich draußen die ganze Maschinerie des nationalen Krisenmanagements in Bewegung.

Im Polizeipräsidium von Devizes wurde die Strategic Coordinating Group eingerichtet, das Lagezentrum für alle Katastrophenschutzmaßnahmen. Der stellvertretende Polizeipräsident Paul Mills übernahm das Gold Command, die

Gesamteinsatzleitung, denn Polizeipräsident Keir Pritchard, sein Vorgesetzter, war erst seit einem Tag im Amt. Übungen zu terroristischen Angriffen und anderen Großschadensereignissen werden regelmäßig abgehalten, von allen Institutionen, die zur Notfallversorgung vorgesehen sind, auch auf Leitungsebene. Aber das hier war absolutes Neuland. »Man hat für einen Nervengiftangriff in einer kleinen Stadt wie Salisbury keinen Notfallplan im Regal«, sagte Mr Pritchard später. »Die Situation war neu, auch für viele Leute im Rest des Landes.«

In den ersten Tagen, als die Diagnose Nervengift noch nicht bestätigt war, war manches passiert, was den Mitarbeitern im Lagezentrum in Devizes eine Menge neuer Probleme bescherte. Die Feuerwehr hatte zwar das Maltings-Einkaufszentrum und das Krankenhaus dekontaminiert, aber per Adhoc-Spülung mit ihren Schläuchen. Wie man sich erinnert, ging man zu diesem Zeitpunkt noch davon aus, dass man es mit etwas wie Fentanyl zu tun hatte, einer Substanz, die Rettungsdiensten durchaus bekannt ist. Die Einsicht, dass es sich um etwas völlig anderes handelte, etwas, das schwer abbaubar ist, warf die Frage auf, ob Spuren des Nervengifts in den Avon gelangt sein könnten und man die Bevölkerung aufrufen müsste, nach toten Fischen oder Vögeln Ausschau zu halten. Und kam es von da womöglich in die Trinkwasserleitungen? Die Fragen überschlugen sich, es war nicht mal geklärt, welche gesundheitlichen Ratschläge man geben sollte – reichte es zum Beispiel, einfach die Kleidung zu waschen, wenn man im Restaurant Zizzis gewesen war?

Es war ein beispielloser Einsatz für die Strategic Coordinating Group, deren Mitarbeiter sich während des ersten Monats fast täglich in Devizes zur Morgensitzung trafen. Alles in allem waren schließlich über zwölfhundert Polizisten und dreihundert Militärangehörige im Auftrag des Lagezentrums tätig. Unter dem Codewort »Operation Fairline« ging es darum, Orte zu sichern, an denen Beweise gesammelt und die später gereinigt werden mussten. Aber Polizisten – das liegt in der Natur der Sache – wollen immer auch Täter schnappen.

Am 6. März übernahm das Nationale Antiterrornetzwerk die Ermittlungen. Am selben Abend wurde ein Beamter der englischen Gesundheitsbehörde aus Porton Down nach London beordert, um gleich am nächsten Morgen dem Katastrophenausschuss des Kabinetts in Whitehall die Diagnose Nervengift zu erläutern.

Vor dem Krankenhaus in Salisbury war inzwischen die Weltpresse versammelt. Reporter von CNN oder Al Jazeera harrten Tag und Nacht aus und versorgten Fernsehsender in aller Welt mit Live-Nachrichten. Andere Journalisten schwärmten auf der Suche nach Augenzeugen durch die kleine Stadt, wieder andere belagerten die Ärzte und das Pflegepersonal des Krankenhauses. Die Geschäftsleitung schärfte allen Mitarbeitern ein, dass sie zur Verschwiegenheit verpflichtet waren. Das Personal wurde dennoch beinah täglich von den Medienleuten mit Fragen bombardiert und taufte die Klinik scherzhaft um in »Festung Salisbury«.

Von all der Aufregung bekamen Sergej und Julija Skripal nichts mit. Sie lagen im vierten Stock des Salisbury District Hospital tief in dem, was in den Medien zumeist »künstliches Koma« genannt wird. Ärzte mögen den Begriff nicht, sie sprechen lieber von »Tiefensedierung«. Aber welche Terminologie auch immer man wählt – die Realität von Sergejs Kampf war eindeutig. Sein Leben hing am feinsten Seidenfaden.

18

DER KAMPF UMS ÜBERLEBEN

Am Morgen des 7. März, einem Mittwoch, sah sich das medizinische Personal des Salisbury District Hospital mit drei Patienten konfrontiert, von denen jeder ein anderes klinisches Bild aufwies. Am besten war sicher noch der Zustand des Polizisten Nick Bailey. Er litt unter einer recht moderaten Kontamination, war bei Bewusstsein, konnte aber kaum sprechen.

Der Zustand von Julija Skripal und ihrem Vater war immer noch kritisch. Sie erhielten intensivmedizinische Behandlung »Level 3«: Sie wurden beatmet, lagen im künstlichen Koma und wurden überwacht mit allem, was der Radnor Ward an Gerätschaften zu bieten hatte. Aber auch Vater und Tochter waren in unterschiedlicher Verfassung. Obwohl Julija nicht mehr geatmet hatte, als man sie auf der Parkbank in den Maltings fand, war sie bei der Einlieferung in die Notaufnahme dank der medizinischen Erstversorgung ansprechbar, ehe sie dann ins künstliche Koma versetzt wurde.

Sergej ging es schlechter. Er zeigte fast keine Lebenszeichen mehr. Die Spezialisten meinten zwar, bei einer so tödlichen Substanz würde das Alter keinen Unterschied mehr machen, doch sein Diabetes, sein Lebensstil und das Übergewicht haben ihm sicher nicht geholfen. An jenem Abend sprach ich mit einer »informierten« Person, bevor ich auf Sendung ging. Und man sagte mir, man rechne nicht damit, dass Sergej durchkomme.

Die drei Patienten waren jeweils in einem eigenen Zimmer untergebracht, das nicht so ohne Weiteres für jedermann zugänglich war. Am Eingang jedes Zimmers stand ein bewaffneter Wachmann. Davon abgesehen konnten die Angehörigen der anderen Patienten, die auf dieser Intensivstation um ihr Leben kämpften, ungehindert ein und aus gehen. Was Sergej und Julija betraf, so kam niemand, um für sie zu beten, ihre Hände zu streicheln und ihnen auf die ein oder andere Weise Mut zu machen. Ihre Wochen auf der Intensivstation vergingen ohne Angehörigenbesuche – sie hatten nur sich selbst und das Personal der Intensivstation, das sie versorgte.

Da mittlerweile feststand, dass ein Nervengift eingesetzt worden war, wurde die militärische Abteilung von Porton Down aktiv. Ihre Schlussfolgerungen bestimmten letztlich einen Großteil dessen, was in diesen frühen Tagen geschah – und zwar nicht nur im Krankenhaus. Auch die Ratschläge an die Bevölkerung, vor allem für jene Personen, die sich ebenfalls in den Maltings aufgehalten und eingekauft hatten. Die Formulierungen, die im Parlament verwendet wurden, die Hinweise, die die Polizei erhielt, vor allem im Hinblick darauf, wie lange die Vergiftung wohl zurückliegen mochte, all diese Maßnahmen wurden gesteuert von den Aussagen der Wissenschaftler darüber, welches Gift verwendet worden und wie bzw. wann es in den Körper gelangt war.

Anfangs war man noch davon ausgegangen, dass es ein Gift wie VX sein konnte, ein chemischer Kampfstoff, der im Kalten Krieg sowohl von den USA als auch von der Sowjetunion in großen Mengen produziert worden war. Mit diesem Gift war Kim Jong-nam vergiftet worden, der Halbbruder des nordkoreanischen Führers Kim Jong-un. Der Giftanschlag hatte im Februar 2017 am Flughafen von Kuala Lumpur stattgefunden und zum raschen Tod des Mannes geführt. Doch die VX-Theorie wurde schnell infrage gestellt. Ein Krisen-Einsatzteam aus Porton hatte alle wichtigen Stationen, an denen sich die Skripals in Salisbury aufgehalten hatten, mit einem Chemiewaffen-Detektor untersucht und keine Spuren von VX gefunden. Auch Hinweise auf andere übliche Nervengifte wie Sarin oder Soman hatte es nicht gegeben. Die Rechercheabteilung von Porton Down meinte nur, es sei »etwas sehr Exotisches« eingesetzt worden. Solange man jedoch das Gift nicht zweifelsfrei identifizieren konnte, blieben einige wichtige Fragen offen: zunächst einmal die nach den Behandlungsmöglichkeiten, aber auch die Frage, auf welche Weise und zu welchem Zeitpunkt das Gift den Skripals wohl verabreicht worden war. Davon hing es ab, wie weit zurück die Aufnahmen der örtlichen Überwachungskameras untersucht werden mussten. Letztlich lag also alles an einer Handvoll Wissenschaftler, die versuchten, eine brauchbare Probe zu finden.

Zu Beginn der Untersuchungen bestand kurz die Hoffnung, dass man die erhalten gebliebenen Spuren des Giftes mit einem bestimmten Ort, an dem es hergestellt worden war, in Verbindung bringen könne. So wie es den Wissenschaftlern zum Beispiel im Fall von Halabja gelungen war, einem Ort, an dem Saddam Hussein Sarin gegen die kurdische Zivilbevölkerung eingesetzt hatte. Letztlich geht es darum, die molekulare Signatur des Giftes bzw. seiner Bestandteile zu entziffern. So lassen sich zum Beispiel das benutzte Wasser und andere Umweltfaktoren recht genau ihrem Ursprungsort zuordnen. Im Falle des Giftangriffs in Halabja hatte man eine chemische Vorstufe bis zu einer deutschen Chemiefabrik zurückverfolgen können. Doch wie wir noch sehen werden, gab das Gift aus Salisbury viele Rätsel auf, und es bestand keine Chance, es auf bekannte Proben aus bestimmten Fabriken zurückzuführen.

Die Experten aus Porton Down wussten, dass sie Proben und Abstriche in ihre Labore ein paar Kilometer weiter nördlich senden müssten, sollten die Detektoren nichts anzeigen. Dort konnten die Proben mit zwei unterschiedlichen Verfahren untersucht werden: mit einem Gas-Chromatografen und einem Massenspektrometer. Spezialisten für chemische Waffen kürzen dieses Verfahren gerne mit GC/MS ab. Dafür braucht man große Maschinen, die nicht am Ort des Giftanschlags eingesetzt werden können. In einem ersten Analyseschritt werden die Proben verbrannt, wobei man die dabei entstehenden Flammen analysiert. Dann werden die Reste auf ihr Atomgewicht untersucht. Jeder dieser Tests braucht eine gewisse Zeit, und es müssen jeweils mehrere Versuche gemacht werden. Dies erwies sich als der eigentliche Flaschenhals bei den Nachforschungen, denn es waren Proben aus der ganzen Stadt zu untersuchen. Doch bald zeigten sämtliche GC/MS-Resultate in eine bestimmte Richtung, und die hieß: »Nowitschok«. Dieser Begriff, den Anfang 2018 außer den Spezialisten für Chemiewaffen keiner kannte, sollte bald in aller Munde sein.

In den letzten Tagen des Chemiewaffen-Forschungsprogramms der Sowjetunion waren viele verschiedene Stoffe untersucht und getestet worden. Ein Wissenschaftler und Dissident, der Mitte der 1990er-Jahre über das Programm schrieb, meinte sogar, es gebe gut hundert verschiedene Formeln. Um die Dinge noch verwirrender zu machen, benutzten manche russische Wissenschaflter den Begriff »Nowitschok« überhaupt nicht, sondern bezeichneten es mit anderen Namen wie beispielsweise »Foliant«. Letztlich aber war das Bild, das sich bot, gar nicht so kompliziert, wie es zu Anfang schien. Nur drei dieser Stoffe waren nämlich so weit entwickelt worden, dass sie als Waffe eingesetzt werden konnten – also zum Befüllen von Bomben oder Granaten.

Da ist zum einen A-230, das für den Einsatz im kalten Klima optimiert wurde. Es wurde speziell für die Sowjetarmee entwickelt, denn das existierende Nowitschok konnte bei Kälte nicht als Aerosol eingesetzt werden und verlor dadurch seine Wirkung. Dann ist da das A-232, das man gewöhnlich meint, wenn man von Nowitschok spricht. Es wurde als Ersatz für VX konzipiert und konnte aus Stoffen hergestellt werden, die nicht zu den von der Chemiewaffenkonvention verbotenen bzw. meldepflichtigen Substanzen gehörten. So hätte Russland eine schnell verfügbare Menge bereit, sollte es je den Wunsch verspüren, aus den Vereinbarungen zur Rüstungskontrolle auszusteigen. Die Russen sicherten sich also eine Waffe, die der Staat angeblich längst ausgemustert hatte.

A-232 sollte von einem explodierenden Geschoss in einem feinen Nebel über dem Ziel verteilt werden. Dieser Nebel wurde von den Opfern entweder eingeatmet oder über die Haut aufgenommen. Außerdem besaß A-232 eine chemische Signatur, die mit der Standardausrüstung der NATO fast unmöglich zurückzuverfolgen war. Dem deutschen Geheimdienst aber war es 1998 gelungen, ein wenig A-232 in den Westen zu schmuggeln. Porton Down verfügte also über Proben und Vergleichsdaten. Doch die Proben aus Salisbury stimmten damit nicht überein. Es blieb also nur noch eine weitere »Standardform« von Nowitschok übrig: A-234.

Dieses hatte den Vorteil, dass man es als Feststoff produzieren und dann zu einem feinen Puder vermahlen konnte. Es konnte über Ventilatoren verteilt werden, sodass das Opfer das Gift einatmen würde, es konnte auch in zähflüssiger Form hergestellt werden. Es war also gut für Anschläge geeignet. Und das passt auch zu den Erkenntnissen des MI6 aus den späten 2000er-Jahren, die darauf hinwiesen, dass Russland eine geringe Menge dieses Kampfstoffes zu eben jenem Zweck produziert hatte.

Es ist nicht ganz klar, ob die Wissenschaftler in Porton

Down je eigenes A-234 hergestellt haben, was (in sehr kleinen Mengen) auch unter den Bedingungen der Chemiewaffenkonvention möglich gewesen wäre, beispielsweise zum Zwecke der Entwicklung neuer Schutzausrüstungen. Die Formel für A-234 war aber durchaus bekannt. Ob man sie tatsächlich zur Synthetisierung des Kampfstoffes benutzt hätte, bleibt trotzdem fraglich, schon aus Kostengründen. Das wiederum hieße, dass Porton Down nie eingehendere Studien zur Wirkungsweise hätte unternehmen können. Andere Quellen berichten, dass dies durchaus der Fall war, allerdings wisse man nicht, ob man das A-234 dort selbst hergestellt oder über geheime Kanäle von den Russen erhalten habe. Informationen wie diese unterlägen überdies der höchsten Geheimhaltungsstufe.

Was davon auch immer der Wahrheit entsprach, Fakt ist, dass es diese Substanz war, die man bei den GC/MS-Untersuchungen gefunden hatte. Man hatte A-234 auf der Parkbank entdeckt und im Zizzis. Als man nun Blut und Gewebeproben von den Skripals auf diese Substanz testete, fiel das Ergebnis ebenfalls positiv aus. Die Wissenschaftler gelangten zu dem Schluss, dass das A-234 von so hoher Reinheit war, dass nur einige wenige Labore weltweit als Hersteller infrage kamen.

Die Experten waren sich also sicher, dass die Vergiftung von diesem doch eher unbekannten Nervengift verursacht worden war. Was aber hieß dies für die Patienten im Krankenhaus von Salisbury? Dr. Duncan Murray, der die Intensivstation dort leitet, sagte mir: »Man weiß ja nicht Bescheid über die sogenannte Reaktionskinetik des Giftes: wann seine Wirkung den Gipfelpunkt erreicht, wie lange sie andauert, wann mit einer Besserung zu rechnen ist … welche Stoffwechselprodukte des Giftes welche Langzeiteffekte verursachen, ja die Langzeiteffekte überhaupt.«

Die »Stoffwechselprodukte« fallen an, wenn der Körper

versucht, das Gift abzubauen. Bei einigen Nervengiften weiß man über die Verstoffwechselung ziemlich genau Bescheid. Beim Abbau von Sarin zum Beispiel entsteht eine komplexe Säure, die so charakteristisch ist, dass sie als Indikator für eine Sarinvergiftung gilt. Bei Nowitschok vom Typ A-234 aber hatte kein Mensch eine Vorstellung davon, was passieren würde, wenn der Körper es verstoffwechselte, und ob seine Abbauprodukte die Nieren bzw. das Gehirn oder irgendein anderes lebenswichtiges Organ angreifen würden.

Als ich im Mai 2018 mit Dr. Christine Blanshard, der Medizinischen Direktorin des Krankenhauses, über mögliche Langzeiteffekte sprach, meinte sie: »Ich glaube, die ehrlichste Antwort ist, dass wir es einfach nicht wissen. Weltweit beschränkt sich die Erfahrung mit Nowitschok-Vergiftungen auf exakt drei Personen. Ich glaube, wir können mit Sicherheit nur sagen, dass wir noch in der Lernphase sind.«

Gegen Ende der ersten Woche, als am Mittwoch bzw. Donnerstag allmählich klar wurde, dass A-234 hinter der Vergiftung steckte, war das medizinische Personal ohnehin noch mit anderen Problemen befasst. Man kämpfte um das Leben der Skripals. Das hieß: intensivmedizinische Standardbehandlung auf höchstem Niveau, dazu hohe Dosen der drei Medikamente, die man bei dieser Art von Vergiftung gewöhnlich einsetzt: Atropin, Pralidoximchlorid und Diazepam. Das wichtigste ist dabei das Atropin. Es schützt den Körper vor den Schäden durch die Hemmung des Enzyms Acetylcholinesterase. Um dies effektiv leisten zu können, muss es schnell verabreicht werden. Atropin ist ein Arzneimittel, das auch für weniger ausgefallene Anwendungen als Vergiftungen mit Nervenkampfstoffen gebraucht wird.

Der Rettungssanitäter, der die Skripals am 4. März behandelte, hatte ihnen zur Vorsicht kleine Dosen Atropin verabreicht. Er hatte eine Überdosis Opiate vermutet, weil der

Herzschlag der beiden sehr schwach war – und Atropin gehört aus eben diesem Grund in den meisten Krankenwagen zur Grundausstattung. Man hatte den Skripals also das richtige Medikament aus einer falschen Vermutung hinsichtlich der Krankheitsursache heraus gegeben. »Die Dosis, die man ihnen im Krankenwagen verabreicht hat, war zwar niedrig, aber wichtig«, erzählte mir jemand vom medizinischen Fachpersonal. »Nachdem wir das Nervengift identifiziert hatten, pumpten wir sie mit Atropin voll.«

Eine andere medizinische Unbekannte war die Frage, welche Schäden die Hypoxie, also der Sauerstoffmangel, im Gehirn angerichtet hatte. Die Ärzte wussten ja nicht, wie lange die Skripals nicht geatmet hatten, bevor der Notarzt eingetroffen war. Für einen Gehirnschaden genügen da schon wenige Minuten. Doch die MRT-Aufnahmen vom Gehirn zeigten, dass der Notarzt auch hier ganze Arbeit geleistet hatte. Offensichtlich war er schnell genug zur Stelle gewesen und hatte auch schnellstens für Beatmung gesorgt.

Weitere Tests auf der Intensivstation zeigten, dass auch Nieren und Leber einigermaßen normal arbeiteten. Als die Patienten in der zweiten Woche immer noch am Leben waren, begann man im Radnor Ward allmählich Hoffnung zu schöpfen, wenn auch nur zaghaft. Die Patienten waren, wie man das nennt, »stabil«. Jeder Tag, den sie am Leben blieben, war ein gewonnener Tag. Und der Fall Nick Bailey zeigte, dass Erholung möglich war. Der Polizist konnte schon sitzen, Besucher empfangen und mit ihnen sprechen, auch wenn es hieß, er sei manchmal noch ein bisschen verwirrt und »nicht ganz er selbst«. Am 22. März war er so weit wiederhergestellt, dass man ihn entließ. Da sie ihre Patienten nun lebend durch die ersten Wochen gebracht hatten, begannen die Ärzte sich Gedanken zu machen über das zweite Stadium des Kampfes. Die medizinische Literatur legte nahe, dass der schiere Kampf ums Überleben bis zu einem Monat dauern könnte – das wurde zumindest beim Kampfstoff VX als Obergrenze für die primäre Giftwirkung auf den Körper angegeben. Als diese Phase vorüber war und die Tests von Julijas Organfunktionen positiv ausfielen, begann das zweite Stadium.

Denn es konnte Monate dauern, bis die Produktion der Acetylcholinesterase, die das Nervensystem gleichsam »abschaltet«, wieder ein normales Niveau erreichte. Um auf alle Eventualitäten vorbereitet zu sein, hatte man bei Julija Skripal eine endotracheale Intubation vorgenommen. (Man setzt einen Schnitt in die Luftröhre, gleich unterhalb des Kehlkopfs, um dort den Beatmungsschlauch einzuführen.) Das ist letztlich weniger störend, denn der Patient kann sprechen, sobald man die Sedierung reduziert und ihn in die Welt der Lebenden zurückholt.

Mit diesem Prozess begann man bei Julija Skripal etwa um dieselbe Zeit, als Nick Bailey entlassen wurde. Da ihre lebenserhaltenden Organe alle zu arbeiten schienen, nahm man die Beatmung Schritt für Schritt zurück, um sie zum selbstständigen Atmen anzuregen. Bei ihr wurde die maschinelle Beatmung schon acht oder neun Tage nach der Vergiftung ihrem jeweiligen Zustand angepasst. Als klar war, dass sie ohne Hilfe würde atmen können, passte man auch die Dosierung der Medikamente an, die sie im Tiefschlaf hielten. Der behandelnde Arzt Dr. Stephen Jukes erklärte: »Wir haben die Dosierung reduziert, sie langsam ausgeschlichen und dabei ständig ihre Reaktion überwacht. Wenn wir Sorge hatten, dass der Prozess ihr schaden würde oder könnte, hielten wir wieder für eine Zeit lang inne oder verabreichten mehr Medikamente. Wenn sich ihr Zustand stabilisiert hat, können wir die Beatmung ganz einstellen.«

Julijas Vater allerdings blieb noch im künstlichen Koma. Bei ihm ergaben die Tests, dass Nieren, Leber und andere Organe Schwierigkeiten hatten, ihre normale Funktion wieder aufzunehmen. Sergej hinkte, was die Erholung anging, massiv hinter seiner Tochter her. Er war dem Tod stets näher als sie.

Als man anfing, Julija aus dem künstlichen Koma zu holen, hofften die Ermittler natürlich, sie bald befragen zu können. Außerhalb der kleinen Insel der Intensivstation tobte nämlich eine internationale Krise von beträchtlichen Ausmaßen.

19

HÖCHSTWAHRSCHEINLICH RUSSLAND

Am Vormittag des 7. März, einem Mittwoch, machte sich eine Gruppe ranghoher Minister und Beamter auf den Weg zum Cabinet Office in Whitehall. Mit Kaffeebechern, Passkarten und Besprechungsunterlagen hantierend, bahnten sie sich den Weg ins Untergeschoss zu Cobra. Der Name bezeichnet sowohl ein Krisengremium der Regierung als auch einen Ort: den Cabinet Office Briefing Room A. In seiner heutigen Gestalt ist Cobra ein elektronisch desinfizierter (d. h. abhörsicherer), fensterloser Ort mit Anschlüssen an eine breite Palette von Kommunikationskanälen, darunter abgeschirmte Telefonleitungen und Anlagen für Videokonferenzen.

Rund dreißig Personen fanden sich an jenem Vormittag bei Cobra ein und wurden von Innenministerin Amber Rudd und zwei Beamten empfangen. Bereits bestens im Bilde, würde die hochgewachsene Gastgeberin die Sitzung auf ihre punktgenaue Art leiten. Unter den hereinströmenden Teilnehmern waren Außenminister Boris Johnson, Verteidigungsminister Gavin Williamson und rund zwei Dutzend weitere Minister und Ministerialbeamte.

Keiner von denen, die an diesem Vormittag den Raum füllten, hegte den geringsten Zweifel daran, dass Russland für das verantwortlich war, was sich in Salisbury zugetragen hatte. Allerdings deutete der Umstand, dass die Premierministerin Amber Rudd mit der Leitung der Sitzung beauftragt hatte, darauf hin, dass es hier in erster Linie darum ging, eine Antwort auf drängende praktische Fragen zu finden, die sich aus dem Giftanschlag ergaben, und zum Zweiten darum, nicht mit einer öffentlichen Schuldzuweisung an Russland vorzupreschen. Allerdings war einer derjenigen, die an diesem 7. März mit am Tisch saßen, davon nicht mehr weit entfernt.

Die Zusammenkunft war auch eine Reaktion auf Äußerungen von Boris Johnson am Vortag im Unterhaus. Er und die Innenministerin, die in der Brexit-Debatte gegensätzliche Positionen vertraten, waren auch sehr unterschiedliche politische Charaktere: Rudd eher abwägend und gemessen, Johnson einer, der gerne rhetorisch auftrumpfte und aus der Hüfte feuerte. »Es ist noch zu früh, um Spekulationen über die genaue Natur des Verbrechens oder versuchten Verbrechens anzustellen, das in Salisbury stattgefunden hat«, hatte Johnson den Abgeordneten erklärt, »aber ich weiß, dass die Mitglieder dieses Hauses Vermutungen haben. Sollten sich diese Vermutungen als wohlbegründet erweisen, wird die Regierung jegliche Maßnahmen ergreifen, die sie für nötig hält, um das Leben der Menschen in diesem Land zu schützen.«

Unmittelbar nachdem Johnson die Abgeordneten und die aufmerksam lauschende Weltöffentlichkeit vor voreiligen Schlüssen gewarnt hatte, kam er selbst auf »Echos« des Falles Litwinenko und auf den »bösartigen« Einfluss Russlands im jüngsten Weltgeschehen zu sprechen. Seinen Andeutungen lagen zweifellos Informationen zugrunde, die er aus Geheimdienstkreisen erhalten hatte. Downing Street, das ihn aus leidvoller Erfahrung als einen Naturburschen kannte, der oft und gerne vom Skript abwich, war über seine Äußerungen verärgert und beschloss nun, den Außenminister mit einer eigenen Stellungnahme zu Salisbury ins Abseits zu stellen. Bei dem Treffen in den Cobra-Räumlichkeiten am Tag nach Johnsons Auftritt im Unterhaus war Rudd im Vorteil, weil sie vor Beginn der Besprechungen von Polizei und Geheimdienst über Details der Ermittlungen ins Bild gesetzt worden war. Es entsprach dem Cobra-Vorgehen, dass sie das, was sie erfahren hatte, ihren Kollegen vortrug, die dann versuchen würden, eine auf breitem Konsens beruhende Reaktion auf die erkannten Herausforderungen zu beschließen. Aus der Sicht von Downing Street kam es vor allem darauf an, dass die Innenministerin sich als offizielle Sprecherin der Regierung an die Öffentlichkeit wandte – von einem Ortstermin in Salisbury bis zu Auftritten und Interviews im Fernsehen.

Was an diesem Vormittag bei Cobra offengelegt wurde: das Untersuchungsergebnis der englischen Gesundheitsbehörde, das besagte, dass die Skripals mit einem Nervengift in Berührung gekommen waren; die neuesten Erkenntnisse aus den polizeilichen Ermittlungen; eine Zusammenfassung der Erkenntnisse (auch wenn es nur eine Indizienkette war) darüber, dass Russland die Verantwortung trug und welche Motive es gehabt haben mochte. Aus Gesprächen mit Vertretern diverser Regierungsebenen über die Reaktion auf Salisbury ergibt sich, dass alle sich an Themen erinnern, über die an jenem Tag und danach mit großer Dringlichkeit und Ernsthaftigkeit diskutiert wurde, von denen sich jedoch im Nachhinein herausstellte, dass sie der vielen Mühen und Sorgen nicht wert waren.

Bei jenem ersten Cobra-Treffen sorgte der Gedanke, die Giftattentäter könnten sich vielleicht noch in Großbritannien aufhalten und einen noch vorhandenen Vorrat des Nervengifts gegen andere Personen einsetzen, offenbar für ausladende Diskussionen. Das mochte damals vielen als Panikmache erscheinen, doch andererseits wollte zu diesem Zeitpunkt niemand die Schwere des begangenen Verbrechens herunterspielen.

Als Ministerin Rudd am 8. März vor das Parlament trat, reflektierte ihre Rede sowohl die frühe Einschätzung der beamteten Experten in Whitehall als auch ihr eigenes Bestreben, einen gemesseneren Ton anzuschlagen als Boris Johnson. »Im Hinblick auf ein späteres Verfahren müssen wir uns Spekulationen versagen und die Polizei ihre Ermittlungsarbeit tun lassen.« Sie vermied es in dieser Rede, Russland beim Namen zu nennen oder gar eine Liste der Verfehlungen Wladimir Putins in den zurückliegenden Jahren zu verlesen. Ein weiterer bemerkenswerter Aspekt an dieser Verlautbarung war, dass sie einem gedämpften Optimismus der britischen Polizei Ausdruck verlieh, es bestehe Aussicht auf eine baldige Identifizierung von Tatverdächtigen. Rudd sprach von einer »kriminalpolizeilichen Ermittlung im Eiltempo« und versprach (wiewohl sie zugleich darum bat, den Ermittlern Zeit für gründliche Arbeit zu geben): »Das Ermittlungsverfahren verläuft zügig, und diese Regierung wird nicht zögern, zu handeln, sobald mehr Klarheit über die Tatsachen besteht.«

Die Annahme liegt auf der Hand, dass der vorsichtige Optimismus, den die Beamten der Antiterroreinheiten, die der Ministerin den Sachstand übermittelten, anklingen ließen, aus ihren jüngeren Erfahrungen mit der zügigen Aufdeckung dschihadistischer Anschlagspläne herrührte, und vielleicht auch aus den ersten wissenschaftlichen Einschätzungen, die sie von Chemiewaffen-Experten gehört hatten. Die Experten bezeichneten es als wahrscheinlich, dass die Skripals das Gift eingeatmet oder zu sich genommen hatten und dass die Wirkung daher in Minutenschnelle eingetreten war. Die Ermittler konzentrierten sich darauf, herauszufinden, welche Personen sich in den Maltings und im Restaurant Zizzis befunden hatten, und hatten die Hoffnung, bald auf Verdächtige zu stoßen. Tatsächlich kam es ganz anders, wie wir noch sehen werden.

Dass sich die Innenministerin, was Schuldzuweisungen betraf, in ihrer ersten Verlautbarung vorsichtiger äußerte als der Außenminister, hatte eine Reihe von Gründen. Zum einen war es ihr offenbar wichtig, auf Distanz zu Boris Johnson zu gehen. Doch waren sie und die Beamten, die ihr Bericht erstatteten, auch von dem Wunsch der Ermittler beeinflusst, die für den Anschlag von Salisbury Verantwortlichen auf die Anklagebank zu bringen und das Ermittlungsverfahren nicht durch übereilte Schlüsse zu beeinflussen. Dies spiegelte den klassischen Gegensatz zwischen juristischer Beweislage und geheimdienstlicher Erkenntnislage wider. Letztere nahm sehr viel früher Gestalt an als Erstere und musste nicht dieselben strengen Anforderungen an die Beweisführung erfüllen. Und doch war auch das Bild, das sich die Geheimdienste bisher gemacht hatten, alles andere als klar, als Johnson sich äußerte.

Ihm war es gelungen, der geheimdienstlichen Analyse zuvorzukommen, die von Experten der Sicherheitsbewertung ein paar Stockwerke über den Cobra-Räumlichkeiten im Cabinet Office erstellt wurde. In den Tagen unmittelbar nach der Vergiftung war es ihre Aufgabe, die erhältlichen Informationen anhand der Analyse konkurrierender Hypothesen gründlich zu untersuchen. In einfachen Worten bedeutete dies, alle möglichen Erklärungen in Erwägung zu ziehen und jeweils gegen Geheimdienstinformationen abzuwägen, die ihnen widersprechen könnten. Anders ausgedrückt, man suchte eher nach Fakten, die eine Theorie widerlegten, als nach solchen, die sie stützten. Der CIA-Analyst Richards Heuer hatte diese Methode mit dem Ziel entwickelt, Bestätigungsfehler und Gruppendenken zu vermeiden. In Großbritanniens zentraler Geheimdienstmaschinerie kam sie nach den Fehleinschätzungen von 2002 und 2003 bezüglich der Massenvernichtungswaffen im Irak verstärkt zum Einsatz.

Einer von denen, die in den Tagen nach dem Giftanschlag wichtige politische Entscheider über den Sachstand informierten, war Charles Farr, der Mann, der knapp zwei Jahrzehnte früher die operative Abteilung von P5 geleitet und in dieser Eigenschaft Schwung in die Rekrutierung russischer Agenten für den MI6 gebracht und später die Suche nach dem Verräter Skripals geleitet hatte, und der 2018 als Vorsitzender des Joint Intelligence Committee an die Spitze der Geheimdienstwelt aufgestiegen war. Als solcher war er der ranghöchste Analyst des Landes und hatte Kenntnis von allem, was die Regierung über Salisbury wusste, wie auch von vielem anderen, das auf der Welt vor sich ging. Es ist denkbar, dass Farr den Anschlag auf Skripal als persönlichen Affront empfand, hatte er doch in seinen Jahren als Chef-Unterwanderer der russischen Geheimdienste den damaligen GRU-Mann als aktiven Agenten geführt. Seine spätere Arbeit für das Innenministerium, wo er das Amt für Sicherheit und Terrorismusbekämpfung leitete, hatte zur Folge, dass sich Farr insbesondere darüber entrüstete, dass die Tat auf englischem Boden begangen worden war. Er und andere ranghohe Beamte des Nachrichtendienstes veranlassten sofort die Überprüfung der Frage, wer die Verantwortung trug. Ihre Erkenntnisse trugen sie innerhalb von zehn Tagen den zuständigen Ministern vor.

Jemand, der in die Vorgehensweise des Geheimdienstes anhand »konkurrierender Hypothesen« eingewiesen worden war, sagte, jede nur mögliche Option sei bedacht worden, darunter auch die eines Datenlecks von Geheimdienstinformationen aus dem Forschungszentrum in Porton Down (eine Theorie, die in den russischen Medien viel Beachtung erfuhr), die besagten, Skripal sei in eine Art kriminellen Disput hineingeraten; oder, dass das Attentat von einem anderen Land in Auftrag gegeben wurde, mit dem Ziel, es Russland anzuhängen. Nachdem diese Theorien mit anderen Informationen abgeglichen und widerlegt worden waren, legten die Mitarbeiter der Sicherheitsbewertung den Fokus ihrer Untersuchungen bald schon auf die Beteiligung russischer Regierungsbeamter und vor allem auf die Überprüfung bereits gesammelter Informationen im Hinblick auf zwei Problemkreise: geheimdienstliche Informationen darüber, ob Russland immer noch chemische Kampfstoffe besaß; und Spuren, meist elektronische, die zeigten, dass die Skripals von russischer Seite überwacht worden waren.

Seine früheren Kollegen in Vauxhall Cross am anderen Themseufer befanden sich in den ersten Tagen nach dem Giftanschlag in einer Art Schockstarre. Ein Insider beschrieb die Stimmung als »irritiert«. Er hätte auch »wütend« sagen können, denn der versuchte Giftmord von Salisbury bedrohte ihre Behörde auf vielen Ebenen: Indem er vor Augen führte, dass sie einen Mann wie Skripal nicht schützen konnte, würde der Anschlag vielleicht abschreckend auf diejenigen wirken, die mit dem Gedanken spielten, für Großbritannien zu spionieren, und das war gleichsam ein Angriff auf die Kernkompetenz des MI6. Des Weiteren hatte der Anschlag gezeigt, dass die Sicherheitsvorkehrungen für Skripal nicht ausgereicht hatten, woraus man schließen konnte, dass der MI6 drohende Gefahren unterschätzt hatte. Was auch deutlich wurde, war, dass die britischen Geheimdienste es zwar vermochten, für den Fall und seine Aufklärung relevante Informationen zu beschaffen, dass aber keine ihrer Quellen in der Lage war, schnell nachzuvollziehen, wie der Anschlag ausgeführt worden war, von einer Warnung ganz zu schweigen.

Über das Versagen beim Schutz Skripals sagte Sir John Sawyers, zur Zeit des Wiener Agentenaustauschs von 2010 Direktor des MI6, der BBC später: »Der Grad an Schutz, den du Leuten zukommen lässt, die freigelassen und ausgetauscht wurden, variiert von Fall zu Fall. Nun ist es ganz klar, dass unsere Rechnung nicht aufging und dass die Bedrohung Skripals viel größer war als angenommen, weil wir nicht darauf eingestellt waren, dass die Russen so etwas nach einer präsidentiellen Begnadigung tun würden.«

Die Fragen, die im Verlauf dieser Tage an den SIS – und nicht nur an ihn, sondern auch an andere geheimdienstliche Organe in Großbritannien und aller Welt – gerichtet wurden, erstreckten sich über drei große Teilbereiche: Beweggründe der Täter; zeitlicher Ablauf; und wie genau war der Anschlag ausgeführt worden war.

Auf Fragen nach dem Tatmotiv hatten viele Beteiligte, von den diensthabenden Beamten der Wiltshire Police bis zum Außenminister, eilends auf die Ähnlichkeiten zum Giftmord an Alexander Litwinenko 2006 hingewiesen. Doch wie und wo sollten die Fälle Litwinenko und Skripal vergleichbar sein?

Litwinenko hatte Putin lautstark öffentlich kritisiert; er hatte dem russischen Präsidenten Verbrechen aller Art zur Last gelegt, nicht zuletzt die Sprengung ganzer Wohnblocks mit Hunderten russischer Todesopfer, um tschetschenische Separatisten als blutige Terroristen hinstellen zu können. Die Ermordung Litwinenkos war in eine Zeit akuter Spannungen zwischen dem Kreml und London gefallen; Putin und die *Silowiki* hatten in der seinerzeitigen starken Zunahme der Spionagetätigkeit und in der Aufwiegelung von Litwinenko und seinem Zahlmeister Beresowskij ein inakzeptables Aktivitätsmuster gesehen. Der damalige FSB-Chef Nikolaj Patruschew hatte sogar öffentlich den Verdacht geäußert, man habe es mit einem auf breiter Front eingefädelten antirussischen Komplott der Briten zu tun, ein Vorwurf, der als implizite Erklärung dafür gelesen werden konnte, weshalb die russische Seite ihren Gegnern eine mit Polonium versetzte Warnung hatte zukommen lassen.

Im Gegensatz dazu hatte Skripal sich nie öffentlich geäußert oder als Putin-Kritiker hervorgetan. Es fehlte in diesem Tableau auch eine Figur wie Beresowskij, die etwa aktiv den Sturz Putins gefordert und dabei auf die Hilfe des früheren GRU-Mannes zurückgegriffen hätte. Hatte Skripal irgendetwas getan, das den Kreml oder auch nur seine einstigen Vorgesetzten im Geheimdienst wütend genug gemacht hatte, um ihm nach dem Leben zu trachten?

Die westlichen Geheimdienstler, die den Fall analysierten, richteten ihr Augenmerk bald auf die Beziehungen Skripals zu ausländischen Geheimdiensten. Konnte es in dieser Sphäre irgendetwas geben, das den Auslöser für ein Mordkomplott hätte liefern können? Insbesondere erwogen sie die Möglichkeit, dass in einem dieser Geheimdienste womöglich ein russischer Agent saß, der Moskau gesteckt hatte, welche Art von Hilfe Skripal leistete.

Ich rekonstruierte die Reisen Skripals und stellte fest, dass er 2011 in die USA geflogen war, 2012 in die Tschechische Republik und zweimal nach Estland. Im Sommer 2017 waren meine Gespräche mit ihm durch eine einwöchige Reise Sergejs in die Schweiz unterbrochen worden, wo er Gespräche mit Vertretern der Schweizer Geheimdienste führen wollte. Die letztgenannte Reise mag unverfänglich erscheinen, doch sei daran erinnert, dass Litwinenko kurz vor seiner Ermordung Ermittlern in Spanien Hilfsdienste geleistet hatte und dass in der Schweiz mehrere Ermittlungsverfahren wegen Korruptionsverdachts liefen, die sich gegen offizielle Vertreter Russlands richteten.

Die wahrscheinlichste Erklärung für Sergejs Aufenthalt in der Schweiz ist jedoch, dass er die dortigen Bundesbehörden zu einem Zeitpunkt beriet, als sie die Prioritätensetzung ihrer geheimdienstlichen Informationsgewinnung überdachten. Die Schweiz hatte Beweise für den groß angelegten russischen Spionageangriff auf das Internationale Olympische Komitee und die Welt-Anti-Doping-Agentur, da sich die Russen eine passende Antwort darauf bereitlegen wollten, dass ihr bestens organisierter und gut ausgestatteter Betrugsapparat im Sport aufgeflogen war. Als Heimstätte vieler international agierender Einrichtungen hatte die Schweiz weitere Spionagebemühungen von GRU, SVR und FSB entdeckt. Dies war der Kontext, in dem auf nationaler Ebene neu überlegt wurde, wie man den russischen Geheimdiensten am besten entgegenwirken könnte, und es scheint, Skripal habe dabei seine Rolle als Berater über die Methoden und die Kultur der GRU gespielt.

Es gab Gerüchte, dass Skripal Gespräche mit dem ukrainischen Geheimdienst SBU geführt haben soll, allerdings nicht in der Ukraine. Die GRU hatte eine Schlüsselrolle beim Einschleusen russischer Hilfslieferungen an Putins Getreue in der Ostukraine gespielt. Mir erscheint diese These geradezu ironisch im Licht der Geringschätzung für die Ukrainer, die Sergej bei unseren Gesprächen an den Tag legte. Eingeweihte lehnten die Möglichkeit, er habe dem SBU geholfen, indes mit Nachdruck ab.

Aus Sicht des Kremls jedoch hätten manche dieser Reisen Skripals, insbesondere soweit sie ihn in ehemalige Ostblockländer führten, als Zeichen dafür gedeutet werden können, dass er im geheimdienstlichen Spiel wieder mitmischte, besonders wenn derjenige, der Moskau darüber Bericht erstattete, Skripals Rolle überzeichnete. Vor dem Hintergrund eines solchen Szenarios könnte man darüber spekulieren, dass der Gnadenerlass des russischen Präsidenten aus dem Jahr 2010 nicht mehr zählte. Wäre ich in der Lage gewesen, nach dem Giftanschlag mit Sergej zu sprechen, hätte ich die Fragen zu diesen Auslandsreisen ganz oben auf meine Liste gesetzt. Doch trotz vieler Versuche meinerseits, unser Gespräch wieder in Gang zu bringen, hatte er sich nach dem Giftanschlag offenbar entschlossen, nicht mehr mit mir zu reden.

Eine weitere Meinung, die in den sozialen Medien einen gewissen Anklang fand, besagte, Skripal sei irgendwie an dem berüchtigten »Trump-Dossier« beteiligt gewesen, das der ehemalige MI6-Mitarbeiter Christopher Steele und seine Firma

Orbis 2016 erstellten. Die »Steele-Connection« kam einigen Leuten zupass, die es für möglich hielten, dass die Amerikaner Skripal umbringen wollten zur Strafe dafür, dass er mitgeholfen hatte, Trump bloßzustellen. Sie passte aber auch anderen ins Konzept, die überzeugt waren, das besagte Dossier habe russischen Diensten ein Motiv für die Ermordung Skripals geliefert. Meine Recherchen haben nichts zutage gefördert, was eine dieser Theorien untermauern könnte. Der Gegenbeweis lässt sich allerdings ebenso wenig führen. Orbis und andere Quellen bestritten jedoch jede Beziehung sowohl zu Skripal als auch zu einem angeblichen früheren britischen Agentenführer. Es ist schwer vorstellbar, dass Sergej etwas zu Steeles Trump-Dossier hätte beitragen können, da er doch seit vielen Jahren fern von Moskau lebte und vor noch längerer Zeit aus dem Spionagegeschäft ausgeschieden war. Eher ist es so, dass diese Vorstellung von den alten und neuen prorussischen Medien lanciert wurde und auf fruchtbaren Boden fiel bei denen, die der offiziellen britischen Sichtweise nicht folgen mochten.

Auch wenn die »Steele-Connection« die Skepsis derer nährte, die an den Erklärungen der westlichen Regierungen ohnehin bereits zweifelten, so wurde das Attentat in Vauxhall Cross und der CIA-Zentrale von Anfang an im Zusammenhang mit der Geschichte der Sowjetunion, später dann vor allem als russische Vergeltungsmaßnahme gegen Verräter, gewertet.

Nach der präsidentiellen Begnadigung 2010 hatten sie nicht mehr damit gerechnet, dass er immer noch als solcher betrachtet wurde. Doch der Giftanschlag von Salisbury zerstörte diese Illusion. Für die Analysten der Geheimdienste bestätigte der Vorfall, dass Russland Skripal für einen Verräter hielt, dass er weiterhin für gewisse Geheimdienste gearbeitet hatte und dass das womöglich ausreichte, um ihn zu einem »legitimen Zielobjekt« zu stempeln. Dabei mag der GRU, wie Jahre zuvor bei Jurij Burlatows Ermordung im Gefängnis, die Aufgabe zugefallen sein, sich um Skripal »zu kümmern«, um das Vertrauen des Kreml nicht aufs Spiel zu setzen. Immerhin hatte sich Putins Kalkül in den Jahren seit dem Fall Litwinenko verändert. Zu seinen Ambitionen, Russland wieder als Weltmacht zu etablieren, hatte sich eine deutlich erhöhte Risikobereitschaft gesellt, wie sich in der Ostukraine und in Syrien zeigte. Einiges von dem, was darauf folgte, beispielsweise der Abschuss des Flugzeuges der Malaysian Airlines mit der Flugnummer MH17 über der von Rebellen besetzten Ostukraine mit 298 Menschen an Bord, erwies sich als enorm folgenreich, sowohl was die Opferzahl als auch was die Rückwirkungen auf das Ansehen Russlands betraf.

Die Reaktionen auf MH17 oder auf Vorfälle in Syrien hatten dem Kreml aber auch gezeigt, dass das Zeter und Mordio, das nach jedem dieser größeren Ereignisse erscholl, von begrenzter Dauer war. Mit Vorwürfen und Verurteilungen, ja sogar mit Sanktionen konnte Russland leben, und sie hatten den nützlichen Nebeneffekt, den Predigten Putins über die Russlandfeindlichkeit des Westens Glaubwürdigkeit zu verleihen. Viele der Gegentheorien über den Giftanschlag – sie reichten von einer verdeckten Operation (d.h. von einem Nicht-Russen unter falscher Flagge verübt), um die Fußball-Weltmeisterschaft zu torpedieren, bis zu einem »Warum-sollte-Putin-das-ausgerechnet-im-Wahlkampf-tun?« – ignorieren schlicht die Realität: Die Ereignisse der vergangenen Jahre hatten doch bereits gezeigt, dass Russland morden konnte ohne ernsthafte Auswirkungen auf seine Beziehungen mit der übrigen Welt. Sie übersahen auch die Möglichkeit, dass die Wahl (für den Kreml) einen guten Zeitpunkt darstellte, den Westen aufzuhetzen – das Stichwort lautet: Russophobie –, und zwar mithilfe etwas spezifisch Russischem (dem Einsatz von Nowitschok).

Auch bei der Ermordung Litwinenkos war eine durch die russischen Staatsinstitutionen streng gehütete Substanz benutzt beworden, um Kreml-Verrätern eine Botschaft zu senden. Vielleicht bestand der Hauptunterschied zwischen 2006 und 2018 einfach darin, dass der Kreml seine Hemmschwelle abgesenkt hatte und die Ermordung seiner Feinde für ihn zur Routine geworden war. Die Anwendung exotischer Methoden – Polonium bei Litwinenko, Nowitschok bei Skripal – war zu einer Art Markenzeichen für das geworden, was Putin der Welt sagen wollte, zu einem bewusst eingesetzten Signal an die Adresse sowohl der Mitarbeiter seiner eigenen Geheimdienste als auch der Öffentlichkeit, dass es für Verräter kein Vergessen und kein Verzeihen gab – und vielleicht auch ein Mittel, um Russlands Macht und Straflosigkeit zu unterstreichen.

Daniel Hoffman, der 2010 als Chef der Moskauer CIA-Niederlassung Skripals Ausreise in den Westen mit ermöglicht hatte, sagte mir in einem BBC-Interview: »Es ist keine neue Strategie für Russland, dass sozusagen die Brotkrümel in den Kreml führen. Teilweise ist es Vergeltung, aber zum größeren Teil geht es darum, eine Botschaft an die Russen in Russland zu richten, an Putins eigene Wählerschaft in Sichtweite der Wahl, und an seine Sicherheitsbehörden, die ihm helfen, an der Macht zu bleiben.«

Wenn es darum ging, eine Botschaft zu senden, wer wäre dafür geeigneter als ein Verräter, der Inbegriff des in Putins Russland Verhassten? Auch hier kommt wieder ein traditioneller tschekistischer Imperativ zum Vorschein: Man liquidiert den, der das Vaterland verraten hat, eine Taktik, die in den Jahren nach dem Zerfall des kommunistischen Systems in der Versenkung verschwunden war, unter Putin dann aber mit Macht wiederkam und seit der Ermordung Litwinenkos womöglich weiter zugelegt hat. In den Augen derjenigen, die dem Deutungsmuster der »Brotkrümelspur« zuneigen, diente die Wahl des Nervengifts Nowitschok A-234 dazu, einen russischen Fingerabdruck zu hinterlassen. Und an dieser Stelle kann man bei all den Unterschieden zur Ermordung Litwinenkos doch auch eine Parallele erkennen: Wenn die Absicht besteht, eine Botschaft zu senden, ist die Wahl eines sehr seltenen Giftstoffs wie Polonium oder A-234 ein geeignetes Mittel.

Freilich musste, wer mit der Liquidierung von Verrätern ein politisches Zeichen setzen wollte, erst einmal geeignete Opfer finden. Bei den westlichen Geheimdiensten lagen Belege dafür vor, dass Putins Dienste Dossiers über passende Zielpersonen in westlichen Ländern anlegten. Sie führten Buch über deren Aufenthaltsorte und Alltagsroutinen und sorgten zugleich mit wuchtigen Informationskampagnen dafür, dass die russische Öffentlichkeit die Namen der Betreffenden – und die Verachtung, die sie verdienten – nicht vergaß.

Es gibt kaum vernünftige Zweifel daran, dass Alexander Potejew, der SWR-Oberst, der das illegale Agentennetz der Russen in den USA verriet, auf jeder vom Kreml geführten Liste von zu bestrafenden Verrätern ziemlich weit oben rangiert – der Schaden, den er mit seinen Enthüllungen auslöste, war sicherlich schlimmer als alles, was Skripal anrichten konnte. Die Dienste, die Potejew den Amerikanern geleistet hatte, hatten Putin 2010 zu der wütenden Äußerung veranlasst, Verräter würden immer »ein böses Ende nehmen«. Potejew stand freilich seit seiner Ausschleusung in die USA unter dem besonderen Schutz des FBI, wie sollten die Russen da an ihn herankommen?

»Wie aus gewissen Quellen zu erfahren ist«, berichtete die Nachrichtenagentur Interfax am 7. Juli 2016 aus Moskau, »ist Potejew in den USA verstorben. Man ist derzeit dabei, diese Information zu verifizieren.« Die Nachricht vom Tod Potejews wurde von westlichen Zeitungen sogleich übernommen und verbreitete sich um den Globus.

Allerdings ist Potejew gar nicht tot. Tatsächlich erhielt ich während der Arbeit an diesem Buch die Mitteilung, er sei noch quicklebendig. Damit nicht genug, sind die Amerikaner überzeugt, die Interfax-Meldung sei Teil eines durchkalkulierten Plans gewesen: Die russischen Geheimdienste würden Korrespondenz und Telefonate von Freunden und Angehörigen Potejews überwachen in der Hoffnung, aus ihren Reaktionen auf die Todesnachricht etwas über den Aufenthaltsort des Verräters zu erfahren. Vielleicht würden sie sogar einen Volltreffer landen, wenn nämlich Potejew selbst mit der Botschaft »Hallo, ich lebe noch« in Erscheinung träte und ihnen dadurch die Chance eröffnete, ihn zu finden.

Nach der Vergiftung von Salisbury kam heraus, dass US-Agenten die Pläne eines russischen Auftragskillers durchkreuzt hatten, der Potejew, ein oder zwei Jahre bevor die Interfax-Story in die Welt gesetzt wurde, in Florida, wo man ihn vermutete, umbringen sollte.

Die Falschinformation könnte dem Versuch gedient haben, den damals 64-jährigen Überläufer für einen erneuten Anschlag ausfindig zu machen.

Wenige Wochen nachdem ich erfahren hatte, dass Potejew noch am Leben ist, bediente sich der ukrainische SBU eines ganz ähnlichen, wenngleich raffinierteren Bluffs, nämlich einer Falschmeldung über den Tod des russischen Exiljournalisten Arkadij Babtschenko. Auch hier bestand das Ziel, wie zu erfahren war, darin, das von den »Fake News« möglicherweise ausgelöste Online-Echo abzugreifen und auszuwerten.

Was der Fall Potejew zeigt, ist nicht nur, dass die russische Seite nach wie vor daran arbeitet, Verräter zu beseitigen, sondern auch, dass sie, wenn diejenigen, die auf ihrer Verräterliste ganz oben stehen, nicht greifbar sind, womöglich weiter unten auf der Liste einen ankreuzt, der leichter zu finden ist. Sergej war nie abgetaucht. Sein Name stand im Wählerverzeichnis von Salisbury, während sowohl Litwinenko als auch Gordijewskij neue Namen angenommen hatten, die ihnen im Rahmen des britischen Eingliederungsprogramms für Agenten zugeteilt worden waren. Ein weiterer Faktor, der ihn leicht auffindbar machte, war sein E-Mail-Verkehr mit Julija und Sascha nach deren Rückkehr in ihre russische Heimat.

Eine der bedeutsamen Entdeckungen, die die britischen Behörden (in diesem Fall vermutlich der GCHQ) bei ihren Ermittlungen zu dem Vorfall in Salisbury machten, war, dass die Russen 2013 Julijas E-Mail-Konto gehackt hatten. Sie konnten eine Spur sichern, die zu einem Server der russischen Geheimdienste führte. Wenn die Russen das »Wo« bereits kannten – Skripals Wohnadresse in der Christie Miller Road –, ergab sich aus der Auswertung seiner E-Mails vielleicht ein »Wann«, also ein geeigneter Zeitpunkt für die Ausführung ihres Anschlagsplans. Dass die Russen Julijas Mailserver gehackt hatten, war eines von mehreren von den britischen Diensten entdeckten Indizien, die zeigten, dass die Russen die Skripals überwachten. Weiterführende Details unterliegen nach wie vor der Geheimhaltung, standen aber offensichtlich in der »Anklageschrift«, die dem britischen Kabinett und den verbündeten Diensten und Regierungen einige Tage nach dem Anschlag vorgelegt wurde und sie von der Täterschaft der Russen überzeugte. Es gab noch weitere Merkwürdigkeiten, die sich als Indizien werten ließen.

Die Macher der 2014 entstandenen Dokumentation »Ein Maulwurf im Aquarium«, eines Films von immerhin 37 Minuten Länge, hatten sich auf den FSB gestützt und für das Werk zwei von dessen Beamten interviewt. Und im Februar 2018, nur Wochen vor dem Anschlag, hatte ein nationalistischer russischer YouTube-Kanal, der gerne und oft Spionagethemen präsentiert, zwei Videos über den Verrat Skripals hochgeladen. Einen Anschlag auf jemanden zu verüben, den die russische Öffentlichkeit längst vergessen hatte, wäre ja auch unsinnig gewesen.

Wenn der Zweck des Anschlags auf Skripal somit eine Kombination aus einer Botschaft an die Adresse von Verrätern war, der Fortführung des Feldzuges gegen dieselben und schlicht einer guten Gelegenheit, weil Skripal vergleichsweise leicht auffindbar war, wie würde dann die Erklärung für den Zeitpunkt lauten? Der Einsatz eines Nervengiftes auf britischen Straßen nur wenige Wochen vor der russischen Präsidentschaftswahl war in den Augen sowohl der Überzeugten als auch der Skeptiker ein deutliches Signal. Putin selbst hat zu bedenken gegeben, dass ein solches Timing, unmittelbar vor seiner Wahl und dem Antritt seiner dritten Amtszeit, eine widersinnige Tollkühnheit gewesen wäre. Dagegen vertreten seine Feinde im Westen – etwa in Anlehnung an Hoffmans Theorie von der »Brotkrümelspur« – die Ansicht, das Ganze sei darauf angelegt gewesen, zu demonstrieren, dass der Präsident die Macht hatte, solche Dinge straflos zu tun, vielleicht sogar in der Absicht, den Westen zu Reaktionen anzustacheln, die man dann als Ausdruck der westlichen Russophobie hinstellen konnte – eine Art Weckruf zu einem Zeitpunkt, als Putins politischer Apparat befürchtete, die Wählerschaft werde in Apathie verfallen.

In Vauxhall Cross war man offenbar der Meinung, hinter dem speziellen Timing hätten eher taktische als strategische Überlegungen gesteckt. Wie ein ehemaliger Mitarbeiter des Dienstes mir lakonisch erklärte: »Ich finde das Timing überhaupt nicht seltsam – die richten sich in ihrer Arbeit nicht nach den Prioritäten des britischen Staatsdienstes.«

Dort sah man von Anfang an einen Schlüssel in Julijas Flug

von Moskau nach London am 3. März. Diejenigen, die den Anschlag planten, könnten von Julijas Reiseplänen schon einige Zeit vorher aus dem abgefangenen Mailverkehr mit ihrem Vater erfahren haben. Eine Vorlaufzeit von ein paar Wochen hätte ihnen Gelegenheit gegeben, andere Elemente ihres Plans in Stellung zu bringen – vor allem das Gift zu besorgen und es nach England zu schaffen. Von dem Moment an, da Julija in Salisbury war, konnten sie durch Ortung ihres Mobiltelefons die Wohnadresse ihres Vaters schnell und punktgenau herausfinden. Diese Sichtweise impliziert, dass nicht nur für das Timing, sondern für den Anschlagsplan als Ganzen hauptsächlich taktische Gesichtspunkte entscheidend waren, keine strategischen – eine Auffassung, die gut zu der makabren Deutung russischer Operationen passt, die mir ein ranghoher Beamter aus Whitehall auftischte: »Man liquidiert Verräter, wie man sich die Zähne putzt. Es ist nicht politisch, es ist rein operativ.«

Dieser Deutung zufolge ist der politisch motivierte Mord für das Russland des Jahres 2018 zu einer so bewährten und eingeübten Taktik geworden, dass die Regierung dem FSB und der GRU ein erhebliches Maß an Autonomie gewährt, Operationen nach eigenem Ermessen durchzuführen. Diese Einschätzung passt gut zu der von den britischen Diensten 2007/08 gewonnenen Erkenntnis, dass die Operationen gegen Litwinenko und Beresowskij Operationen des russischen Staats waren, auch wenn man nicht beweisen konnte, dass Putin persönlich grünes Licht für ihre Durchführung gegeben hatte. In den einschlägigen Analysen wurde eingeräumt, dass man keinen rauchenden Colt hatte, der eine Mitwirkung Putins an einem dieser Komplotte hätte belegen können, und dass es in der Tat fast unmöglich war, Beweise dafür beizubringen. Als Zyniker könnte man dies auch dahin gehend deuten, dass man auf britischer Seite nach wie vor für einen diplomatischen Umgang mit dem Kreml eintreten und einen vollständigen Bruch vermeiden konnte.

Die hier durchdiskutierten Argumentationsketten hinsichtlich Motiv, Timing und operativer Verantwortung waren genau die, die Boris Johnson, Amber Rudd und natürlich auch Premierministerin Theresa May in den Wochen nach dem Anschlag von Salisbury vorgelegt wurden.

Johnson blieb ein Ultra und ritt weiterhin seine Attacken gegen Russland, die manchmal seine eigenen Beamten zusammenzucken ließen. In einem Interview mit einem deutschen Sender sagte er etwas, das sich so anhörte, als hätten die Chemiker in Porton Down das in Salisbury eingesetzte Nowitschok bis in eine russische Chemiefabrik zurückverfolgt – eine Aussage, für die es keine Belege gab, jedenfalls keine öffentlich zugänglichen. Im selben Interview brachte er es fertig, den Anschlag Putin persönlich anzulasten und zugleich implizit anzuerkennen, dass die Geheimdienstberichte, die ihm vorlagen, einen so weitgehenden Schluss nicht hergaben: »Ich fürchte, er trägt die Verantwortung für den ratternden Zug, wie wir in England sagen. Jemand muss verantwortlich sein, und wir in Großbritannien glauben, dass die Beweislage, der Schuldkompass in Richtung des russischen Staates zeigt, wie es schon im Fall Alexander Litwinenko war. Sie erinnern sich, dass die Spur des Poloniums sehr deutlich zum russischen Staat hinführte. Unter dem Strich ist Herr Putin verantwortlich, und ich fürchte, er kann sich der Verantwortung und der Schuld nicht entziehen.«

Alle wichtigen Entscheider der britischen Seite versammelten sich am Morgen des 12. März im Cabinet Office, um eine Strategie zu formulieren. Dieses Gremium firmiert als Nationaler Sicherheitsrat (NSC). Ihm gehörten zu der Zeit neben der Premierministerin und den Ministern, die zuvor schon an den Cobra-Besprechungen teilgenommen hatten, die Chefs der Nachrichten- und Geheimdienste an. Geleitet wurde und wird der NSC von dem MI6-Veteranen Mark Sedwill, der eine Schlüsselrolle bei den Bemühungen spielen sollte, die Verbündeten Großbritanniens zu einem gemeinsamen Vorgehen gegen Russland zu animieren.

Während Charles Farr für die Beantwortung der Schuldfrage von Salisbury zentral war, erwies sich Sedwill im weiteren Verlauf des Falls als Schlüsselfigur. Im Sommer 2018 zeigte sich, dass Farr, der aufgrund eines Krebsleidens schon länger in Behandlung war, den Kampf verlieren würde, er nahm sich daraufhin mehr Auszeiten. Laut eines ehemaligen Kollegen blieb er jedoch auf dem Laufenden, »entschieden, bis zum bitteren Ende weiterzumachen«. Er verstarb im Februar 2019.

Zweierlei hatte sich in der Schuldfrage zwischen der ersten Cobra-Sitzung am 7. März und dieser Versammlung des NSC fünf Tage später getan. Zum einen hatte Porton Down, das bisher nur unbestimmt von einem »Nervengift« gesprochen hatte, sich jetzt zu einer genaueren Bestimmung des Tatwerkzeugs als Nowitschok A-234 durchgerungen, eine Substanz, die nach Einschätzung der britischen Experten ursprünglich in einem Betrieb im südrussischen Schichany entwickelt und hergestellt worden war. Die zweite, heiklere Neuigkeit betraf die englische Beurteilung der russischen Versuche, Sergej und Julija Skripal im Auge zu behalten und ihre Kommunikationskanäle anzuzapfen. Mit diesen neuen Informationen bestückt, glaubte Theresa May zuversichtlich, die nächste Stufe des internationalen Verdächtigungsspiels zünden zu können.

Es war diese morgendliche Konferenz, nach der die Premierministerin im Unterhaus die eingangs zitierte Feststellung traf, dass »höchstwahrscheinlich« Russland für den Anschlag verantwortlich sei.

Das weitere Vorgehen, auf das sich der NSC einigte und das anschließend im Unterhaus erläutert wurde, zielte darauf ab, die Russen in eine Abfolge von Bärenfallen tappen zu lassen: Zunächst würde man ihnen die Chance geben, entweder die Verantwortung für den Anschlag zu übernehmen oder einzugestehen, dass ihnen Nervengift abhandengekommen war; gleichzeitig wollte man versuchen, ihnen einen Verstoß gegen die Chemiewaffenkonvention anzulasten, verbunden mit der impliziten Botschaft, Putin sei in einem pauschalen Sinn für das Geschehene verantwortlich, selbst wenn ein konkreter Beleg dafür, dass er den Anschlag angeordnet hatte, fehlte.

Russland setzte dem seine eigene Strategie entgegen; es antwortete auf die Unterstellungen in einer Weise, die dem Kreml alle politischen Handlungsspielräume offenhielt. Eine ausgewachsene Schlacht im Informationskrieg bahnte sich an. Die Russen brauchten allerdings ein paar Tage, um sich dafür in Stellung zu bringen – eine Verzögerung, die vielleicht dem Warten auf Anweisungen von Putin geschuldet war, vielleicht aber auch damit zu tun hatte, dass sie erst einmal sehen wollten, welche Art von Beweisen die Briten vorlegen würden, um ihre Anschuldigungen zu untermauern.

Sergej Lawrow, Russlands altgedienter Außenminister, hatte harsch dagegengehalten, als er am 9. März während eines Besuchs in Afrika von einem BBC-Reporter zur Skripal-Affäre befragt worden war: »Wir haben keine konkreten Fakten zu sehen bekommen, wir verfolgen nur, wie Ihre Kollegen im Fernsehen mit ernster Miene schwadronieren, dass, wenn Russland dahintersteckt, eine Antwort kommen wird, die die Russen nie vergessen werden. Das ist nicht seriös. Das ist reine Propaganda. Es geht einzig darum, Hysterie zu schüren.«

Der Kreml brauchte länger, um in die Gänge zu kommen; noch eine Woche nach dem Anschlag lehnte Kreml-Sprecher Dmitrij Peskow jeden Kommentar ab und bemerkte lediglich, Skripal habe »für einen der britischen Geheimdienste gearbeitet, und der Anschlag hat sich in Großbritannien ereignet«. Was Putin betraf, der sich auf Wahlkampftour im Süden Russlands befand, so äußerte er sich am selben Tag, an dem Theresa May die russische Regierung an den Pranger stellte (am 12. März), erstmals gegenüber dem BBC-Korrespondenten Steve Rosenberg. Auf die Frage, ob Russland hinter dem Giftanschlag stecke, antwortete der Präsident: »Gehen Sie den Dingen auf den Grund, dann können wir darüber reden.«

Andere russische Stimmen klangen derweil weitaus weniger zurückhaltend. Duma-Sprecher Wjatscheslaw Wolodin war einer der Ersten, die andeuteten, das Giftattentat sei eine False-Flag-Operation gewesen. Er warf Theresa May den »unzulässigen Versuch« vor, »den Verdacht von Großbritannien weg zu lenken«. In diesem Verschwörungs-Szenario waren die Briten diejenigen, die es darauf angelegt hatten, Skripal zu töten, um einen Vorwand für eine weitere Dämonisierung Russlands zu haben. Sergej Stepaschin, der nach der Auflösung des KGB für kurze Zeit den russischen Sicherheitsapparat geleitet hatte, stellte die rhetorische Frage: »Welcher Idiot in Russland würde die Entscheidung treffen, dies zu tun? Wo ist die Logik? ... die Engländer hassen uns einfach, weil die Weltmeisterschaft in unserem Land stattfinden wird.« Solche Äußerungen schienen einfach nur zu bestätigen, dass der Anschlag auf Skripal möglicherweise mit Putins vor vielen Jahren erhobenem Vorwurf zu tun hatte, Russland sei von ihm feindlich gesinnten Mächten umzingelt.

Als die Russen auf das ihnen von Theresa May gestellte Ultimatum nicht antworteten, trat sie am 14. März erneut vor das Unterhaus und verkündete ihre Strafmaßnahmen: Großbritannien würde dreiundzwanzig russische Diplomaten ausweisen und eine ganze Reihe weiterer Sanktionen gegen russische Bürger ergreifen, die sich in Großbritannien aufhielten und in London ihr Geld horteten. Das war noch nicht alles: Das britische Außenministerium hatte alle Hebel in Bewegung gesetzt, um Verbündete in aller Welt zu einem koordinierten Vorgehen gegen Russland zu drängen.

Manche konservativen Politiker erklärten in Gesprächen mit Journalisten, Großbritannien dürfe bei seinem Vergeltungsprogramm nichts ausschließen, weder einen Boykott der Fußball-WM noch die Ausweisung von Oligarchen. Auch Diplomaten und Geheimdienstprofis ließen kaum Mäßigung walten; ein pensionierter SIS-Beamter sah es kurz vor der Bekanntgabe der Ausweisung der Diplomaten so: »Es sollte einen weiteren Kehraus geben, sodass nur ein einziger anerkannter Sicherheitsbeamter hierbleibt, über den die unabdingbaren Erkenntnisse im Bereich der Terrorismusabwehr ausgetauscht werden könnten, des Weiteren ein Militärattaché mit minimalem Mitarbeiterstab.«

Tatsächlich kalibrierte das Außenministerium sein Vorgehen entlang dieser Vorgabe. Nach der Ausweisung der dreiundzwanzig verblieben genau zwei russische Geheimdienstler auf ihrem Posten in London. Somit wurde der Wunsch der britischen Dienste erfüllt, selbst auf dem Höhepunkt dieser ernsten internationalen Krise einen minimalen Kanal offen zu halten. Die britischen Diplomaten stellten bei ihren Gesprächen mit verbündeten Staaten zu ihrer Freude fest, dass sie offene Türen einrannten – die Zahl der Länder, die in der Skripal-Affäre eine willkommene Gelegenheit sahen, der russischen Spionagekrake einen Gegenschlag zu versetzen, wuchs von Tag zu Tag. Wie der Werdegang Skripals zeigt, der vor seinem ersten Auslandseinsatz auf Malta ein jahrelanges Training durchlief, treibt Russland einen sehr großen Aufwand, um seine Leute auf ihre Tätigkeit in den russischen Botschaften in aller Welt vorzubereiten. Der Schaden, den man anrichtet, wenn man diese jahrelang ausgebildeten Leute hinauswirft, kann also beträchtlich sein.

In den Tagen danach wurden mehr als 150 Russen ausgewiesen, darunter 60 aus den Vereinigten Staaten, die 23 aus Großbritannien, 13 aus der Ukraine, jeweils vier aus Kanada, Frankreich, Deutschland, Polen usw. Ungeachtet dessen, dass Russland seinerseits im Gegenzug mehr als 160 Vertreter dieser Länder hinauskomplimentierte, wertete das britische Außenministerium die Ausweisungen als großartigen Erfolg. Die Briten hatten mit russischen Vergeltungsmaßnahmen gerechnet, es aber geschafft, eine umfassendere globale Strafaktion zu orchestrieren, als sie je zu Zeiten des Kalten Kriegs gegen das sowjetische oder russische Spionagenetzwerk gelungen war. Zum Vergleich: Die Ermordung Litwinenkos hatte in summa nur vier Ausweisungen nach sich gezogen, und zwar ausschließlich aus Großbritannien und ohne dass andere Länder solidarisch mitgemacht hätten.

Diese Diskrepanz in der Bilanz der Ausweisungen – 150 in 2018 gegen 4 in 2007 – zeigt uns, wie weit sich der internationale Konsens über russische Regelverletzungen gefestigt hatte. Diejenigen, die die Stichhaltigkeit der Beweise anzweifelten, die Großbritannien in Sachen Salisbury seinen Verbündeten vorgelegt hatte, beließen es bei einem verbalen Hinweis darauf. Viele Staaten reizte offenbar die Aussicht, aus unterschiedlichsten Gründen ein Exempel an den russischen Geheimdiensten zu statuieren, und so war Putins fixe Idee einer westlichen Russlandfeindlichkeit mehr oder weniger zu einer sich selbst erfüllenden Prophezeiung geworden. »Ich war überrascht von der Promptheit der Reaktion, von der Intensität des Hasses auf die Russen«, sagte mir ein hochrangiger Vertreter Großbritanniens. »Für viele war Salisbury der Anlass, den Schalter umzulegen, nach allem, was auf breiterer Front international abging.«

In dem Bemühen, die diplomatische Oberhand zu gewinnen, lud Großbritannien in der Folge Experten der Organisation für das Verbot von Chemiewaffen (OPCW), einer mit

Rückendeckung der Vereinten Nationen arbeitenden Überwachungsinstanz, nach Salisbury ein, um den von britischer Seite behaupteten Einsatz von Nowitschok-Nervengift zu verifizieren. Russland versuchte vergeblich, dieses Vorhaben zu torpedieren, indem es eine gemeinsame britisch-russische Untersuchung des Falles forderte.

Die OPCW entsandte die ersten Mitglieder ihres Untersuchungsteams zwei Wochen nach dem Giftanschlag nach Salisbury, und nach wenigen Tagen waren sie mit ihren Ermittlungen fertig. Ihr Abschlussbericht blieb zu großen Teilen unter Verschluss, doch dem veröffentlichten Fazit war zu entnehmen, dass das OPCW-Team nach der Auswertung der an diversen Schauplätzen und von den drei betroffenen Personen entnommenen Proben »die Befunde des Vereinigten Königreichs hinsichtlich der Identität der in Salisbury eingesetzten toxischen Chemikalie bestätigt«. Weiter hieß es: »Die toxische Chemikalie war von hoher Reinheit.« Man habe es mit einer »fast völligen Abwesenheit von Verunreinigungen« zu tun.

Viele Medien stürzten sich auf die Bestätigung, dass Nowitschok verwendet worden war; dabei war die Aussage über die Reinheit der genommenen Proben vermutlich der wichtigere Teil, zumindest für Chemiewaffen-Experten. Es war ein Kompliment an die Adresse der Hersteller des Giftes und ein indirekter Hinweis darauf, dass es sich um qualitativ hoch angesiedelte Chemiker und Labore handeln musste. Terroristen oder Mafiabanden konnte man vergessen, die implizite Botschaft lautete, dass es nur einen oder zwei Orte auf der Welt gab, wo die Substanz hergestellt worden sein konnte.

So hatte sich Großbritannien zwar im Verlauf der zweiten Märzhälfte einen beträchtlichen diplomatischen Vorsprung verschafft, war aber noch weit davon entfernt, der Weltöffentlichkeit eine unanfechtbare Anklageschrift vorlegen zu können. Der Kreml griff in seinem eigenen Informationsfeldzug die von Premierministerin May gebrauchte Formulierung »höchstwahrscheinlich Russland« auf und verwendete sie für eine ironische Volte als Hashtag, mit dem die britischen Vorwürfe als arm an Fakten abgetan wurden. Dass der britische Geheimdienst davon absah, den Fall aufzublasen oder weitere geheimdienstliche Informationen zu veröffentlichen, war tatsächlich schlichtweg Anzeichen für die nach den Ereignissen im Irak veränderten Methoden der britischen Geheimdienste. Natürlich gab es Schwachstellen in der Falldarstellung der Briten. Sie behaupteten nicht, das als Tatwaffe identifizierte Nowitschok A-234 gerichtsfest mit einem russischen Labor in Verbindung bringen zu können; falls die britische Seite konkrete Erkenntnisse darüber besaß, wie die »Operation Skripal« bewerkstelligt worden war, gab sie diese nicht preis; und natürlich gab es monatelang keine Polizeifotos von Verdächtigen, die kurz nach dem Giftanschlag ein Flugzeug nach Russland oder zu einem anderen Ziel im Osten bestiegen, und erst recht hatte man keinen Verdächtigen vom Schlage eines Lugowoj im Fall Litwinenko.

Wenn die britische Regierung ihre diplomatische Dynamik aufrechterhalten wollte, brauchte sie einen Durchbruch. Vielleicht würden sich Julija oder Sergej weit genug erholen, um die eine oder andere neue Information liefern zu können. Was wirklich nottat, war ein durchschlagender polizeilicher Ermittlungserfolg, doch dafür gab es nur wenige Anzeichen.

20

DIE ERMITTLUNGEN GERATEN INS STOCKEN

Am 23. März, gerade als die Ärzte begonnen hatten, Julija Skripals Sedierung zurückzufahren, gab die Londoner Metropolitan Police eine Erklärung zum aktuellen Stand der Ermittlungen in Salisbury ab. Doch wurde sie, anders als frühere Erklärungen, nicht mehr vor dem New-Scotland-Yard-Hauptquartier öffentlich verlesen, sondern der Öffentlichkeit in zurückhaltenderer Form präsentiert. Auch daran ließ sich erkennen, dass der anfängliche Optimismus aufseiten der Ermittler geschwunden war. Jetzt war Erwartungsmanagement gefragt.

»Sehr wahrscheinlich werden die Untersuchungen noch viele Monate in Anspruch nehmen, und soweit es ermittlungstechnisch möglich ist, werden wir die Öffentlichkeit auf dem Laufenden halten. Die Wiltshire Police wird neue Erkenntnisse an die Gemeinde Salisbury weitergeben. Weitere Ermittlungen laufen in Salisbury und Umgebung, doch es ist zum jetzigen Zeitpunkt nicht möglich, vorherzusagen, wann sie zum Abschluss gebracht werden können.«

Wie konnte es sein, dass 250 in der Untersuchung von Terroraktivitäten geübte Beamte neunzehn Tage nach dem Giftanschlag so wenig erreicht hatten? Erschwert wurden ihre Bemühungen zum einen dadurch, dass es so lange gedauert hatte, das Gift zu identifizieren, und zum anderen durch das Geschick derjenigen, die Skripals Ermordung geplant hatten.

Und obwohl anfangs viele die Ähnlichkeiten zum Fall Litwinenko hervorhoben, gab es doch einen wesentlichen Unterschied: 2006 hatte das Opfer noch auf dem Totenbett die Ermittler auf die Spur von Andrej Lugowoj als Hauptverantwortlichem für seine Vergiftung führen können. In Salisbury dagegen waren zunächst nur drei Beamte vor Ort: Nick Bailey und seine Kollegen, mit denen er zur Christie Miller Road fuhr, nachdem Skripal bewusstlos aufgefunden worden war. In der Stadt waren zur fraglichen Zeit nur etwa sechs Angehörige der Wiltshire Police im Dienst. Innerhalb weniger Tage wurde daraus eine Einsatztruppe von Hunderten, die aus ganz Südengland zusammengetrommelt wurden: Immer neue Örtlichkeiten mussten abgesperrt und bewacht, immer neuen Hinweisen musste nachgegangen werden.

Wie die Ärzte, Minister und Diplomaten musste auch die Polizei auf jede neue Entdeckung aus Porton Down reagieren und sich gerade in jener ersten Woche fast täglich auf veränderte Gegebenheiten einstellen. Nachdem die Chemiker sich vom Verdacht auf Opioide über ungenannte Nervenkampfstoffe, nicht nachweisbare »exotische« Wirkstoffe und Nowitschok schließlich bis zum A-234 vorgearbeitet hatten, war ein neuer Kurs einzuschlagen. In Scharen strömten neue Leute herbei und machten sich erst einmal auf die Suche nach freien Schreibtischen, klaren Handlungsanweisungen und sinnvoller Betätigung.

Ein Beamter berichtete mir aus erster Hand über die Zustände im Polizeirevier von Salisbury: »Es war ein einziges Chaos. Plötzlich tauchten lauter Zivile von auswärts auf und gaben Befehle, völlig verrückte Befehle, zum Beispiel ›Räumt diese Straße‹ oder ›Riegelt diesen Platz ab‹, ohne stichhaltigen Anlass. Die hatten total den Überblick verloren.«

Eine geradezu surreale Wendung nahmen die Ereignisse, als das Polizeirevier selbst abgeriegelt wurde. Spuren des Giftstoffes fanden sich auf der Computertastatur, die Nick Bailey nach seinem Abstecher zum Haus der Skripals am 4. März benutzt hatte. Aus Porton übermittelte Analysen wiesen außerdem auf Nowitschok-Rückstände in seinem Spind (vermutlich hatte er dort seine Handschuhe oder andere Ausrüstung untergebracht) und in der Asservatenkammer des Reviers hin, wo einige am 4. März sichergestellte Gegenstände deponiert waren.

Unterdessen vervielfachte sich die Zahl der von uniformierten Beamten durchgeführten Absperrungsmaßnahmen, unter anderem betrafen sie Baileys Dienstfahrzeug, Skripals Auto, den Abschlepper, der es aus der Innenstadt geholt hatte, zwei Krankenwagen und ein vor dem Krankenhaus stehendes Polizeiauto, die Bank auf dem Maltings-Gelände, das Restaurant Zizzis, den Pub Bishops Mill, Ljudmilas und Saschas Gräber und natürlich das Haus in der Christie Miller Road.

Schon bald musste die oberste Kommandoebene im Polizeihauptquartier von Devizes erkennen, dass die Polizei die Absperrungen zwar bewältigen konnte, jedoch nicht in der Lage war, zusätzlich noch Proben zu sammeln und Fahrzeuge abzuschleppen. So sah man sich am 9. März gezwungen, Hilfe vom Militär anzufordern.

Die Aufgabe der Dekontaminierung erwies sich als überaus mühsam. Es fehlte an grundlegenden Dingen, etwa Containern in geeigneter Größe, um darin verseuchte Stühle oder Tische zu transportieren. Das langwierige GC/MS-Laborverfahren in Porton Down stellte ebenfalls eine Geduldsprobe für diejenigen dar, die in der »heißen Zone« arbeiteten, die inzwischen verbreitete Sammelbezeichnung für kontaminierte Stätten wie Skripals Haus oder das Polizeirevier am Bourne Hill. Im Zuge der behutsam ins Werk gesetzten Untersuchung und Entseuchung in der Christie Miller Road 47 stellte man fest, dass die Meerschweinchen der Skripals gestorben waren. Die Katzen, halb wahnsinnig vor Hunger, wurden eingeschläfert.

Ungläubig schaute die Bevölkerung von Wiltshire ebenso wie die Weltöffentlichkeit zu, wie immer mehr Orte abgeriegelt und immer weitere Spezialisten hinzugezogen wurden. Laboranten in grellgelben Schutzanzügen machten sich auf dem Friedhof zu schaffen, während die Armee Rettungswagen des Krankenhauses verpackte, um sie auf Tiefladern abzutransportieren. Gerüchte kamen auf und verbreiteten sich rasch, so etwa, es sei geplant, Sergejs Frau und seinen Sohn zu exhumieren (ungeachtet der Tatsache, dass es von Letzterem nur noch eine Urne mit seiner Asche gab). Bis in die Reihen von Polizei und Armee drang die Falschmeldung vor, Wissenschaftler hätten dazu aufgerufen, nach toten Vögeln Ausschau zu halten, die geborgen und untersucht werden sollten.

Die Einschätzungen der Experten aus Porton Down waren anfangs eher geeignet, die Verwirrung noch zu steigern. So war Handbüchern über das Nervengift VX zu entnehmen, dass dessen Wirkung »innerhalb weniger Minuten« oder aber auch erst nach achtzehn Stunden eintreten könne. Anders als bei einem Angriff mit einer Schusswaffe oder einem Messer, dessen Folgen unmittelbar erkennbar sind, mussten die Ermittler daher eine erhebliche Spanne ins Auge fassen, um auch nur den Zeitpunkt des Anschlags bestimmen zu können. Dazu bedienten sie sich eines Standardverfahrens, indem sie die Spuren von der Parkbank zurückverfolgten.

Wenn das Nervengift inhaliert oder geschluckt worden war, hatte es schnell gewirkt, in diesem Fall also interessierte man sich für Passanten auf dem Maltings-Gelände oder die Gäste des Restaurants und des Pubs, in denen Sergej und Julija sich aufgehalten hatten. Doch selbst aus dieser Eingrenzung von Möglichkeiten ergab sich ein gewaltiges Arbeitspensum. Videoaufzeichnungen von zahlreichen Standorten in der Innenstadt waren zu sichten, Hunderte von Personen zu identifizieren. Zu diesem Zweck wurde auch der Gebrauch von Kreditkarten ausgewertet sowie Bilder von Personen, die an Automaten Geld abgehoben hatten.

Die investigative Polizeiarbeit von Operation Wedana war daher der South East Counter Terrorist Unit, kurz SECTU, übergeben worden. Mit ihrem Erfahrungsschatz konnte sie die methodische Erfassung, Durchsicht und Analyse von Überwachungsaufnahmen und anderen Daten, beispielsweise die Standortbestimmung von Handys, voranbringen.

Weitere Stellen wurden hinzugezogen, etwa um Tausende von am fraglichen Tag in Salisbury eingeschalteten Mobiltelefonen zu erfassen, in der Hoffnung, auf diese Weise vielleicht verdächtigen Aktivitäten auf die Spur zu kommen. Nur ein Beispiel für das, was daraus folgen konnte: Wie ich hörte, wurde eine Frau, die sich an jenem Sonntag in der Stadt aufgehalten hatte, als sie einige Wochen später von einer berufsbedingten Auslandsreise zurückkehrte, vor ihrem Haus von Polizeibeamten erwartet. Sie war einen Tag nach dem Giftanschlag aufgebrochen, und ihr Handy war, da sie auf See arbeitete, wochenlang abgeschaltet, sodass es kein Signal sendete. Grund genug für den datenverarbeitenden Algorithmus, ihre Nummer zu markieren, denn sie hatte nicht nur unmittelbar nach dem Mordversuch das Land verlassen, sondern war auch »untergetaucht«.

Zusätzlich zur Sichtung von Videoaufzeichnungen und der Erfassung Tausender von Handynummern gab es einen dritten Ermittlungsstrang: Alle Ein- und Ausreisen rund um das Wochenende vom 3. und 4. März wurden unter die Lupe genommen. Im Allgemeinen konzentrierte sich die Arbeit der Ermittler von SECTU darauf, zu erfahren, wer sich zum Zeitpunkt, als Sergej und Julija erkrankten, in Salisbury aufhielt, während die Geheimdienst-Analysten von GCHQ, MI6 und

MI5 sich darauf fokussierten, wer das Land verließ. Zunächst jedoch mussten die Ermittler den Zeitpunkt der Vergiftung bestimmen.

Als sie den Radius ihrer Suche erweitert und Sergejs Weg von der Parkbank zum Restaurant und dann zum Pub zurückverfolgt hatten, stießen die Ermittler als Nächstes auf sein Auto. Der BMW war gegen 13 Uhr 40 im Stadtzentrum geparkt worden. Schon erste Untersuchungen hatten Spuren des Wirkstoffs im Restaurant und im Pub nachgewiesen, doch es war der BMW, der den Ermittlern wichtige neue Erkenntnisse bescherte. Spuren von Nowitschok auf dem Türgriff, dem Lenkrad und anderen Stellen, die Sergej berührt hatte, sprachen eindeutig gegen eine Vergiftung über Atemwege oder Verdauungstrakt, sondern ließen auf eine Aufnahme über die Haut schließen. Das passte auch zu den Giftrückständen auf der Tastatur im Polizeirevier und bot zumal eine wissenschaftlich gestützte Erklärung dafür, dass die Wirkung bei den Skripals und bei Detective Sergeant Bailey erst nach Stunden eingesetzt hatte. War also das Auto präpariert worden und, wenn ja, wann?

Durch einen öffentlichen Hilfeaufruf am 13. März versuchte die Polizei herauszufinden, ob irgendjemand den BMW in der Stunde, bevor er auf dem Parkplatz in Salisbury abgestellt worden war, gesehen hatte. Es erwies sich als schwierig, den Weg der Skripals nachzuverfolgen. Seit ich mich wiederholt mit ihm verabredet hatte, wusste ich, dass Sergej für gewöhnlich kein Handy bei sich trug. Er besitze zwar eins, erklärte er mir einmal, aber das sei ein Prepaid-Phone und er habe keine Lust, das Guthaben regelmäßig aufzuladen. Seine Tochter hatte ihr Gerät an diesem Morgen entweder zu Hause gelassen oder es ausgeschaltet, vielleicht, um Roaminggebühren zu vermeiden.

Anfangs glaubte die Polizei, die Skripals hätten das Haus

an jenem Sonntag vielleicht verlassen, um Ljudmilas und Saschas Gräber auf dem Friedhof an der London Road zu besuchen, wären anschließend kurz zurückgekehrt und gegen 13 Uhr erneut aufgebrochen. Sofern man bei Sergej von festen Lebensgewohnheiten sprechen konnte, gehörte jedenfalls oft der Besuch des Friedhofs am Sonntagvormittag dazu. War also das Gift während seiner Abwesenheit von jemandem ausgebracht worden, der wusste, dass er so schnell nicht zurückkehren würde? Oder womöglich schon in der Nacht, nach Julijas Ankunft, doch bevor sie zusammen wegfuhren? Da sich im Friedhof keine Hinweise auf eine Kontamination fanden, lag die Vermutung nahe, der Wirkstoff sei erst zu dem Zeitpunkt platziert worden, als sie sich dort aufhielten.

Etwa drei Wochen nach dem Anschlag konzentrierte sich der Verdacht schließlich auf die Haustür. In Porton Down gelangten die Techniker, die zahlreiche Gegenstände dem GC/MS-Screening unterzogen, zu einer bedeutsamen Erkenntnis: Die A-234-Konzentration auf dem Türgriff war signifikant höher als überall sonst. Hier befand sich also der »Ground Zero«. Endgültig bestätigt wurde dies, als der Kontaminationstest an Ross Cassidys Isuzu-Pick-up, mit dem Julija vom Flughafen abgeholt worden war, ein negatives Ergebnis erbrachte. Die Nachforschungen brauchten nicht noch weiter zurückgehen. Die Haustür als den Ort zu ermitteln, an dem das Gift ausgebracht worden war, markierte »unseren ersten Durchbruch«, so Polizeivizepräsident Dean Haydon, Leiter des Nationalen Antiterrornetzwerks, der auch die Gesamtverantwortung der Operation Wedana trug.

Von den Ermittlern wurde diese Nachricht mit einer Mischung aus Erleichterung und Niedergeschlagenheit aufgenommen. Positiv war zwar, dass man endlich mit einiger Sicherheit den Ort und den annähernden Zeitpunkt bestimmen konnte, an dem das Gift ausgebracht worden war. Andererseits bedeutete das aber, dass die Arbeit von Wochen – die Sichtung endloser Videoaufzeichnungen und die Befragung Hunderter von Zeugen – wohl als vergeudete Mühe zu betrachten war. Und falls die Person oder die Personen, die es auf die Skripals abgesehen hatten, gar nicht in der Innenstadt aufgetaucht waren, sondern sich auf direktem Wege zur Christie Miller Road 47 begeben, den Türgriff vergiftet und Salisbury gleich darauf wieder verlassen hatten, dann wäre die Suche nach ihnen um ein Vielfaches erschwert. Es gab keine Überwachungskameras außerhalb von Skripals Haus, die Bilder von Personen hätten liefern können, die sich der Haustür näherten.

Mit der Bestimmung der Tür als Nullpunkt des Giftanschlags nahmen die Ermittlungen eine andere Richtung. Die Erklärung vom 28. März, in der die Polizei die Hoffnung auf rasche Fortschritte dämpfte, enthielt auch die Ankündigung, dass man sich fortan wieder auf die Gegend um die Christie Miller Road konzentrieren werde. »Wir wollen den Schwerpunkt unserer Arbeit daher auf diese Adresse und ihre Umgebung legen«, betonte Polizeivizepräsident Haydon, »die Leute in der Nachbarschaft können damit rechnen, dass wir dort gründliche Suchaktionen durchführen werden.« Zusätzliche Mannschaftswagen der Polizei wurden in Bewegung gesetzt, um weiteres Personal und noch mehr Ausrüstung herbeizuschaffen.

Vierundzwanzig Tage nach dem Giftanschlag ging man also wieder von Tür zu Tür und stationierte Einsatztrupps, die Gärten, Fußwege und überhaupt alles peinlich genau absuchten. Nicht, dass man wieder ganz am Anfang stand, aber es war auch nicht sehr ermutigend, diese gezielte Suche quasi mit dreieinhalb Wochen Verspätung in Angriff nehmen zu müssen. Die Hoffnung richtete sich darauf, einen verwertbaren Fußabdruck zu finden, ein weggeworfenes Stück Kleidung oder vielleicht sogar den Behälter, aus dem das Nowitschok-Gift auf den Türgriff aufgetragen wurde. Die Wahrscheinlichkeit eines solchen Funds war allerdings mittlerweile stark gesunken. Ein anderer Anwohner aus der Christie Miller Road berichtete, als er sich an die chaotische Frühphase der Ermittlungen erinnerte: »Die Polizei kam zu uns und stellte viermal die gleichen Fragen. Zuerst waren es die Leute vom Wiltshire CID [der regionalen Kriminalpolizei], dann die Leute von der Met [der Londoner Metropolitan Police], einer nach dem anderen. Es wirkte, als redeten sie nicht miteinander.«

Die Lokalisierung der Haustür und die Entwicklung der Ansätze von SECTU darüber, wann das Gift wohl dort ausgebracht wurde, zeigten langsam, aber sicher Wirkung. Diese Fakten erlaubten es dem Wedana-Team, seine Aufmerksamkeit der lokalen Videoüberwachung zuzuwenden, und zwar solchen Aufnahmen, die mit dem Zeitraum und den Orten übereinstimmten, an denen das Nowitschok verwendet wurde, also am Sonntagmorgen oder späten Vormittag. So konnte die Zahl der Menschen, die infrage kamen, stark eingegrenzt werden.

Schon früh waren die Ermittler zu der Einschätzung gelangt, dass Julijas Ankunft in England ein ausschlaggebender Faktor in der Anbahnung des Anschlags gewesen sei. Die Cassidys, die sie am Flughafen abgeholt hatten, waren ehemalige Nachbarn. 2012 waren sie weggezogen, doch trafen sie weiter regelmäßig mit Sergej zusammen und leerten in trauter Runde so manches Gläschen. Auf der Rückfahrt hatten sie sich nach Julijas Plänen erkundigt und erfahren, dass sie etwa zwei Wochen bei ihrem Vater bleiben wollte.

Manche der schnell gestrickten Thesen in Bezug auf ihren Besuch – »das vergiftete Geschenk aus Russland« etwa – erwiesen sich bald als hinfällig, da sie von keinerlei Hinweisen im Haus gestützt wurden. Andere Vermutungen jedoch, schon frühzeitig von Geheimdienstlern und Ermittlern ins Spiel gebracht, schienen nicht so leicht abzuweisen: War Julija benutzt worden, um Zeitpunkt und Ort für einen Mordanschlag auf ihren Vater zu »präparieren«? Hatten abgefangene E-Mails oder abgehörte Telefongespräche Hinweise für eine günstige Gelegenheit zum Zuschlagen geliefert? Hatte man ihr Handy geortet und dadurch Aufschluss über Sergejs Aufenthalt und sogar ihre gemeinsamen Ausflüge erlangt?

Julija war in bester Stimmung angereist. Sie setzte frohe Erwartungen in ihre Beziehung mit Stepan Wikejew, einem dreißigjährigen Moskowiter. Sie waren seit über einem Jahr zusammen, und vielleicht hoffte sie auf eine baldige Heirat. Doch nach dem Anschlag tauchte Wikejew wohl ab, seine Freunde berichteten Reportern, er halte sich versteckt. Er hatte auch keinen Versuch unternommen, Kontakt mit dem Krankenhaus aufzunehmen. Hatte er nur Angst, oder gab es eine düsterere Erklärung?

Für Julija stellten sich eine Menge Fragen, und Ende März schien sie so weit wiederhergestellt, dass die Ermittler endlich ihrerseits mit Fragen an sie herantreten konnten. Schon zehn Tage nach dem Anschlag hatten die Ärzte die künstliche Beatmung versuchsweise reduziert. In Krankenakten vom 20. März heißt es, Sergej Skripal sei »nicht imstande, in irgendeiner Form zu kommunizieren«, während Julija lediglich »nicht imstande« war, »sinnvoll zu kommunizieren«.

Danach aber besserte ihr Zustand sich rasch, und nachdem die Sedierung zurückgefahren worden war, konnte sie sich bald »sinnvoll« mitteilen. Oberschwester Sarah Clark beschrieb den graduellen Prozess des Aufwachens als »etwas, das nicht einfach so passierte«. Nach und nach erkannte Julija ihre Betreuer und wurde sich gleichzeitig der fremden Umgebung bewusst, in der sie sich befand. So war es nur natürlich, dass sie Fragen zu stellen begann.

Das Pflegepersonal war instruiert worden, den Patienten keine Informationen zu geben, die die strafrechtlichen Ermittlungen beeinträchtigen könnten. Zum Beispiel durften sie nicht sagen: »Sie sind mit einem Nervenkampfstoff vergiftet worden!« Nur allgemeine Mitteilungen waren erlaubt: wo sie waren, wie man sie versorgte, dass sie gute Fortschritte machten und dergleichen.

Das Bestreben der Ermittler, einen zukünftigen Prozess dadurch abzusichern, dass man den Patienten alle Informationen über das Aufsehen vorenthielt, das ihr Fall ausgelöst hatte, sowie über die Theorien und Gegentheorien, die sich auf ihn bezogen, wuchs sich nachgerade zu einer Obsession aus. Anfangs jedenfalls führte es freilich auch dazu, die Skripals von Freunden zu isolieren, die ihnen beim Kampf ums Überleben hätten zur Seite stehen können. Einer dieser Freunde war Ross Cassidy, der sich darum bemüht hatte, sie im Krankenhaus besuchen zu dürfen. Gegenüber Sky News erklärte er am 28. März: »Mir wurde klipp und klar gesagt, dass wir keine Erlaubnis bekommen würden.« Für die Ermittler war es unabdingbar, Julijas Erinnerungen abzuklopfen, bevor irgendwer darauf Einfluss nehmen konnte.

Die Polizeibeamten, die vor Julijas Zimmer im Radnor Ward postiert waren, wurden langsam unruhig. Sie hörten, wie drinnen geredet wurde, warum also war es ihnen immer noch nicht erlaubt, Julija zu befragen? Oberschwester Clark und ihr Team aber wollten sichergehen, dass ihre Patientin kräftig und geistig fit genug war für solche Gespräche. »Wir hatten eine Fürsorgepflicht für die beiden und wollten außerdem als ihr Beistand handeln«, rekapitulierte sie.

Ab dem 29. März wurde Julijas Zustand offiziell als nicht mehr kritisch eingestuft, die öffentliche Erklärung dazu folgte einen oder zwei Tage nachdem die Ermittler die Gespräche mit ihr aufnehmen konnten. Obwohl diese lang ersehnte Befragung ihnen keinen Durchbruch à la Litwinenko bescherte, war sie doch nützlich, um die Stunden vor dem Giftanschlag zu rekonstruieren und etwa Personen als Täter auszuschließen, denen die Skripals am Sonntagvormittag möglicherweise begegnet waren.

Julija beharrte darauf, vor der Vergiftung nicht auf dem Friedhof am Grab ihres Bruders gewesen zu sein. Dies führte die Ermittler dazu, ihre bisherigen Theorien darüber zu überdenken, wo sich die Skripals an dem Sonntagmorgen bewegt haben könnten – Ansätze, denen sie unter hohem Zeitaufwand nachgegangen waren. Die Polizei schloss in der Tat aus, dass Vater und Tochter vor ihrem gemeinsamen Mittagessen im Stadtzentrum überhaupt hinausgegangen waren.

Während ihrer Bewusstlosigkeit war ungeheuer viel passiert: Julija und ihr Vater standen im Mittelpunkt eines Konflikts zwischen dem Land, in dem man ihnen das Leben gerettet hatte, und Mütterchen Russland, das ihnen beiden noch immer lieb und teuer war. Sobald die Sedierung reduziert wird, schaltet das Pflegepersonal der Intensivstation normalerweise das Radio oder den Fernseher für seine Patienten ein. Das hilft ihnen, in die reale, die Außenwelt zurückzufinden und die Tage oder Wochen, die sie verpasst haben, ins Bewusstsein zu integrieren. Im Fall der Skripals mussten sie nach Rücksprache mit der Polizei darauf verzichten.

Julija jedoch, die ihr eigenes Erwachen aus der Bewusstlosigkeit auf den 24. März datierte, sammelte, kaum hatte die Befragung begonnen, sehr schnell die nötigen Informationen und war auch bald imstande, den Fernseher selbst einzuschalten. Nachdem die Ermittler in den ersten Gesprächen die dringlichsten Punkte hatten abhaken können, wurden ihr zudem größere Freiheiten eingeräumt, um, überwiegend online, mit Freunden und Familie zu kommunizieren.

Ross Cassidy und seine Frau Mo durften sie einige Tage

später besuchen. Vielleicht aufgestört durch seinen Auftritt bei Sky, hatte die Polizei ihn kontaktiert und einen Termin vorgeschlagen. Die Presse bekam von diesem Besuch nichts mit, Ross aber berichtete mir später: »Ihr Zustand hat mich angenehm überrascht. Sie wirkte ein bisschen abgemagert, hatte ein großes Pflaster am Hals, war aber guten Mutes.« Mit Sergej konnten sie an diesem Tag nicht sprechen, vielleicht, weil es ihm noch nicht gut genug ging, vielleicht aber auch, weil er noch nicht von der Polizei befragt worden war.

Julija hatte schnell festgestellt, dass die Londoner Botschaft ihres Landes sich nachdrücklich um Zugang zu ihr bemühte (mit dem Argument, ihr russischer Pass gebe ihnen das Recht auf konsularische Besuche). In den russischen Medien wurden allerlei wilde, auch widersprüchliche Theorien gehandelt, wonach sie beispielsweise kurz nach dem Giftanschlag gestorben sei oder aber vom britischen Geheimdienst gefangen gehalten werde. Dies war, wie wir noch sehen werden, nur ein kleiner Ausschnitt des Informationskrieges, der im Gefolge des Anschlags losbrach.

Zweifellos war der Kreml in dieser Phase gierig nach Informationen über den Zustand der Skripals, um seine eigene Version der Ereignisse und die dazu gehörige Informationspolitik darauf abstimmen zu können. Daher war es spannend zu beobachten, dass Julijas Cousine Wiktoria (die Tochter von Sergejs verstorbenem Bruder Walerij), nachdem sie wochenlang auf die Facebook-Nachrichten einer meiner Kolleginnen, Olga Iwschina vom russischen Dienst der BBC, nicht reagiert hatte, sich am 23. März plötzlich doch bei ihr meldete. Sie versuche verzweifelt, Julija und Sergej im Krankenhaus in Salisbury zu besuchen, aber die britische Botschaft in Moskau habe ihre Anfragen nicht beantwortet. Ob Olga helfen könne.

An diesem Punkt muss ich vorübergehend meine eigene Person in die Erzählung einbringen. Olga wandte sich an mich und bat um Unterstützung. Könnten wir Wiktoria zu einem Krankenhausbesuch verhelfen? Ich hatte eben erst die tags zuvor, am 22., veröffentlichte gerichtliche Anordnung zur Entnahme von Blutproben durch internationale Inspektoren gelesen und einigermaßen erschüttert erfahren, dass kein naher Angehöriger Kontakt mit dem Krankenhaus aufgenommen hatte. Ausdrücklich erwähnt wurden in diesem Zusammenhang Sergejs Mutter und Julijas Freund. Das machte mich traurig. Ich wusste nicht nur, wie sehr Sergej an seiner Mutter hing, sondern auch, dass Wiktoria mit ihr zusammenwohnte und ihr daher näherstand als alle anderen Verwandten, und so beschloss ich, helfend einzugreifen.

Ich kontaktierte das Krankenhaus und führte ein Gespräch, in dem mir wiederholt gesagt wurde, Wiktoria müsse »den diplomatischen Weg« beschreiten. Das habe sie ja bereits versucht, erwiderte ich, gebe es denn keine Möglichkeit, diese Sache inoffiziell zu regeln oder ihr jedenfalls Auskunft zu erteilen? Es sei ausgeschlossen, dass ein solches Informationsgespräch unter Mitwirkung der BBC geführt werde, bekam ich zu hören. Das verstünde ich voll und ganz, beschwichtigte ich, aber wenn man mir einfach Namen und Telefonnummer einer Person mitteilte, an die sie sich wenden könne, dann würde ich diese weiterleiten und mich anschließend zurückziehen. »Sie muss sich an die richtigen Stellen wenden«, lautete erneut die Antwort.

Ich berichtete Olga von meinem Misserfolg und merkte an, es liege wahrscheinlich daran, dass die Verwaltungsleute stur auf der Einhaltung des Dienstweges beharrten. Denkbar sei aber auch, gestand ich ihr, dass das Krankenhaus in den Informationskrieg einbezogen worden sei und es ihr daher so schwer wie möglich mache, an ihre Cousine und ihren Onkel heranzukommen. Und eben diese Vermutung sollte sich als richtig erweisen.

Olga flog ein paar Tage später nach Moskau und führte am 26. März ein Interview mit Wiktoria Skripal. Diese erzählte, sie sei vollkommen entsetzt über den Anschlag und traue sich gar nicht, ihrer Tante Jelena, die schon so alt und gebrechlich sei, die Wahrheit darüber zu sagen. »Ich würde mir einfach ein bisschen Mitgefühl für uns wünschen, seine Mutter ist krank, sie hat Diabetes, und sie ist bald neunzig«, führte sie weiter aus. Was die langfristige Prognose betreffe, »da habe ich wenig Hoffnung, vielleicht 1 Prozent«, sagte Wiktoria. »Es heißt, man habe ihnen ein Gegengift verabreicht, das sie am Leben erhält, aber irgendwie klingt das, als würden sie, selbst wenn sie überleben, für den Rest ihres Lebens Pflegefall sein.«

Auf Anfrage meiner BBC-Kollegin erklärte die britische Botschaft, es seien keine Anrufe von Wiktoria Skripal verzeichnet worden, allerdings konnte sie Olga den Verlauf ihrer Telefonate zeigen. Kein Zweifel besteht aber daran, dass Wiktoria kurz darauf ein Besuchsvisum für Großbritannien beantragte.

Sergej hatte mir erzählt, wie belastend es für ihn nach seiner Ankunft in Großbritannien 2010 gewesen war, einen Monat lang nicht mit seiner Mutter sprechen zu können, daher tat mir Jelena sehr leid. In den Geheimdiensten beider Länder gab es jedoch Leute, die die Lage weniger sentimental betrachteten. Bei den Briten verstärkte sich der Verdacht, dass Wiktoria benutzt werde, um Informationen zu erlangen. Ihre im BBC-Interview geäußerte Annahme, ihre Verwandten würden wahrscheinlich sterben, sowie der Hinweis auf ein mögliches Gegengift konnten sehr wohl den Zweck gehabt haben, Reaktionen von britischen Offiziellen oder auch Julija selbst zu provozieren, aus denen sich Erkenntnisse ziehen ließen. Mit einiger Sicherheit hatten FSB oder GRU Informationen abgeschöpft, aus denen hervorging, dass Julija allmählich aus dem Koma erwachte und bald darauf auch begann, wieder online zu kommunizieren, und so dürften die Russen Interesse daran entwickelt haben, Genaueres zu erfahren.

Nach Olgas Gespräch mit Wiktoria nahm auch die *Daily Mail* Kontakt mit ihr auf, und kurz darauf gab sie dem halbstaatlichen russischen Fernsehsender Kanal 1 ein Interview, bei dem ihre Äußerungen in eine deutlich politischere Richtung zielten. Julijas Betreuer von der Antiterroreinheit waren sich aber darüber im Klaren, dass Julija sich zusehends mehr Sorgen um ihre Großmutter machen könnte. Auch das Krankenhauspersonal zeigte großes Verständnis für ihre Zwangslage. Es ist auch möglich, dass Julija von Wiktorias Interviews Wind bekommen hat und sich darüber ärgerte. Und so kam Anfang April ein Telefongespräch zustande, als Julija vom Radnor Ward aus bei Wiktoria anrief. Es wurde aufgezeichnet und vom russischen Fernsehen ausgestrahlt:

Julija: Hallo.
Wiktoria: Hallo?
Julija: Hörst du mich?
Wiktoria: Ja, ich höre.
Julija: Hier ist Julka.
Wiktoria: Oh, Julka. Ich hatte dich nicht verstanden, aber an der Stimme erkenne ich dich. Dann hat man dir also ein Telefon gegeben?
Julija: Ja, ja, ja.
Wiktoria: Na, Gott sei Dank. Alles in Ordnung mit dir?
Julija: In Ordnung, ja, ist alles okay.
Wiktoria: Pass auf, wenn ich morgen mein Visum kriege, dann komm ich am Montag zu dir.
Julija: Niemand wird dir ein Visum geben.
Wiktoria: Na ja, das glaube ich auch. Wenn ich aber eins kriege und man dich fragt, ob ich dich besuchen kann, dann musst du Ja sagen.

Julija: Na, ich glaube nicht, die Situation im Moment ist –
Wiktoria: Hör zu, ich weiß alles und –
Julija: Später, lass uns später reden. Bald wird alles in Ordnung sein.
Wiktoria: Ist das dein Telefon?
Julija: Na ja, nur vorübergehend.
Wiktoria: Verstehe. Ist alles in Ordnung? Weißt du, man kann ja hier im Fernsehen sehen, was los ist.
Julija: Alles okay. Alles ist gut. Alles kann geregelt werden, alles kann geheilt werden, wir sind alle am Leben.
Wiktoria: Ist mit deinem Vater alles in Ordnung?
Julija: Alles okay. Er ruht sich gerade aus, er schläft. Unser Zustand ist gut. Keiner hat bleibende Schäden. Ich werde bald entlassen. Alles ist in Ordnung.
Wiktoria: Tschau, pass auf dich auf.
Julija: Du auch.

Es war ein eher nüchternes Gespräch – in Anbetracht der schrecklichen Vorgeschichte kann man schwerlich sagen, dass hier überschwängliche Gefühle zum Ausdruck gebracht worden wären. Man hat das auf Julijas Zurückhaltung und Selbstbeherrschung zurückgeführt, und es wird deutlich, dass sie und ihre Cousine sich nicht besonders nah waren.

Julija, die nicht mit ihrem eigenen Gerät telefonierte, da dieses zu einem wichtigen Beweisstück geworden war und vermutlich auch dekontaminiert werden musste, hatte speziell für diesen Anruf ein anderes ausgehändigt bekommen. Sie hat genau eine Botschaft, die sie im Laufe dieser kurzen Unterhaltung in leicht variierter Form neunmal ausspricht: »alles ist in Ordnung«. Sie sagt ihrer Cousine aber auch klipp und klar: »Niemand wird dir ein Visum geben«, das könne sie sich abschminken.

Nach der anfänglichen Überraschung, dass ihre Cousine sie

anrufen kann, versucht Wiktoria ihrerseits, das Gespräch in eine bestimmte Richtung zu lenken und neue Informationen zu gewinnen: Was für ein Telefon benutzt du? Ich bin auf deine Hilfe angewiesen, um ein Visum zu bekommen. Wie geht es Sergej? Eine gewisse Neugier, zumal in Bezug auf Sergej, mag unter den gegebenen Umständen ganz natürlich sein, doch Julija scheint ihren Absichten zu misstrauen und gibt sich bemerkenswert wortkarg. Und natürlich behält sie recht, denn Wiktoria sollte tatsächlich kein Visum bekommen.

Es scheint, der Anruf sei ganz allein auf Julijas Initiative hin erfolgt. Leuten im Krankenhaus erzählte sie, er sei »versehentlich« passiert, vielleicht weil sie mit dem Ersatztelefon nicht vertraut war. Wie auch immer der Anruf zustande gekommen sein mag, die Aufzeichnung und Ausstrahlung ihrer beider Unterhaltung war ihr eine unzweideutige Lektion.

Wie in dem Telefonat vorhergesagt, wurde sie wenige Tage später, am 9. April, aus dem Salisbury District Hospital entlassen und von ihren polizeilichen Betreuern in eine nahe gelegene Unterkunft gebracht. Es war ein außergewöhnlicher Erfolg für das behandelnde Ärzteteam. Julija veröffentlichte eine Erklärung, in der sie den Ärzten und Schwestern dankte, die sie schon jetzt vermisse, und auch die Passanten ihres Dankes versicherte, die ihr und ihrem Vater in den Maltings geholfen hatten.

Die eigene Verwandtschaft betreffend, fügte Julija diese speziellen Bemerkungen hinzu: »Ich danke meiner Cousine Wiktoria für ihre Sorge um uns, bitte aber darum, dass sie mich bis auf Weiteres weder besucht noch Kontakt zu mir aufzunehmen versucht. Ihre Meinungen und Schlussfolgerungen entsprechen nicht den meinen und auch nicht denen meines Vaters.«

Von den beschädigten zwischenstaatlichen Beziehungen abgesehen, erscheint diese Entfremdung innerhalb der Familie Skripal als einer der traurigsten Aspekte der ganzen Angelegenheit. Schließlich hatte diese Familie schwere Schicksalsschläge auch schon vor dem Giftanschlag hinnehmen müssen. Wiktoria legte später noch einmal den Finger in die Wunde, indem sie Sergejs Mutter explizit ins Spiel brachte: Jelena sei zutiefst verstört darüber, dass ihr Sohn sich nicht bei ihr gemeldet habe.

Welche Gefühle dies bei Sergej ausgelöst haben mochte, nachdem er wieder zu vollem Bewusstsein gelangt war, kann man nur vermuten. Russland aber verteidigte sich jetzt mit allen zur Verfügung stehenden Mitteln. Zum Beispiel, indem man die britische Version der Ereignisse grundlegend infrage stellte.

Am 10. April, dem Tag nach Julijas Entlassung aus dem Krankenhaus Salisbury, bestiegen vier Agenten der GRU in Moskau ein Flugzeug, um sich als Teil eines eilig zusammengestellten Teams in Richtung Westen aufzumachen. Ihr Auftrag: eine Spionageoperation, um die Handlungsfähigkeit ihrer Dienstherren wiederherzustellen.

21

DER INFORMATIONSKRIEG

Das GRU-Team nahm seine Arbeit am 11. April, einen Tag nach seiner Ankunft aus Moskau, in Angriff, holte einen kleinen Citroën-Mietwagen ab und unternahm erste Erkundungen seines Ziels zu Fuß. Ihr Hotel – das Marriott –, die Autovermietung und das Gebäude, für das sie sich interessierten, lagen tatsächlich nur wenige Gehminuten voneinander entfernt in einem ruhigen Viertel des niederländischen Regierungssitzes, Den Haag.

Ziel ihrer Operation war, die Rechner der OPCW zu hacken. Wissenschaftler der internationalen Einrichtung waren nach Salisbury entsandt worden, um das Nowitschok zu untersuchen und um Gewebeproben von Sergej und Julija zu entnehmen, die beide noch im Krankenhaus lagen. Die GRU wollte also herausfinden, was der OPCW vorlag – und stand unter hohem Druck, schnell voranzukommen. Das Team war rasch aus Moskau entsandt worden und gehörte zur Einheit 26165, einer Spezialeinheit für Cyberoperationen. Es gab keine ausgefeilten Tarnidentitäten, keine handlungsbevollmächtigten Stellvertreter: Dieser Einsatz wurde von Männern der Hauptverwaltung durchgeführt, die mit diplomatischen Pässen und unter ihren Klarnamen reisten.

Sie hatten bereits versucht, mit den Standardmethoden in die Computer der OPCW einzudringen; sie hatten beispielsweise Spear-Phishing-E-Mails an die Mitarbeiter versandt, die dafür ausgelegt waren, die Empfänger zu überlisten, einen Virus auf die Rechner der Organisation herunterzuladen. Auch gegen Porton Down und einige andere Ziele im Vereinigten Königreich waren ähnliche Attacken gestartet worden. Da sie niemanden in Den Haag dazu bringen konnten, Schadsoftware herunterzuladen, würde sich Einheit 26125 nun direkteren Zugang verschaffen müssen – das war sehr riskant. Im Inneren des Mietwagens hatten sie eine Wi-Fi-Antenne, auch »Ananas« genannt, und einen Computer installiert. Ziel dieser Operation aus nächster Nähe war es, das Auto dicht genug am Gebäude der OPCW zu parken, sodass ein gefälschtes Wi-Fi-Netzwerk in Betrieb genommen werden könnte, in das dortige Mitarbeiter ihre Zugangsdaten und Passwörter eingeben würden. Diese könnten dann vom Team der GRU abgefangen und dazu benutzt werden, sich in das echte Netzwerk der OPCW einzuloggen.

Am zweiten Tag geriet die Operation in Schwierigkeiten. In sehr ernste Schwierigkeiten. Agenten des niederländischen Dienstes für Gegenspionage stürmten das Auto. Alle vier Russen lagen darin auf dem Parkplatz des Marriott auf der Lauer. Ein Team der GRU war festgenommen worden, einkassiert, auf frischer Tat dabei ertappt, eine internationale Organisation auszuspionieren.

Russlands Operation gegen die OPCW stand von Anfang an unter keinem guten Stern. Die Niederländer, die dem GRU-Team auf den Fersen waren, hatten durch ihre britischen Kollegen Wind von der Sache bekommen. Nach der Festnahme hatten die westlichen Sicherheitsbehörden die Telefone der Russen, die Computer, die Hacker-Ausrüstung, stapelweise Bargeld und das gesamte Team in Verwahrung. Da sie sich umgehend auf diplomatische Immunität berufen hatten, befanden sich die vier verhafteten Offiziere bald schon an Bord eines Flugzeuges zurück nach Russland. Über ihre Verhaftung drang nichts an die Öffentlichkeit – zumindest für einige Monate. Die gerichtsmedizinische Untersuchung ihrer

Ausrüstung brachte vieles über das Vorgehen der GRU ans Licht. Man könnte annehmen, die Russen hätten sich angesichts dieser schweren Blamage dafür entschieden, eine Zeit lang zu schweigen oder weitere Angebote zur Zusammenarbeit zu machen. Doch stattdessen setzten sie bereits am nächsten Tag einen drauf.

Bei einem Pressetermin am 14. April zitierte Außenminister Sergej Lawrow aus »vertraulichen Quellen« und ließ eine Bombe platzen. Die internationalen Inspektoren, die sich nach Salisbury aufgemacht hatten, wären dort noch auf etwas anderes gestoßen: »Die Proben enthielten Spuren der toxischen Chemikalie BZ und ihrer chemischen Vorstufen.« Russland hätte den zu Lähmungen führenden Kampfstoff nie hergestellt, sagte er, das sei vielmehr eine Chemiewaffe, wie die NATO sie besitze. Er behauptete, das Labor Spiez in der Schweiz habe BZ in Proben entdeckt, die die internationalen Spürhunde, also die OPCW, dort hingeschickt hätten. Da Julija zu diesem Zeitpunkt bereits aus dem Krankenhaus entlassen war, sei es also vielleicht gar kein Nervengift gewesen, sondern das weniger toxische BZ?

Der ursprüngliche RT-Bericht über Lawrows Äußerung wurde rund 144 000-mal in den sozialen Medien aufgerufen. Aber natürlich multiplizierte sich die Wirkung, da andere Anhänger von Verschwörungstheorien oder kremlfreundliche User dieselbe Idee in ihren Posts verbreiteten. Allerdings war diese Version so dreist gelogen, dass sogar die normalerweise sanftmütige OPCW und das Labor Spiez sich öffentlich dagegen verwahrten.

Spiez twitterte: »Wir hegen keinen Zweifel daran, dass Porton Down den Giftstoff korrekt als Nowitschok identifiziert hat.« Die OPCW äußerte sich gleichlautend: »Von den Laboren wurde keine andere Chemikalie identifiziert« außer Nowitschok, meinte Michael Blum von der OPCW. Er erklärte, man habe etwas BZ verwendet, und zwar »in der Kontrollprobe, die gemäß den Qualitätsrichtlinien im Labor der OPCW hergestellt wurde. Ansonsten hat das nichts mit den Proben zu tun, die das OPCW-Team in Salisbury genommen hat.« Das BZ war also mitnichten eine Alternative, sondern nur in den Kontrollproben enthalten, damit das Labor exakt und objektiv arbeiten konnte.

Wo also rührte Lawrows Behauptung bezüglich des BZ her? Leute, mit denen ich gesprochen habe und die in die Sache involviert gewesen waren, schließen die Möglichkeit aus, dass der Hackerangriff der GRU nennenswerte Daten geliefert haben könnte. Die OPCW-Mitarbeiter, die die Proben aus Salisbury untersucht hatten, benutzten gesicherte Computer ohne Internetverbindung, die nur sehr schwer gehackt werden konnten. Bei dem Wi-Fi-Internetanschluss, den die russischen Offiziere klonen wollten, handelte es sich um einen Zugang mit niedriger Sicherheitsstufe, der von Besuchern der Zentrale in Den Haag benutzt wurde. Etwas nüchterner betrachtet, lautete die Antwort, dass Russland als Mitglied des Leitungskomitees der OPCW bereits Zugang zu den ersten Ergebnissen des Salisbury-Teams gehabt hatte und dass der Gebrauch der BZ-Vorstufe als Kontrollsubstanz schon in diesen Laborberichten vermerkt war. Für Lawrows Enthüllung, die nichts als ein Ablenkungsmanöver war, hatte diese Information ausgereicht.

Es ist eine Binsenweisheit im Informationskrieg, dass die Lüge bereits um die Welt geht, bevor die Wahrheit sich nur die Stiefel angezogen hat. Und so wurden Richtigstellungen an Lawrows Äußerungen von deutlich weniger Menschen geteilt als die ursprünglichen Berichte. Trotzdem erwies sich Lawrows Story insofern als kontraproduktiv für Russland, als sie Vorwürfe, etwa vonseiten der Schweizer Regierung, nach sich zog, wonach Russland internationale Institutionen untergrabe – insbesondere die OPCW. Zu diesem Zeitpunkt hatten die Schweizer Amtsträger, im Gegensatz zur breiten Öffentlichkeit, bereits Kenntnis von der Festnahme des GRU-Teams in den Niederlanden und auch davon, dass dieses eine weitere Operation, diesmal gegen das Labor Spiez, geplant hatte. Die britische Entscheidung, die OPCW gleich nach der Vergiftung ins Spiel zu bringen, war ein geschickter Schachzug, gegen den der Kreml nur mit Mühe ankam.

Anfangs und bezeichnenderweise nachdem er vom eigentlichen Ziel des Nowitschok-Projekts erfuhr, hatte ein offizieller Vertreter Russlands behauptet, solche Stoffe unterlägen nicht der Chemiewaffenkonvention. Dieser Ansicht widersprach die OPCW sogleich. Als sich die Inspektoren auf den Weg nach Salisbury machten, hatten die Russen sogleich zu verstehen gegeben, dass sie deren Ergebnisse nicht akzeptieren würden.

Auch das war problematisch. Zweifel an der Glaubwürdigkeit dieser Organisation oder der von ihr beauftragten Labore zu säen vertrug sich nicht mit den sonstigen Argumenten Russlands. Beispielsweise damit, dass es bereits all seine chemischen Waffen losgeworden sei – ein 2017 zertifizierter Meilenstein ebendieser OPCW. Doch in der aufgeregten Atmosphäre, die in den sozialen Medien herrschte, kreideten wieder einmal nur wenige Leute den Russen diese Widersprüche an.

Es fällt nicht immer leicht, die offiziellen Elemente des vom Kreml geführten Informationskriegs zu erkennen. Denn auf dem Schlachtfeld der sozialen Medien existieren rivalisierende Behauptungen. Sowohl Verfechter einer Salisbury-Verschwörungstheorie als auch deren Gegner, die Putin-Hasser, die jeweils eher nichts mit den offiziellen Strategien vom Kreml und der Downing Street zu tun hatten, sollten hin und wieder ebendort den ein oder anderen guten Satz klauen.

Britische Internetnutzer behaupteten, Russland habe Skripals Sohn oder Bruder oder gleich alle dreizehn von *Buzzfeed* auf einer Liste zusammengetragenen Personen ermordet, die unter verdächtigen Umständen gestorben waren. Diese Anschuldigungen, die oft anonym in den sozialen Medien geäußert wurden, hatten nichts mit der offiziellen Version zu tun oder mit dem, was man auf Pressekonferenzen zu hören bekam. Man könnte sogar so weit gehen, zu behaupten, sie seien Ablenkungsmanöver vom Hauptereignis gewesen – nämlich von Skripal –, da hohe Beamte oder Minister auf sie reagieren mussten.

Die inoffiziellen Spekulationen erreichten ihren Höhepunkt, als man am 12. März die Leiche von Nikolaj Gluschkow, einem Freund des verstorbenen Boris Beresowskij, entdeckte. Dieser Putin-Kritiker war in seinem Haus in einem Vorort südlich von London ermordet – genauer gesagt, wie rasch bekannt wurde, erwürgt – worden. Er war früher Direktor von Aeroflot gewesen und war bis zu seinem Tod in rechtliche Auseinandersetzungen mit der Fluggesellschaft verstrickt. Die Kosten dieser Verfahren stürzten ihn beinahe in den Bankrott, und seine Freunde warfen der Airline vor, ihr Vorgehen habe rein politische Motive.

In den Augen mancher Leute schien die Vorstellung von einer Verbindung zum Attentat in Salisbury nur wenige Tage zuvor von einer allgemeinen Hetzjagd auf Russen in Großbritannien zu künden. Die Polizei aber schloss von Anfang an eine Verbindung zum Fall Skripal aus.

Auf der anderen Seite des Schlachtfelds in den sozialen Medien gab es viele russlandkritische Engländer, die gleichwohl bezweifelten, dass Russland die Skripals ins Visier genommen haben sollte. Von den Gefolgsleuten des Labour-Chefs Jeremy Corbyn, die Ähnlichkeiten mit Großbritanniens Weg in den Irakkrieg beklagten, bis zu denjenigen, die irgendeine Verbindung zwischen Skripal und dem von Christopher Steele zusammengetragenen Trump-Dossier zu sehen glaubten, folgten viele, die Whitehalls Version der Ereignisse für Unsinn hielten, auch nicht der Linie des Kreml. Wenn man all das in Betracht zieht, stellt man fest, dass es eindeutig Informationsstrategien gab, die die Regierungen beider Seiten anwandten und die einem breiteren Publikum Stoff lieferten. Viele, die das Thema diskutierten, zitierten ahnungslos daraus.

Höchst vielsagend waren die russischen Reaktionen unmittelbar nach dem Attentat. Sie folgten dem gleichen Muster wie jene nach dem Mord an Litwinenko und an einigen anderen Prominenten in Russland. Man behauptete, Skripal habe nur alte Geheimnisse gekannt und sei daher ein tödliches Attentat gar nicht wert gewesen, oder man verwies darauf, dass es mit Verrätern eben immer ein böses Ende nimmt. Der russische Botschafter erklärte britischen Radiohörern beispielsweise am 8. März: »Aus irgendeinem Grund ist Großbritannien für eine gewisse Sorte Menschen wohl ein gefährliches Pflaster.« Kirill Kleimionow bemerkte süffisant: »Der Beruf des Verräters ist eben einer der gefährlichsten der Welt.« Dann fügte er noch hinzu, Großbritannien sei schon seltsam, »vielleicht liegt es ja am Klima, aber in den letzten Jahren hat es dort einfach viele eigenartige Vorfälle mit schwerwiegenden Folgen gegeben«. Falls das Attentat auf Skripal zum Ziel hatte, der russischen Bevölkerung eine Botschaft zu überbringen, dann lautete diese unmissverständlich: Wer für Großbritannien spioniert, dem wird es schlecht ergehen.

Während jener letzten Tage vor den Wahlen in Russland vermittelte man aber auch noch andere Vorstellungen, die insbesondere einem Präsidenten halfen, der sich schon lange im Amt befand und der vielleicht fürchtete, eine Mischung aus Apathie und wirtschaftlichen Schwierigkeiten im Inland könnte sich kontraproduktiv auf das von ihm angestrebte neue Mandat auswirken. Sein Wahlkampfteam machte sich

Sorgen, dass Putin nicht 70/70 gewinnen würde, was 70 Prozent der Stimmen bei einer ebensolchen Wahlbeteiligung bedeutete. Der politische Analyst und ehemalige Redenschreiber Putins, Abbas Gallyamow, argumentiert, dass der Giftanschlag in Salisbury ganz vortrefflich von innenpolitischen Problemen ablenkte und gleichzeitig die alte Mär von der westlichen Russophobie verstärkte. »Unter russischen Politikexperten herrscht Einigkeit darüber, dass das gute Abschneiden bei der letzten Wahl die Folge der Auseinandersetzungen mit England wegen Skripal war«, erklärte er gegenüber der BBC. »Außenpolitik hat wieder einmal die Agenda dominiert, sodass all die innenpolitischen Probleme erneut in den Hintergrund traten.«

Wie Gallyamows Analyse nahelegt, dürften seine Mitbürger gewisse Schlüsse aus Salisbury gezogen haben, selbst während ihre Regierung noch die Verantwortung dafür ablehnte und anderslautende Theorien propagierte. Im Rahmen dieser Analyse muss die Frage nach dem Timing des Attentats auf Skripal neu gestellt werden: Was wäre, wenn nicht operative Faktoren (wie der Zeitpunkt von Julijas Besuch in England) ausschlaggebend waren, sondern es eigentlich geplant wurde, um den Westen im Vorfeld der Wahlen gegen Russland aufzustacheln? Der Umstand, dass Julija zu Besuch war, was es der GRU wiederum erlaubte, ihren Offizier zu einem politisch so günstigen Zeitpunkt ins Visier zu nehmen, könnte in der Tat zur Antwort auf die Frage »Warum Skripal?« beitragen.

Während die kremlfreundlichen Medien allen erdenklichen alternativen Theorien Sendezeit oder Platz für Artikel gewährten, war das Einzige, was man in den Wochen nach Salisbury nirgends zu hören oder zu lesen bekam, eine Spekulation darüber, dass russische Geheimdienste Skripal tatsächlich vergiftet haben könnten. In der britischen Boulevardpresse dagegen würde ein erfolgreicher Drohnenangriff auf einen Dschihadisten in Syrien Artikel über unbemannte Fluggeräte, den Krieg gegen die Milizen und Ähnliches hervorrufen. Vergeblich suchte man im März oder April nach der russischen Geschichte, in der ehemalige KGB-Agenten ihre Meinung zum Besten gaben, Vergiftungen aus der Vergangenheit (wenigstens die eindeutig zugeschriebenen aus der Sowjetära) erläuterten usw. Unter russischen Journalisten herrscht Einigkeit darüber, dass man so etwas nicht tut. Auch auf politischer Ebene war das Ausbleiben gewisser Botschaften bemerkenswert. Etwa: »Wir nehmen diese Anschuldigungen sehr ernst und haben unverzüglich Inspektionen unserer chemischen Labore angeordnet, um die Möglichkeit auszuschließen, dass irgendein Nervengift gestohlen wurde.« Selbst schlichte Bekundungen von Mitgefühl für die Skripals, die Präsident Putin oder die russische Botschaft in London ja später äußerten, blieben zu Beginn fast völlig aus.

Während die geäußerten oder nicht geäußerten Botschaften zweifellos wichtig in Bezug darauf sind, wie in Russland eine Story verarbeitet wird, kann man wohl kaum behaupten, dass sie als Beweis taugen. Dafür zielten die Reaktionen von russischer Seite schon in einem frühen Stadium darauf ab, die Schwächen der britischen Ermittlungen offenzulegen und sich sogar darüber lustig zu machen. Als Theresa May am 12. März im Unterhaus erklärte, »höchstwahrscheinlich Russland« sei verantwortlich, gab sie ihr vorliegende Geheimdiensterkenntnisse bekannt und vertrat damit eine Ansicht, die auf den erst wenige Tage alten, aber vermutlich langwierigen polizeilichen Ermittlungen beruhte. Trotzdem verbissen sich die Russen in diese Formulierung und #HighlyLikely oder #HighlyLikelyRussia wurden zu Memes im Internet – ein Scherz darüber, dass man ihrem Land schlichtweg alles anlastet.

Zu Anfang schien die russische Methode darin zu bestehen, so viele andere Theorien wie nur irgend möglich zu verbreiten. Diese Taktik hatte man schon früher beobachten können, etwa nach dem Abschuss des Flugzeugs MH17. Offizielle Vertreter behaupteten zu verschiedenen Zeitpunkten, eine schwindelerregend große Anzahl von Staaten könne im Besitz von Nowitschok gewesen sein und es in diesem Fall benutzt haben: angefangen bei Großbritannien bis hin zur Tschechischen Republik, der Slowakei, Schweden und der Ukraine. Keine dieser Alternativtheorien zeigte große Wirkung, doch jede sorgte für etwas Bewegung unter den Leuten mit einer bestimmten Agenda.

Als Putin am 18. März (dem Wahltag) seine erste detaillierte Äußerung zu Salisbury machte, brachte er ein neues schlagendes russisches Argument vor, das die britische Version untergraben sollte. Er nannte die Vergiftung, von der er erstmals aus der Presse erfahren haben wollte, »eine Tragödie« und argumentierte, »der erste Gedanke, der mir kam, war, dass die Menschen auf der Stelle gestorben wären, wenn es ein Nervengift aus dem Arsenal des Militärs gewesen wäre«.

Das entzog vielen anderen der früheren Alternativtheorien die Basis. Und zwar insofern, als von dieser Annahme ausgehend auch ein britischer, tschechischer, slowakischer, schwedischer oder ukrainischer Einsatz des Nervengifts die Skripals auf der Stelle getötet hätte. Doch das spielte keine Rolle, weil es ein Markenzeichen von Kremlbotschaften in solchen Situationen ist, dass Folgerichtigkeit viel geringer zählt als die Erzeugung zahlreicher Alternativtheorien.

Die Überlegung, »wenn es tatsächlich Nervengift gewesen wäre, müssten sie tot sein«, fiel bei vielen Leuten auf fruchtbaren Boden. Ganz offensichtlich waren die Skripals ja nicht gestorben. Später entfaltete, wie wir sehen werden, das Nowitschok von Salisbury seine tragische tödliche Wirkung, doch im März und April konnte man noch so reden. Nachdem der Kreml-Nachrichtensender RT sie gesendet und die russischen Botschaften in Großbritannien und Südafrika sie weiter getweetet hatten, wurden diese Bemerkungen von Putin sogleich von etwa einer Viertelmillion Nutzern in den sozialen Medien aufgerufen. In gewisser Weise wurde diese Story sogar vom Ton der britischen Regierung gefördert, denn ab dem 12. März sprach diese von »einem Nervengift militärischer Qualität«. Whitehall legte sich auf diese Bezeichnung fest, um Russlands Verleugnung etwas entgegenzusetzen, indem man betonte, dass es sich beim in Salisbury verwendeten A-234 um das Produkt eines hochentwickelten Labors und nicht um etwas handelte, was irgendwer in seiner Küche zusammengebraut haben konnte. Die OPCW agierte klüger, indem sie schlicht auf den hohen Reinheitsgrad des Gifts verwies.

Der Begriff »von militärischer Qualität« war dagegen sowohl bedeutungslos, da die Vorräte der Armeen an VX oder Sarin oft nicht besonders rein sind, als auch irreführend. Er verleitete zahlreiche Kommentatoren zu der Vermutung, dass die Folgen der Kontamination mit diesem Giftstoff doch tödlich sein müssten. Wenn das nicht der Fall war, nützte das lediglich Präsident Putin, um Zweifel an der Version von Downing Street zu säen.

Offenbar hatte es bereits erfolgreiche Giftanschläge auf Überläufer gegeben – und den seltsamen Fall von Iwan Kiwelidi, einem Moskauer Geschäftsmann, der 1995 dadurch ermordet wurde, dass man Nowitschok auf seinen Telefonhörer geschmiert hatte; allem Anschein nach war dem ein Streit unter Geschäftspartnern vorausgegangen. Auch bei der Ermordung des saudischen Dschihadisten Ibn al-Chattab, der im Nordkaukasus gekämpft hatte, wurde der Einsatz eines Nervengifts vermutet. Es wurde der Verdacht laut, der FSB habe einen Brief damit präpariert, den ihm ein zuvor eingeweihter

Kurier überbrachte. Doch nicht alle Verschwörungen mit Gift erreichten auch das gewünschte Ziel.

Einige überlebten die Anschläge sowjetischer oder russischer Geheimdienste: angefangen bei Nikolaj Chochlow, der 1957 in Frankfurt mit Thallium vergiftet wurde, bis hin zu Wladimir Korczak, dem 1981 in den USA Rizin injiziert wurde, dem ukrainischen Politiker Wiktor Juschtschenko, der 2004 mit beinah tödlichen Folgen unwissentlich Dioxin zu sich nahm, oder dem ehemaligen russischen Premierminister Jegor Gaidar, der 2006 in Irland einen Anschlag mit einer unbekannten Substanz überlebte. All diese Opfer litten unter schweren Folgen, kamen jedoch mit dem Leben davon.

Ob das Gift von Salisbury seine tödliche Wirkung entfaltete, hing entscheidend von Potenz und Dosierung ab – eine ziemlich unsichere Methode also, es auf den Türgriff der Zielperson zu schmieren. Trotzdem erschien die Aussage »dann müssten sie tot sein«, die implizierte, »wenn wir das wirklich gewesen wären, dann wüssten wir, wie man so eine Sache erfolgreich erledigt«, vielen Leuten plausibel. Und so lange, wie Großbritannien so großen Wert auf die Identifizierung dieses obskuren von Russen entwickelten Nervengifts legte, würden die Abwehrschläge des Kreml weiterhin genau darauf abzielen.

Die Strat-Coms, also Strategic Communications der britischen Regierung, die Downing Street koordinierte, folgten einem ganz anderen Muster. Die Dynamik der beiden Informationskampagnen war fast exakt gegenteilig. Die Briten hielten an einer einzigen, klaren Linie fest: Der russische Staat habe Nervengift benutzt, um Skripal auf offener Straße in Salisbury zu vergiften. Die Russen folgten im Gegensatz dazu einem ausgesprochen dezentralen Ansatz, bei dem alle möglichen Beteiligten unzählige alternative Versionen in Umlauf brachten, um die britische Version der Ereignisse zu diskreditieren.

In den ersten Wochen lag der Fokus, durch den Strat-Coms-Plan von Downing Street vorangetrieben, auf den Ausweisungen und dem Besuch der Inspektoren der OPCW. Danach bemühte man sich, die Geschichte klein zu halten, und selbst Ende März stellte ich genauso wie andere, die darüber berichteten, fest, dass man nach Anfragen nicht zurückgerufen wurde und der Wunsch, sich nun anderen Themen zuzuwenden, deutlich war. Die Polizei, das Krankenhaus, das Außenministerium und auch alle anderen waren spürbar weniger kommunikativ.

Noch Monate später war es nicht möglich, selbst die grundlegenden Fakten der Geschehnisse bestätigt zu bekommen: Wo war Nick Bailey kontaminiert worden? War Julija bei Bewusstsein? Befanden sich die beiden auf einer Isolierstation? Hatte Porton Down die Herkunft des Nowitschok bestätigen können? Und auch dieses Informationsvakuum zog Risiken nach sich. Wie konnte es sein, dass Julija mit ihrer Cousine Wiktoria telefoniert und dabei einigermaßen gesund geklungen hatte, während wir keinen Grund hatten, daran zu zweifeln, dass sie schwer krank war? Das unterhöhlte das Vertrauen in die englische Lesart. Dass es keine Bilder aus dem Krankenhaus gab, nährte auch Zweifel und erzeugte einen luftleeren Raum, in dem Gerüchte kursierten. Etwa dass die Skripals schon tot oder, später dann, dass sie eigentlich Gefangene seien.

Natürlich gab es innerhalb der Informationsmaschinerie auch Spannungen zwischen denjenigen, die am liebsten gar nichts sagen wollten, und denjenigen, die Russlands Äußerungen gerne energischer widersprochen hätten. Die »Minimierer« fühlten sich durch die Wortmeldung des Chefs von Porton Down am 3. April bestärkt. Da erklärte er gegenüber Sky News, seine Labore seien nicht in der Lage gewesen, die Spur der Nowitschok-Proben aus Salisbury nach Russland zurückzuverfolgen und schon gar nicht zu einer bestimmten Einrichtung dort. Dieses Interview förderte auch Vermutungen, Boris Johnson und das Außenministerium hätten den Fall aufgebauscht, womit man suggerieren wollte, dass sie über die russische Herkunft des Giftes Bescheid wussten.

All das war Wasser auf die Mühlen der russischen Medien und rief einige defensive Äußerungen des britischen Verteidigungsministers hervor, darunter die, dass man Porton nie damit beauftragt habe, eine derartige Rückverfolgung vorzunehmen.

Im Gegensatz zur öffentlichen Äußerung des Laborchefs war Porton wohl zu diesem Schluss gekommen, allerdings auf der Basis früherer, heimlich erhaltener Nowitschok-Proben. Wenn man eine Probe der ursprünglichen, in Schichany hergestellten Substanz besitzt, sollte man doch theoretisch in der Lage sein, diese auf der Basis ihrer molekularen Zusammensetzung mit den Proben aus Salisbury abzugleichen. Warum also tat man das dann nicht?

Die Argumente, die gegen die Veröffentlichung einer solchen Einschätzung sprächen, seien alt und neu, bekam ich zu hören. Traditionell wird alles, was auf illegalem Wege beschafft wird – wie die Deutschen das in den 1990er-Jahren taten, als sie einen Wissenschaftler bestachen, damit er eine Probe herüberbrachte –, als streng geheim klassifiziert und muss daher unter Verschluss bleiben. Der aktuellere Grund hat eher mit Kriegshandwerk im Informationszeitalter zu tun: Die Enthüllung, dass das Nowitschok aus Salisbury mit dem in Schichany hergestellten übereinstimmt, das sich jedoch im Besitz eines westlichen Landes befindet, hätte sogleich russische Behauptungen hervorrufen können, dass, wenn der deutsche BND oder die CIA den Stoff gestohlen hatte, der jeweilige Geheimdienst ihn durchaus auch hätte benutzen können, um Russland zu verleumden.

Die Theorie, wonach Großbritannien das Nowitschok mit einer bestimmten russischen Anlage in Verbindung bringen könnte, sich aber aus diversen Gründen dagegen entschieden hat, ist meiner Ansicht nach nicht erwiesen. Doch wer weiß, ob nicht noch neue Enthüllungen auftauchen. Natürlich ist mir auch zu Ohren gekommen, dass bei der Ermittlung gegen Russland hochsensibles Geheimdienstmaterial involviert gewesen sei und man diesen Beweis zwar nicht veröffentlicht, ihn aber in breitem Umfang seinen Verbündeten mitgeteilt habe, als es um die Frage der Ausweisung von Diplomaten ging.

Die Informationsschlacht war einfach nur Teil der viel weiter reichenden britisch-russischen Beziehungen, und allen war bewusst, dass man die Auseinandersetzung nicht auf Dauer in dieser Intensität weiterführen konnte. Mitte April erzählte mir ein Vertreter des Außenministeriums, er habe den Eindruck, die Russen bemühten sich um Deeskalation. Für die Briten galt das ganz gewiss. Aber für die Russen konnte er es sogar beweisen: durch simples Zählen. In der ersten Aprilhälfte hatte die russische Botschaft in London 112 Twittermeldungen zur Affäre Skripal veröffentlicht, nur noch 35 im Rest des Monats. Im Mai gab es insgesamt nur ein Drittel so viele Tweets über die Krise wie im April. Natürlich beschäftigten zu dieser Zeit in der russischen Botschaft schon andere Themen den Beauftragten für soziale Medien: Der Chlorin-Angriff in Duma nahe Damaskus am 7. April zog westliche Raketenangriffe auf Einrichtungen der syrischen Regierung nach sich, gegen die Russland lautstark protestierte. Und es gab auch einen erfreulicheren Anlass, denn ab Mai begannen die Russen mit ihrer Medienkampagne zur Fußball-Weltmeisterschaft.

Nachdem sie die OPCW anfangs so vorteilhaft eingebunden hatten, ließen die Briten erst einmal die Zügel schleifen.

Experten für Chemiewaffen erzählten mir, wie erstaunt sie darüber waren, dass Großbritannien nicht schnell reagierte und »Klärung« gemäß § 9 der Chemiewaffenkonvention verlangte. Das hätte den Briten erlaubt, ganz offiziell gewisse Fragen zu stellen: Wo befindet sich eure einzige laut Chemiewaffenkonvention zulässige Chemiewaffenfabrik? Wurden dort in den letzten Jahren irgendwelche Stoffe vom Typ Nowitschok produziert? Insbesondere der Typ A-234?

Stattdessen nutzte Großbritannien die Frage nach chemischen Kampfstoffen im Syrienkonflikt diplomatisch, um bei einer Sondersitzung der Organisation für das Verbot chemischer Waffen in Den Haag im Juni 2018 die Entscheidung für neue Regeln voranzutreiben, die die Organisation in die Lage versetzen sollten, Fakten festzustellen und klar Verantwortliche zu benennen. Russland versuchte vergeblich, diesen Beschluss zu verhindern. Obwohl der Fall Skripal einige Länder dazu brachte, für die neuen Regeln zu stimmen, war dies nicht der Grundtenor in der britischen Diplomatie jener Tage.

Auch wenn die Vergiftung in Salisbury – sowohl was die Zahl der ausgewiesenen Diplomaten anging als auch im Hinblick auf die Reichweite in den sozialen Medien – eine weitaus größere Reaktion hervorrief als die von Litwinenko im Jahr 2006, gab es doch gewisse Realitäten, mit denen man zurechtkommen musste. Das britisch-russische Verhältnis umfasst so viele Geschäftsbeziehungen, Familienbande, so viel Interaktion und Austausch, dass eine Rückkehr zu Restriktionen wie während des Kalten Kriegs und erst recht der vollständige Bruch für keine Seite praktikabel waren. Das galt für die beiden Staaten genauso wie für die Familie Skripal.

Bis zum 3. März hatte Julija geglaubt, ihre Zukunft läge in Russland. Die Reise nach Salisbury sollte schließlich nur zwei Wochen dauern. Auch wenn sie Jahre in Großbritannien verbracht und dort gearbeitet hatte, fühlte sie sich in ihrer eigenen Kultur wohler und war dort, insbesondere nachdem sie Stepan kennengelernt hatte, glücklich. Während sie sich von dem Anschlag erholte und bald der Mai kam, arbeitete sie an einer Erklärung, die für die breite Öffentlichkeit bestimmt war. Die Polizei war immer noch eher dagegen, dass sie ein Interview gab. Fragen danach, welche Erinnerungen sie an den 4. März hatte oder wen sie für den Angriff verantwortlich machte, konnten als präjudiziell gewertet werden, sollte es je zu einem Gerichtsverfahren gegen den Täter kommen. Aber es gab Dinge, die sie sagen wollte, und die Behörden wussten, dass dies auch eine Möglichkeit darstellte, sich zu einigen der wilderen Gerüchte und Alternativtheorien des Kreml zu äußern. Man half ihr bei einigen Formulierungen der Stellungnahme, die schließlich am 23. Mai in einem Waldgebiet nahe London von einem Team der Nachrichtenagentur Reuters aufgezeichnet wurde. Aber um allen Zweifeln daran, ob dies ihre eigenen Gedanken waren, zuvorzukommen, hatte sie außerdem eine handgeschriebene und unterzeichnete Version vorbereitet, die etwas von einer Aussage bei der Polizei an sich hatte.

Julija brachte ihre Dankbarkeit gegenüber dem Krankenhaus Salisbury zum Ausdruck, berichtete aber auch, dass die Behandlung in der Klinik »invasiv, schmerzhaft und deprimierend« gewesen war. Der vielleicht ergreifendste Teil betraf ihre Neubewertung der eigenen Situation seit dem Anschlag und dessen komplexe Auswirkungen: »Mein Leben wurde auf den Kopf gestellt, während ich noch versuche, mit den verheerenden Veränderungen zurechtzukommen, die man mir in körperlicher und emotionaler Hinsicht angetan hat. Ich lebe von einem Tag zum nächsten und möchte helfen, meinen Vater zu versorgen, bis er sich komplett erholt hat. Auf lange Sicht hoffe ich, in mein Heimatland zurückzukehren.«

Und in dieser letzten Äußerung kommt ihre Hoffnung auf eine künftige Beziehung zu Russland klar zum Ausdruck.

Im Lauf des Sommers wurde klar, dass sie die Handwerker kontaktiert hatte, die dabei waren, ihre Wohnung in Moskau zu renovieren, dass im Juni ein Freund aus Russland sie besucht hatte und dass ihre Beziehung zu ihrer Cousine Wiktoria sich noch weiter verschlechtert hatte. In einem recht schwierigen Telefongespräch (das Wiktoria aufgezeichnet und schon Anfang Juli an die Medien weitergegeben hatte) verteidigte Julija ihr Recht, nach Hause zu kommen, wann es ihr passend erschien. Ja, sie bestätigte, dass sie dies längst getan hätte, hätte ihre Cousine nicht dauernd in den russischen Medien über sie gesprochen.

Früher hatte auch Sergej sich nach Hause gesehnt, doch die Umstände zwangen ihn, das unbefristete Exil zu akzeptieren. Während er sich im Krankenhaus noch von der Vergiftung erholte, sah er keine Möglichkeit, jemals wieder zurückzukehren. Seine Tochter verkörperte dagegen die Hoffnung auf etwas Besseres und Helleres, auf eine Zukunft. Sogar schon vor Aufzeichnung ihrer Botschaft hatten die polizeilichen Ermittlungen Fahrt aufgenommen – und führten in eine Richtung, die die GRU direkt mit Salisbury in Verbindung brachte.

22

HAUPTVERDÄCHTIGE

Die Polizisten, die das City Stay Hotel in Bow, East London, betraten, mussten dies mit größter Vorsicht tun. Ihre Ermittlungen, Operation Wedana, waren zum Zeitpunkt des 4. Mai streng vertraulich.

Sie hatten ihre Hauptverdächtigen ausgemacht, aber es war von größter Wichtigkeit, dass niemand erfuhr, wie weit ihre Suche gediehen war, damit die Männer versucht wären, wieder zu reisen, und die Polizei so die Möglichkeit haben würde, sie festzunehmen. Aus diesem Grund waren die Autos und Kastenwägen nicht gekennzeichnet, und die Ermittler wechselten erst nach Betreten des Gebäudes von ihrer Alltags- in Schutzkleidung; all das musste über die Bühne gehen, ohne dass die Hotelgäste mitbekamen, dass sich gerade etwas äußerst Ungewöhnliches abspielte.

Die Experten aus Porton Down gingen davon aus, dass sich im Zimmer, in dem die beiden Verdächtigen während ihres zweinächtigen Aufenthalts in Großbritannien abgestiegen waren, keine starken Spuren von Nowitschok finden würden, andernfalls hätten die beiden ebenfalls von einer Vergiftung außer Gefecht gesetzt werden müssen, genau wie die Hotelgäste, die in den folgenden zwei Monaten dort übernachtet hatten. Dennoch konnte man gar nicht vorsichtig genug sein – die Beamten, die das Zimmer durchsuchten, trafen umfassende Vorsichtsmaßnahmen, um zu verhindern, dass Beweismittel verunreinigt würden. Daher trugen sie von Kopf bis Fuß Sicherheitsbekleidung, als sie jeden Millimeter des Raumes abtupften und ihre Proben für die GC-MS-Maschinen in Porton eintüteten. Dies ging monatelang so weiter, während sie das fragliche Hotelzimmer immer wieder aufsuchten. Wie aber waren die Ermittler in ihrer Schutzkleidung auf das City Stay gekommen, eine Absteige, in der osteuropäische Bauarbeiter auf Montage im Hafenviertel für 50 Pfund pro Nacht unterkommen?

Seit dem ersten Ermittlungserfolg, als klar wurde, dass das Gift an der Haustür Skripals ausgebracht worden war, und man den Zeitraum, in dem dies wahrscheinlich geschah, eingrenzen konnte, war es das Hauptziel von Operation Wedana, Aufnahmen von Überwachungskameras zu sammeln und auszuwerten. Die Bank bei den Maltings und die umliegenden Restaurants ausgenommen, konnte der Großteil des 10 000-stündigen Materials verworfen werden. Stattdessen war man beim Sichten derjenigen Personen, die während der Zeit des Giftanschlags in der Umgebung der Christie Miller Road aufgenommen worden waren, auf die beiden athletischen Männer in Jeans gestoßen. Andere, die auch am 4. März um die Mittagessenszeit gefilmt worden waren, konnten während der folgenden Wochen aufgrund ihrer Handydaten oder Zeugenaussagen ausgeschlossen werden.

Nachdem man die beiden Männer zur fraglichen Zeit in der Nähe von Skripals Haus ausgemacht hatte, arbeiteten sich die Ermittlungen dann weiter nach außen vor, um herauszufinden, aus welcher Richtung sie gekommen waren. Eine ganze Reihe von Kameras hatte die beiden aufgezeichnet, als sie vom Bahnhof kamen und dorthin zurückgingen. Im nächsten Schritt lieferten die Überwachungskameras die Bilder der Züge, mit denen sie angekommen und abgefahren waren, dann führte die Spur die Ermittler weiter zum Bahnhof London Waterloo südlich der Themse. Bei der weiteren Nachforschung verfolgten sie, tief über die Bildschirme gebeugt, wie sich die Verdächtigen durch die Menschenmenge in der großen Bahnhofshalle und hinunter zur U-Bahn schlängelten.

So außergewöhnlich das klingt, doch war an dieser Technik nichts Neues – ihren ersten spektakulären Einsatz hatte sie 1999 bei den Ermittlungsarbeiten der Met im Fall eines Nagelbombenanschlags in Brixton. Der Sprengkörper wurde noch vor der Explosion in einer Reisetasche versteckt gefunden, dann wurde die Tasche so lange auf den Bildern der verschiedenen Überwachungskameras zurückverfolgt, bis man den Mann erkennen konnte, der sie trug. Dieses Bild wurde sodann veröffentlicht, woraufhin der Rechtsterrorist David Copeland überführt werden konnte, allerdings erst nachdem er zwei weitere Sprengstoffanschläge verübt hatte. Anschließend wurde er für drei Morde und eine Unzahl weiterer Vergehen verurteilt. Die Verfolgung der Verdächtigen von Salisbury erforderte sehr viel mehr Aufwand, musste ihre Spur doch von Südengland bis durch das Gewimmel des Londoner Nahverkehrs nachgezeichnet werden.

Nun aber, nachdem das City Stay Hotel gefunden worden war, trat Operation Wedana in eine neue Phase. Sobald sie dort eintrafen, konnten die Ermittler die Kreditkarten- sowie Handydaten der Männer überprüfen. Jetzt konnten die Namen der beiden zweifelsfrei festgestellt werden: Ruslan Boschirow* und Alexander Petrow*. Zumindest waren das die Namen, die sie bei ihrer Mission und um sich im Hotel anzumelden benutzt hatten.

Die Ergebnisse, die bald darauf aus Porton eintrafen, ließen das Team jubeln: Man hatte in zwei Abstrichen aus dem Hotelzimmer Spuren von Nowitschok A-234 gefunden. Anfang Mai, nur zwei Monate nach dem Giftanschlag, hatte die für die südöstlichen Regionen Englands zuständige Antiterroreinheit die Bewegungsmuster der Verdächtigen ermittelt, ihre Identität, die Namen (beziehungsweise Pseudonyme), dass sie

Inhaber russischer Pässe waren, Einzelheiten zu Telefonnutzung und Zahlungsmethoden und dass in ihrem Hotelzimmer mit Nowitschok hantiert worden war. Trotzdem sollte es noch Monate dauern, bis irgendetwas davon an die Öffentlichkeit gelangte. Nachdem sie erfahren hatte, dass die beiden Verdächtigen in den Jahren vor Salisbury regelmäßig nach Europa gereist waren, hoffte die Polizei, dass sie erneut ins Ausland fahren würden und sich so die Möglichkeit einer Festnahme böte. Und sie scheute keine Mühen dabei, sich auf diese Chance vorzubereiten.

Als man Englands Sicherheitsberater Sir Mark Sedwill bei einer Sitzung des Parlamentsausschusses Anfang Mai, also nur drei Tage bevor das Hotel durchsucht wurde, fragte: »Wissen Sie, wer die Skripals vergiftet hat?«, antwortete er: »Noch nicht.« Nachdem die Namen von Petrow und Boschirow von der Met veröffentlicht worden waren, sagte Neil Basu, der stellvertretende Leiter für Sondereinsätze, man wäre »im Mai« auf sie aufmerksam geworden. Dies widerspricht Mark Sedwill keineswegs, da dieser ja am Monatsersten gesprochen hatte.

Einige der an den Ermittlungen Beteiligten haben jedoch mit mir gesprochen und angedeutet, die Geheimdienste hätten »sehr schnell« von den Namen und ihrer Zugehörigkeit zur GRU gewusst, sicherlich vor Ende April. Die Behörden waren den Verdächtigen auf die Spur gekommen, indem sie analysierten, wer am fraglichen Wochenende ins Land einoder ausgereist war, deren Pass- und Handydaten auswerteten, außerdem griffen sie auf Informationen von Spionen innerhalb der russischen Nachrichtendienste zurück. Es scheint nicht, als hätten die Geheimdienste lange damit gewartet, der Polizei diese Informationen zukommen zu lassen. Ein leitender Beamter bestätigte später ihre zentrale Rolle, seine Ermittlungsarbeit »wäre ohne die großartigen Mitarbeiter und

Kompetenzen der britischen Geheimdienste nicht möglich gewesen«.

Geht man davon aus, dass der Nationale Sicherheitsberater darüber Kenntnis hatte, dass der MI5, MI6 und das GCHQ nach mutmaßlichen Mitgliedern des Vergiftungsteams fahndeten, wie konnte es dann sein, dass er von den deutlich vor dem 1. Mai ins Fadenkreuz geratenen Verdächtigen nichts wusste? Oder ließ die Frage von John Mercer Spielraum für Sir Mark, den er nutzte, da die Geheimdienste und die Polizei die Identitäten von Petrow und Boschirow noch nicht eindeutig festgestellt hatten? Zweifellos wurde die Frage zu einem heiklen Zeitpunkt der Ermittlungen gestellt, denn in diesem Stadium hatte er den Russen sicher keinen Hinweis darauf geben wollen, dass die Ermittler ihnen auf den Fersen waren. Es gab auch noch andere Bedenken, nicht zuletzt dass die Männer, die zwar mit russischen Reisepässen unterwegs gewesen waren, falsche Identitäten benutzt hatten. Niemand wollte die beiden an die Öffentlichkeit bringen, bevor das MI6 sicher war, die richtigen Namen zu haben. Man musste die größtmögliche Gewissheit haben, dass es sich weder um eine Operation unter falscher Flagge noch um eine nicht autorisierte Einzeloperation handelte, bevor irgendjemand die Männer öffentlich beschuldigte, in Diensten des russischen Staates zu stehen.

Die Entdeckung des Hotelzimmers in Bow zog auch eine ganze Menge weiterer Fragen für die Untersuchung nach sich. Hatten sich die Verdächtigen während ihrer Zeit in London mit jemandem getroffen? Wurden sie von einem größeren Team unterstützt? Hatten sie das Gift nach ihrer Ankunft irgendwo abgeholt, oder hatten sie es ins Land eingeschleust?

Die Datenanalyse der Geheimdienste warf außerdem problematische Fragen auf, die umfassendere, über die Ermittlungen hinausgehende Angelegenheiten berührte. Den Verdächtigen waren in Moskau astreine Visa ausgestellt worden. Einer der beiden war schon mal in England gewesen, fast genau ein Jahr vor dem Giftanschlag; wie auch ein weiterer Russe, der die Aufmerksamkeit der Geheimdienste als mögliches Mitglied der GRU auf sich gezogen hatte. Wie lange war die Operation vorbereitet worden, und hatten die Behörden Anzeichen verpasst, dass etwas im Gange war?

Für die Antiterroreinheit der südöstlichen Regionen lag der Fokus vor allem darauf, Beweismaterial zusammenzutragen und Bezüge herzustellen, wie beispielsweise die Verbindung zwischen den beiden Hauptverdächtigen, Skripals Privatadresse und dem dort ausgebrachten Gift. Diese Untersuchungen nahmen im Mai und Juni viel Zeit der Polizei in Anspruch. Es ist jedoch wichtig, daran zu erinnern, dass Sergej Skripal zu Beginn der Durchsuchungen des Hotels in East London noch im Krankenhaus Salisbury lag. Sein Gesundheitszustand war damals weiterhin ziemlich instabil.

Am 9. April, kurz bevor Julija Skripal aus dem Krankenhaus in Salisbury entlassen wurde, erklärten die Ärzte Sergej Skripals Zustand für nicht mehr lebensbedrohlich. Gut einen Monat nach dem Anschlag musste er nicht mehr künstlich beatmet werden. Sie hatten die Sedierung behutsam nach und nach reduziert, um ihn »aufzuwecken«, und er war jetzt wieder bei Bewusstsein.

Es war, wie wir uns erinnern, bei beiden ein Kampf in zwei Phasen gewesen, und sie hatten ihn gewonnen. In der ersten war es um das schiere Überleben gegangen, in den Wochen nach der lebensbedrohlichen Phase ging es um die Genesung, und dafür war entscheidend, dass ihr Körper die Produktion der Acetylcholinesterase wieder selbst übernahm, damit Muskeln und Organe wieder korrekt funktionieren konnten. Die Fachleute rechneten mit Monaten, bis es soweit wäre, aber es ging viel schneller.

Bei einem Drehtermin im Mai 2018 im Krankenhaus erklärte uns Dr. Stephen Jukes, einer der Intensivmediziner: »Wir waren völlig verblüfft, wie rasant die Genesung verlief, das war eine freudige Überraschung, die ich nicht so einfach erklären kann.« In einem Gespräch mit seinem Chef, Dr. Duncan Murray, äußerte er seine Vermutung, wonach eine neue, von Porton Down empfohlene Therapie, die sie bei den Skripals ausprobiert hatten, maßgeblich war.

Wir diskutierten über »heroische Medizin«, bisher nicht getestete, also für den Patienten möglicherweise riskante therapeutische Verfahren oder Pharmazeutika. »Der Einsatz von noch mehr nicht erprobten Präparaten leistete eindeutig einen Beitrag zu ihrer Genesung; wie hoch genau der war, werden wir wohl nie erfahren«, sagte Dr. Murray, fügte aber hinzu: »Allerdings muss man auch sagen, dass in solchen Fällen, bei solchen Patienten eine hervorragende Notfallmedizin die Basis für die Gesundung und den Erfolg der klinischen Behandlung ist.«

Auch in Porton Down hatte natürlich niemand *das* Antidot gegen Nowitschok auf Lager, aber die Forscher hatten ein paar neue Ideen, wie sich die Produktion der körpereigenen »Aus-Schalter«-Enzyme wieder ankurbeln ließe.

Überlassen wir das vorerst letzte Wort in der medizinischen Debatte Dr. Christine Blanshard, der ärztlichen Direktorin des Krankenhauses, mit der ich oft über die Genesung der Skripals gesprochen habe. Ein Gegenmittel könne man das nicht nennen, das sei »grob vereinfachend«, auch wenn manche der neuartigen Mittel auf Vorschläge aus Porton Down zurückgingen. Wie sie genau wirkten, so Dr. Blanshard, sei noch schwer zu beschreiben, da sich praktisch nicht vorhersagen lasse, wie lange es dauern würde, bis die körpereigene AChE-Produktion wieder einsetzt.

»Das hängt von verschiedenen Faktoren ab, zum Beispiel

von der Form, in der das Gift verabreicht oder aufgenommen wird, und von der Dosis, und dann reagiert auch jeder Mensch individuell darauf.«

Das war eine deutliche Aussage, zum einen in Bezug auf die entscheidenden Faktoren für das Überleben der beiden Patienten, zum anderen gegen das bei Wladimir Putin so beliebte Narrativ: »Wenn das wirklich Nowitschok gewesen wäre, wären die längst tot.«

Wer ein Attentat mit einem Nervengift wie A-234 alias Nowitschok begehen will, das durch die Haut aufgenommen wird, muss die Dosis haargenau austarieren können, jedenfalls wenn er seinen tödlichen Job erledigen, aber nicht gleich flächendeckende Kontamination verursachen möchte. Das schien hier der Fall, und deshalb war es entscheidend über Leben und Tod, dass die Skripals so rasch Erste Hilfe bekommen hatten und dann gleich auf die Intensivstation gebracht worden waren. Es war auch der Schlüssel für die spätere Genesung.

Dazu kommt, was nicht ganz unwahrscheinlich ist: Die Dosis des Gifts könnte sich dadurch verringert haben, dass Sergej und Julija sich zwischen der Berührung mit dem Türgriff und ihrem Zusammenbruch die Hände gewaschen haben – zum Beispiel im Zizzis vor dem Essen.

Ende April war Sergej Skripal so weit, dass er mit der Polizei sprechen und erste eigene Schritte gehen konnte. Bei der BBC meldeten sich Leute, die ihn vorsichtig und von einer Krankenschwester unterstützt die Flure entlanggehen und später, als der lange Winter endlich dem warmen Frühling gewichen war, sogar im Garten beim Hauptgebäude in der Sonne sitzen gesehen hatten. Er hatte auch psychisch einiges aufzuarbeiten, nachdem er anfangs nur widerwillig glaubte, dass er Ziel eines Mordanschlags der russischen Regierung sei.

Das Gift hatte Sergej offensichtlich stärker zugesetzt als

den beiden anderen, es dauerte länger, bis auch er entlassen werden konnte. Er durfte erst sechs Wochen nach seiner Tochter aus dem Krankenhaus. Ende April/Anfang Mai fiel Schwester Sarah Clark auf, dass er ungeduldig wurde: »Er wäre bestimmt gern früher herausgekommen, wenn das gegangen wäre. Er hat aber auch eingesehen, ... dass es immer noch einiges abzuklären gab, ... er hat das mit Würde hingenommen und sich an alle Ratschläge gehalten.«

Sergej blieb während der wochenlangen Wartezeit auf der Intensivstation des Salisbury District Hospital. Eigentlich hätte er bereits im Mai auf eine normale Station verlegt werden können, aber es war einfacher, ihn im Radnor Ward zu behalten, in einem Einzelzimmer, bewacht von bewaffneten Uniformierten und in der Obhut derjenigen, die ihn seit dem 4. März betreuten.

Ab und zu bekam er Besuch von Duncan Murray, sie unterhielten sich – jeder mit seinem eigenen englischen Akzent –, und der Arzt konnte sich gut in seinen Patienten hineinversetzen: »Mir wurde jedes Mal ... vor Augen geführt, wie ich mich wohl fühlen würde, wenn ich in so einer Lage wäre, in einem fremden Land, wenn die Information allmählich durchdringt und ich langsam begreife, wie ich hier gelandet bin, unter Umständen, die ja alles andere als normal sind. Für mich wäre wahrscheinlich drängender als der unmittelbare (medizinische) Zustand die Frage gewesen, was die Zukunft bereithält und wo es für mich hingeht und was überhaupt aus meinem Leben wird. Ich fände das sehr bedrückend, damit kommt man nur schwer klar ... man ist sehr verletzbar und isoliert in so einer Lage.«

Am 18. Mai, mehr als zwei Monate nach dem Giftanschlag, war es endlich so weit. Polizisten halfen Sergej, seine Sachen zu packen, er zog sich an und verließ das Krankenhaus, um zu seiner Tochter zu ziehen, an einen sicheren geheimen Ort.

Dr. Murray war an diesem Tag nicht im Dienst, er hatte sich aber, sobald er wusste, dass die Entlassung bevorstand, von Sergej verabschiedet, so wie vorher auch von Julija. »Wir entwickeln zu allen Patienten eine Art Beziehung, und diese beiden hatten etwas Besonderes, was den Abschied noch ergreifender machte«, sagte er. Wo würden sie landen? Würden sie wirklich vollständig gesund werden? Die Antwort auf diese beiden grundlegenden Fragen war bei ihnen viel unsicherer als bei normalen Patienten.

Noch während die Skripals im Krankenhaus lagen, drangen Vorschläge aus der Downing Street nach außen, dass sie in die USA oder ein anderes englischsprachiges Land ziehen würden und eine neue Identität bekämen. Nach meiner Kenntnis hatten beide für solche Ideen nichts übrig. Andererseits konnte eine Unterbringung in einer sicheren Wohnung samt Polizeischutz Monate andauern, womöglich ein Jahr, aber nicht auf immer und ewig, und dann würde sich wieder die Frage stellen, wo sie leben sollten.

Ein paar Tage nach Sergejs Entlassung verschärfte das russische Fernsehen den Druck auf ihn und Julija. Seine Mutter Jelena erschien kurz vor ihrem neunzigsten Geburtstag im staatlichen Ersten Kanal und bat tränenreich, Sergej möge doch endlich mal anrufen. Das lief nicht ohne einen kleinen Seitenhieb auf die britischen Behörden ab: »Warum darf er nicht telefonieren, warum nicht, aus welchem Grund?«, barmte sie. »Als er noch zu Hause war, haben wir doch jede Woche telefoniert, und jetzt lassen sie uns aus irgendeinem Grund nicht miteinander reden.«

Auch Wiktoria trat in der Sendung auf, als Ein-Frau-Demo vor der britischen Botschaft in Moskau, wo sie ein Visum beantragen wollte. Sie sollten es ihr endlich geben, schrie Jelena die Beamten an, aber es wurde wieder verweigert. Eine ziemlich unappetitliche Inszenierung.

Beziehungsweise schlimmer, nämlich verstörend, so empfand ich den Beitrag des russischen Fernsehens, ich wusste ja, wie wichtig Jelena für Sergej ist. Das Ganze war eine weitere Zuspitzung im Informationskrieg, ein weiterer Coup auf Kosten der Familie Skripal. Wiktoria war schon ein paarmal davor im Ersten Kanal aufgetreten, und ich vermutete, dass man ihr etwas zahlte. Aber dass sie auch die arme Jelena hineinzogen, muss unglaublich schwer für Sergej gewesen sein.

Es sollte ein gutes Jahr dauern, bis Sergej direkten Kontakt zu seiner Nichte hatte und durch sie mit Jelena. Es scheint, als hätte auf britischer Seite eine gewisse Nervosität geherrscht, die Russen könnten Kontakte dieser Art im Informationskrieg ausnutzen oder auch dafür verwenden, Sergejs und Julijas Aufenthaltsort in Großbritannien aufzuspüren. Vorstellbar ist auch, dass ihn das Beatmungsgerät, das er noch immer brauchte, abgehalten hatte. Auch wenn man nach einer Tracheotomie, wie sie bei Sergej und Julija durchgeführt worden war, weiterhin sprechen kann, ist es möglich, dass er Sorge hatte, verändert zu klingen. Ende Juli rief Julija in Jaroslawl an und sprach mit Jelena, erzählte, wie es medizinisch weiterging, und erklärte ihr, dass Sergej noch nicht selbst mit ihr sprechen konnte.

In der sicheren Wohnung gab es Fernseher, Telefon und Internetanschluss. Sergej und Julija hatten auch durchaus Kontakt mit ein paar Freunden, aber es blieb dennoch eine Form von Isolation. Sie konnten nicht einfach so nach London fahren, zum Abendessen oder ins Kino.

Die Polizei und die Geheimdienste hatten guten Grund, es so zu belassen, auch wenn sie genau wussten: Der Augenblick würde kommen, wo die Skripals, vor allem Julija, wegwollten. Im britischen Beamtenapparat herrschte noch immer ein schlechtes Gewissen, dass man sie am 4. März nicht anständig beschützt hatte, und das wollte sich keine Behörde noch einmal vorwerfen lassen. Man wollte auch nicht einen späteren Prozess durch öffentliche Statements aufs Spiel setzen, wollte verhindern, dass Vater und Tochter während der Genesung von Medien belagert würden. Und wenn sich Sergej Skripal tatsächlich entschied, auf Dauer im vollen Zeugenschutzprogramm zu leben, würde er buchstäblich verschwinden, die meisten Beziehungen aus seinem alten Leben abbrechen und womöglich in ein anderes Land ziehen müssen.

Im Lauf des Sommers zeigte sich am Fall Skripal immer wieder, wie schwer es war, »Normalität« zurückzuerlangen. Die schockierenden Ereignisse in Wiltshire vom Juni 2018 wiesen immerhin die Richtung für neue Untersuchungen und beantworteten einige der Fragen, mit denen sich die Ermittler seit März herumgeschlagen hatten.

Vier Monate nachdem man Sergej und Julija um ihr Leben kämpfend ins Krankenhaus eingeliefert hatte, kam ein anderes Paar in den Radnor Ward des Salisbury Hospitals. Dawn Sturgess war am Morgen des 30. Juni im nahen Amesbury erkrankt, ihren Freund Charlie Rowley traf es einige Stunden später.

Die Symptome waren verräterisch: Schweißausbrüche, stecknadelkopfgroße Pupillen und Schaum vor dem Mund. Da der Notarzt Drogenbesteck im Haus gefunden hatte, behandelte man die beiden zunächst, als hätten sie eine Überdosis abbekommen. Als diese Maßnahmen keine Wirkung zeigten, schickte das Team im Radnor Ward – das ja auch schon die Skripals behandelt hatte – sofort Proben von den neuen Patienten nach Porton Down. Noch am selben Abend bestätigte man dort, dass es sich um eine weitere Vergiftung mit einem Nervengift handelte. Am nächsten Tag kam die Nachricht, dass es sich um Nowitschok vom selben Typ handele wie bei den ersten Opfern.

Die Polizei riegelte sofort alle Orte ab, an denen die beiden sich in den zwölf Stunden vor ihrer Erkrankung aufgehalten hatten. Man erklärte den Vorfall zum Großschadensereignis, und damit kehrte das Medieninteresse zurück. Es dauerte nicht lange, bis die Ermittler vom Antiterrornetzwerk, die schon den Fall Skripal bearbeitet hatten, sich auch für die neuen Vorkommnisse interessierten. Denn diese schienen Antworten zu liefern, die bislang gefehlt hatten: Wo hatten die Täter vom März den Nowitschok-Behälter entsorgt? Wie ließen sich die Aufnahmen der Video-Überwachung und die Zeugenaussagen auswerten, um die Verdächtigen zu ermitteln?

Es war bald klar, dass die beiden neuen Opfer am Rande der Gesellschaft lebten. Ms Sturgess hatte das Sorgerecht für ihre Kinder verloren und lebte in einem Wohnheim. Mr Rowley war schwer drogenabhängig und im Methadonprogramm. Beide waren Mitte vierzig und erst seit wenigen Monaten zusammen. Am Tag vor ihrer Vergiftung hatten sie sich mit Freunden in einem Park in den südlichen Randbezirken von Salisbury getroffen, in den Queen Elizabeth Gardens.

Es war bekannt, dass das Paar des öfteren in Mülltonnen nach finanziell Verwertbarem bzw. entsorgten Drogen suchte. Die Polizei gelangte schnell zu der Annahme, dass die beiden ein Parfümflakon gefunden hatten, das noch ein wenig Nowitschok enthielt, und es eingesteckt hatten. Zuerst begaben sie sich in Sturgess' Zimmer im Wohnheim in Salisbury, später in Rowleys Wohnung, die ein paar Kilometer weiter in Amesbury lag. Abstriche, die man im Krankenhaus gemacht hatte, belegten, dass die beiden sich durch Hautkontakt vergiftet hatten. Vermutlich hatte Dawn sich den zähflüssigen Inhalt des Flakons auf die Handgelenke geschmiert und damit etwa die zehnfache Dosis von dem Gift abbekommen wie Skripal.

Monatelang waren die Ermittler frustriert darüber, dass sie bei ihren Durchsuchungen weder einen Transportbehälter noch einen spritzenähnlichen Applikator finden konnten. Die beiden Opfer, von denen eines gestorben war, hatten dies für sie erledigt. Die Ermittler kamen bald zur Ansicht, dass das Parfümflakon sowohl dazu verwendet worden war, das Gift ins Land zu transportieren, als auch, um es an Skripals Haustür auszubringen. Wo aber war es zwischen dem 4. März und seiner Entdeckung am 27. Juni? Die Antwort auf diese Frage war von entscheidender Bedeutung, um ein Verfahren gegen die beiden Russen einleiten zu können.

Die neue Krise schockierte die Bevölkerung natürlich, vor allem was die Sicherheitsvorkehrungen und die Aufklärung anging. Andererseits aber bot sie den Ermittlern neue Möglichkeiten. Nachdem er sich von seiner Tortur erholt hatte, wurde Charlie Rowley danach befragt, wo er das Flakon gefunden hatte. Zunächst führte er die Ermittler zu den Queen Elizabeth Gardens, später dann zu Müllcontainern hinter einem Wohltätigkeitsladen im Stadtzentrum. Ganz sicher war er sich jedoch nicht. Die Entdeckung des Parfümflakons führte zur erneuten, groß angelegten Sichtung der Aufnahmen der örtlichen Überwachungskameras, in der Hoffnung, auf Bilder der beiden Verdächtigen beim Entsorgen des Fläschchens zu stoßen. Dies führte jedoch zu keinen schnellen Ergebnissen. Zeitgleich war die Polizei darüber besorgt, Presseberichte über die beiden Verdächtigen würden diese von weiteren Reisen abhalten.

Am 8. Juli, also acht Tage nach ihrer Einlieferung, gab das Salisbury Hospital den Tod von Dawn Sturgess bekannt. Nun galt das Verbrechen als Mordfall. Die Minister der amtierenden Regierung allerdings erklärten sofort, sie würden sich nicht voreilig zu neuen Maßnahmen gegen Russland drängen lassen. Schließlich waren die neuerlichen Vergiftungsfälle eine Folge des ersten Anschlags. Auf jeden Fall wollte man weitere Konflikte mit dem Kreml vermeiden.

Das Nachwort, das in Amesbury geschrieben wurde, erinnert uns an etwas, das auch im Fall Litwinenko von entscheidender Bedeutung war. Komplexe Ermittlungen wie diese schreiten heimlich, still und leise voran, während Diplomaten und Geschäftsleute die Sache längst für abgeschlossen halten. Und doch genügt eine neue Polizeimeldung, und schon reißt die Wunde wieder auf.

In diesen Monaten wurde deutlich, dass die britische Regierung es bei ihrem Bemühen, die Beziehungen zu Russland in den Griff zu bekommen, mit zwei widerstreitenden Impulsen zu tun hatte: Einerseits heizten der Anschlag von Salisbury und seine Folgen die Debatte immer wieder von Neuem an, andererseits war im Auge zu behalten, dass nach wie vor vielfältige Verbindungen zwischen den beiden Staaten bestanden und man daher miteinander auskommen musste – irgendwie.

Während die Genesung der Skripals im Laufe des Sommers voranschritt, schien sich auch das öffentliche Leben auf dem Weg der Besserung zu befinden. Extreme Wortmeldungen aus dem Frühstadium der Krise, in denen über einen europäischen Boykott der Fußball-Weltmeisterschaft oder gar einen offenen Bruch mit Putin spekuliert wurde, waren stillschweigend ad acta gelegt worden. Stattdessen brachen die englische Mannschaft ebenso wie viele Fans zum Fußball nach Russland auf – und konnten sich dort großer Erfolge erfreuen –, Firmen verkündeten den Abschluss neuer Geschäftsverträge, und russische Touristen strömten weiterhin zu Tausenden nach London.

Als Dawn Sturgess starb, waren Regierungsmitglieder darauf bedacht, die Wogen zu glätten, anstatt das Klima weiter anzuheizen. Der Regierung war bewusst, dass sie diplomatischen Gegenwind bekommen würde, sollte sie beispielsweise versuchen, eine zweite Runde von Ausweisungen in Gang zu setzen. Die europäischen Verbündeten waren für neuerliche Sanktionen nicht zu gewinnen, wie Jean-Claude Juncker, Präsident der Europäischen Kommission, bereits einige Wochen zuvor klargestellt hatte: »Ich denke, wir müssen den Kontakt mit Russland wieder aufnehmen ... dieses Eindreschen auf Russland muss ein Ende haben.«

Auch aus Kreisen der Geheimdienste, insbesondere des MI6, drangen eher beschwichtigende als kriegerische Laute. Britische Agenten brachten in dieser Phase anscheinend gezielt Gegenstimmen in Umlauf, in der Absicht, den Schaden an den Beziehungen zu Moskau zu minimieren und die Diskussion in ruhigere Bahnen zu lenken. Jedenfalls machten Vermutungen die Runde, wonach Putin von dem Anschlag womöglich gar nichts gewusst habe oder Skripal Opfer einer Fehde mit ehemaligen Kollegen aus der Luftwaffe oder der GRU geworden sei, und diese wurden auch von einigen überregionalen Zeitungen des Königreichs aufgegriffen.

Ähnlich wie in früheren, von den Anschlägen auf Litwinenko und Beresowskij ausgelösten Krisensituationen befand sich die für eine Aufrechterhaltung der Kontakte eintretende Fraktion innerhalb des MI6 in Opposition zur Führung des MI5, des Security Service. Nachdem im März die meisten russischen Spione des Landes verwiesen worden waren, fuhren die Beamten des Inlandsgeheimdienstes jetzt einen harten Kurs bei der Bewilligung von Visa für neue Botschaftsangehörige und wiesen rundweg alle Anträge von Personen zurück, die als Geheimdienstler bekannt waren. Der MI5 war nicht gewillt, den gegenüber den Londoner Residenturen von SWR und GRU errungenen Vorteil wieder aufzugeben.

Während also in Whitehall die Argumente für und wider eine Normalisierung der Beziehungen zu Moskau um die Vorherrschaft rangen, fiel es auch den Entscheidungsträgern in Washington schwer, sich auf eine gemeinsame Linie zu einigen. Die Regierung Trump verfolgte eine Art Zickzackkurs: Nach anfänglich harter Reaktion mit sechzig Ausweisungen von Diplomaten schlug der Präsident im Juni bei einem Wirtschaftsgipfel der G-7 in Kanada vor, Russland wieder in die Runde aufzunehmen. Die Annäherung an den Kreml gipfelte dann darin, dass Trump im Rahmen eines Treffens mit Putin behauptete, den Worten des russischen Führers sei größeres Gewicht beizumessen als denen seiner eigenen Geheimdienstchefs, bevor er schließlich im August eine weitere dramatische Kehrtwende vollzog und neue Sanktionen gegen Russland verkünden ließ, unter Berufung auf ein US-Gesetz zur Kontrolle chemischer und biologischer Kampfstoffe von 1991.

Mit diesem letzten Schritt verbunden war die Aussicht auf weitere, noch schärfere Maßnahmen für den Fall, dass Russland sich der amerikanischen Forderung nach unabhängigen Inspektionen vor Ort verweigern sollte. Offenbar hatten fast alle Parteien, angefangen bei denen, die vermutlich den Anschlag von Salisbury planten, bis hin zu den zahlreichen Schlüsselakteuren bei der NATO und in der britischen Regierung, mit denen ich die möglichen Folgen erörterte, die Bedeutung des Chemical and Biological Weapons Control and Warfare Elimination Act übersehen oder unterschätzt. Ein sichtlich schockierter Sprecher des Kreml, der wohl, wie so viele westliche Beobachter, davon ausgegangen war, die Beziehungen seien dabei, sich zu normalisieren, verdammte den amerikanischen Schritt als irrational und illegal, während die Finanzmärkte in Moskau bereits ins Wanken gerieten.

Als sich der Sommer 2018 dem Ende neigte, hatten die höchsten Amtsträger in den USA und Großbritannien Kenntnis von etwas, das der Öffentlichkeit verborgen blieb.

Die Ermittlungen wiesen direkt in Richtung des russischen Staats, und einiges war bekannt über die beiden Männer, die das Attentat mutmaßlich begangen hatten. Die britische Regierung stand bezüglich der Veröffentlichung dieser höchst wichtigen Erkenntnisse vor einer Entscheidung. Während der folgenschwere Schritt im August und Anfang September noch diskutiert wurde, ahnten nur wenige im Inneren der Geheimdienstwelt, in welch unvorhergesehene Richtung die Krise durch die Enthüllungen gelenkt würde.

23

DIE METHODE IST DIE BOTSCHAFT

Am Morgen des 5. Septembers befand ich mich in großer Eile auf dem Weg zum Scotland Yard. Ein Kollege bei der *New York Times* hatte mir eine E-Mail weitergeleitet, in der von einer unmittelbar bevorstehenden Pressekonferenz die Rede war, und ich hatte eine leise Ahnung, worum es gehen könnte. Als ich an dem Gebäude eintraf, in dem ich zuletzt bei einer Presseveranstaltung der Polizei gewesen war, fand ich nur ein großes Loch im Boden. »New« Scotland Yard, das hässliche Hauptquartier in Victoria, war abgerissen worden, und die Met ging ihren Aktivitäten bereits seit Monaten in einem mondäneren Gebäude mit Blick auf die Themse nach. Mir blieb nur noch wenig Zeit. Während ich mich für meine Dummheit verfluchte, sprang ich in ein Taxi. Nach einigen Last-minute-Telefonaten mit der Pressestelle war ich akkreditiert.

Als wir Journalisten an diesem strahlenden Spätsommermorgen in den Pressesaal strömten, nahm man uns unsere Handys ab und verstaute sie in nummerierten Umschlägen. Man informierte uns zudem über die neunzigminütige Nachrichtensperrfrist, also bis eine Regierungsmeldung im Unterhaus abgegeben worden wäre. Für mich bestand kein Zweifel daran, warum wir hier waren; und denen, die sich darüber nicht ganz im Klaren waren, halfen die Namensschilder auf dem Podium auf die Sprünge: der Pressechef der Londoner

Metropolitan Police; Sue Hemming, die oberste Juristin des Crown Prosecution Service (CPS), also der Strafverfolgungsbehörde für England und Wales; der stellvertretende Polizeichef Neil Basu, der die Abteilung für Sonderaufgaben bei der Met leitete und regelmäßig Mitteilungen zum Stand des Falls Skripal abgegeben hatte; und der höchste Gesundheitsbeamte des Landes.

Nach ein paar anfänglichen Floskeln kam Sue Hemming direkt zur Sache – die Polizei habe eine Akte beim CPS eingereicht. Nach Berücksichtigung der Beweismittel seien die Staatsanwälte zum Schluss gekommen, dass diese hinreichend seien für eine realistische Aussicht auf Verurteilung, und dass es zweifellos im Interesse der Öffentlichkeit läge, Alexander Petrow* und Ruslan Boschirow* anzuklagen. Ein Raunen ging durch den Raum, denn wir hörten die Namen zum ersten Mal. Wenige Augenblicke danach stellte Neil Basu klar, dass es sich um falsche Identitäten handelte. Hemming zählte die Anklagepunkte auf: Verschwörung zur Ermordung Sergej Skripals; versuchter Mord an Sergej, Julija und Nick Bailey; Einsatz und Besitz von Nowitschok; und schwere Körperverletzung von Julija und Detective Sergeant Nick Bailey. Sie sagte, es gebe keinen Grund, davon auszugehen, dass Russland die Männer ausliefern würde, daher sei kein dahin gehender Antrag gestellt worden.

Als Nächster war der stellvertretende Polizeichef der Met an der Reihe. Seine Präsentation zeigte unter anderem Aufnahmen von Überwachungskameras, auf denen die beiden Verdächtigen bei ihrer Ankunft in Großbritannien zu sehen waren, wie sie nach Salisbury gelangten und dann Stunden nach dem Giftanschlag abreisten. Die beiden Russen zum ersten Mal auf den Bildschirmen des Presseraums zu sehen löste erneut Unruhe unter den Journalisten aus. Es war ein außergewöhnlicher Moment, der niemanden von uns unberührt ließ. Wenig später gab die Premierministerin eine stärker auf Geheimdienstinformationen basierende Stellungnahme im Unterhaus ab, identifizierte die Verdächtigen als Mitglieder der GRU und bezeichnete die Vergiftung als Akt des russischen Staates. Jetzt war es vorbei mit dem »höchstwahrscheinlich« und der Sprache unter Vorbehalt.

Nach ihrer ersten verdeckten Durchsuchung des City Stay Hotel konnte die Polizei den Durchbruch, den Operation Wedana dort erzielt hatte, vier Monate lang geheim halten. Warum also hatte man sich nun dazu entschlossen, an die Öffentlichkeit zu gehen?

Im Laufe des Sommers hatte es Berichte der *New York Times,* der Press Association (einer britischen Nachrichtenagentur) und des *Guardian* gegeben, die andeuteten, dass man russische Verdächtige ermittelt habe. Als Basu am 5. September zu uns sprach, rügte er, »dass ein Sommer voll medialer Spekulationen und undichter Stellen, die darüber berichteten, was vor sich ging, es sehr unwahrscheinlich gemacht hätten, dass diese beiden Personen reisten«.

Beim Versuch, diese Storys zu verhindern, um die Wahrscheinlichkeit – wie gering diese auch war – zu erhöhen, dass die Verdächtigen wieder ins Ausland reisen würden, hatte die Regierung auf die Verschleierung der Tatsachen gesetzt. Als Journalisten der Press Association Mitte Juli bekannt gaben, dass mehrere russische Verdächtige identifiziert worden wären, verurteilte der Sicherheitsminister diese Neuigkeit als »wilde und völlig unbegründete Spekulation«. Dabei handelte es sich schlichtweg um den Versuch, einen korrekt recherchierten Artikel kleinzureden. Natürlich hatten die Ermittler zu diesem Zeitpunkt bereits Kenntnis darüber, um wen es sich bei den mutmaßlichen Tätern handelte, und dass diese mit russischen Pässen aus England ausgereist waren. Aber es war auch bekannt, dass ihre Identität gefälscht war, und Scotland

Yard wollte diese zunächst klären, bevor es an die Öffentlichkeit ging. Die Regierung ihrerseits wollte Vorwürfe gegen die beiden verdächtigten GRU-Offiziere nicht vor Ende der Fußball-WM veröffentlichen; also nicht, bevor Tausende von Englandfans wieder zu Hause wären.

Während der Pressekonferenz am 5. September wurde auch deutlich, dass die Polizei, die die Medien zwar für ihre Berichterstattung kritisierte, selbst gute Gründe hatte, anzunehmen, dass das, was im Geheimen erreicht werden konnte, an seine Grenzen gelangte. Wie Neil Basu darlegte, kannten die Geheimdienste die wahre Identität von Petrow und Boschirow zwar, brauchten aber Zeugen, die aussagten und die beiden »aus beweiserheblichen Gründen« identifizierten. Und auch wenn Operation Wedana einiges an Beweismitteln gegen die beiden Russen in der Hand hatte, gab es noch immer große Wissenslücken, wenn es darum ging, wie man das Nowitschok nach dem Attentat losgeworden und wie es zur Vergiftung von Dawn Sturgess und Charlie Rowley gekommen war.

Es lag keine lückenlose Beweiskette vor, die belegte, wie die beiden Verdächtigen den Behälter entsorgten. Ebenso wenig wussten die Ermittler, wo dieser sich während der Monate vor seiner Entdeckung befunden hatte oder wie er in die Hände Charlie Rowleys gelangt war. Darüber hinaus räumten sie offen ein, nicht viel auf seine Aussage geben zu können, er habe das Flakon in einem Müllcontainer hinter einem Wohltätigkeitsladen in Salisbury gefunden.

Für die Polizei lag ein weiterer triftiger Grund für die öffentliche Bekanntmachung vor: Mit dem neu gewonnenen Wissen, dass es sich bei dem Giftbehälter um ein Parfümflakon handelte, war ein Zeugenaufruf möglich, an alle, die diesen gesehen haben könnten. Ein von der Polizei freigegebenes Foto zeigte, dass die Verpackung des Flakons verblichen und ramponiert war, als wäre sie einige Zeit den Elementen ausgesetzt gewesen. Doch bevor nicht eindeutig feststand, wo der Behälter genau gewesen und wie er gefunden worden war, konnte niemand des Mordes an Dawn und der Vergiftung ihres Partners angeklagt werden.

Was auch immer man in Whitehall wusste und warum auch immer die Pressekonferenz einberufen worden war, die folgenden Tage würden eine ganze Reihe an Enthüllungen seitens Russlands bringen, die selbst der größter Verfechter eines Gangs an die Öffentlichkeit nicht hätte vorausahnen können. Eine Woche nach der Pressekonferenz beim Scotland Yard, während eines Besuchs in Wladiwostok, wurde Wladimir Putin zu den Verdächtigen gefragt. »Wir wissen, wer sie sind, wir haben sie aufgespürt«, antwortete er. »Ich hoffe, sie werden sich stellen und alles erklären, das wäre das Beste für alle Beteiligten.« In Russlands erstem Kanal behauptete ein Experte, der bevorstehende Auftritt würde die Darstellung der britischen Regierung dermaßen gründlich widerlegen, dass sich Theresa May danach gezwungen sehen würde, zurückzutreten.

Wie auch immer man das Auftauchen von »Petrow und Boschirow« bewerteten mochte, Präsident Putin hatte die Krise in eine entschieden neue Richtung gelenkt. Die Debatte, ob er die Operation angeordnet hatte oder ob sie unautorisiert und das Produkt übereifriger GRU-Bosse gewesen war, würde wohl weitergehen – entscheiden Sie selbst. Doch mit seiner Aussage übernahm Putin die politische Verantwortung für die Angelegenheit. Immerhin hätte der Kreml auf die Videoaufnahmen auch weiterhin mit seiner Verweigerungstaktik reagieren und beispielsweise behaupten können, die Männer wären überhaupt nicht russisch, sondern als Teil einer Verschwörung mit gefälschten Pässen gereist, um dem Land eine Operation unter falscher Flagge unterzujubeln.

Es könnte sein, dass Putins Berater über die Herkunft der Pässe der Verdächtigten Bescheid wussten und darüber, dass in Russland gehackte Datensätze vorlagen, die Auskunft über Einzelheiten ihrer Reise oder zuvor getroffener Vereinbarungen gaben, und dass sie versucht hatten, der Presse zuvorzukommen, um das Narrativ zu bestimmen. Es ist auch möglich, dass Putin und seine Leute realisierten, dass es damit vorbei war, einfach alles von sich zu weisen, nachdem Scotland Yard die Bilder veröffentlicht hatte; und dass sie ebenso gut innenpolitisch von der Sache profitieren könnten, wenn sie nämlich zugäben, dass die Männer in der Tat Russen wären, aber das Land zu ihnen stünde und es keine Aussicht auf Auslieferung nach Großbritannien gäbe. Wie dem auch sei, die Bemerkungen des Präsidenten vom 12. September in Wladiwostok führten zu gespannter Erwartung. Ein paar Stunden nachdem er gesprochen hatte, twitterte ich:

»Bleiben Sie dran für eine Pressekonferenz der Verdächtigen Salisburys … wie werden sie wohl ihren 2-tägigen Aufenthalt in Salisbury erklären, der hauptsächlich daraus bestand, hin- und wieder wegzukommen? Vielleicht mit ein paar kitschigen Selfies vor der Kathedrale oder vielleicht sogar vor Stonehenge?!«

Am nächsten Tag nahm Margarita Simonjan, Chefredakteurin des Senders RT (vormals Russia Today, der weltweit ausgestrahlte regierungsnahe TV-Sender), ein bemerkenswertes Exklusivinterview mit den beiden Männern auf. Simonjan, die schon seit Langem die Rolle der Putin-Propagandistin innehatte, die nach seinem Wahlsieg im März 2018 sogar ganz atemlos verkündete, er sei auf dem Weg, vom Präsidenten zum »Woschd« zu werden – ein althergebrachter russischer Ausdruck für einen Führer auf Lebenszeit. Bei ihrer Begegnung mit Petrow und Boschirow musste sie jedoch kritische Fragen stellen – oder doch zumindest den Eindruck erwecken, als gäbe sie sich nicht mit fadenscheinigen Erklärungen ab.

Fast unmittelbar nachdem das Treffen begonnen hatte, merkte sie an, die beiden würden sehr angespannt wirken, worauf Petrow erwiderte: »Wie würden Sie wohl in unserer Situation aussehen?« Das Duo bestätigte schon bald, dass es sich bei den Männern auf den Bildern der Überwachungskameras um sie handelte und dass sie tatsächlich an den beiden fraglichen Tagen nach Salisbury gereist waren. Boschirows Erklärung dafür lieferte den wohl denkwürdigsten Moment des Zusammentreffens:

»Es ist eine Touristenstadt. Es gibt da eine berühmte Kathedrale, die Kathedrale von Salisbury. Sie ist in ganz Europa bekannt, und ich denke, sogar in der ganzen Welt. Sie ist für ihren 123 Meter hohen Turm bekannt. Und für ihre Uhr. Eine der ältesten funktionierenden Uhren der Welt.«

Sie erzählten, sie hätten auch Stonehenge und Old Sarum gerne besichtigt, wären aber aufgrund starken Schneefalls und des daraus resultierenden Verkehrschaos gezwungen gewesen, ihre Pläne zu ändern. »Wir wollten durch die Stadt spazieren«, so Petrow über ihren Besuch am Samstag, den 3. März, »aber da die ganze Stadt zugeschneit war, verbrachten wir nur 30 Minuten dort und waren dann ganz voll mit Schneematsch.«

Sie stritten ab, zur GRU zu gehören, und beharrten darauf, Ernährungsberater für Sportler und Personal Trainer zu sein. Sie konnten nicht mehr ins Detail gehen, da, wie Boschirow erklärte, »ich einfach nicht möchte, dass sich diese Geschichte auf unsere Klienten auswirkt«.

Das RT-Interview hatte einen dramatischen Effekt auf die öffentliche Wahrnehmung der Affäre Skripal, wahrscheinlich aber nicht so wie vom Kreml erhofft. Kommentare in den sozialen Medien sowie Umfragen in der ganzen Welt legten nahe, dass es die Auffassung, Russland trage die Verantwortung für den Giftanschlag, eher bestärkt als entkräftet hatte. Die Story, die die beiden Männer aufgetischt hatten, sie wären als Touristen und Ernährungsberater nach England gekommen, erzeugte witzige Memes im Internet. Ihre Bemerkungen zum »123 Meter hohen Turm«, zur Uhr der Kathedrale sowie zu Stonehenge klangen eher nach einer Google-Recherche in letzter Minute als nach einer glaubhaften Beschreibung.

Auf den Bildern der Überwachungskameras konnte jeder sehen, dass die Behauptung, starker Schneefall habe sie an ihren Ausflügen gehindert, völliger Nonsens war. Und würde man, wenn man eine Legende über die Kathedrale oder Stonehenge erfände (so wie ich am Tag vor ihrem Auftritt gemutmaßt hatte), nicht ein paar Fotos schießen, um ihre Glaubwürdigkeit zu stützen? Simonjan forderte die beiden während des Interviews dazu auf, ebensolche Bilder vorzulegen. Die Männer stimmten zu, blieben die Fotos dann jedoch schuldig.

Eines der Probleme, denen sich die beiden Männer gegenübersahen, war, dass Journalisten von dem Moment an, als Scotland Yard ihre Tarnidentitäten eine Woche zuvor veröffentlicht hatte, ebendiese nachprüften. Daher hatten die beiden in dem Interview Fakten preisgegeben, die ohnehin bereits an die Öffentlichkeit drangen – beispielsweise über Reisen in die Schweiz und dazu, dass einer von ihnen anscheinend in Verbindung zu Geschäften mit Sporternährung stand. Vielleicht aus Furcht vor weiteren Enthüllungen seitens der britischen Behörden hatten sie versucht, diesen zuvorzukommen, indem sie zum Beispiel angaben, sie wären an dem Samstag für einen Einkaufsbummel zur Oxford Street gefahren.

Auch wenn die Männer hinsichtlich des Hauptanklagepunkts der Vergiftung auf ihrer Unschuld bestanden, war es bemerkenswert, wie viel von dem, was zwischen dem 5. und dem 13. September ans Licht gekommen war, unbestreitbar war: Die Hauptverdächtigen waren tatsächlich russische Staatsbürger; sie waren wieder in ihrem Heimatland; sie gaben zu, am 4. März ganz in der Nähe von Skripals Haus gewesen zu sein (und somit ein ganzes Stück von der Kathedrale entfernt); Präsident Putin hatte Kenntnis von ihnen, und sie hatten während eines zweitägigen Besuches in England die meiste Zeit damit verbracht, nach Salisbury und anschließend wieder von dort wegzukommen. Ihre Aussagen, ganz gleich ob ihr Interesse an der Kathedrale oder ihre Reisen als Ernährungsberater, riefen Hohn und Spott hervor. Und falls das für die Informationskrieger des Kremls bereits unangenehm war, sollte es noch schlimmer kommen.

Zwei Wochen nach dem RT-Interview enthüllte die Website *Bellingcat,* dass »Ruslan Boschirow« in Wirklichkeit Anatoli Tschepiga hieß und ein hochdekorierter Offizier der Einsatzkommandos der GRU, der *Speznas,* war. Seine provinzielle Herkunft, seine Arbeit für Eliteeinheiten und die darauffolgende Einführung in den geheimen Teil der GRU wiesen durchaus Ähnlichkeiten zu Skripal selbst auf.

Zur Zeit der Vergiftung in Salisbury 39 Jahre alt, stammte Tschepiga aus einem Dorf ganz im Osten Russlands, nicht weit von der Grenze zu China. Er war zunächst an der fernöstlichen Militärführungsakademie ausgebildet und dann zur 14. Brigade der *Speznas* entsandt worden. Eindeutig ein Mann der Tat, hatte er bei drei Einsätzen in Tschetschenien gekämpft, bevor sein Talent entdeckt und er für den Dienst im »dunklen« Bereich der GRU, bei den verdeckt operierenden Einheiten, ausgebildet wurde. Anscheinend wurde er anschließend bei Operationen in der Ukraine eingesetzt. Im Dezember 2014 bekam er den höchsten Ehrentitel Russlands verliehen, den »Held der Russischen Föderation«. Ein Orden, der gewöhnlich vom Präsidenten selbst an die Brust des Empfängers geheftet wird.

Die russischen Partner von *Bellingcat,* ein Team von Investigativ-Journalisten, das für die Internetzeitung *The Insider* schreibt, hatten bereits Details bezüglich Boschirows Pass, seines Autos und seiner Reisen ermittelt, bevor sie ihn endgültig als Tschepiga identifizierten. Es sollte angemerkt werden, dass der Großteil der konkreten Recherchearbeit von Russen ausgeführt wurde, die sich Zugang zu Datenbanken verschafften und sogar Regierungsstellen aufsuchten, um an Akten über den Verdächtigen zu gelangen. Bei ihrem Vorgehen versuchten sie beispielsweise, russische Militärakademien ausfindig zu machen, die einem künftigen GRU-Spion angemessenes Training angedeihen lassen haben könnten, und suchten in möglicherweise passenden Abschlussklassen nach dem fraglichen Mann. Dann führten sie Internetrecherchen durch, wobei sie die Abkürzung des Namens der Militärakademie »Tschetschenien« und »Held der Russischen Föderation« eingaben. So kamen sie auf den ursprünglichen Namen Tschepigas.

Bei ihrer Suche in Datenbanken gingen sie bis in die frühen 2000er zurück und fanden Hinweise auf seinen Dienst für die *Speznas* und, sehr wichtig, einen um 2003 ausgefüllten Antrag auf einen Reisepass, ausgestellt auf seinen eigenen Namen. So ergab sich das Bild eines Mannes, der der bärtigen Person auf den Aufnahmen der Überwachungskameras und des RT-Interviews zum Verwechseln ähnlich sah. Auf der »Ruhmeswand« an seiner früheren Militärakademie stießen sie später auf ein weiteres Bild, das bestätigte, dass Tschepiga den höchsten Militärorden seines Landes erhalten hatte. Bei dem Unterfangen war es zweifellos hilfreich, dass sowohl Boschirow als auch Tschepiga relativ seltene Namen sind.

Die Arbeit am viel häufigeren Namen »Alexander Petrow« sollte zwei weitere Wochen in Anspruch nehmen, dann konnte *Bellingcat* auch seinen echten Namen veröffentlichen: Alexander Mischkin. Obwohl ebenfalls ein Dorfjunge aus der Nähe von Archangelsk im hohen Norden Russlands, unterschied sich sein Weg in den Geheimdienst von dem Tschepigas. Mischkin wurde in Sankt Petersburg zum Militärarzt ausgebildet. Irgendwann in den späten 2000ern erhielt er die Einladung, sich bei der GRU zu bewerben, nahm dann an Operationen in der Ukraine teil und erhielt, wie sein Kollege, Ende 2014 den goldenen Stern des Heldenordens.

Bei der Ermittlung seiner wahren Identität half *Bellingcat* der Umstand, dass sein Geburtsdatum, sein Vorname sowie der Name seines Vaters »Petrow« echt waren. In einer der Akten wurde dann ein Hinweis auf Sankt Petersburg gefunden, woraufhin die Datenbanken nach einer Person mit den passenden biografischen Angaben durchsucht wurden, die in den 1990ern in der Stadt gelebt hatte. Man stieß auf den Nachnamen Mischkin und fand schließlich den Scan eines Reisepasses mit einem Foto, das mit dem des Verdächtigen in Salisbury übereinstimmte. Im Verlauf der Recherche kam auch zutage, dass er die Adresse des GRU-Hauptquartiers in Moskau als seine Privatanschrift angegeben hatte.

Die beiden Männer im Fernsehen auftreten zu lassen hatte sich innerhalb weniger Wochen als spektakulärer Fehler erwiesen. Russischen und englischen Journalisten war es gelungen, ihre wahre Identität zu ermitteln. Dabei kam heraus, dass ihre gefälschten Pässe zu einer ganzen Serie gehörten, die von einem Büro ausgestellt worden waren, das eng mit der GRU zusammenarbeitete, überdies kamen weitere biografische Details zum Vorschein, die die beiden mit dem russischen Geheimdienst in Verbindung brachten. Scotland Yards Entscheidung, die Bilder mit dem Ziel zu veröffentlichen, an zulässige Beweismittel zu gelangen (wie die Scans ihrer echten Reisepässe), hatte sich nicht nur als richtiger Schritt erwiesen, sondern auch Präsident Putin einer Lüge überführt. Bei seinen

Ausführungen vom 12. September behauptete er, die Männer seien Zivilisten, obwohl es wahrscheinlich ist, dass er einen oder beide höchstselbst mit dem Orden »Held der Russischen Föderation« dekoriert hat – und dieser wird vor allem an Soldaten vergeben.

Mit dem Auffinden ihrer Lebensläufe verlagerte sich das Interesse auf frühere Reisen der Männer und ihre Rollen innerhalb der mutmaßlichen Operation. War Mischkin als ausgebildeter Arzt mitgekommen, da das Nervengift Nowitschok Teil der Mission war, und war Tschepiga dann der ausführende Offizier oder Mann fürs Grobe? Gab es in dem Fall noch andere Beteiligte, etwa einen Spähtrupp, und wer hatte das Kommando?

Als eine andere russische Recherchewebsite, *Fontanka,* herausfand, dass zum Salisbury-Team wahrscheinlich noch ein drittes Mitglied gehörte – über das sich die Metropolitan Police nicht geäußert hatte –, begaben sich die Spürhunde erneut auf die Suche. *Fontanka* fand heraus, dass ein Mann, der unter dem Namen Sergej Fedotow* reiste, kurz vor der Vergiftung in Großbritannien eingetroffen war (nicht mit demselben Flugzeug wie die beiden anderen), aber das Land im selben Flieger wie sie verließ. Später stellte sich heraus, dass er nicht denselben Flug genommen, sondern Großbritannien mit einer früheren Maschine verlassen hatte. Letztendlich wurde Fedotows wahrer Name, Denis Sergejew, ermittelt; älter als die beiden anderen, scheint er ein Generalmajor der GRU zu sein. In meinen eigenen Nachforschungen taucht Sergejew als Hauptverdächtiger auf, der mutmaßliche Architekt der Mission in Salisbury und ihr Kommandeur. Im Folgenden brachte *Bellingcat* ihn mit einer mutmaßlichen Vergiftung 2015 in Bulgarien in Verbindung.

Sein Weg in die GRU verlief über Skripals geliebte Luftwaffe. Als Kompaniechef der 108. Einheit der Luftstreitkräfte war Sergejew 1999 Teil eines Kampfeinsatzes in Dagestan im Nordkaukasus, bei dem er verwundet wurde. Zu der Zeit war er der GRU aufgefallen und verbrachte die frühen 2000er-Jahre an der Militärisch-Diplomatischen Akademie in Moskau. Journalisten fanden heraus, dass er und seine Ehefrau, eine Lehrerin, die Straße der Volksmiliz als Wohnadresse angegeben hatten – nur ein paar Häuser vom Trainingszentrum der GRU entfernt.

Sergejews darauffolgende Einsätze führten ihn zwischen 2012 und 2018 nach Zentralasien, auf den Balkan und quer durch Europa. Er diente in der Einheit, die, wie britische Ermittler glaubten, für die verdeckten Operationen der GRU zuständig war.

Analysten des britischen Geheimdienstes hatten von Anfang an vermutet, dass die Operation Skripal monate- oder jahrelang im Voraus geplant und dass Sergej und Julija überwacht worden waren. Flugverbindungen gaben Einblick in die geheimen Reisen der Verdächtigen in den Jahren vor Salisbury. Unter Verwendung verschiedener russischer Datenbanken sammelte *Bellingcat* diese Informationen und stellte sie mir während meiner Arbeit an der vorliegenden Ausgabe dieses Buches zur Verfügung. Bei den Reisen von General Sergejew und Offizier Mischkin gab es einige Überschneidungen. Beide Männer waren 2013 in Tadschikistan und später zu ähnlichen Zeitpunkten in Frankreich und in der Schweiz. Aber die interessantesten Details ergeben sich aus Angaben zu mehreren Aufenthalten in Großbritannien.

Sowohl Sergejew als auch Mischkin waren 2017 im gleichen Zeitfenster, und zwar zwischen Ende Februar und Anfang März, in Großbritannien gewesen. Und das war nicht ihre erste Reise dorthin; Sergejew war 2016 zweimal dort und Mischkin im September desselben Jahres. Doch vor allem die Reise während der ersten Märztage vor dem Jahr des Giftanschlags erscheint verdächtig. Sie fiel auch mit Sascha Skripals Geburtstagsfeier und einem Besuch Julijas zusammen. Die beiden Männer hatten unterschiedliche Reiserouten, Sergejew reiste über Frankreich und Mischkin über die Niederlande ein.

Diente der Aufenthalt der beiden Männer im März 2017 der operativen Aufklärung und war eine Art Probelauf – Sergejew, der Mann, der den Plan ausheckte, und Mischkin, der medizinische Experte – mit dem Ziel, herauszufinden, wie man das Gift am besten ausbrachte? Oder handelte es sich sogar um einen frühen Attentatsversuch auf Sergej Skripal? In Whitehall reagiert man schmallippig auf diese Fragen und deutet eine »Trockenübung« an, sehr darauf bedacht, nicht zu viel preiszugeben. Vielleicht kaum verwunderlich, da solche Nachfragen unangenehme Gedanken für die aufwerfen, die auf Agent FORTHWITH aufpassen.

Der andere Verdächtige, Oberst Tschepiga, scheint vor der Reise nach Salisbury im März 2018 nicht in Großbritannien gewesen zu sein. Was aber ist mit den anderen Reisen, die er und Mischkin zusammen unternommen hatten? Legen die Ernährungsberater-Legende und verschiedene Reisen in die Schweiz nahe, dass Tschepiga und Mischkin auch für einen Langzeiteinsatz der GRU gegen dortige Anti-Doping-Einrichtungen angeheuert waren?

Meine Kontakte ließen mich wissen, dass man nicht davon ausging, dass die Verdächtigen von Salisbury Teil dieser Operationen in der Schweiz gewesen waren. Mir wurde gesagt, die vorherigen Europareisen könnten sehr wohl in Verbindung zueinander stehen, allerdings nicht mit tatsächlichen Operationen, sondern bloß als Vorbereitung für künftige, für die man sie ans Unterwegssein in Westeuropa gewöhnen wollte. Diese Interpretation stützt die Annahme, Sergejews und Mischkins Englandbesuch im März 2017 sei eine Art Generalprobe für Salisbury gewesen. Immer noch unklar ist hingegen, warum Menschen mit Reisepässen einer Serie, die von Journalisten in kürzester Zeit mit der GRU in Verbindung gebracht werden konnten, Visa für Großbritannien erhielten und so ungehindert reisen konnten.

Die britischen Behörden sind weiterhin zurückhaltend, wenn es darum geht, über die Rolle Sergejews zu sprechen, und noch zurückhaltender, ihn wie Tschepiga und Mischkin zu beschuldigen. Im Sommer 2019 erhielt *Bellingcat* die Anrufprotokolle seines Handys, und ich wertete sie mit einem ihrer Analysten aus. Ein oder zwei Tage vor seiner Abreise hatte Sergejew fieberhaft Moskauer Reisebüros durchtelefoniert, was darauf hinweisen könnte, dass der Operation in Salisbury trotz langer Planungszeit erst kurz vor dem Abflug des GRU-Teams am 2. März in Moskau grünes Licht erteilt worden war, was ihn dazu zwang, seine Reisevorbereitungen auf den letzten Drücker zu erledigen.

In London angekommen, war der dienstälteste GRU-Mann in einem Hotel in Paddington abgestiegen. Seine Nutzung mobiler Daten der vierten Generation, darunter auch Messenger-Apps, ermöglichte es, seine Schritte nachzuverfolgen, indem man seinen Standort im Verhältnis zu Mobilfunkmasten nachzeichnete. Am Samstag, den 3. März fuhr er demnach morgens zur U-Bahn-Station Oxford Circus und dann weiter zum Ufer der Themse, wo er eine gute Stunde verbrachte und zwei lange Anrufe aus Moskau entgegennahm. Kurz nachdem Sergejew den Ort verlassen hatte, bestiegen die beiden Verdächtigen am Bahnhof Waterloo auf der anderen Seite der Themse einen Zug nach Salisbury. Sollten sich Sergejew, Tschepiga und Mischkin dort getroffen haben, um letzte Absprachen mit der Zentrale zu führen, wirft das die Frage auf, warum der ältere Offizier, der »dritte Mann«, nicht auch beschuldigt wurde.

Wie dem auch sei, die Identifizierung möglicher Mitglieder des Salisbury-Teams kam für die GRU zu einer Zeit schwindelerregender Enthüllungen. Diese umfassten die Bemühungen, die Welt-Anti-Doping-Agentur und das Internationale Olympische Komitee in der Schweiz zu hacken und zu bestechen. Die Bekanntgabe des vermasselten Hackerangriffs auf die OPCW in Den Haag, das Labor Spiez und andere Einrichtungen in der Folgezeit von Salisbury würde Anfang Oktober durch die niederländischen Behörden erfolgen.

Und, ebenfalls im Sommer 2018, hatten US-Prozessakten den Eingriff der GRU in die amerikanische Demokratie lückenlos dargelegt. Die Identifizierung zwölf ihrer Offiziere war Teil der Untersuchung der russischen Wahlbeeinflussung 2016, die der ehemalige FBI-Direktor Robert Mueller leitete.

In diesem Fall hatte die US-Anklageschrift mit herausragender Genauigkeit die Aktivitäten eines Teams für Cyber-Operationen offengelegt, das anscheinend davon ausging, völlig anonym von seinen Büros in Moskau aus zu agieren. Die eingereichten Unterlagen nannten die GRU-Einheiten, ihre Standorte, führende Mitarbeiter und deren Rang innerhalb der Organisation. Der in den Dokumenten erwähnte GRU-Offizier, Alexej Morenets, war einer der in den Niederlanden beim Versuch, die OPCW zu hacken, Festgenommenen. Dies betraf die Ermittlungen in Salisbury in dreierlei Hinsicht: Auch hier prangerte ein westliches Land Russland (und insbesondere die GRU) aufgrund illegaler Aktivitäten an; man ging davon aus, dass der Kreml sich niemals damit einverstanden erklären würde, besagte zwölf Offiziere für Befragungen an die USA auszuliefern; und die Ermittlungen Muellers zeigten, dass streng geheime Cyber-Techniken angewandt worden waren und die Briten daher möglicherweise viel mehr über die Operation in Salisbury wussten, als die Polizei und der Crown Prosecution Service am 5. September bekannt gegeben hatten.

Innerhalb weniger Monate war der russische Militärnachrichtendienst – mit seinen erfolgreichen Interventionen in der Ukraine, in Syrien und Afrika bis dahin der Rundum-sorglos-Lieferant für verdeckte Operationen des Kreml – zum Schauplatz mehrerer enttarnter Einsätze geworden. Dabei hätten sorgfältigeres Spionagehandwerk und weniger Hochmut dem Land einiges an Verlegenheit ersparen können. Mit der Enthüllung der Verdächtigen von Salisbury wandelte sich Wladimir Putins Sprache in der Affäre Skripal merklich.

Einfaches Leugnen und Ablenkungsmanöver waren nicht länger möglich. Russische Regierungsvertreter hielten der Form halber die Behauptung aufrecht, nichts mit der Vergiftung zu tun zu haben, doch die Bekanntgabe der Namen Tschepiga, Mischkin und Sergejew hatte zu viele Menschen auf der ganzen Welt davon überzeugt, dass die Verantwortlichen tatsächlich russische Staatsdiener waren. Die offiziellen Medien ließen viele der zu einem früheren Zeitpunkt der Krise von ihnen verbreiteten ausgeklügelten Ablenkungsstorys fallen.

Außerhalb Russlands wurde die Geschichte, die Mischkin und Tschepiga auf RT serviert hatten, nur von den entschiedensten Kreml-Verfechtern oder hauptamtlichen Querdenkern als glaubhaft propagiert. Präsident Putin war es, der den Ton angab, wie so oft seit dem 4. März 2018.

Bei einer Presseveranstaltung Anfang Oktober ließ er seinem Missfallen darüber, wie sich die Krise entwickelt hatte, freien Lauf. »Wie ich sehe, verbreiten einige unserer Kollegen die Theorie, Skripal sei fast so etwas wie ein Menschenrechtsaktivist gewesen«, berichtete er Reportern. Seit der Entdeckung der beiden Hauptverdächtigen war es vorbei mit Sympathiebekundungen und Genesungswünschen, stattdessen bezeichnete er Skripal als »Vaterlandsverräter« und fügte hinzu: »Er ist ganz einfach ein Dreckskerl, sonst nichts.«

Die Ereignisse hatten seine vorherigen Behauptungen, die Verdächtigen seien Zivilisten, zwar eher widerlegt, trotzdem hielt er daran fest und äußerte seinen Ärger darüber, dass das Thema immer noch so große mediale Aufmerksamkeit erfuhr. Er meinte, die ganze Sache wäre »aufgeblasen« worden, sie würde bald vorübergehen, und zwar »je eher, desto besser«. Zumindest, was Letzteres angeht, war er mit dem Westen wohl einer Meinung. Da einige westliche Staaten früher im Jahr russische Diplomaten ausgewiesen hatten, lag es auch in ihrem Interesse, die Beziehungen wieder in ruhigere Fahrwasser zu lenken.

Die Fußball-WM war friedlich verlaufen, die wirtschaftlichen und kulturellen Beziehungen zwischen Großbritannien und Russland blieben ungetrübt. Da sich britische Regierungsvertreter für ihren Teil durch die Arbeit russischer Journalisten und von *Bellingcat* bestätigt sahen, ließ man Angelegenheiten wie den Hacker-Angriff auf die OPCW diplomatisch ruhen. Im Fall von Dawn Sturgess und Charlie Rowley konnte keine Anklage erhoben werden, weil die Polizei noch immer nicht in der Lage war, zu erklären, wo das Parfümflakon monatelang abgeblieben war. Währenddessen führte Russlands Versagen, auf die im August 2018 vom US-Außenministerium auf Grundlage der Bio- und Chemiewaffenkonvention gestellten Forderungen zu reagieren, nicht zu schnellen Sanktionen, die nach geltendem Recht eigentlich möglich gewesen wären. Wie mir US-Beamte mitteilten, hatte das Attentat in Salisbury zwar gezeigt, dass Russland die Chemiewaffenkonvention gebrochen hatte, weil es die Forschung, Produktion und Lagerung von Nervengiften in größeren Mengen als gesetzlich erlaubt fortführte. Allerdings, auch darauf wurde ich hingewiesen, sieht das US-Recht keinen klaren Zeitplan für Strafmaßnahmen vor. Es wurde berichtet, dass das Außenministerium zwar bereit war, die Sanktionen zu erhöhen, aber das Weiße Haus unter Trump davon nicht überzeugt war.

Es schien beinahe so, als wäre den Regierungen des Vereinigten Königreichs und der USA ein Sieg vor dem Gericht der öffentlichen Meinung wichtiger als weitere formelle Verfahren. Britische Strafverfolger kamen zum Schluss, dass die Beweismittel über die Reisen der Verdächtigen und die Nowitschok-Spuren in ihrem Hotelzimmer ausreichten, um sie anzuklagen. Aber natürlich räumten auch sie ein, wie unwahrscheinlich es war, dass Russland die Männer ausweisen würde. Zu diesem Zeitpunkt hatten weitere Enthüllungen von Investigativjournalisten die fehlenden Details über Tschepigas und Mischkins Militärdienst, ihre Auszeichnung mit Russlands höchstem Orden und ihre Verbindung zur GRU geliefert. Der Umstand, dass diese Details von »Freelancern«, darunter viele Russen, und nicht vom britischen Geheimdienst stammten, stärkte deren Glaubwürdigkeit eher noch.

Betrachtet man die Affäre Skripal ein Jahr nach ihrem Beginn im Licht dieser Enthüllungen, drängt sich die Annahme auf, dass der Ausgang dieser Operation – also ihre Aufdeckung – von Anfang an genauso geplant war. Für diese Interpretation spricht, dass ein so seltenes Gift benutzt wurde und dass hochdekorierte GRU-Offiziere die stark überwachten öffentlichen Verkehrsmittel Großbritanniens nutzten. Sie stimmte zudem mit der Theorie der »Brotkrümelspur« überein, deren Ziel es war, zu zeigen, dass, wer Russland verrät, nie wieder ruhig schlafen kann; ja dass das Land zur Erreichung seiner Machtinteressen bereit war, beträchtliche Risiken auf sich zu nehmen. Und möglicherweise diente sie auch dazu, einen Aufschrei des Westens zu provozieren, der angesichts der bevorstehenden Präsidentschaftswahlen im März 2018 als »Russophobie« abgestempelt werden konnte.

So gesehen war das Motiv nicht einfach nur der Mord an

Sergej Skripal. Man muss nicht lange nachdenken, um auf Methoden zu kommen, die dasselbe Ziel erreicht, aber glaubhaft hätten abgestritten werden können – beispielsweise einen Killer der osteuropäischen Mafia zu engagieren, der Skripal in seinem Bett ermordet und es wie einen Einbruch hätte aussehen lassen. Vielmehr war, wie es der frühere Direktor des Geheimdienstes, Sir John Sawyers, in einem BBC-Interview ausdrückte, »die Methode Teil einer Botschaft, die sich an Russen überall in der Welt richtete, nämlich, dass du niemals außer Reichweite bist und sie dich überall kriegen«. Und auch wenn Sergej Skripal den Mordanschlag überlebt hatte und die diplomatischen Kosten für Russland beträchtlich gewesen waren, hatten sie diese Botschaft laut und deutlich an alle Russen auf der ganzen Welt geschickt. Wahrscheinlich war die ganze Sache ein Versuch, die Stärke und Unverletzlichkeit Russlands zu demonstrieren, in einer Zeit, in der Spionage zu einem der wichtigsten Kampfplätze im neuen großen Kräftemessen geworden war.

Und was wurde aus dem Mann, der ursprünglich das Ziel des Ganzen gewesen war? Was sollte nun mit ihm geschehen? Aus Sicht der britischen Regierung war es das Beste, er bliebe ruhig und außer Sichtweite. Rein theoretisch konnte er tun und sagen, was er wollte, von scharfer Kritik an der britischen Regierung, die dabei versagt hatte, ihn vor Putins Mördern zu schützen, bis dahin, auf stärkere Sanktionen gegen Russland zu drängen oder geltend zu machen, dass alles ein schreckliches Missverständnis gewesen sei und man ihn jetzt doch bitte in sein Geburtsland zurückkehren lassen könne.

Wiktoria Skripal hatte ihnen jedoch gezeigt, dass ein Gang an die Öffentlichkeit selbst in bester Absicht der eigenen Familie unsägliche Schmerzen bereiten und so dem Kreml dienen konnte. Sergej und seine Tochter waren so abhängig von der britischen Regierung, dass ihnen gar nichts anderes blieb, als dem Rat derer, die sie umgaben, zu folgen. Und dennoch gab es Dinge, die ihre Tage aufhellten. Im Mai 2019, nach mehr als einem Jahr Stille, rief Sergej seine gebrechliche Mutter Jelena an. Weitere Telefonate folgten.

Er und seine Tochter hatten guten Grund, es langsam angehen zu lassen. Noch immer waren sie in medizinischer Behandlung und standen unter Polizeischutz. Sie waren nicht in der Lage, zu arbeiten; das Haus wurde ihnen abgekauft und den örtlichen Behörden nach einem einjährigen Dekontaminierungsprozess im März 2019 übergeben. Skripals Leben in jener Straße war eindeutig vorüber. Während die Monate verstrichen und sie über die Zukunft nachdachten, waren sie in alltäglichen Belangen fast vollständig von der britischen Regierung abhängig.

Mit dem ersten Jahrestag der Vergiftung erschienen in den Medien Berichte über Sergejs andauernde Gesundheitsprobleme. Die, die sich darauf beriefen, versuchten vielleicht, einen Grund dafür zu finden, warum nach zwölf Monaten weder Vater noch Tochter ein annähernd normales Leben führten oder öffentlich aufgetreten waren. Mir erschien es höchst unwahrscheinlich, dass das Leben der beiden noch vom russischen Staat bedroht wäre, und als ich den amtierenden Leiter des MI6, Alex Younger, bei einer Konferenz in München Anfang 2019 traf, fragte ich ihn, ob es begründet wäre, anzunehmen, dass die Skripals weiterhin einem Risiko seitens Russlands ausgesetzt wären. »Wir schätzen, dass eine andauernde Bedrohung durch die GRU und andere russische Geheimdienste vorliegt, kaum etwas scheint tabu«, erwiderte er.

Insofern ist es bemerkenswert, dass Julija und Sergej auch ein Jahr nach dem Attentat unter strenger Bewachung in England stehen, während die Stunden und Tage vergehen. Vielleicht ist das Leben in Abgeschiedenheit für Sergej angenehm, hat er doch gesundheitliche Probleme und ist in seinen späten

Sechzigern. Aber für seine Tochter muss es unerträglich sein. Nachdem sie von den Einzelheiten des Verfahrens gegen Tschepiga und Mischkin erfahren hatten, hegte keiner der beiden auch nur die leisesten Zweifel an der Natur des Vergiftungskomplotts. Und es sollte sich zeigen, dass Julija, auch wenn sie im Mai 2018 noch davon gesprochen hatte, nach Russland zurückzukehren, diesen Plan auf Eis legen würde.

Vielleicht denkt Sergej wieder an die schicksalshafte Begegnung 1996 in *El Retiro,* an jenen Tag vor vierundzwanzig Jahren, an dem er den Entschluss, für den MI6 zu arbeiten, gefasst und damit sein weiteres Leben neu bestimmt hatte. Es war ein sehr langer, schwerer Weg gewesen, von Lefortowo über das IK-5 bis hierher an diesen sicheren geheimen Ort, an dem es nichts zu tun gab, als den Sommer zu vertrödeln. Aber Sergej ist kein Mensch, der seine Entscheidungen bereut. So viel ist mir bei unseren Treffen klar geworden. Wenn er sich einmal zu etwas entschlossen hat, vertraut er sich dem Schicksal an, eben wie ein Fallschirmspringer, der sich aus dem Flugzeug wirft.

Sergej Skripal hatte den Schritt, als Spion nicht mehr nur für sein eigenes Land, sondern auch für Großbritannien tätig zu werden, zu einem besonderen geschichtlichen Zeitpunkt gewagt. Seine Anwerbung durch den MI6 erfolgte in einer Phase, als in den Reihen der westlichen Geheimdienste Hochstimmung herrschte und offensichtlich Dutzende neuer russischer Informanten angeworben wurden. Wladimir Putin, der es sich zur Aufgabe gemacht hatte, die Autorität des Staates wiederherzustellen, die Korruption einzudämmen und sowohl die Militär- als auch die Geheimdienste auf Vordermann zu bringen, war sich im Klaren darüber, dass er in Bezug auf Agenten fremder Mächte Exempel statuieren musste.

Obwohl der FSB Ende der 1990er- und Anfang der 2000er-Jahre eindrucksvolle Zahlen darüber präsentierte, wie viele ausländische Spione er verhaftet hatte, war der Erfolg seiner Bemühungen, die Aktivitäten der CIA, des MI6 oder der Dienste anderer Länder abzuwehren, in Wahrheit sehr überschaubar. Dies wurde besonders deutlich beim Wiener Agentenaustausch von 2010, als die USA zehn russische Spione freiließen und dafür lediglich vier (darunter Skripal) zurückbekamen, von denen zwei nicht einmal im eigentlichen Sinn für den Westen spioniert hatten. Es befanden sich einfach nicht genug Agenten in russischem Gewahrsam für einen weniger ungleichen Tausch.

Der Prozess gegen Sergej Skripal und womöglich auch der Anschlag auf ihn entsprangen dem festen Entschluss, eine Botschaft zu senden: dass jeder Verrat am russischen Staat streng bestraft würde. Und nachdem sie bislang so wenige echte »Mietlinge« identifiziert hatte, mag die russische Organisation, die Sergej ins Visier nahm, befunden haben, dass eine vergleichsweise extreme Vergeltungsmaßnahme als Ersatz für nicht zu realisierende strafrechtliche Verurteilungen herhalten müsse.

Ein Blick auf das Haus in der Christie Miller Road zeigt einen Ort, dem das Leben geraubt wurde. Es entbehrt nicht einer gewissen Ironie, dass ausgerechnet Detective Sergeant Nick Bailey und seine beiden Kollegen, die nur wenige Stunden nach der Vergiftung vor Ort eintrafen, unwissentlich Spuren des Nowitschok in Skripals Haus verteilt hatten. Mit ihren Handschuhen hatten sie den Türgriff berührt, und an ihre Sohlen waren Reste des Gels gelangt, das auf die Schwelle getropft war. Inzwischen geht man davon aus, dass Soldaten einer Spezialeinheit bei einer weiteren, gründlicheren Hausdurchsuchung einige Tage später noch mehr Nowitschok im Haus verteilt haben. Während des einjährigen Dekontaminierungsprozesses wurden viele Gegenstände wie Teppiche sofort verbrannt, andere in eine hangarähnliche Lagerhalle auf einem Militärstützpunkt auf der Hochebene Salisbury Plain transportiert.

In einer der versiegelten Tüten, die aus Sergejs Haus in der Christie Miller Road abtransportiert wurden, befand sich das kleine *Cottage*-Modell, das Richard Bagnall Sergej 1996 geschenkt hatte. Als er es mir damals zeigte, schien es so, als trage dieses kleine Erinnerungsstück ein Versprechen in sich: das Versprechen einer besseren, glücklicheren Zukunft an einem mythischen Ort, wo eines Mannes Haus eines Mannes Burg ist. In Sergej Skripals Vorstellung war dieser englische Garten Eden eine lebendige Welt, in der ein alter Offizier im Herbst seines Lebens verweilen und sich an glücklichen Erinnerungen an Kaliningrad, Fergana oder Malta erfreuen konnte, frei von der hässlichen Brutalität derer, die sein Vaterland beherrschen.

Einige Monate nach der Vergiftung kam man zu dem Ergebnis, dass nicht alle Privatgegenstände Sergejs dekontaminiert werden könnten. In einer Verbrennungsanlage im Süden Englands wurde Tüte um Tüte in einen Ofen geworfen. Das *Cottage* wurde, wie so viele andere Andenken an sein früheres Leben, von den Flammen verzehrt.

NACHBEMERKUNG

Eine Situation wie die, in der ich mich im März 2018 wiederfand, war mir in meinen dreißig Jahren als Buchautor noch nie begegnet. Ein ehemaliger russischer Spion, der für den MI6 gearbeitet hatte, lag, mit einem Nervenkampfstoff vergiftet, im Koma, und die gesamte internationale Presse hatte sich auf eine kleine Stadt in Südengland gestürzt. Der Mann, der im Auge dieses Wirbelsturms stand, war mir nicht nur bekannt, ich hatte mit ihm stundenlange Gespräche über Spionage im Allgemeinen und Besonderen geführt.

Doch hatte er mir nicht etwa in meiner Eigenschaft als Journalist Interviews gegeben. Ich war mir sicher, dass er seine Äußerungen mir gegenüber nicht im Fernsehen hören wollte. Er hatte mit mir geredet, weil er wusste, dass ich Bücher schrieb und nun ein weiteres herausbringen wollte. Thema: Spionage in der Zeit nach dem Kalten Krieg. 1988 hatte ich ein sowjetisches Regiment in Afghanistan als »Embedded journalist« begleitet. Wie es der Zufall so wollte, war es dasselbe Regiment, in dem er gedient hatte. Als wir mit unseren Unterhaltungen begannen, stellte sich bald heraus, dass er einige der Offiziere, die ich bei dieser Mission kennengelernt hatte, seinerseits gut kannte, und das schien ihn irgendwie zu beruhigen.

Die Interviews, die ich 2017 mit ihm führte, gingen alle in eine bestimmte Richtung, wobei der Austausch von Geheimdienstmitarbeitern, der 2010 in Wien stattgefunden hatte, eine zentrale Rolle spielte. Damals war der frühere russische Nachrichtendienstler, der einige Jahre zuvor wegen Spionagetätigkeit für die Briten verurteilt worden war, begnadigt und in den Westen ausgeflogen worden.

Wenn man nun einige Monate vorspult bis zum März 2018, bietet sich ein ganz anderes Bild. Das weltweite Interesse an Sergej Skripal war förmlich explodiert. Wer war das? Über welche verschlungenen Pfade war er in diese kleine Straße in der englischen Kathedralenstadt gekommen? Eine Zeit lang fragte sich alle Welt, ob er durchkommen würde. Und später, als er dann völlig von der Bildfläche verschwand, wandelte sich die Frage in: Würde er je öffentlich das Wort ergreifen? Doch welche Frage man auch immer an die Ereignisse herantrug, ich empfand seine Geschichte als außergewöhnlich. Und ich hatte das Gefühl, sie erzählen zu müssen.

Mit einem Mal schien auch die umfassendere Thematik, die ich bereits recherchiert hatte, mein Plan A, den ich vor den Vergiftungen in Salisbury verfolgte, von gesteigertem Interesse: Ich ging nämlich der Frage nach, ob der Krieg der Spione zwischen Ost und West nach dem Kalten Krieg je aufgehört hatte. Dieses Buch gibt, indem es Skripals Leben und seine Vergiftung in einen größeren Kontext einbindet, die Antwort darauf.

Natürlich ergab sich dabei auch eine ganze Reihe von Problemen, unter anderem, ob es in Ordnung war, das Buch zu veröffentlichen, obwohl ich vorher noch einige Aspekte dieser Geschichte mit Sergej hatte besprechen wollen. Er entschied sich nach der Vergiftung, nicht mehr mit mir zu reden. Zweifelsohne beschäftigten ihn jetzt wichtigere Dinge als mein Buchprojekt. Daher trage ich allein die Verantwortung für alle Fehler.

Wer nun befürchtet, dass dieses Buch zu vieles preisgeben könnte, der möge bedenken: Sergej Skripal wurde zwei Jahre lang von den Agenten der russischen Spionageabwehr verhört. Dann machte man ihm den Prozess. Seine Karriere als Agent des MI6 endete vor vierzehn Jahren und ist den Geheimdienstlern des Kreml mit Sicherheit bestens bekannt.

Mein Ziel ist es, diese Tatsachen auch der Öffentlichkeit zugänglich zu machen. Wer hingegen findet, ich sei an bestimmten Stellen zu zaghaft oder dieses Buch zeuge nur von meiner großen Sympathie mit unserem eigenen Geheimdienst, dem sei gesagt: Die Ereignisse in Salisbury beweisen mehr als deutlich, dass hier tatsächlich Leben in Gefahr sind. Es gibt vieles auf diesen Seiten, worüber auch westliche Nachrichtendienste lieber den Mantel des Schweigens breiten würden.

Die Erfahrungen mit meinen früheren Büchern über die Welt der Nachrichtendienste und Spezialeinheiten haben mich gelehrt, dass es immer Leute gibt, die diese Geschichten lieber geheim halten würden. Und andere, die jeden, der mit den Betroffenen spricht, als Komplizen einer großen Weltverschwörung betrachten. Solche Vorurteile machen es immer schwierig, die richtige Entscheidung zu treffen, aber über diesen Fall wurde schon viel geschrieben, und es wird sicher noch einiges mehr geschrieben werden. Daher fand ich, dass zumindest eine Wortmeldung darunter sein sollte, die von jemandem kommt, der die Skripals persönlich kannte und die Geheimdienstkämpfe der letzten dreißig Jahre mitverfolgt hat. Wer weiß, vielleicht schreiben Sergej oder seine Tochter Julija eines Tages ja wirklich ein eigenes Buch darüber.

Um niemanden in Gefahr zu bringen, habe ich einige grundlegende Vorsichtsmaßnahmen getroffen: Bestimmte Personen erscheinen im Buch unter Pseudonym. (Zu erkennen an dem Sternchen hinter dem Namen, wenn die Person das erste Mal erwähnt wird, zum Beispiel: John Smith*.) Wo es um geheime nachrichtendienstliche Quellen geht, habe ich vermieden, Fragen zur Identität zu stellen, darüber zu spekulieren oder gar einen entsprechenden Fingerzeig zu geben. Ich habe die Bedingung akzeptiert, die viele meiner Informanten mir stellten: Diese Informationen durften keinesfalls zu ihnen rückzuverfolgen sein.

Bei all diesen Rücksichten hatte ich die Geschichte überhaupt erst einmal zu Papier zu bringen, und der Text musste gleichzeitig in mehreren Sprachen druckreif gemacht werden. Und all das neben meinem ohnehin nicht wenig fordernden Job. Deshalb bin ich meinen Lektoren ausgesprochen dankbar für deren Unterstützung, Verständnis und Ideen: Margit Ketterle, Christiane Bernhardt und Kristian Wachinger aufseiten der deutschen Verlagsgruppe Droemer Knaur; Robin Harvie und Matt Cole bei Macmillan Publishers in Großbritannien; Paul Golob und Caroline Wray beim Verlag Henry Holt in den USA; und Jonathan Lloyd, der dieses internationale Buchprojekt ins Rollen gebracht hat und mir stets mit Rat und Tat zur Seite stand, was er als mein Literatur-Agent schon seit zwanzig Jahren tut. Dank schulde ich auch Neus Rodriguez, Anya Noble und Olga Iwschina für ihre Hilfe bei Recherchen.

Auch Esme Wren, der Chefredakteurin von BBC Newsnight, danke ich für ihr Entgegenkommen, denn wir mussten uns ja fragen, wie wir unsere Zuschauer über diese Geschichte informieren sollten, während ich gleichzeitig an dem Buch arbeitete.

Und schließlich muss ich meiner Frau Hilary danken, die diesen merkwürdig abwesenden Zustand mittlerweile nur zu gut kennt, der mich befällt, wenn ich die Idee für ein Buch verfolge. Sie und unsere Kinder haben viel zu viel von dieser buchbedingten Abwesenheit hinnehmen müssen, und ich bin ihnen unendlich dankbar für ihre Geduld.

REGISTER

Yvonne Hofstetter

DER UNSICHTBARE KRIEG

Wie die Digitalisierung Sicherheit und Stabilität in der Welt bedroht

Die Spannungen zwischen den Supermächten nehmen deutlich zu, die Angst vor einem neuen Wettrüsten wächst. Grund dafür: die digitale Revolution, die neue Strategien und Formen der Kriegsführung ermöglicht. Die renommierte KI-Expertin Yvonne Hofstetter legt offen, wie die Digitalisierung einst stabile Machtverhältnisse untergräbt und das Weltgeschehen zunehmend unberechenbar macht. Eine brisante Analyse der explosiven Weltlage.

»Wer verstehen will, wie sich Gegenwart in Zukunft transformiert und warum nun alles ›smart‹ wird – das Wohnen, das Autofahren und auch der Krieg –, muss dieses Buch lesen. Yvonne Hofstetter hat nichts Geringeres vorgelegt als ein Toolkit für das Überleben im 21. Jahrhundert.«

Gabor Steingart

»Die Digitalisierung schafft neue Formen von Macht und Gewalt. Sie auszubuchstabieren und auf die Gefahren aufmerksam zu machen, ist die Leistung dieses spannenden, ungewöhnlichen, aufklärenden Buches!«

Gert Scobel

DROEMER